现代物流与供应链管理丛书

物流系统控制论

赵林度　著

科学出版社

北京

内 容 简 介

本书从系统论、控制论的角度介绍物流系统控制论内容，由物流系统基本框架入手，介绍了物流系统控制论的基本概念和基本原理、结构、功能和行为、特性与过程，以及三个方面的基本理论方法，提供了一种对不可见属性甚至无法准确感知属性进行有效控制的方法论，为保障物流系统正常运营提供了可行的理论方法。

本书可以作为大专院校物流管理、物流工程、管理科学与工程、系统工程和计算机专业的教师、本科生、研究生的教科书和参考书，也可以作为从事供应链管理系统规划、设计和应用的专业技术人员的工具书。

图书在版编目（CIP）数据

物流系统控制论/赵林度著 . —北京：科学出版社，2019.11
现代物流与供应链管理丛书
ISBN 978-7-03-040067-3

Ⅰ.①物…　Ⅱ.①赵…　Ⅲ.①物流-系统工程-工程控制论　Ⅳ.①F252

中国版本图书馆 CIP 数据核字（2014）第 045460 号

责任编辑：徐　倩/责任校对：郭瑞芝
责任印制：徐晓晨/封面设计：无极书装

科 学 出 版 社 出版
北京东黄城根北街 16 号
邮政编码：100717
http://www.sciencep.com

北京捷迅佳彩印刷有限公司 印刷
科学出版社发行　各地新华书店经销
*
2014 年 3 月第　一　版　开本：720×1000 B5
2019 年 11 月第二次印刷　印张：20
字数：405 000

定价：180.00 元
（如有印装质量问题，我社负责调换）

丛书编委会

顾问（按姓氏拼音排序）

陈剑、陈荣秋、胡祥培、黄海军、梁樑、侍乐媛、宋京生、唐加福、汪应洛、杨海、郑大昭

主编 汪寿阳

编辑委员会（按姓氏拼音排序）

陈友华、冯耕中、龚其国、何勇、华国伟、李京安、李彦志、毛保华、苏秦、汪寿阳、王海燕、王能民、严厚民、张汉勤、张菊亮、赵林度

丛 书 序

信息技术的飞速发展改变了人类许多传统的活动方式，特别是互联网技术和电子支付技术的进步，极大地促进了电子商务的发展，人们足不出户就可以在网上购物。国家统计局的数据显示，2014 年我国全社会电子商务交易额为 16.39 万亿元，2015 年已达到 21.78 万亿元。快速增长的电子商务交易必然要求高效率的上游企业原材料和半成品以及下游企业成品的生产、仓储、运输以及配送等，而这些活动正是物流与供应链管理所要研究的重要内容。企业必须提高自身物流和供应链管理的水平才能生存与发展。近年来，随着无线互联网技术和无线电子支付技术的发展，人们更可以随时随地在网上购物，如 2016 年天猫"双 11"全球狂欢节总交易额超 1207 亿元，无线交易额占 81.87%。这是一个日新月异的时代，不变革无以求生存。物流与供应链管理的研究更应与时俱进，开拓创新。

进入 21 世纪以来，经济发展的不平衡导致各国贸易摩擦增多，而环境问题成为世界经济发展的一个重要制约因素。经济、社会和环境的协调发展已经是人类社会可持续发展的一个必然选择。现代企业必须以经济、社会和环境协调优化作为其管理目标，必须在各种有关法规和标准约束下进行决策与运营。值此关键时刻，国家自然科学基金委员会管理科学部立项重大研究项目"面向经济、社会和环境协调发展的现代物流管理研究"，由中国科学院数学与系统科学研究院、东南大学、西安交通大学、北京交通大学与香港城市大学深圳研究院共同承担。项目以"国际视野、中国问题"为原则，针对中国物流业发展中的突出问题和重点需求，探索中国物流系统可持续发展（高效、低耗、绿色、环保）的理论、方法和应用策略，目标是创建"资源节约型、环境友好型"的可持续发展物流管理理论，推动中国物流学科的发展，以支持中国经济、社会和环境协调发展的现代物流服务体系的建设，推动经济、社会和环境的协调可持续发展。

为推动国内外学术界、企业界与政府相关部门的合作，同时使项目研究成果能更好地指导企业的实际应用和政府部门的科学决策，在国家自然科学基金委员会管理科学部和科学出版社的支持下，我们出版本套丛书。丛书将以物流管理为主线、以供应链管理为思想基础展开讨论，不仅有系统的理论研究和方法研究，也有相当比例的应用研究（包括案例研究）。期望本套丛书的出版，能给物流与供应链管理专业的师生和从事相关工作的管理人员与政府领导带来新的思想、理论、方法和技术，从而推动物流与供应链管理的学科发展。

汪寿阳

中国科学院特聘研究员、教育部长江计划特聘教授

发展中国家科学院院士

国际系统与控制科学院院士

亚太工业工程与管理协会会士

2016 年 11 月

前　言

物流系统控制论（control theory of logistics system），可称为"控制论物流学"（cybernetic logistics），它是系统论和控制论与物流系统相结合的产物。尽管物流系统控制论的核心思想来自控制论，但是它并不是单纯地以管理和控制物流系统为目标的，而是在物流系统的结构完善、功能优化和行为规范的过程中，构建一个观察物流、信息流和资金流流动的可视化窗口，使物流系统内部、物流系统与相关系统之间实现协作、协调和协同。

作者撰写本书的目的，是希望能够完善 2007 年以来有关物流系统控制论片段性的点滴思考，较系统地阐述物流系统控制论的理论方法。本书的基本框架安排如下。

本书共 8 章，分为 3 部分内容。

第 1 部分，物流系统控制论基本框架。本书第 1、2 章为物流系统基本框架和物流系统控制论概论，在介绍物流系统和控制论基础上，着重分析了物流系统控制论形成的基础和基本框架，勾勒了物流系统控制论的基本轮廓。

第 2 部分，物流系统控制论的基本内容。本书第 3～5 章介绍了物流系统控制论的基本内容，在介绍物流系统控制结构、功能和行为的基础上，着重介绍了物流系统自适应性和响应性、物流系统控制最优决策和自动调节过程，为全面了解物流系统控制论奠定了基础。

第 3 部分，物流系统控制论的基本方法。本书第 6～8 章，着重介绍了物流系统控制论所包含的物流系统环境控制和过程控制、物流系统协调与协同控制、物流系统复杂控制，从不同的层次、不同的视角揭示了物流系统控制论中系统控制的基本方法。

本书的撰写历时六年，几易其稿，最终完成于作者在德国亚琛工业大学进行项目交流期间。本书在写作和出版过程中，得到了许多同行专家的热情帮助，得到了东南大学王海燕教授、孙胜楠讲师，德国亚琛工业大学数学系 Michael Herty 教授、Yubao Guo 教授和经济学院 Hans-Jürgen Sebastian 教授，以及科学出版社编辑林建和徐倩老师的帮助。研究生江亿平、徐梦娟、张语心帮助查阅整理了第 4 章的文献，孙立、吴云、李春阳帮助查阅整理了第 5 章的文献，刘健、韩力、黎明成帮助查阅整理了第 7 章的文献，王柳青、徐杰、赵永帮助查阅整理了第 8 章的文献，牛鑫、华顾盼、黄志成、王敏、邓超、倪燕等同学认真阅读了全文，并提出了许多宝贵意见。在此，向他们表示诚挚的谢意！

　　本书得到了"十一五"国家科技支撑计划课题"现代物流综合管理关键技术与平台"（2006BAH02A06）、"食品污染溯源技术"（2006BAK02A16）和"超市食品安全质量控制技术研究"（2006BAK02A28），以及"十二五"国家科技支撑计划课题"农产品物流过程质量安全管理系统研究"（2013BAD19B05）和国家自然科学基金重大项目"面向经济、社会和环境协调发展的现代物流管理研究"——"低碳和安全物流运营管理"课题（71390333）的资助。

　　本书的完成，对作者来说也是完成了物流领域知识理解和认识上的一次飞跃。六年来花费了大量的精力，不过由于涉猎领域的广泛性和复杂性，加上水平有限，书中仍难免存在不当之处，恳请读者批评指正（邮箱：ldzhao@seu.edu.cn）。

赵林度

2013 年 8 月

目 录

第 1 章　物流系统基本框架

物流系统是整个社会经济系统中一个重要的组成部分,在整个社会体系中承担着重要的服务职能,起着保障支撑作用。物流系统凭借所搭建的连接生产、连接生活的桥梁,在物流过程中向客户输送各类有价值的物品和增值服务。因此,可以认为物流系统是整个社会经济系统中重要的桥梁和纽带。

1.1　概述

随着供应链管理理论的发展,物流已经完全跨越了传统的、单一的运输和储存功能,成为供应链管理体系中的一部分,在供应链成员之间提供增值服务。在物流系统环境要素和资源要素的支撑下,供应链管理环境扩展了物流服务的基本单元,由单一企业扩展为一个企业联盟,从而有机会获得更大的时空效益。

1.1.1　物流系统环境要素

为了适应供应链管理新环境,物流系统的结构、功能和行为发生了变化,已经从一个零散的功能单元演变成一个综合性的系统,从一个企业内部价值链的连接单元转化成一个社会化的价值链综合集成系统。物流系统的演化伴随着管理模式的变革,不仅带来物流系统增长方式的转型,而且带来物流服务功能和服务能力的升级。物流系统在社会经济系统中的地位和作用更加突出,已经发展成为一个重要的"第三利润源泉"。

物流系统控制需要正确认识影响物流系统运营的内部和外部因素,科学评价和控制物流系统环境的变化,目的在于尽可能保持物流系统的灵活性,保证物流系统不受环境影响。物流系统环境会影响物流系统活动的灵活性、适应性,限制物流系统运营能力的正常发挥,也会给物流系统的适应性带来挑战。因此,物流系统控制需要对环境变化进行观察与评价,通常需要考虑物流行业竞争力、物流科技发展水平和物流服务需求三项重要影响(图 1-1)。

1. 物流行业竞争力

由于不同行业在法律法规、税收政策、工业标准等方面存在差异,不同行业产生了不同的资源禀赋,具有不同的行业竞争力。

1) 竞争对手的竞争力

在整个社会经济系统中,物流行业的竞争力来自与相关产业竞争力的比较,

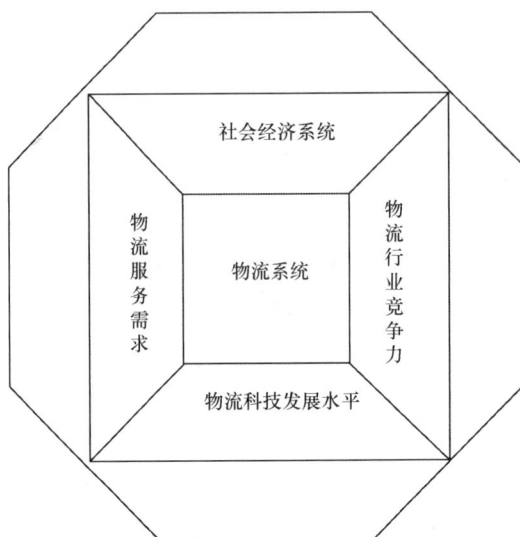

图 1-1　物流系统环境要素

即相对于竞争对手的竞争力。竞争对手是物流行业最直接的影响者和被影响者，这种直接的互动关系决定了竞争对手分析在物流系统环境分析中的重要性。

竞争对手分析的目的在于通过了解竞争对手的信息，获知竞争对手的发展策略和行动，以作出最适当的应对。根据迈克尔·波特（Michael E. Porter）教授的竞争对手分析模型，竞争对手分析有四种诊断要素：竞争对手的长远目标、竞争对手的现行战略、竞争对手的假设和竞争对手的能力，即一旦确定了竞争对手，需要进行四个方面的分析：竞争对手的各期目标和战略分析、经营状况和财务状况分析、技术经济实力分析、领导者和管理决策者背景分析。

面对激烈的市场竞争环境，每一个物流管理决策者都必须对自己的竞争对手了如指掌，应用 20 世纪 80 年代初由美国学者海因茨·韦里克（Heinz Weihrich）教授提出的 SWOT 分析（SWOT analysis）模型，分析自己在市场环境中相对于竞争对手的优势（strengths）、劣势（weaknesses）、机会（opportunities）和威胁（threats），重在详细分析竞争对手的竞争优势，如竞争对手的物流客户群、物流服务水平、物流资源配置、物流技术应用水平等，了解每一个竞争对手可能采取的战略行动、战略意图及其成功的可能性，了解竞争对手所实施的战略对物流市场、对自身的影响，了解自己在竞争对手中的地位和影响，从而更加科学合理地确定自己在物流市场中的位置。

2）区域市场差异

在物流行业中，不同区域在地理位置、人口密度、交通状况、经济发展水平等方面的不同，导致区域市场差异的产生。物流市场存在的区域差异，不仅反映在物流基础设施的状况和整体能力上，而且综合反映在物流市场的社会化程度上。可以认为，不同的物流市场孕育着具有不同竞争优势的物流系统。

物流市场的区域差异构成了物流系统孕育成长的一个微观的市场环境，与宏观的物流行业共同支撑着物流系统的成长。在物流市场区域差异影响下，不同区域的物流系统的服务能力和水平表现不同，而且物流服务对象的特点及状况也不同，从而产生了具有不同区域特色的物流系统形态。

在物流行业竞争力分析过程中，不仅需要考虑政策性因素，如政府税收政策、法律法规、行业发展规划、国家和行业标准等方面的要求，还要考虑环境保护因素，如废物排放量、污染程度、生态平衡等要求，以满足物流行业可持续发展的要求。

2. 物流科技发展水平

物流科技的发展，潜移默化地改变着物流系统的生存环境。物流科技发展对物流系统的影响，主要表现在物流系统的运输、储存、包装、装卸搬运、配送、流通加工、信息处理等基本功能活动中，特别是信息技术、网络技术、通信技术和物联网技术等的发展，进一步推动了物流管理技术的发展，提升了物流系统全面质量管理、过程可视化管理、追溯管理等综合管理能力。

（1）运输和储存技术的发展。全球定位系统（global position system，GPS）、地理信息系统（geographic information system，GIS）等信息技术的发展，推动了多式联运、车辆路径优化等运输技术的发展，提高了运输衔接能力和运输效率；自动导引车（automatic guided vehicle，AGV）、自动存储和提取系统、自动导向系统、自动分拣系统等技术的应用，提高了物流环节储存系统的储存能力和吞吐能力。

（2）包装技术的发展。智能化、便捷式包装技术的发展，便于物流系统的运输、储存、装卸搬运、分拣等物流活动，提高了物流系统运营效率和货物安全保护能力。与此同时，包装物的规范化、标准化和标识技术的应用，不仅增加了信息传递的载体，而且强有力地提高了物品可追溯能力。

（3）装卸搬运和流通加工技术的发展。装卸搬运是物流环节之间、物流系统之间相互转换的桥梁，它连接着各种不同的运输方式，使多式联运得以实现；流通加工是物流服务增值的重要途径，在提高物流系统整体效率的同时，使生产延迟策略向物流系统的延伸成为可能。装卸搬运和流通加工技术的发展，使它们在生产领域和流通领域中成为重要的组成部分和基本保障。

（4）信息处理技术的发展。信息技术、网络技术、通信技术和物联网技术等的广泛应用，为物流系统实现实时有效的信息共享与交流提供了可行的技术方法，提高了物流系统的透明度和运营效率，有助于实时掌握物流系统动态，提高物流系统实时管理与决策能力，为实现物流一体化奠定基础。

（5）物流管理技术的发展。在"以客户为中心"理念的驱动下，先进的管理思想在物流系统中逐步渗透，推动着物流管理技术的发展，不仅提高了物流系统无缝衔接和快速响应能力，而且提高了客户满意度，拓展了物流服务方式，例如，为实现物流、信息流和资金流的有效集成，物流金融业务走入物流系统。

3. 物流服务需求

经济全球化的发展，使物流服务需求可以来自全球化市场的每一个角落，受到诸多因素的影响，例如，客户所在区域经济发展水平、物流社会化程度、客户经营状况等，从而影响着物流系统满足客户需求的可能性和效率。物流服务需求涵盖了物流时间、物流成本、物流质量等基本要求，以及潜在的增值服务等扩展要求。物流系统应及时准确地把握物流服务需求及其变化趋势，才能更有效地提高物流服务水平。

（1）物流服务方式的变革。物流服务市场、物流服务需求、物流系统环境的持续变化，为物流服务方式持续变革增添了内在动力。例如，客户需求不确定性的增加，推动了小批量、多频次物流服务方式的应用；产品生命周期的缩短，驱动着快速响应物流服务方式的形成和发展；库存量的不断压缩，带动了准时制（just in time，JIT）物流服务方式的广泛应用。

（2）物流服务低碳化的要求。物流系统低能耗、低损耗、低污染的需求，催生了绿色物流。为了贯彻健康、安全、环保（health, safety and environment，HSE）标准，物流服务面临低碳化的要求，对物流系统能耗、损耗和污染情况的评价和综合控制，有助于有效提高物流系统的生态效益。

（3）物流服务结构优化的要求。物流服务结构由商品交易各方的关系组成，它建立了物流系统与服务对象之间的桥梁和纽带。为了能够更好地满足物流服务需求，不仅需要物流系统具有很高的服务水平，而且需要物流系统能够运营在一个优化的物流服务结构之中，从而提升整个物流系统的服务水平。

1.1.2　物流资源要素

物流系统正常运营需要消耗一定的资源，因此，在分析和描述物流系统之前需要综合分析各类资源要素的可得性，以便更加清晰、全面地了解各类资源的状况，从而确定物流系统目标和途径。目前，物流资源要素主要涉及物流产品和服务、物流基础设施、物流信息系统、物流客户群和供应链（图1-2）。

1. 物流产品和服务

物流产品和服务不仅蕴含着物流系统运营的目的，而且作为一种重要的资源支撑着物流系统价值增值的实现。在物流系统中，物流产品和服务通过物流系统的运输、储存、包装、装卸搬运等基本功能实现，借助每一项物流产品和服务集

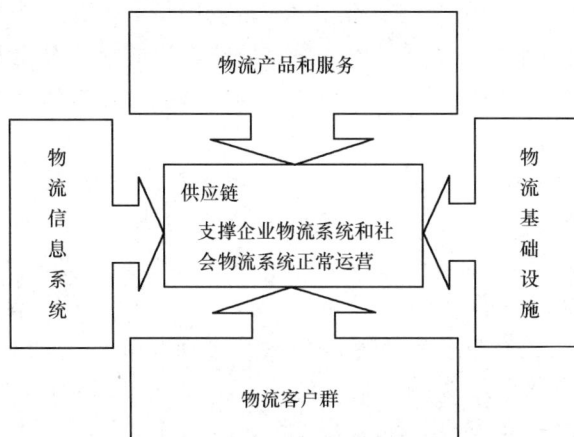

图 1-2　物流资源要素

聚物流服务能力，从而使自己成为物流资源要素中的能力要素。

2. 物流基础设施

物流基础设施是物流资源要素中的保障要素，是大量投资资金集聚的结果。在社会物流系统中，支撑铁路、公路、水路、空运与管道运输的车站、港口、机场等基础设施，成为宏观物流系统的重要资源；在企业物流系统中，支撑生产系统正常运转的车辆、仓库等基础设施，成为微观物流系统的重要资源。物流基础设施所在的位置、能力、状况等，直接影响着物流系统的运营能力。

3. 物流信息系统

物流信息系统是物流资源要素中的保障要素，是大量信息集聚的结果。面向运输、储存、包装、装卸搬运、配送、流通加工等基本功能活动，物流信息系统借助先进的管理思想渗透而成的管理功能，有效地提高了物流系统的活动能力，如订单处理能力、储存和配送能力等。物流信息系统通过物流信息交换和信息共享，提高了物流系统的透明度和运营效率。

4. 物流客户群

物流系统运营的目的在于满足客户需求。物流客户群是物流资源要素中的驱动要素。物流客户群由企业内部转变为企业外部的直接动因来自物流社会化需求，它成为物流系统运营的直接驱动力。现有的和潜在的物流客户群都是物流系统的服务对象，它不仅决定了物流系统的效率和效益，而且决定了物流系统的可持续发展能力。

5. 供应链

在一个蕴含物流系统的供应链体系中，物流资源的集聚成为可能，供应链也因此成为物流资源要素中的聚集要素。供应链借助集聚优势，有效集聚了物流产品和服务、物流基础设施、物流信息系统、物流客户群等资源要素，在一个更加广阔的时空中创造着资源集聚效益。可以认为，供应链是物流资源要素的一个重要的归宿地。

作为一个复杂系统，物流系统的结构和功能尚未形成一个标准的模板，行为也呈现复杂性。在物流、信息流和资金流的协同作用下，为推动经济、社会和环境协调发展，物流系统的结构和功能朝着集约化的方向发展，物流系统的行为趋于协调，低成本、低能耗、低损耗、低污染、高效率和高效益逐步成为绿色物流系统的重要特征。绿色物流逐步揭开了美丽的面纱呈现在世人面前，正在为社会经济系统走向健康、安全和环保增添和谐的音符。

在经济全球化竞争压力的驱动下，越来越多的企业采用外包（outsourcing）战略将自己的资源集中于核心业务，物流系统成为业务流程外包（business process outsourcing，BPO）的重要主体，特别是供应链服务外包（含物流服务外包、信息技术外包和金融服务外包），在提高物流服务能力的同时，也逐步扩展了物流系统的功能。

1.2　物流系统概论

物流系统是一个动态的复杂系统，是在一定的时间和空间里，由所需位移的物品、包装设备、装卸搬运机械、输送工具、储存设施、通信设施以及相关人员等若干相互制约的动态要素构成的具有特定功能的有机整体。物流系统遵循生产、流通、消费等环节的流动规律，在寻求利用时空属性获取最大化服务增值效益的过程中，追求着结构、功能和行为的和谐统一。

1.2.1　物流系统结构

物流系统结构是物流系统的重要属性，它不仅直接影响着系统功能和行为，而且影响着物流系统与外部环境之间物质、信息和能量的交换。因此，需要关注物流系统结构要素和物流系统结构复杂性。

1. 物流系统结构要素

物流系统不仅具有一般系统的共性，而且具有服务系统的个性，它也是由人、财、物、信息和组织等要素组成的，包括输入、输出、转换、制约及反馈等环节。物流系统输入的是驱动和支撑运输、储存、包装、装卸搬运、配送、流通加工、信息处理等基本功能活动的物流资源，输出的是物流服务（图 1-3）。

在如图 1-3 所示的物流系统构成中，人、财、物、信息和组织等物流系统结构要素，不仅支撑着物流系统的正常运营，而且也是物流活动管理的对象。

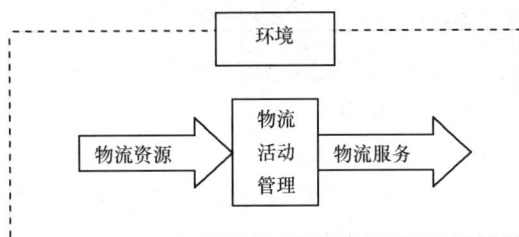

图 1-3　物流系统构成

2. 物流系统结构的复杂性

尽管图 1-3 中描述的物流系统是一个简单的结构，但是并不表明物流系统具有简单结构，相反，物流系统具有难以描述的复杂结构，而且物流系统的结构会由于要素、环节、资源、服务和环境的变化而不同，呈现出较大的动态性。为了应对这些变化，物流系统应具有柔性，以增强物流系统对外部环境、物流服务需求和物流资源等动态变化的适应性。由于物流系统内部和外部风险的存在，物流系统应具有抵御风险、抵抗冲击的鲁棒性，以及受到风险冲击之后能够迅速恢复的弹性。这些都要求物流系统具有良好的结构，能够承受风险冲击和进行自修复。

物流系统生存环境的复杂性，不仅带来了物流系统的复杂性，而且要求在物流系统结构设计时应充分考虑适应环境变化的柔性、抵御风险的鲁棒性和增强自修复能力的弹性。在物流系统中，由柔性结构、鲁棒性结构和弹性结构交织的综合体系更给物流系统结构增添了复杂性，因此，难以清晰地描述物流系统结构和进行物流系统的定型。

1.2.2　物流系统功能

在物流系统结构的支持下，物流系统除了具备运输、储存、包装、装卸搬运、配送、流通加工、信息处理等基本功能活动之外，还应培育柔性、鲁棒性和弹性等扩展功能。因此，物流系统功能可以划分为基本功能和扩展功能（图 1-4）。

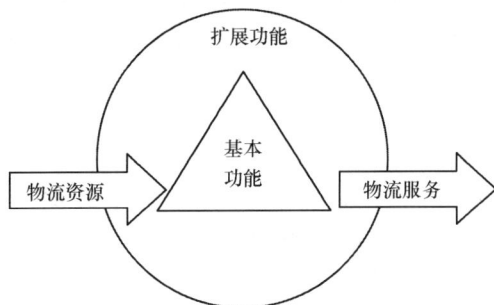

图 1-4　物流系统功能

1. 物流系统的基本功能

在物流资源驱动下，物流系统基本功能致力于保障物流系统的价值增值，提高物流服务水平，实现物流系统"7R"的目标，即在正确的时间（right time）、正确的地点（right place）和正确的状态（right condition）下，将正确的产品（right product），以正确的数量（right quantity）、正确的质量（right quality）和正确的成本（right cost）交付给客户。物流系统的资源主要涉及时间、成本和绩效（质量），资源量是由这三部分构成的三角形的面积决定的。

物流系统的运输、储存、包装、装卸搬运、配送、流通加工、信息处理等基本功能，支撑着物流系统将输入的物流资源转化成物流服务，在为服务对象提供增值服务的过程中，提升物流系统自身的价值。

2. 物流系统的扩展功能

为了能够维持物流系统安全、稳定和不间断地运营，增强系统柔性、鲁棒性和弹性等物流系统扩展功能已经成为物流系统功能设计的重要方向。有关物流系统协作、协调、协同和风险管理等方面的研究，都在寻找增强物流系统扩展功能的途径和方法。物流系统柔性反映了系统适应环境的能力，使物流系统能够适应市场需求的动态变化；物流系统鲁棒性反映了系统抵御风险和冲击的能力，使物流系统能够承受一定的风险冲击；物流系统弹性反映了系统遭受冲击后的自修复能力，使物流系统能够在冲击后及时有效地得以恢复。

物流系统的柔性、鲁棒性和弹性等扩展功能，不仅从不同的方面支撑着物流系统正常运营，多渠道、全方位地保障物流系统的运营效率和效益，也推动着物流系统扩展功能的集合不断扩展。

无论是物流系统的基本功能还是扩展功能，都依托于完善的物流系统结构，降低物流系统结构的复杂性，以集聚更多的物流资源来优化物流系统功能，从而提高物流系统运营效率和服务水平。物流系统功能通过物流服务展现出来，将物流资源的潜在势能转化为物流服务过程中具有价值增值能力的动能。

1.2.3　物流系统行为

物流系统结构完善和物流系统功能优化的目的，都在于提高物流系统行为的有效性和可靠性，从某种意义上讲，物流系统行为是由物流系统结构和功能决定的。物流系统行为可以按照管理学体系中的分类办法，划分成不同层次的决策行为、管理行为和操作行为（图 1-5）。

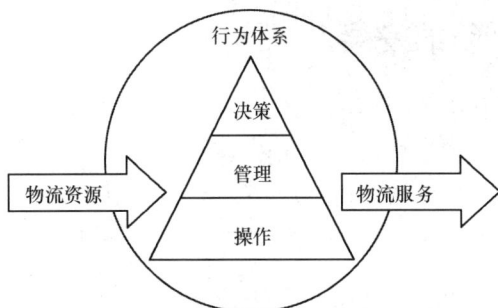

图 1-5　物流系统行为

1. 物流系统决策行为

物流系统中的决策行为是整个物流系统行为体系中最复杂的，除了在物流系统结构完善、功能优化和行为规范设计过程中体现的决策行为复杂性之外，还有在物流系统运营过程中面向基本功能，存在的诸如运输决策、储存决策、包装决策、装卸搬运决策、配送决策、流通加工决策和信息处理决策等决策行为，这些面向不同环境、不同阶段，基于不同结构和功能的决策，无疑也增加了决策行为的复杂性。围绕柔性、鲁棒性和弹性等物流系统扩展功能的决策，也由于物流系统结构和管理过程的复杂性，而变得更加复杂。

2. 物流系统管理行为

物流系统中的管理行为主要包含面向基本功能的运输、储存、包装、装卸搬运、配送、流通加工、信息处理等管理行为，以及面向扩展功能的柔性、鲁棒性和弹性等管理行为，涉及从物流资源向物流服务转化的全过程管理行为，更多地体现在设计、规划、优化等管理过程中，从而使现代管理体系中许多理论方法获得了有的放矢的空间，在物流系统管理行为规范方面发挥了重要作用。

3. 物流系统操作行为

在物流系统中，处于最低层次的操作行为实现了运输、储存、包装、装卸搬运、配送、流通加工、信息处理等基本功能，也是实现物流系统价值增值、发挥结构和功能有效性的具体途径。从根本上讲，物流系统的决策行为和管理行为最终都是借助操作行为实现的，物流系统的服务质量和服务水平都取决于操作人员的操作能力。

物流系统结构、功能和行为之间的相互影响、相互作用、相互支持，不仅使物流系统更加复杂，而且使物流系统的服务能力更强、服务水平更高。从系统结构、功能和行为等理论方法在物流系统综合集成的视角观察物流系统，体现了全面的系统观，有助于展现物流系统和谐统一的内在属性。

1.3　物流系统的发展

物流系统的发展伴随着管理理念的发展，从关注营销管理、成本管理、质量管理、时间管理的过程中发展而来，在诸如物流服务水平与服务成本之间、系统冗余与系统效率/效益之间、物流运营效率/效益与运营成本之间、风险管理与管理成本之间等的矛盾的交织中逐步成长，形成了独具特色的发展趋势。

1.3.1　物流系统的形成过程

物流系统的发展动力来自市场竞争的压力。在市场竞争压力的驱动下，企业内部的物流系统逐步社会化，形成了一个结构完善、功能优化和行为规范的物流系统，物流系统的发展方向适合于市场竞争发展的思想与观点，专业化的社会分工越来越细。

1. 基于内在发展驱动力的形成过程

从一个专业化的物流系统的形成过程来看（图 1-6），它内生于供应链系统的形成过程，供应链成员将各自的物流业务外包给一个专业化的第三方物流企业，社会化需求的释放推动着物流系统的形成和发展。

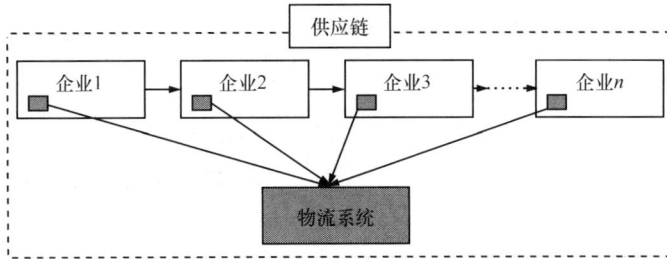

图 1-6　物流系统的形成过程

无论是孕育在企业系统还是社会经济系统中的物流系统，都是在内在发展驱动力的驱动下形成和发展的，并逐步形成了系统化、社会化（专业化）、标准化和信息化的现代物流特征，有力地保障了物流系统的正常运营。

2. 基于社会化需求驱动力的形成过程

物流系统在形成过程中，不仅集聚了各个企业的物流资源，而且借助于集聚的物流需求和自身的纽带作用，将企业连接成一个具有上下游结构的供应链系统，物流系统成为供应链系统的一部分。在社会化需求的驱动下，物流系统的专业化服务能力得到了提升，物流服务也由企业内部的内包服务模式转为企业外部的外包服务模式，物流系统的社会化服务职能得到进一步强化。

经济全球化加剧的企业竞争压力和追逐高额利润的企业发展动力，是一个内外交织的物流系统形成发展的动力源泉，它推动着企业跨越时间和空间界限，能够在外部更大的范围内获取资源，以提高企业的竞争优势。物流系统的存在，不仅提高了整个供应链面向客户的服务水平，而且通过资源整合和优化调度有效降低了供应链运营成本，也为物流系统提供了生存发展的基础。

物流系统的形成是一个动态过程，虽然不同的企业具有不同的发展轨迹和发展路径，难以用一个标准化的模板来描述这一复杂的形成过程，但是它也是伴随着结构完善、功能优化和行为规范的过程。

1.3.2　物流系统的发展趋势

在供应链管理体系中，物流系统的发展催生了精益管理、协调管理、弹性管理、绿色物流管理等先进的管理理念，对物流系统提出了更高的要求，驱动着物流、信息流和资金流实现三流合一。作为供应链管理体系的一部分，物流系统的发展呈现出两大发展趋势。

1. 运营单元：由微观到宏观逐步扩展的发展趋势

在竞争主体由企业转变为供应链的过程中，物流系统的运营单元也发生了变化。正如物流系统的形成过程，企业的物流资源和物流需求以外包的方式向物流系统集聚，物流系统的服务能力得到了提升。在这一过程中，由单一市场和单一企业需求驱动的企业物流系统扩展成为供应链系统的一部分，成为一个面向多市场环境和多企业需求的专业化服务体系。运营单元逐步扩展的发展趋势如图1-7 所示。

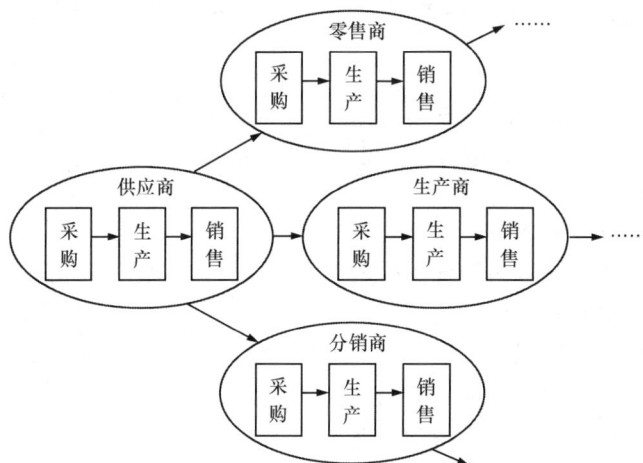

图 1-7　运营单元逐步扩展的发展趋势

物流系统运营单元的扩展，又进一步使更多的竞争主体从企业扩展为供应链，并且内含着结构完善、功能优化和行为规范的过程，从而使物流系统的竞争优势得到提升。物流系统以持续的竞争优势支撑着供应链跨越时空的界限，在更大的时空范围内集成物流资源、提供物流服务，从而支撑着整个供应链竞争优势的发挥。

物流系统运营单元从企业内部的生产线、车间，向着企业之间形成的网络联盟转化，使物流系统需求的集聚能力、资源的可得性、整体优化能力得到提升，也提高了物流系统对整个社会经济系统的保障能力。

从自营物流系统到第三方物流系统的扩展，使物流中心或物流园区以第三方物流系统的身份担负着更加重要的使命。

2. 关注对象：由宏观到微观逐步缩小的发展趋势

随着竞争的加剧和物流系统的完善，物流系统管理决策者将关注的对象从系统内部转移到系统外部，借助供应链系统和信息技术，开始关注客户的实际需求，如借助企业资源计划（enterprise resource planning，ERP）系统，实时了解客户的库存信息、采购需求信息等。在实际运营过程中，物流系统甚至将自己嵌入到客户企业的运营系统中同步运行，如供应商管理库存（VMI）模式、准时制生产模式的运用。关注对象逐步缩小的发展趋势如图 1-8 所示。

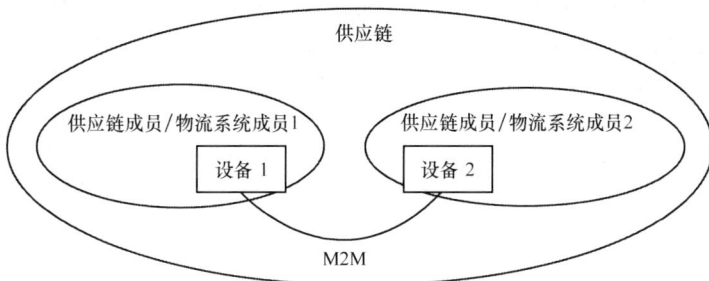

图 1-8　关注对象逐步缩小的发展趋势

在供应链管理体系中，M2M（machine to machine）管理理论方法，给物流系统提供了一个关注更加精细对象的机会，尽管 M2M 具有双重现实意义，但是无论是设备对设备还是设备对管理（machine to management），都将关注的对象缩小到能够直接建立联系的设备上，通过设备之间的联系提高供应链成员之间或物流系统成员之间联系的紧密性和精确性，使供应链成员之间或物流系统成员之间能够在更加精细化的环境中协同运营。

物流系统的关注对象，从上下游企业到企业之间的工作单元，再到企业之间的设备，关注对象的缩小体现了精益管理的思想，能使物流系统更加精确地连接起来，从而更加科学地支撑供应链系统运营。

物流系统呈现的"一大一小"两大发展趋势，一方面铺就了一个覆盖广泛的资源网络，孕育着物流系统朝专业化方向发展；另一方面储备了一批精细化的数据资源，支撑着物流系统朝集成优化的方向发展。

1.4　物流系统的演化趋势

在物流系统发展动力驱动下，物流系统的结构、功能和行为发生了变化，这种变化的动因主要来自两个方面：一方面为了适应外部环境的变化，增强自适应能力；另一方面旨在提高自身的竞争优势，提高物流系统的生存发展能力。因此，物流系统的演化趋势主要表现在物流系统内部自组织演化和物流系统之间协同演化两个重要方面。

1.4.1　物流系统内部自组织演化

作为一个复杂系统，物流系统内部自组织演化也经历了一个复杂的过程，从单一企业的自营与外包决策到第三方物流的崛起，从供应链的形成和发展到物流园区的能动作用。在这一过程中，物流系统内部集聚的资源越来越多，物流系统的服务能力越来越强，物流系统的服务水平也越来越高。

1. 自营与外包决策

物流系统发展过程中，首先遇到的一个关键问题就是自营还是外包决策，决策的焦点集中于两个关键点：一是物流业务在企业中是否为核心业务；二是外包与自营相比较的成本优势如何。

由于竞争的加剧，在"以客户为中心"理念驱动下，为提高客户服务水平，企业更加重视如何才能更加有效地利用有限的核心资源提供具有竞争优势的产品和服务，越来越多的企业开始将非核心业务外包出去。可见，业务外包已经成为企业利用外部资源提供的产品和服务获取竞争优势的一种重要战略。物流系统就是在这种外包趋势推动下逐步成长、成熟起来的，并发展成为合作企业长期的战略合作伙伴。

随着物流系统竞争优势的提升，外部环境发生了显著的变化，企业的经营战略从生产导向、销售导向转变为市场导向，物流系统以其持续的稳定性和可靠性而成为战略联盟中的重要成员。战略联盟不仅降低了经营管理的难度、成本和风险，而且提升了合作双方的市场地位和竞争优势。

在整个社会的自营与外包决策中，物流系统内部结构、功能和行为逐步演化，一部分演化成为企业内部的核心业务，如沃尔玛（Wal-Mart）的物流系统；另一部分演化成为战略联盟中的重要成员，如戴姆勒-克莱斯勒公司的物流合作伙伴德国 BLG 物流集团。尽管不同企业的物流系统有着不同的演化路径，但是都成为竞争力提升的重要基础。

2. 第三方物流的崛起

在物流外包战略的驱动下，物流系统的运营形式发生了变化，第三方物流（third party logistics，3PL）作为一个独立的物流系统获得了广阔的发展空间。第三方物流改变了企业经营管理的方式和物流社会化环境，企业可以通过契约的方式充分利用这一专业化的第三方物流资源。

第三方物流是社会分工逐步细化的必然产物，它是一种由供需双方之外的第三方提供物流服务的业务模式。第三方物流在整合社会资源、提供物流服务的过程中逐步成熟壮大，并演化成一个具有竞争优势的社会经济系统，从而在社会经营管理活动中担负更重要的使命。第三方物流不仅是企业内部价值增值的重要环节，而且是整个供应链价值增值的重要纽带。

第三方物流系统的演化呈现两个重要的趋势：一是提供专业化服务，在服务方式、服务内容、服务水平等诸多方面提供专业化服务，逐步发展成为该领域最具竞争优势的服务体系；二是提供全方位服务，不仅提供传统的运输和储存服务，而且提供物流、金融、信息等增值服务，如提供供应链金融服务、物流信息化解决方案。

第三方物流的崛起为物流系统积聚了能量，它不仅成为物流系统内部自组织演化的主要方向，而且成为实现物流一体化的重要阶段。第三方物流不仅成为延迟策略中生产系统外部化的延伸，而且成为准时制模式中生产系统内部化的融合。第三方物流系统必将在物流系统中担负重要使命。

3. 物流园区的发展

面对复杂的社会经济系统和企业系统，为了实现健康、安全和环保的社会目标，有效集聚第三方物流资源，提高运营效率、降低运营成本、降低能源消耗也成为物流系统内部自组织演化的方向。因此，物流园区成为第三方物流的集聚中心。

物流园区是物流系统在如图 1-9 所示的由时间、成本、绩效（质量）构成的资源约束下产生的，也是物流系统在提高客户服务水平和客户满意度意愿驱动下产生的，尽管不同环境中的时间、成本、绩效（质量）要素主导的资源约束不同，物流园区承载的功能也会出现差异，但是物流园区总是存在于一个特定的空间节点上，而且会随着流通速度、客户需求等变化而动态变化，正如火车站的变迁一样，它的容量一定是当地居民数量和乘客需求量某种关系的函数。

根据 Zheng 等（2010）的研究成果，蜘蛛丝集水机制主要源自蜘蛛丝网具有的突起结构（称为 "spindle-knot"）和连接结构（称为

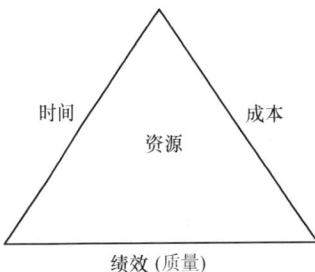

图 1-9　资源要素

"joint"）（图 1-10），突起结构具有收集液滴和承
载液滴的作用，"spindle-knot"突起结构就如同物
流园区，不仅承担着收集货物资源的任务，而且
承担着货物储存功能；"joint"连接结构就如同与
物流园区相关联的流通渠道，不仅连接着物流服

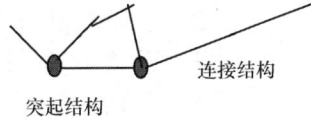

图 1-10　蜘蛛丝网结构

务需求企业，而且连接着物流服务供给企业。因此，蜘蛛丝网就如同一张连接
着物流园区的网络图。

物流园区作为物流系统重要的连接节点，不仅集聚着第三方物流资源（设
施、车辆、仓库等），实行专业化、规模化的集约化经营，而且集聚了物流、信
息流和资金流，成为观察物流系统、企业系统甚至整个社会经济系统运营状况的
一个重要窗口。物流园区蕴含着物流经济集聚区、物流产业集群、物流功能集
聚、物流空间枢纽等内涵，面向制造业、商贸流通业等相关产业承担着综合物流
服务功能。

物流系统内部自组织演化过程，揭示了物流系统结构、功能和行为的演化过
程，从更深层次上展现了物流系统的内在复杂性。

1.4.2　物流系统之间协同演化

物流系统并不是一个孤立的系统，它与相关系统持续交换着物质、信息和能
量，形成了物流系统之间、物流系统与相关系统之间的协同演化。物流系统之间
的联动主要体现在供应链系统协同方面，物流系统与相关系统之间的协同更多的
是物流业与制造业联动发展。

1. 供应链系统协同演化

从单一企业的物流系统扩展为供应链系统，充分体现了企业战略资源的转移
和经营战略转型方式的变化，为客户提供从原材料到最终产品的综合性服务。供
应链管理思想的形成和供应链系统的协同演化，都是在"以客户为中心"理念指
导下，由客户需求引导和驱动的，并将目标定位于提高客户服务水平。

供应链系统协同演化主要是供应链成员之间的协同演化，它使物流系统逐步
朝着结构完善、功能优化和行为规范的方向发展，受到健康、安全和环保理念的
影响，供应链系统在协同演化过程中也注入了 HSE 思想，使一个全面、系统的
价值链在绿色的环境中培育和生长，低成本、低能耗、低损耗、低污染、高效率
和高效益成为供应链系统运营管理的目标，开始追求供应链系统的可持续发展。

供应链系统协同演化主要依赖于主导型成员，依托主导型成员的凝聚力、领
导力，以增强整个供应链系统的竞争力为目标，来协调供应链成员的生产、经营
和管理行为，形成一个外部市场驱动和内部生存驱动的双核动力机制，从而显现
了供应链系统协同演化的路径。

在供应链系统协同演化过程中,供应链成员在"利益共享,风险共担"的合作目标驱动下,为提高运营效率、降低中断风险共同努力,使供应链系统逐步朝着协作、协调、协同的方向发展,无论是集中决策还是分散决策,决策效率、决策可靠性、决策科学性都在逐步提高。

2. 物流业与制造业联动发展

作为现代服务业的重要组成部分,物流业的发展离不开相关产业的支持,更需要与制造业等主导产业联动发展,从而提升制造业等主导产业的竞争优势。可见,物流业与制造业等主导产业联动发展的目的在于支撑制造业等主导产业可持续发展,形成一个相互支撑的多系统联动发展的协同体系。

在物流业与制造业联动发展体系中,无论是生产主导还是销售主导,都是在客户需求驱动下,在时间、成本和绩效(质量)要素主导的资源约束下实现的。因此,物流业与制造业之间的协同演化呈现复杂性,具体体现在系统之间物质、信息和能量的交换过程中实现"有序—无序—有序"的动态平衡,在动态平衡中实现结构、功能和行为的演化。

为了更加清晰地描述物流业与制造业联动发展的趋势,以长江三角洲地区为例,随着"国际制造业走廊"的形成与发展,以物流业为代表的现代服务业获得了快速发展的机遇,物流业与制造业联动发展成为该地区许多城市发展的战略,如素有"制造业天堂"之称的苏州市,正在"制造业天堂"和"服务业天堂"这一"双天堂"战略驱动下,努力实现物流业与制造业联动发展。

以物流业与制造业为代表的物流系统之间的协同演化,驱动着整个社会经济系统的演化。在面向制造企业的生产线开展准时制生产的物流服务体系中,承担物流服务的物流系统有效地支撑了制造企业的生产活动,通过 JIT 生产物流服务,有助于提升整个企业系统和社会经济系统的运营效益。

1.5　小结

物流系统在社会经济系统中发挥了重要作用,在连接从产地到客户的各个环节中,不仅为降低成本、提高效率、保证质量作出了贡献,而且也为物流系统提供了一个更具竞争优势的资源平台。无论物流系统内部的自组织演化还是物流系统之间的协同演化,都是为了适应外部环境的变化和提高自身的竞争优势,这些都为物流系统控制论的形成和发展奠定了理论基础。

第 2 章 物流系统控制论概论

物流系统控制论（control theory of logistics system）作为一个新的理论体系，不仅是控制论在物流系统中的延伸，而且是在新型系统中更高层次的发展。物流系统控制论以企业系统中的看板管理（KANBAN）和供应链系统中的供应链面板（supply chain dashboard）为基础，分别从微观的企业层面和宏观的供应链层面展开。

2.1 概述

经济全球化和客户个性化需求的增加，驱动着物流从一项功能性的活动发展成为一项具有战略意义的服务模式。以时间为基础的物流、技术创新和制造业产品战略转型，使服务业的商业环境发生了根本性的变化，物流业正面临着来自维持成本优势和提高服务水平的机遇与挑战。系统化、社会化（专业化）、标准化和信息化成为现代物流业的主要特征，物流系统也发展成为整个社会经济系统中的一个重要系统，在企业的生产经营体系和社会的流通体系中担负着重要使命，成为社会价值转换和价值增值的重要桥梁和纽带。

2.1.1 物流系统控制论的概念

以实现物流系统协同优化为目标的物流系统控制，不仅影响着企业的竞争优势，而且影响着整个社会经济系统的协调发展。但是，物流系统自身和社会环境的复杂性，不仅影响了物流系统维持成本优势和提高服务水平能力的发挥，而且影响了物流系统综合控制体系的建立和完善。因此，迫切需要一种能够揭示物流系统演化规律和实现最优控制的方法论。

物流系统控制论，可称为"控制论物流学"（cybernetic logistics），它是系统论和控制论与物流系统集成的产物（赵林度 2007b）。尽管物流系统控制论的核心思想来自控制论，但是并不是单纯地以管理和控制物流系统为目标，而是借助物流系统结构完善、功能优化和行为规范过程，构建一个观察物流、信息流和资金流流动的可视化窗口，使物流系统内部、物流系统与相关系统之间实现协作、协调和协同。从本质上讲，物流系统控制论中的控制是一种软控制，是一种对不可见属性甚至无法准确感知属性的控制。

物流系统控制论就是通过对物流系统运营过程的综合控制达到期望绩效的一种方法论，系统、控制、物流活动、目标是物流系统控制论中的关键概念，它涵盖了包含时间、成本、绩效（质量）等资源要素的资源管理，以及包含运输、储存、包装、装卸搬运、配送、流通加工、信息处理等活动要素的运营管理，并且贯穿于企业和供应链的销售与运营计划（sales and operations planning，S & OP）之中。

2.1.2　物流系统控制论的作用

物流系统控制论强调用整体的、动态的、相互联系和协调发展的观点来研究物流系统的演化规律，揭示物流系统价值转换和价值增值过程中各要素之间的关系及其演化规律，集中反映在微观的企业物流系统控制和宏观的社会物流系统控制中，更多地体现了超系统、超网络的核心价值观。

尽管物流系统控制论的对象不同于传统控制的能源、交通、机械等系统，但是仍然具有控制系统的能控性和能观性两个重要特性，借助于软控制方法，物流系统控制论能够解决物流系统自适应性和响应性、最优决策和自动调节过程、环境控制和过程控制、协调与协同控制，以及物流系统复杂控制等问题，增强物流系统、企业系统和社会经济系统的能控性和能观性。

在物流系统控制论中，物流、信息流和资金流是系统控制的重要要素，健康、安全和环保是系统必须遵循的国际标准。物流系统控制论的价值在于它来自于实践、跨越了理论，有助于指导物流系统演化和运营实践，使物流系统维持在正常状态。

2.2　控制论概述

物流系统控制论起源于控制论，控制论为物流系统控制论提供了生存发展的环境，从而培育了一个独具特色的理论体系。因此，有必要更多地了解控制论的过去、现在和将来，以及控制论的基本概念和基本原理。

2.2.1　控制论的产生与发展

面对能源、交通、经济、管理等复杂系统，控制论作为一种方法论，能够通过建立这些系统的信息交换、反馈调节、自组织、自适应等功能模型，揭示这些系统的内在复杂性及其演化规律性。

1. 控制论的产生

1948 年，美国数学家诺伯特·维纳（Norbert Wiener）在《控制论——关于在动物和机器中控制与通信的科学》一书中提出了控制论（cybernetics），标志着控制论学科的诞生。作为一种方法论，控制论是一门研究各类系统的调节和控制规律的科学（江琳萍 2005），信息、反馈、控制、输入与输出和可能性空间等是控制论的基本概念。控制论已经成为深入揭示系统内在复杂性和规律性的一个重要方法，成为物流系统控制论的理论基石。

控制论产生于第二次世界大战这个特殊的历史条件下，与当时社会生产朝自动化方向发展的趋势相吻合。为解决高速计算和预测问题，诺伯特·维纳研究了数学工具及技术方法、神经解剖学、神经生理学、心理学和语言学等，有效地将科学技术和生物科学联系起来，研制用于智能模拟的智能机器，从而创立了控制论。控制论从宏观上将人、动物与机器在通信和控制功能上进行类比，概括出所有控制对象都必须遵循的共性规律，它跨越了生物学、神经生理学、心理学、逻辑学、语言学、管理学等学科之间的界限，能够独立和交叉地形成多种控制论体系。

2. 控制论的发展

自控制论诞生以来，科学家们沿着不同的方向发展控制论。心理学家、神经生理学家和医学家应用控制论方法研究生命系统的调节和控制问题，促进了对生命有机体的了解，建立了神经控制论、生物控制论和医学控制论等；控制理论家应用控制论方法研究工程系统、军事系统、经济系统、管理系统等系统的调节和控制问题，形成了工程控制论、军事控制论、经济控制论、管理控制论等。一般认为，控制论经历了经典控制论、现代控制论、大系统理论和智能控制理论四个发展阶段。

1）经典控制论阶段

在 20 世纪 50 年代，传递函数是主要的数学工具，人们将这种方法称为频域法，它的数学基础是拉普拉斯变换（Laplace transform）。频域法只能应用于单输入——单输出的定常线性系统的分析和设计。50 年代后期，由于核反应堆、航天航空系统的控制要求精度高、控制参数多，即属于多输入-多输出系统、时变系统、非线性系统，频域法难以解决更复杂的控制问题的局限性显现出来。尽管如此，经典控制论为现代控制论的发展奠定了基础，建立了系统、信息、黑箱、反馈、调节、控制和稳定控制等基本概念和分析方法。

2）现代控制论阶段

20 世纪 50 年代末到 70 年代初期，高速度、高精度数字计算机的问世，为控制论的发展提供了强有力的工具，控制论研究方法也由频域法过渡到时域法，即由传递函数法发展为状态空间法。在理论上，时域法能够处理多输入-多输出系统、时变系统、非线性系统的控制问题。现代控制论阶段的主要理论成就，是 1956 年苏联数学家庞特里亚金（Lev Semionovich Pontryagin）的极大值原理和美国学者贝尔曼（R. E. Bellman）的动态规划，从而创建了"最优控制"（optimal control）理论。最优控制理论引进了目标函数概念，在满足一定约束的条件下，求解使目标函数达到最优（极大或极小）的控制变量值。

最优控制是现代控制论的核心，最优控制可以定义如下：在规定的限度下，使被控系统的性能指标达到最佳状态的控制，主要研究在满足一定约束条件下，寻求最优控制策略，使得被控系统的性能指标取极大值或极小值的问题。解决最优控制问题的方法，主要有古典变分法（对泛函求极值的一种数学方法）、极大值原理和动态规划。

3）大系统理论阶段

在 20 世纪 70 年代形成的大系统理论方法，主要有分解协调原理、分散最优控制、多级递阶控制、大系统模型降阶理论等，主要用于解决人口系统、能源系统、交通运输系统、文化教育系统等输入变量众多、结构复杂的大系统问题。

大系统具有两种常见的结构形式：①多层结构，按功能将一个大系统分为多层次，处于最低层的调节器可以直接对被控对象施加控制作用；②多级结构，在对分散的子系统实行局部控制的基础上再加一个协调级以解决子系统之间的控制作用不协调问题。递阶控制理论和分散控制理论是大系统理论中两个重要的理论方法。

4）智能控制理论阶段

20 世纪 80 年代以来，信息技术、计算机技术等相关学科的快速发展，推动了控制论研究的不断深入，控制论向智能控制理论的发展成为一种趋势。智能控制概念是 1971 年由傅京孙（Fu King-sun）教授提出来的，经历了从"二元论"（人工智能和控制论）向"四元论"（人工智能、模糊集理论、运筹学和控制论）的发展，如今智能控制理论已经得到了广泛的应用。

智能控制主要围绕控制策略的智能化而展开，安装有智能程序的系统可以根据预先设定的程序自动运行，自动地完成针对预期目标的控制过程，如离散控制系统（distributed control system，DCS）等。智能控制系统的智能化水平取决于人类专家经验、预设程序知识规则的完善程度、人机交互能力、数据分析处理能力等因素，智能控制系统的智能化水平正在随着智能控制理论的发展而逐步提高。

控制论的发展和成就，不仅标志着人类面临挑战时勇于探索和不断开拓的精神，而且体现了人类在认识世界和改造世界的进程中认识论和方法论的演化过程，控制论也将在发展中被新的方法所替代。

2.2.2　控制论的基本概念与基本原理

控制论的产生和发展，为有效地控制系统的运营状态提供了一个可行的工具，有助于更好地观察、分析、引导和控制系统稳定地保持或达到所需要的状态。

1. 控制论的基本概念

控制论已经成为一个相对完善的理论体系，在控制论体系中包含一些基本概念，如信息、反馈、控制、输入与输出和可能性空间。

1）信息

信息是物质运动规律的总和。1948 年，美国数学家、控制论创始人诺伯特·维纳指出，信息就是信息，既非物质，也非能量。美国数学家、信息论创始人香农（Claude Elwood Shannon）指出信息是用来消除随机不确定性的东西。

信息是指能被人类接收、理解、传递并产生影响的一种有形或无形内容，具有多种形式，如姿态、声音、表情、气味等，在计算机系统中表现为一种有价值的数据，它的价值不仅表现在能否被接收、能否被理解，而且具有时效性，即具有对象价值和时间价值。

信息是系统生存和发展的命脉，信息流是系统正常运营的重要支撑。如何实现信息共享与交流、如何实现信息透明化是系统设计的关键要素。

2）反馈

一般意义上的反馈（feedback）是指将系统过去的行为结果返回给系统，以控制未来的行为结果。在控制论体系中，反馈又称回馈，指为了达到预期的控制目标，将系统输出的结果再返回到输入端影响输入的过程。在控制过程中，主要通过观察分析输出结果与预期目标之间的关系判断是否将输出信息返回输入端，如果未达到预期的控制目标就进行反馈控制，从而使受控对象产生预期的最佳的控制效果。反馈的示意图如图 2-1 所示。

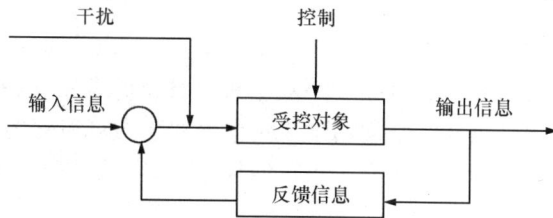

图 2-1　反馈示意图

反馈可以分为正反馈与负反馈两种。在一定条件下，能使系统的输出值（给定信息）趋近于目标值的反馈叫做负反馈。反之，使系统的输出值偏离目际值的反馈叫做正反馈。

3）控制

通俗地说，控制就是驾驭、支配的意思。在控制论体系中，所谓控制就是一个有组织的系统根据内外部条件的变化而调整自身状态，保持或达到某种特定状态的一种作用力。控制必然有主动控制与被动控制，控制就是主动系统对被动系统施加的作用力和影响力，这种作用力和影响力具有目的性，能够使系统满足目的性要求。

任何一个系统都会存在一些不确定性使系统不能稳定地保持或达到所需要的状态，为了使系统能稳定地保持或达到所需要的状态，必须对系统施加一定的作用力和影响力，抵御系统的组织性降低、不确定性增加的自然趋势（即熵增加趋势），以克服系统不稳定性、不确定性的影响，这种作用力和影响力就是一种控制。

4）输入与输出

现实中的任何系统都与环境发生相互影响、相互作用，绝对封闭的系统是不存在的。系统与环境之间的相互影响、相互作用是通过输入与输出的方式实现的，输入与输出就是指物质、信息和能量的输入和输出。通常，将环境对系统的作用和影响称为系统的输入，而将系统对环境的作用和影响称为系统的输出。在解决控制问题时，系统的输入技术分为两大类型，即可控输入和不可控输入。可控输入的量，在系统控制时是可以调节、可以改变的，以实现控制的目的。

在控制论体系中，可控输入简称输入，不可控输入则称为干扰。显然，无论是输入还是干扰，都会对系统的控制和输出产生影响，只是影响的结果不同。干扰常常使系统产生偏离目标的运动，使控制结果与控制目标产生误差（目标差）；输入的作用有两方面，一方面使系统产生预定的输出，另一方面使系统克服干扰带来的偏差，排除不符合控制目标的输出。

5）可能性空间

可能性空间是指事物发展变化所产生的若干可能性的集合，如果一个事物的发展变化有 n 种可能性状态，那么该事物的可能性空间就是 n 种状态的集合。

在控制论体系中，可能性空间用来表示受控对象发展演化的可能性，即控制可能面临的若干结果，通常至少有一个可能性空间是系统控制的目标。

2. 控制论的基本原理

控制系统具有四个主要特征：一是具有一个预定的稳定状态或平衡状态；二是与外部环境之间具有物质、信息和能量交换；三是具有专门设计用于纠正偏差的机制；四是具有自动调节机制。可见，控制系统是一个动态的复杂系统。

面对复杂的系统，控制论作为系统控制的理论方法，通过信息的输入与输出、信息反馈，实现对受控对象的驾驭、支配，使受控对象在可能性空间中朝系统控制的目标方向发展演化。控制论的基本原理，在于充分利用反馈原理增强系统的能控性和能观性。

在控制论中，可以将控制定义成"为达到预定的目标或改善受控对象的功能，调节系统由于干扰而出现偏差的过程"。通过对受控对象过程、状态和绩效的衡量，及时发现并采取有效的纠偏措施控制偏差，以确保系统目标及其预定计划得以实现。控制论的基本原理主要包括反映预定计划要求原理、适应受控对象要求原理、关键控制点要求原理、例外优先要求原理和趋势控制要求原理等内容。

2.3　物流系统控制论形成的基础

物流系统的发展和控制论思想的渗透，奠定了物流系统控制论形成和发展的理论基础。特别是企业物流系统控制和社会物流系统控制的实践，又进一步从实践层面推动着物流系统控制论的形成和发展。

2.3.1　物流系统控制论生存环境

无论是微观的企业物流系统控制还是宏观的社会物流系统控制，都生存在一定的环境中，并受到环境状况的制约。可以认为，物流系统控制论是在特定的生存环境中孕育发展起来的。那么，物流系统控制论的生存环境又具有哪些特性？

英国克莱菲尔德大学（Cranfield University）管理学院马丁·克里斯托弗（Martin Christopher）教授在 2006 年供应链与物流国际研讨会（GCSCL2006）上以"更好、更快、更便宜和更近——供应链管理如何改变竞争规则"为题作了主题报告，系统地阐述了供应链管理所面临的生存环境，正是报告中描述的更好、更快、更便宜和更近的社会化需求，构成了供应链管理生存环境的主要特征，物流系统控制论也正是被孕育在这样的生存环境中的。

1. 网络化竞争环境

为了适应逐步扩大的竞争、不断缩短的产品生命周期和快速变化的客户需求，供应链管理将物流系统控制论纳入自己生存发展的生态环境，追求更加精细化的物流管理方法，并在网络技术发展动力的驱动下使自己获取资源的范围、参与竞争的领域逐步扩展。网络化竞争成为供应链管理环境中最显著的特征，借助互联网、信息技术和通信技术，供应链网络能够提供更好的产品和服务、更快的客户响应、更便宜的产品和服务，从而建立更加紧密的供应链成员伙伴关系。

在网络化竞争环境中，虚拟物流（virtual logistics）独具特色，它是以计算机网络技术进行物流运营管理，实现企业间物流资源共享和优化配置的物流方式。从本质上讲，虚拟物流是准时制在全球范围内的应用，是一种小批量、多频次物流配送过程。借助物流系统控制功能，虚拟物流能使企业低成本地获取世界任何地方的资源，跨国输送优质的产品和服务，以赢得市场竞争速度和优势。

在经济全球化背景下，激烈的竞争驱使企业跨越了边界而成为供应链成员，并逐步跨越地域和国界而成为国际供应链成员。在信息网络的支持下，物流网络、供应链网络构筑了一个竞争与合作的网络化环境，支撑着物流系统成员之间、供应链成员之间的协作、协调和协同运营。网络化竞争环境为物流系统控制论提供了肥沃的土壤，在企业物流系统控制和社会物流系统控制实践中提炼理论精华。

2. 供应链能控性和能观性

在供应链管理环境中，具有网络结构的供应链，不仅将供应链成员带入了网络竞争的环境，而且也代替企业之间的竞争成为竞争的主体，使竞争更加激烈。在巨大的竞争压力驱动下，供应链管理的生存环境呈现出适合物流系统控制论成长的两大特征，即供应链能控性（supply chain controllability）和供应链能观性（supply chain observability），使物流系统控制成为可能。

1) 供应链能控性

供应链能控性特征反映了供应链的综合管理能力，在供应链可视化技术支持下，有助于实现供应链流程、产品、服务的可追溯，增强对供应链成本和风险的控制能力。面对复杂的供应链管理环境，只有通过对供应链运营过程的综合控制才能达到期望绩效，从而降低整个供应链的综合成本和运营风险。

供应链能控性为物流系统能控性提供了良好的生存环境，有助于物流系统从运输、储存、包装、装卸搬运、配送、流通加工、信息处理等基本功能，以及柔性、鲁棒性和弹性等扩展功能出发培育物流系统能控性。

2) 供应链能观性

供应链能观性特征使供应链成员之间在信息共享的基础上，能够在满足客户需求的服务流程上协作、协调、协同，真正实现业务流程一体化，快速响应客户需求。供应链面板（supply chain dashboard）作为一种可视化技术，提供了实现供应链能观性的工具。图 2-2 描述了一个基于供应链面板的供应链可视化平台。

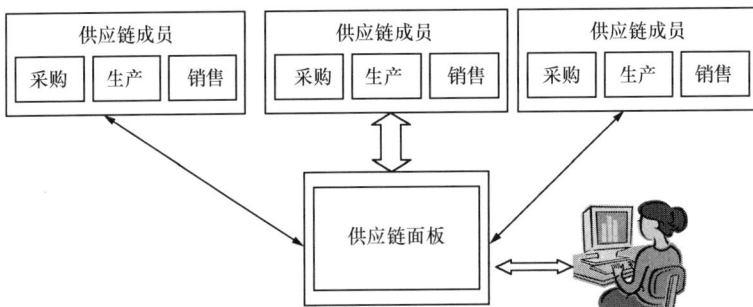

图 2-2　基于供应链面板的供应链可视化平台

物流系统能观性孕育在供应链能观性环境中，采用更加先进的技术提高整个物流系统的可视化水平，如看板管理技术、看板管理与供应链面板集成技术，从提高物流系统每一个成员、每一个环节的可视化水平出发，培育物流系统能观性。

在这个竞争与合作交织的供应链管理环境中，供应链管理柔性、鲁棒性和弹性需求越来越高。物流系统为了适应外部环境的变化和提高自身的竞争优势，不断从供应链管理环境中汲取养分，与此同时，物流系统控制论带着能控性和能观性两个特征应运而生。

2.3.2　企业物流系统控制

在物流管理概念形成和发展过程中，先后产生了"成本中心说"、"利润中心说"、"商物分离说"和已经成为主流的"服务中心说"与"物流战略说"（杨健2004）。高质量的物流服务直接或间接地影响了企业的市场份额、客户满意度和客户忠诚度（Stank et al. 2003）。物流战略的一个重要方面是价值增值概念，物流服务提供商必须提供差异化、具有价值增值能力的服务，以提高客户满意度（Lu 2000）。生产和物流都具有价值增值能力（Chikan 2001），都是企业发展战略中重要的组成部分（Hertz and Alfredsson 2003）。

企业是整个社会经济系统的基本单元，是创造社会原始价值的重要源泉。企业物流系统控制主要集中在企业创造价值的价值链环节中，以最大化企业利润为目标。在企业物流系统控制方法中，主要包含"漏斗模型"、准时制控制和看板控制等方法。

1. 基于"漏斗模型"的企业物流系统控制

德国汉诺威大学 Bechte 和 Wiendahl 等在 20 世纪 80 年代，依据存量控制的基本思想，提出了"漏斗模型"（funnel model），成为负荷导向型生产控制方法（卫巍和陈荣秋 1994；韩文民和叶涛锋 2005）。"漏斗模型"的理论出发点是存量控制思想，即通过有目的地安排生产任务，使工作地在制品（work-in-process, WIP）量维持在一定的水平上，从而确定和控制工作地平均通过时间及设备利用率，并由此对生产过程进行控制。"漏斗模型"和输入输出表是控制决策中心订单流过程参数可视化的工具，它表明在一个参考日期或一个时间跨度的平均时间点上订单的处理状态（Friedhelm and Filho 2002）。Wiendahl 和 Breithaupt（2000）应用"漏斗模型"等控制理论，研究了实现自动生产控制的新型动态生产模型。"漏斗模型"的基本概念如图 2-3 所示。

客户需求 (订单)

```
┌─────────────────────────────┐
│          输入                │
└─────────────────────────────┘
```

正在处理的订单

(库存 / 在制品)

处理过的订单

(产品)

```
┌─────────────────────────────┐
│          输出                │
└─────────────────────────────┘
```

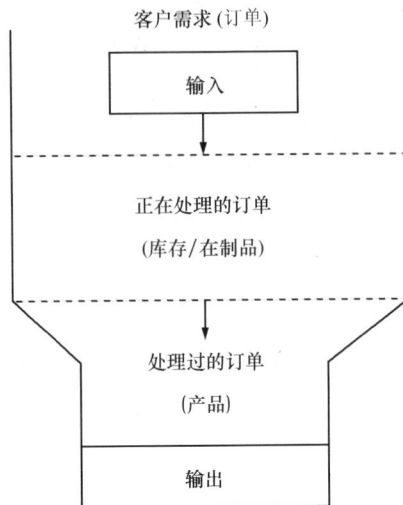

图 2-3　　"漏斗模型"的基本概念

资料来源：肖田元 . 1995. 基于漏斗模型的一体化生产计划与仿真系统 IP&S［J］. 高技术通讯，(7)：43-47.

"漏斗模型"简便、形象、动态适应性强，在生产系统中可以用来描述一个工厂、车间、机床，漏斗中流动的是需要完成的生产任务，滞留在漏斗中的是生产过程的库存（蔡淑琴等 2005）。通过分析生产系统工序通过时间和在制品量的关系，"漏斗模型"形成了一个完整的基于负荷导向的作业控制理论方法，它适合于多品种、小批量生产系统的计划与控制。

2. 基于准时制的企业物流系统控制

准时制的含义，是指在所需要的时间按所需要的数量生产所需要的产品（龚其国等 2001）。准时制生产是日本丰田生产方式的重要组成部分，而 JIT 的成功实施有赖于看板控制系统的正确运用（黄建辉等 2004）。设计的 JIT 系统主要应用最小化的库存，生产、传递产品和服务。JIT 控制是一种聚焦于减少生产过程中无效的和无法预测的时间的物流理念，已经被许多制造型公司所应用。如今，面向企业物流系统的 JIT 控制、看板控制及其集成已经得到广泛应用。

准时制和精益生产（lean production）方式的结合，形成了准时制精益生产方式。准时制精益生产的基本思想是"在需要的时候，按需要的量生产所需的产品"，它的终极目标在于实现"零浪费"。准时制精益生产以订单为驱动，以准时制生产为出发点，以看板系统为现场控制的核心技术，采用拉动式生产管理方式将采购、生产和销售紧密地衔接起来，有效降低了库存成本，提高了生产效率。

3. 基于看板的企业物流系统控制

看板控制起源于日本丰田汽车公司，已经发展成为一种生产制造活动的控制方法，以达到 JIT 的目的和管理 JIT 的运作（杨星建 2001）。看板控制已经成为企业物流系统控制的一种重要方式，电子看板（eKANBAN）和信息技术一样（Chen 2003），已经成为企业物流的重要支撑。而且，JIT 控制和看板机制已经集成应用在装配型供应链系统，从企业物流系统控制扩展到了社会物流系统控制，图 2-4 展现了单阶段看板供应链系统（Wang and Sarker 2005），图 2-5 展现了多阶段看板供应链系统（Wang and Sarker 2006）。

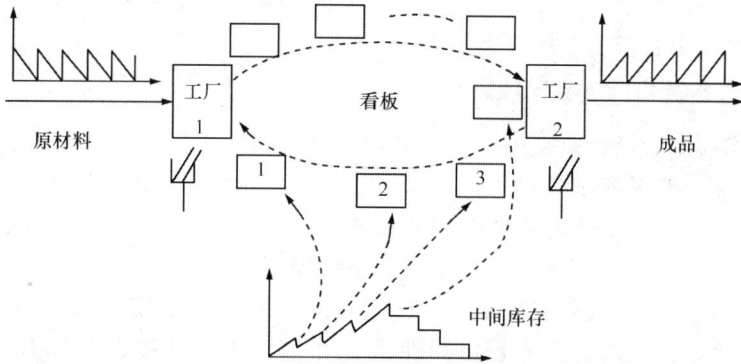

图 2-4　单阶段看板供应链系统

资料来源：Wang S J, Sarker B R. 2005. An assembly-type supply chain system controlled by kanbans under a just-in-time delivery policy [J]. European Journal of Operational Research, 162（1）：153-172.

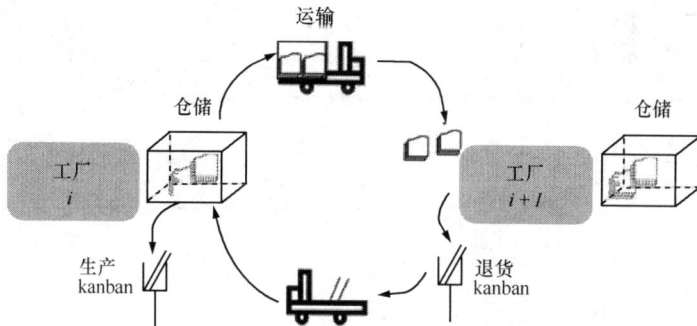

图 2-5　多阶段看板供应链系统

资料来源：Wang S J, Sarker B R. 2006. Optimal models for a multi-stage supply chain system controlled by kanban under just-in-time philosophy [J]. European Journal of Operational Research, 172（1）：179-200.

　　无论是单阶段看板供应链系统还是多阶段看板供应链系统，都借助看板实现了对整个物流系统的综合控制。企业物流系统控制的目的主要在于提高企业价值链的增值能力，实现采购、生产和销售各价值链环节的有效协同。通过企业物流系统控制，调节生产节奏、优化库存量，能够降低企业生产经营成本和风险。因此，企业物流系统控制有助于实现社会经济系统网络各个节点内部结构、功能和行为的优化，为社会经济系统创造更具价值、更具活力和更具竞争优势的利润源。

2.3.3　社会物流系统控制

随着市场竞争的加剧，企业生产环节的物流控制已经扩展到了社会物流系统，构成了一个对全社会物流系统进行综合控制的供应链网络，使系统论和控制论在物流系统中获得了有机集成的机遇。

1. 社会物流系统复杂性控制

社会物流系统是企业物流系统扩展和优化的结果，它是一个基于"竞争-合作-协调"机制的多物流协同控制系统。因此，社会物流系统控制主要涉及复杂性控制方法。物流系统复杂性的管理和控制，已经成为一个重要的研究方向（Peron and Miragliotta 2004）。复杂物流系统控制的目标，在于以较低的成本达到较高的复杂物流系统需求满足率（朱卫锋和费奇 2003）。社会物流系统复杂性控制由结构复杂性控制、关系复杂性控制和过程复杂性控制三部分构成（图2-6），结构类特征、关系类特征、生产类特征、经济类特征和目标等参数构成了系统控制的主要特征参数。

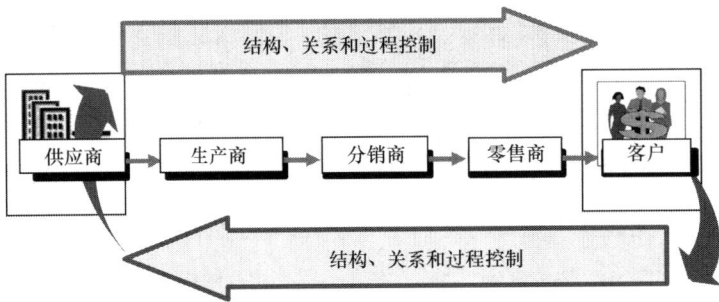

图 2-6　社会物流系统复杂性控制

1）社会物流系统结构复杂性控制

社会物流系统具有的多渠道、多层次、多节点等特性，使其具有更加复杂的系统结构。供应链和物流网络的优化控制（Hameri and Paatela 2005；Jayaraman and Ross 2003），主要以提高网络绩效与协同性为目标，网络 HUB 之间协同性的提高能够维持成本优势和提高服务水平，能在大规模的物流过程控制中产生规模经济（Groothedde et al. 2005）。物流系统结构复杂性控制的目标，在于提高物流系统结构与物流、信息流、资金流的适应性。与物流、信息流、资金流相适应的物流系统结构，能够提高社会物流系统的敏捷性和绩效（图2-7）。

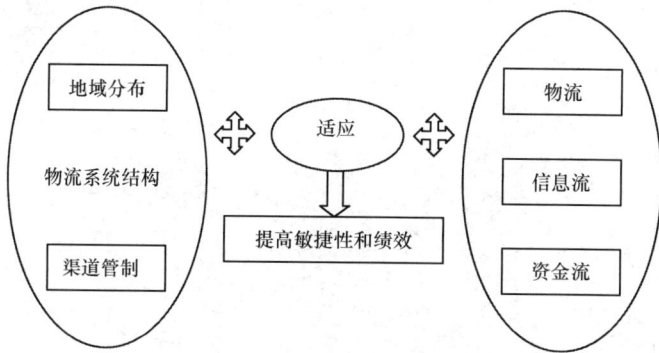

图 2-7　社会物流系统结构的适应性

社会物流系统结构是系统各组成要素之间的相互关系、相互作用，"关系的表现"与"作用的机制"成为系统结构的核心内容，它集中反映了"以客户为中心"的服务理念，并贯穿于整个社会物流服务过程。因此，可以认为社会物流系统结构复杂性的实质就是构成关系的复杂性和相互作用机制的复杂性。根据 Stock 等（2000）的研究成果，在供应链结构中主要包含地域分布和渠道管制。在社会物流系统结构中，供应链成员地域分布的随机性和供应链系统渠道管制的确定性构成了社会物流系统结构复杂性的本质。

2）社会物流系统关系复杂性控制

社会物流系统同时具有多主体、多核心的特性，使处于不同结构中的主体之间的关系变得更加复杂，"牛鞭效应"（bullwhip effect）就是这种需求主体和供给主体之间关系复杂性的主要表现。"牛鞭效应"的控制（Disney and Towill 2003a，2003b），从本质上更多地体现在对供求关系复杂性的控制，通过对产生"牛鞭效应"的各种因素进行综合控制来降低关系复杂性，如信息共享降低了信息不对称带来的关系结构复杂性，有助于降低"牛鞭效应"（Dejonckheere et al. 2004），多层次需求-反应物流控制策略呈现多级递阶结构，通过供求量的层次性改变了关系结构复杂性，从而降低了"牛鞭效应"（Sheu 2005）。

根据思维对象复杂性分析理论，人类思维对事物本质属性和事物之间内在联系规律性的认识，可以看成是对事物之间各种关系的反映，即事物自身具有的本质属性是一元关系，事物之间的相互联系则是复合函数关系，综合考虑复合函数的"重数"m 和关系的维度n，即用 $m \times n$ 来表示思维对象的复杂性才符合客观实际。正如思维对象的复杂性一样，社会物流系统成员之间的相互联系，也正如图 2-8 所示的供应链成员之间的相互联系一样，具有复合函数关系，即物流系统成员（供应链成员）所处层数 m 和同层成员数 n 之间的函数关系。

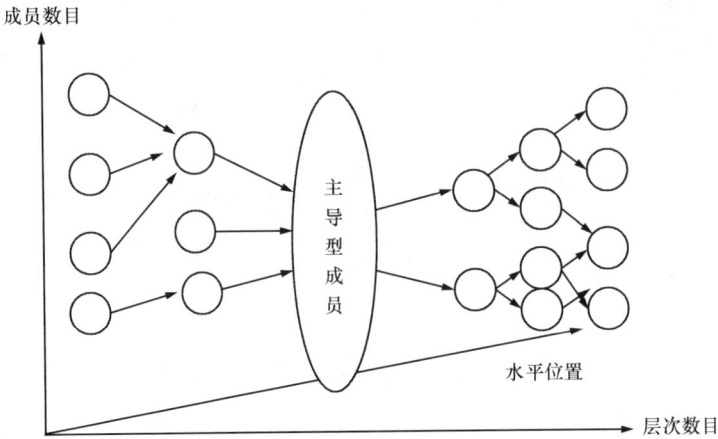

图 2-8　物流系统或供应链网络结构

在如图 2-8 所示的物流系统或供应链网络结构中，对于社会物流系统关系复杂性的表征来说，物流系统（供应链）层数 m 的作用远比成员数 n 大得多，而且主导型成员所处的位置通常是无法控制的。因此，社会物流系统关系复杂性控制重点在于对物流系统（供应链）层数 m 的控制和对同一层次物流系统成员（供应链成员）数 n 的控制。

3）社会物流系统过程复杂性控制

在物流系统结构复杂性和关系复杂性的影响下，物流系统的流程和演化过程也呈现出复杂性。信息技术和通信技术的应用，提高了物流系统追踪和溯源能力（Giannopoulos 2004），特别是无线射频识别（radio frequency identification, RFID）、全球定位系统、地理信息系统等信息技术的应用，在增强物流系统可视化能力的同时，降低了物流系统过程的复杂性。在逐步优化物流系统流程的前提下，进一步加强了对逆向物流的管理和控制（Chouinard et al. 2005），并注重能源和资源效率更高的物流系统的开发和推广应用，有效降低交通运输中的能量（Vanek and Morlok 2000），构筑经济效益和生态效益并重的绿色物流。

社会物流系统过程涵盖了物品从供给者（生产地）至需求者（消费地）转移的过程，在物流、信息流和资金流有效集成的环境中，完成运输、储存、包装、装卸搬运、配送、流通加工、信息处理等基本功能活动（图 2-9）。社会物流系统过程受物流时间、物流成本和物流绩效（质量）等物流资源约束，影响着物流服务水平和物流系统响应时间。在整体目标的支撑下，社会物流系统过程围绕物流时间、物流成本和物流绩效（质量）呈现多目标属性，从而进一步增加了社会物流系统过程的复杂性，并且使传统的统计过程控制（statistical process control, SPC）方法失去了作用。

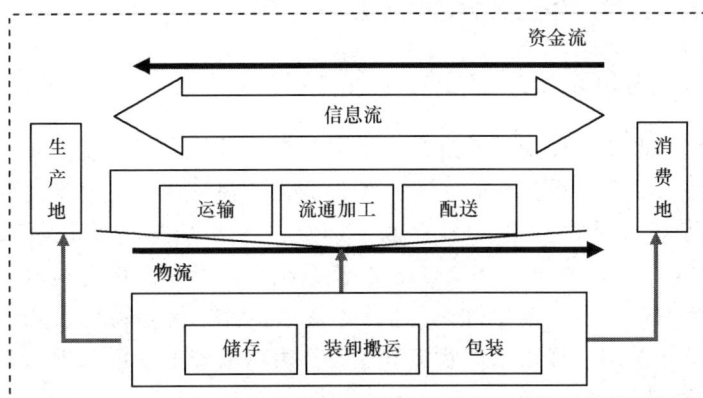

图 2-9　社会物流系统过程示意图

2. 基于供应链面板的社会物流系统控制

供应链面板具有实时监控、流程分析和决策支持三项功能，可以以可视化的方式承担社会物流系统结构复杂性、关系复杂性和过程复杂性控制，以维持社会物流系统的正常运营。

（1）实时监控。供应链面板利用 M2M 终端的智能感知能力及工作人员的观察分析能力，对整个社会物流系统运营状态进行分析，并通过图形化元素用实时、相关的数据传递关键信息，如果实时监控的指标超出正常范围将会触发警报机制进行预警，并采取有效的措施进行控制。

（2）流程分析。流程分析建立在社会物流系统运营状态实时监控的基础上，从各数据源系统获取全局的、面向主题的、集成的、多维度和多层次的动态数据集合，从而分析每一个业务流程的运营状态。流程分析功能允许用户通过多维度和多层次的细节数据分析和探究系统性能，以获得问题的根源，并支持社会物流系统业务流程间协作和成员间协同。

（3）决策支持。供应链面板通过一系列关键活动及相关信息的监控、分析，给管理决策者提供连续、实时的反馈，使他们能够对社会物流系统运营、战略规划等作出明确、及时的决策，有助于及时、准确地调整运营状态和战略规划。

供应链面板应用自身具有的实时监控、流程分析和决策支持功能，以可视化的方式描绘的社会物流系统运营状态的动态画面，就如同水流截面一样，可以直观清晰地用于观察分析和控制整个社会物流系统的运营状态。

社会物流系统控制的目的主要在于提高社会资源优化配置能力，实现物流系统与供应链系统之间的有效协同。通过社会物流系统控制，以及优化网络结构、调节物流系统与供应链系统之间的关系和重组系统流程，能够提高整个社会物流系统的敏捷性和柔性。协同理论在社会物流系统控制中的作用和影响，使其成为围绕关键控制点进行协同优化的重要方法。

2.4　物流系统控制论的基本框架

物流系统控制论在供应链管理环境中的孕育和成长，不仅使物流系统控制论的理论体系更加完善、更加成熟，而且使以物流、信息流和资金流集成优化为特征的供应链管理水平得到进一步提高，即提高了供应链管理成熟度（supply chain management maturity，SMM）。物流系统包括设备、信息技术、经济组织三个基本要素（Csera et al. 2000），这三个基本要素也成为物流系统控制的基本资源。在龚英（2004）提出来的物流修正控制模型基础上，可以进一步建立基于绩效分析与关键控制点（performance analysis critical control point，PACCP）的物流系统控制模型（图 2-10）。

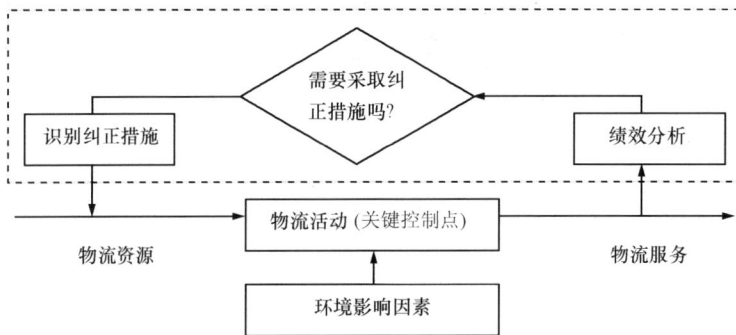

图 2-10　基于 PACCP 的物流系统控制模型

以过程控制为特征的 PACCP，不仅提供了实现期望绩效的保障方法，而且描述了一个动态的系统控制体系，绩效分析的动态性、纠正措施的动态性、关键控制点的动态性、环境影响因素的动态性，都推动着物流系统的持续优化。在物流系统控制论体系中，蕴含着诸如结构理论、关系理论和协同理论等丰富的理论基础，从而推动着物流系统控制模型的持续改进和持续优化。

2.4.1　物流系统控制的时空结构

结构决定功能和行为是系统科学的一个基本观点，它支撑着物流系统的形成和演化。伴随着社会生产的发展、信息技术的进步及供应链管理理念的变革，物流系统结构模型也经历了一个从链状模型到网状模型、从静态模型到动态模型的发展过程，物流系统结构也变得更加复杂，更加难以控制和优化。

1. 物流时间和物流空间

物流系统生存于一定的时空结构中，具有如图 2-11 所示的物流时间和物流空间。物流系统的动态网络结构，增加了系统结构的复杂性和时空结构的不确定性，同时物流系统控制的时空限定性，又增强了物流系统控制的能控性和能观性。能控性和能观性是控制系统的两个重要特性，它们是控制系统进行反馈控制、状态估计、系统识别，以及实现系统最优控制的基础。应用能控性检查系统的每一个状态分量能否被控制量所控制，反映了控制作用对系统状态产生的影响能力；能观性表示由输出观测量能否判断系统的状态，它反映由系统的输出量确定系统状态的可能性。物流系统控制的能控性和能观性，都会影响它赖以生存的供应链管理环境，它们都是供应链管理的重要特征。

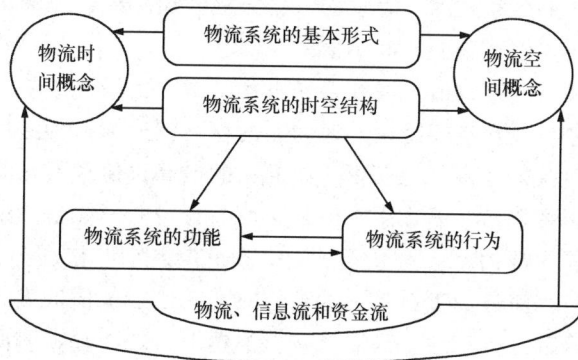

图 2-11 物流时间和物流空间

2. 物流时间价值和物流空间价值

物流系统的时空结构不仅见证了物流活动的价值，而且体现了物流系统的价值，物流系统的价值增值就是在特定的时空结构和功能结构中实现的。物流时间和物流空间都是物流系统控制的基本要素和策略，通过对物流时间和物流空间的综合控制达到期望绩效，延迟就是一种综合运用物流时间价值和空间价值的策略，如将企业生产过程中的产品检测环节推迟到产品流通过程的储存环节，这样不仅可以使企业生产过程中的产品检测时间缩减为零，而且可以使产品储存环节的停滞时间产生新的价值增值。

1）物流时间价值

时间是一种资源，一种需要消耗成本的资源。在经济活动中，由于改变商品从供给者（生产地）到需求者（消费地）之间存在的时间差而创造的价值，称为"时间价值"，物流系统在帮助服务对象获取时间价值的过程中所创造的时间价值就是物流时间价值。通常，获取物流时间价值主要有以下几种形式（孟凡胜 2005；叶宗云 2010）。

（1）缩小时间差创造价值。对于物流系统来说，缩小时间差就意味着缩短物流时间，所以它必须遵循经济规律，从缩短的物流时间中挖掘缩小时间差带来的时间价值。缩短物流时间可以获得很多好处，如加快资金周转、降低物流损耗、降低运营风险、提高服务质量等。从资本的角度来看，马克思早就指出，"流通时间越等于零或趋近于零，资本的职能就越大，资本的生产效率就越高，它的自行增值就越大"（《马克思恩格斯全集》第 24 卷）。马克思提及的流通时间可以理解为物流时间。

对于大多数商品来说，时效性是一种非常重要的特征。物流时间越短，商品从供给者（生产地）到需求者（消费地）的时效性越高，商品的效用也就越能有效发挥出来，尤其是一些时令性商品。物流活动是一种能动地获取时间价值的运动形式，需要综合采用科技的、管理的系统方法，通过缩短物流的宏观时间和微观时间而缩小时间差创造物流时间价值。

（2）利用时间差创造价值。在社会经济系统中，由于供给者（生产地）与需求者（消费地）之间存在空间距离，时间差的存在就成为一种必然。正是由于一些商品时间差的存在，才有可能获得这些商品的最高价值和最理想的效益，如粮食，才能发挥"储平丰歉"的作用。但是，商品自身并不能自动地利用这种时间差，需要物流系统的帮助。

在物流系统中，流通加工就是一种利用时间差创造价值的方式。由于客户所需要的商品从供给者（生产地）到需求者（消费地）之间存在时间差，物流系统就可以利用时间差和流通加工空间环境，有效地弥补生产商生产过程中加工程度的不足、提高商品的价值品质等，通过提供增值服务而创造物流时间价值。

（3）加大时间差创造价值。由于大批量集中生产和小批量分散消费方式的存在，以及库存作为投机行为和生产方式的客观存在，通过延长一些产品或商品的物流时间而加大时间差也可以创造价值。例如，囤积居奇投机过程中产生的库存、陈年老酒生产过程中产生的库存，都是通过延长物流时间、加大时间差创造时间价值的典型例子。

在物流系统中通过延长物流时间、加大时间差创造价值的典型应用，主要存在于冷链系统、农作物物流系统中，应用冷藏保鲜技术延长易腐食品货架期，有助于保持易腐食品的新鲜度和原有价值；应用粮食储备库、棉花储备库等物流储存系统，储存秋季收获的粮食、棉花等农作物，有助于均衡人们的需求。

2）物流空间价值

空间需要资源，一种需要消耗时间和成本资源的空间距离。在现代社会中，产品生产和商品消费之间存在一定的空间距离，经济全球化更是拉大了这种空间距离，从而使填补从供给者（生产地）到需求者（消费地）之间的空间差所能创造的空间价值进一步提高。从某种意义上讲，物流系统的存在价值就在于帮助服务对象填补空间差创造物流空间（场所）价值。物流空间（场所）价值是指通过物流产品和服务，在帮助服务对象实现从供给者（生产地）到需求者（消费地）

之间空间价值的过程中所创造的价值，物流空间价值主要通过物流活动实现。在社会经济系统中，物流系统起着连接生产和销售的纽带作用（图 2-12），通过物流活动架起了服务对象通向市场、服务客户的桥梁（赵林度 2007a）。

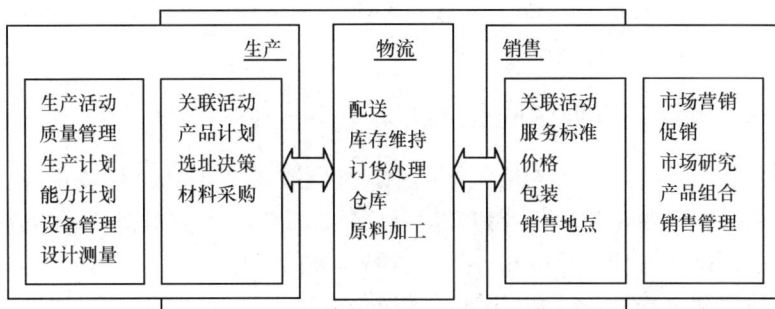

图 2-12　物流与生产和销售的界面

资料来源：赵林度．2007a. 供应链与物流管理（第 2 版）［M］．北京：机械工业出版社．

现代社会产业结构、社会分工、国际分工（international division of labor）正逐步拉大供给者（生产地）和需求者（消费地）之间的空间差，从而产生更大的物流空间（场所）价值。物流空间价值是客观存在的，它体现了物流系统自身的价值。但是在理解物流空间价值时，必须正确区分如下两组概念：

（1）物流空间价值与物流时间价值。一方面，物流空间价值不同于物流时间价值，缩小时间差和加大时间差都能创造物流时间价值，但是物流空间价值却只能产生在填补空间差、缩小空间差的过程中；另一方面，物流空间价值与物流时间价值可以相互转换，却难以清晰界定，例如，流通加工发生在特定的物流时间和物流空间中，它所产生的价值增值既属于物流空间价值也属于物流时间价值。物流空间价值与物流时间价值的实现都强调准确性，即正确的时间、正确的地点。

（2）物流空间价值与商品空间价值。商品在不同的地理位置具有不同的价值，通过物流将商品由低价值区转移到高价值区，获得的价值差就是商品的空间（场所）价值，商品空间价值具有从集中生产场所流入分散需求场所、从分散生产场所流入集中需求场所、从低价位生产场所流入高价位需求场所等几种创造价值的形式，商品空间价值是通过物流空间价值实现的，但是物流空间价值并不具有商品创造空间价值的形式，例如，通过物流将商品由低价值区转移到中等价值区和由低价值区转移到高价值区，在不考虑其他因素的情况下，商品空间价值不同，但是物流空间价值相同。物流空间价值不同于商品空间价值，它更多地受到空间距离、潜在风险、物流网络结构等因素影响。

物流系统控制的最原始目标在于实现时空衔接的"零距离"，降低风险，降低成本，提高系统效率。传统的物流系统时空控制主要集中在库存中，通过库存控制调节物流时间价值和物流空间价值，随着准时制控制的应用，物流系统时空控制的关键控制点发生了变化。因此，在物流系统的时空结构中，借助关键控制点的结构类特征、关系类特征、生产类特征、经济类特征和目标等主要特征参数，能够有效地刻画物流系统的状态，反映系统结构从无序向有序演化的控制状态。

2.4.2　物流系统控制的最优决策

无论是在微观的企业物流系统控制中，还是在宏观的社会物流系统控制中，都存在最优决策问题，最优决策和自动调节过程反映了当前状态和目标状态之间的动态关系，以及一个以目标状态为驱动的渐进的演化过程。任何一类系统控制最优决策的实现，都是一个动态的调节过程。物流系统的复杂性和时空不确定性，使物流系统控制的最优决策和自动调节过程演变成一个动态博弈过程。

1. 物流系统控制的目标

在社会物流系统中，由于每一个物流系统成员都是一个具有决策能力的独立实体，因此，物流系统中的最优决策和自动调节过程演化成一个群决策过程。每一个决策主体为了在若干可能或可行的物流系统决策方案中，综合筛选出能保证实现最优控制效果的决策方案，需要借助某种既能实现合理的测度，又能直接反映控制有效程度的共同的可比条件。可以将这种可比性的条件量称为物流系统控制最优决策的有效性判据。物流系统控制是一个多级递阶结构的控制问题，每一个主体、每一级子系统最优决策的有效性判据，在不同的物流时间和物流空间运营过程中都是动态变化的，所依据的条件量是物流时间和物流空间中物流资源的输入和物流服务的输出变量，以及物流系统控制的主要特征参数。

最优决策是一个相对难以实现的概念，通常将最优决策描述为一种全局目标状态的确定。物流系统控制的目标在于实现物流系统控制网络结构优化和过程结构优化（图 2-13），这些都需要借助物流系统控制的最优决策来实现。物流系统控制的最优决策，主要包含物流对象的最优决策、物流信息的最优决策、物流控制方式的最优决策和物流系统控制时空转换的最优决策等一系列决策。对于呈现多级递阶结构物流系统控制决策的演化过程，每一级都有可能出现局部的最优决策。但是，考虑到物流系统控制的每一个主体只依据拥有的有限理性和不完全信息与其他主体或环境进行博弈，单个主体的决策依赖于其他主体的决策结果，所以在每一级上产生的局部最优决策未必就是物流系统控制的全局最优决策。物流系统控制的全局最优决策，无法保证任何一级过程都是最优的，但是它能够保证所有层次组合形成的整体效果是全局最优的。

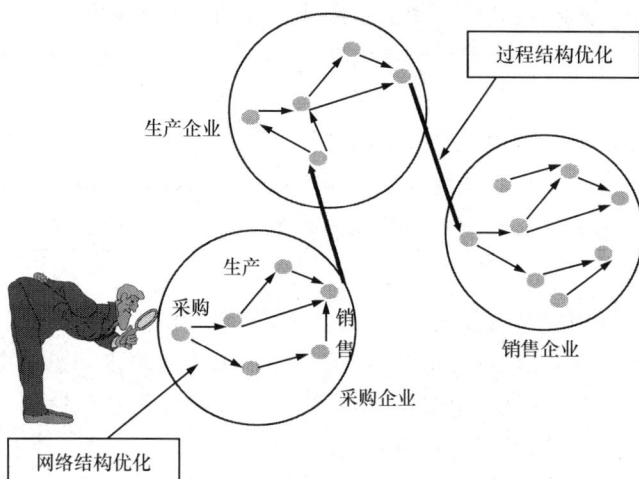

图 2-13 物流系统控制的目标

从本质上讲，物流系统控制的最优决策就是通过最优决策来自动调节物流系统，确保物流系统始终处于准平衡状态，即混沌边缘，形成一个混沌控制过程。

2. 物流系统控制的最优决策方法

最优控制的实现依赖于最优化技术。最优化技术是一种依托最优化技术的技术体系。它作为一门研究最优化问题的学科，致力于解决如何才能从所有可能的方案中寻找最优方案的问题。因此，可以将最优化技术分解成两大问题：一是如何将最优化问题转化为数学模型；二是如何依据数学模型尽快求出最优解。通常，最优化技术在实际工程领域中的应用可以分为三个步骤（刘文成 2012）：①按照问题导向，将最优化问题转化为数学模型，确定约束条件和目标函数；②在数学模型分析的基础上，选择合适的最优化方法；③根据相应的算法求解数学模型、求出最优解，并对算法的收敛性、计算效率及误差等作出评价。物流系统控制优化是以协作、协调和协同为目标的软控制方法，物流系统控制的最优决策方法，主要应用于物流系统控制网络结构优化和过程结构优化两个方面。

1）物流系统控制网络结构优化

为实现物流系统协作、协调和协同运营的目标，物流系统控制网络结构优化成为物流系统静态优化的重要内容。通常，物流系统控制网络结构优化包含微观的企业物流系统控制网络结构优化和宏观的社会物流系统控制网络结构优化。

在微观的企业物流系统中，运输、储存、包装、装卸搬运、配送、流通加工等环节，为了实现由采购、生产和销售构成价值链的价值增值最大化，围绕企业价值链网络结构优化而加以协作、协调和协同，从而在有限的资源优化配置的基础上，实现企业物流系统控制网络结构优化。

在宏观的社会物流系统中，物流系统成员在追求价值链增值最大化而扩展自己的价值链网络过程中，在更大范围内获取资源、协同运营、降低成本，从而构建更具竞争力的社会物流系统控制网络，实现社会物流系统控制网络结构优化。

物流系统控制网络结构优化决策的目标，可以是企业物流系统或社会物流系统的收益最大、成本最小、时间最短等效用，从而通过约束条件分析、目标函数的建立，进行物流系统控制网络结构优化决策。

2）物流系统控制过程结构优化

物流系统控制网络结构优化关注的是一种静态结构优化问题，但是由于物流系统的动态性的存在，所以必须关注物流系统动态结构优化问题。物流系统控制过程结构优化，作为一类动态优化，包含微观的企业物流系统控制过程结构优化和宏观的社会物流系统控制过程结构优化。

在微观的企业物流系统中，支撑企业价值链网络中的物流、信息流和资金流高效运营的业务过程结构应持续优化，不仅有助于突出过程管理的优势，而且能够应用业务流程重组理论优化流程，消除无效流程和节点，提高网络节点之间的衔接能力和衔接效率，实现企业价值链增值最大化。

在宏观的社会物流系统中，为实现物流系统成员协调、协作和协同的物流系统控制的优化目标，物流系统控制网络中的成员之间和物流系统控制网络之间都应该建立一个过程结构持续优化的机制，以提高流程衔接的效率，在更大的范围内实现价值链增值最大化。

在基于时间竞争的环境中，物流系统控制过程结构优化决策的焦点已经从成本转向时间，并使客户满意度成为最终的衡量指标。因此，物流系统控制的最优决策，不仅需要兼顾以网络结构为对象的静态优化和以过程结构为对象的动态优化，而且提高时间效率成为优化决策的首要目标。

2.4.3　物流系统控制的协调

传统的物流系统控制一般以集中控制为主，即假定一个管理决策者拥有整个物流系统的控制权限和全部信息，控制所有物流系统主体的决策变量，以物流系统整体效用（利润、成本等绩效指标）最大化为目标，物流系统呈现完全对称信息的信息结构。然而，由相对独立的主体组成的物流系统，控制权限和信息是分散的，由于物流系统的非对称性信息结构，集中控制模式受到限制甚至是不可能实现的，因此，必须在物流系统控制中引入协调机制。

1. 物流系统控制的可协调性

协调是物流系统控制的关键问题。所谓物流系统控制的协调问题，就是在满足一定约束的条件下，如何使物流系统中相对独立，具有自主、自治、自利能力的物流系统主体和子系统能相互配合、协调运营，共同完成物流系统所承担的总任务，实现物流系统效用最大化的目标。物流系统控制的可协调性反映了各子系统之间相互关联的结构和参数特征，且与各子系统的能控性、能观性有关。因此，可以利用物流系统的信息结构模型，采用相应的结构特性分析方法（如信息结构矩阵的逻辑算法等），判断物流系统可协调性所必需的信息通道的结构连通性，进一步分析物流系统控制的协调问题。

多级递阶结构物流系统控制主要包含两类协调问题：资源协调和任务协调。资源可协调性指在物流系统总资源约束条件下，以机动资源为协调手段，使各主体和子系统的局部控制过程相互协调，可以共同完成或超额完成物流系统所承担的总任务；任务可协调性指在总任务约束条件下，以机动任务为协调手段，使各主体和子系统的局部控制过程相互协调，可以遵守物流系统总资源约束规则。如果物流系统的信息结构提供了实现资源和任务可协调性所必需的信息通道，那么物流系统就具备了可协调的基础条件。至于物流系统是否为可协调的，还取决于协调主体之间彼此协调意愿（willing to coordinate，WTC）的高低。

物流系统控制的可协调性在于均衡资源和任务，以实现物流系统协作、协调和协同运营的目标。物流系统控制可协调性的基础在于存在机动资源或机动任务，在均衡资源和任务的同时均衡不同主体的效益、效率等效用。物流系统控制的可协调性反映了参与主体共同追求利益的合作意愿、共享资源和任务的意愿、追求信息共享和利益共享的意愿，以更加充分地展现"利益共享，风险共担"的合作目标。

2. 物流系统控制协调的多层次性

物流系统控制的协调是一个多层次的优化决策问题，从企业物流系统各环节间的协调，到企业物流系统间的协调，以及社会物流系统间的协调（图 2-14）。整个物流系统控制的协调是一个复杂的时空转换问题，即使实现了物流一体化，各个层次的协调问题仍然存在。不同目标驱动下的多层次协调，使机动的资源和任务既可以在不同的层次内实现均衡，也可以在不同的层次间实现均衡，从而有效提高了物流系统控制的可协调性。

以企业物流系统为单元的社会物流系统作为一个多级协调控制系统，为企业物流系统提供了实现资源和任务可协调性所必需的信息渠道，社会物流系统之间、企业物流系统之间、社会物流系统和企业物流系统之间的可协调性，更多地取决于参与主体的协调意愿，这种意愿来自参与主体之间合作愿景或合作契约产生的驱动力。

在协作、协调和协同目标驱动下，多层次协调的物流系统控制展现了集中控制的属性，使整个物流系统呈现集中控制或准集中控制的状况，协作、协调和协同的分散决策转化为集中决策，从而使整个物流系统控制的效用实现最大化。

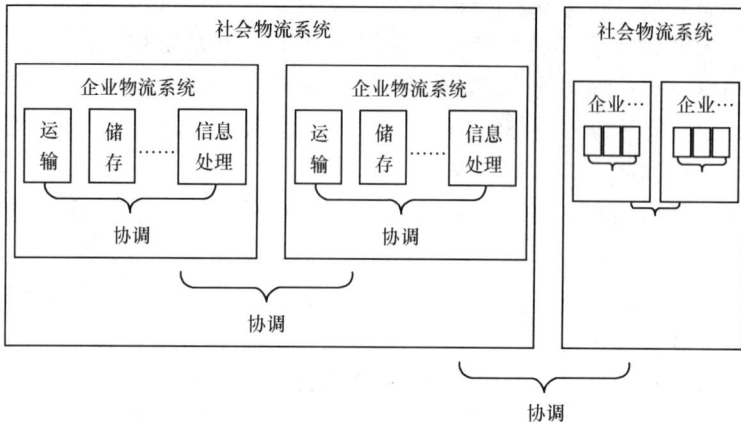

图 2-14　物流系统控制协调的多层次性

2.5　小结

物流系统控制论的形成和发展也遵循理论成长的规律，不仅需要经历实践的检验，而且需要持续不断的理论研究，只有这样，物流系统控制论才能在实践中不断完善。在以提高服务质量、获得期望绩效为目标的物流系统控制的最优决策和自动调节过程中，"竞争-合作-协调"机制不仅描述了供应链的运营机制，而且揭示了物流系统控制论自身的演化规律，协调代替控制而成为物流系统控制论体系中一种重要的方法。

第 3 章　物流系统控制结构、功能和行为

物流系统控制论反映了微观的企业物流系统对企业生产经营状况的综合控制，以及宏观的社会物流系统对经济、社会和环境的综合控制，不仅追求物流在生产、流通、消费等环节运营效率的最大化，寻求利用时空属性获取服务增值效益最大化，而且追求整个社会经济系统结构、功能和行为的和谐统一。

3.1　概述

物流系统控制必须具有特定的结构、功能和行为，而且物流系统控制功能和行为依赖于物流系统控制结构。

3.1.1　系统控制的基本概念

为了保障系统在内外部环境发生变化的情况下仍然能够实现预定的目标，可以通过系统控制来纠正系统出现的实际产出与预期目标之间的偏差，这就是系统控制的目的。系统控制理论是研究系统控制规律的科学，它是通过总结机械系统、生物系统、人类社会系统等控制规律而不断发展起来的。

系统控制理论认为，不同系统的控制调节过程都存在着目标、信息反馈、控制作用等要素，其中信息传递和反馈是系统控制的基础，目标则是系统控制所要参照的标准，控制作用则是控制主体与被控对象之间的一种相互作用，实际上就是控制主体对被控对象施加的一系列调整过程。

由于分类方式的不同，系统控制存在多种类型。根据控制方式的不同，可以将系统控制分为开环控制和反馈控制两种类型。由于开环系统具有系统的输入决定系统的输出而系统的输出对系统的输入不存在反馈控制作用等特征，开环控制不能依赖历史活动调节未来活动，而且系统控制过程中并不监测系统活动，也不对系统活动产生反应；由于反馈系统具有一个闭合的回路结构，这个回路结构能够使系统历史活动结果返回调节系统未来的活动，即系统的输出对系统的输入产生影响，所以，反馈控制主要依赖于历史活动的输出结果来调节未来活动的输入。

3.1.2　物流系统控制的基本概念

物流系统控制就是系统控制理论在物流系统中的具体应用，它不仅具有系统控制的共性特征，而且具有自己特有的个性特征。物流系统控制结构、功能和行

为分析描述的目的，就在于刻画物流系统控制的特性和特征。

由于物流系统的复杂性、动态性和多样性，在物流系统控制目标的驱动下，物流系统运用具有复杂性、动态性和多样性的控制方法，保障着物流系统不受内外部环境变化的干扰，及时有效地调节运营过程中出现的偏差，以提高物流系统控制能力。

在物流系统控制过程中，开环控制和反馈控制也是两类常用的控制方法，遵循着动态监测物流系统实际运营状态与预期目标、动态目标之间的偏差，作出是否采取控制措施的决策，以及实施有效控制的技术路径。

3.1.3　物流系统控制的基本结构

根据结构决定功能和行为的系统科学的基本观点，物流系统控制结构决定着物流系统控制的功能和行为，因此，有必要科学地分析和描述物流系统控制的基本结构。

参照美国哈佛大学产业经济学权威学者 Bain、Scherer 等建立的结构、行为、绩效（structure conduct performance，SCP）模型，可以建立一个科学有效的物流系统控制结构、功能和行为（structure function behaviour，SFB）模型。SCP 模型提供了一个既能深入刻画具体环节，又能系统描述市场结构（structure）、市场行为（conduct）、市场绩效（performance）逻辑体系的产业分析框架（图 3-1）。物流系统控制的 SFB 模型用于刻画物流系统控制的基本结构，描述在内外部环境变化和系统控制绩效提高的双重压力驱动下的物流系统控制状况。

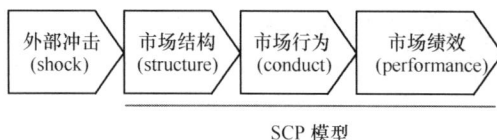

外部冲击　市场结构　市场行为　市场绩效
(shock)　(structure)　(conduct)　(performance)

SCP 模型

图 3-1　产业分析框架

在物流系统遭受冲击使内外部环境发生变化的影响下，物流系统借助自身的 SFB 模型，采取有效的措施控制这种变化，并产生提高物流系统绩效的驱动力，从而形成物流系统控制的基本结构（图 3-2）。物流系统控制的 SFB 模型具有保障系统运营状态、调节系统运营参数等基本功能，以更好地实现物流系统控制的整体目标。

由物流系统控制 SFB 模型构成的物流系统控制基本结构，通过对物流系统结构、功能和行为的监测、调节，使物流系统在受到外部冲击的情况下能够不受影响，即能够保持预期的运营状态、保持预期的绩效水平。

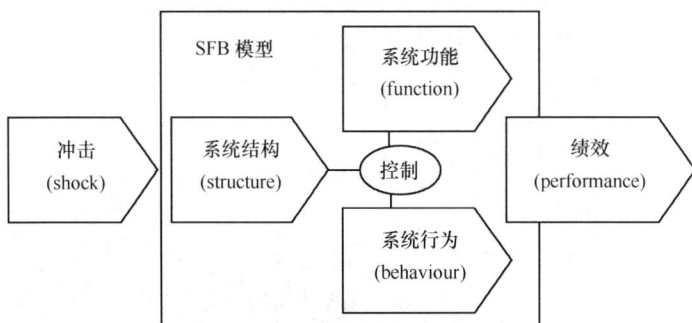

图 3-2　物流系统控制的基本结构

3.2　物流系统控制的结构与模型

根据系统论的基本观点，结构是一个用于描述系统内部组织秩序的概念，结构决定了系统的功能和行为，这种观点同样适用于物流系统，即物流系统控制结构主导着物流系统控制的功能和行为。物流系统控制应遵循一定的原则和目标，并以此为基础构建物流系统控制的网络结构和组织结构，从而形成物流系统控制的基本模型。

3.2.1　物流系统控制的原则和目标

物流系统是整个社会经济系统中一个重要的组成部分，它由微观的企业物流系统和宏观的社会物流系统组成。无论是企业物流系统还是社会物流系统，都孕育在价值链系统中，并在不同的层次创造着不同程度的价值。

1. 物流系统的孕育环境

物流系统孕育在其生存发展的环境中，并与经济、社会和环境协调发展。在物流系统的孕育环境中，最重要的是不同层次价值链系统环境，如企业价值链系统和社会价值链系统，它们孕育物流系统并在价值增值过程中不断成长。

1）企业价值链系统

在物流社会化需求驱动下，企业物流系统从企业价值链系统和社会价值链系统中汲取养分，获得了自身生存发展所需要的大量资源。

在一个企业内部，采购、生产和销售构成了一个价值链系统，价值链系统在将原材料转化为产品和服务的过程中，实现了价值增值，即 $V \rightarrow V^+$ （图 3-3）。企业生产经营的目的就是盈利，就是追求价值增值，实现 V^+ 上的 "＋" 最大化。企业价值链系统是企业物流系统孕育成长的环境，而且企业物流系统也强有力地保障了企业价值链系统价值增值的实现，支撑着企业价值链系统的正常运营。

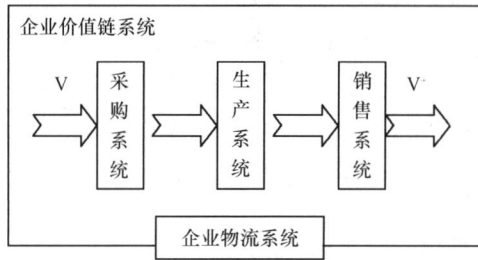

图 3-3　企业价值链系统的组成

　　作为企业价值链系统的支持保障系统，企业物流系统在时间结构、空间结构上的合理化，一方面影响着整个企业价值链的效率和效益，另一方面又受到企业价值链系统运营要素的制约，因此，企业物流系统就是在与企业价值链系统相互影响、相互作用的过程中，逐步成长和成熟起来的。

　　2）社会价值链系统

　　社会价值链系统是企业价值链系统的延伸，它伴随着社会需求的延伸而延伸，并在孕育企业价值链系统的过程中，为社会物流系统和企业物流系统提供了一个良好的成长环境。在社会价值链系统的孕育下，社会物流系统逐步成熟，并承担着越来越重要的职责。

　　社会价值链孕育在一个由生产和流通环节相互连接、周而复始的社会再生产过程中，在社会物流系统的支持下，物质生产资料伴随着时间和空间的转移而创造着增值价值。在更大的价值增值能力的驱动下，社会价值链系统连接并驱动着企业价值链系统产生了"1＋1＞2"的增值价值，并使整个社会物流系统的结构、功能和行为更加趋于合理化（图 3-4）。

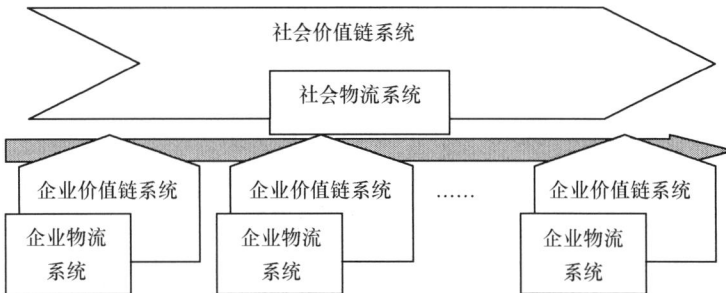

图 3-4　社会价值链系统

　　随着物流社会化环境的成熟和物流价值的增加，物流系统的孕育环境更加成熟，强有力地支撑着物流系统的可持续发展，从而使物流系统驱动的价值链增值能力更强。

2. 物流系统控制的原则

物流系统控制的目的在于保持物流系统的运营状态，一旦系统出现偏差，将采取有效的控制措施，使系统不偏离预期目标。因此，物流系统控制在遵循目的性、综合性、开放性等基本原则的基础上，还应遵循一些特有的原则。

1）基于偏差预期的控制原则

从物流系统控制的目的出发，在监测物流系统运营状态的过程中，如果发现系统即将出现偏差，为了预防偏差的出现而采取的控制措施就是基于偏差预期的控制。基于偏差预期的控制，主要是基于监测结果、预测结果出现偏差的可能性而采取控制的方法。由于偏差尚未出现，是否采取控制措施的决策就变得非常重要。

在物流系统控制决策中，应预先考虑偏差是否会真实出现的风险，如果不出现而采取措施或者出现了而没有采取措施，都有可能会由于增加了无效的控制成本或偏差带来了运营损失，从而影响物流系统的运营效率和效益。因此，在基于偏差预期的控制原则中，应综合考虑尚未出现的偏差带来的潜在影响，综合考虑物流系统将会面临的潜在风险。

2）基于偏差的控制原则

在物流系统运营过程中一旦出现偏差，就应该进行决策，判断是否应该采取相应的控制措施，以纠正出现的偏差。基于偏差的控制，可以直接面对已经出现的偏差进行分析、决策，并可以进一步预测可能产生的影响和损失，以更好地跨越时间和空间的限制，从全局分析的角度支持决策。

在基于偏差的控制原则中，应综合考虑物流系统的运营状态、潜在趋势、偏差影响、可能损失等综合因素，从而更加准确地作出是否采取控制措施的决策，以避免由于决策失误造成的损失。

3）基于系统优化的控制原则

基于偏差预期的控制和基于偏差的控制，都是围绕预期的目标，以使物流系统的运营状态保持不变，但是在动态变化的环境中，为了提高物流系统的运营效率和服务绩效水平，需要进行物流系统优化控制。以提升系统输出和绩效水平为目标的物流系统优化控制，有可能改变系统的预期目标。

相对于基于偏差预期的控制和基于偏差的控制，基于系统优化的控制具有更高的优先权，需要遵循优先控制原则。随着社会的进步和发展，一旦物流系统无法满足经济、社会和环境协调发展的要求，就应该优先启动物流系统优化控制，从更高层次上改善物流系统的结构、功能和行为。

3. 物流系统控制的目标

物流系统控制是在一定的目标下完成的，在物流系统控制目标的驱动下维持或优化系统的运营状态。由于物流系统控制的层次性，物流系统控制的目标也具有层次性，通常可以分为物流系统控制的微观目标和物流系统控制的宏观目标。

1）物流系统控制的微观目标

无论是企业物流系统还是社会物流系统，都具有在特定的微观环境下的控制目标，即维持或优化物流系统运营状态。可以认为：物流系统控制的微观目标就是物流管理所追求的目标，通常可以概括为"7R"，即在正确的时间、正确的地点和正确的状态下，将正确的产品，以正确的数量、正确的质量和正确的成本交付给客户，其中常用的主要有时间、数量、质量的正确性。

（1）时间的正确性，指物流过程中物品流动的实际时间与要求时间的符合程度，常见指标有送货及时率、按时到达率等，主要通过提前期管理、交货期管理、物流效率管理等时间管理方式实现。

（2）数量的正确性，用以反映物流过程中物品的实际数量与要求数量的符合程度，常见指标包括储存物品盈亏率、错发率等，主要通过制定和执行标准操作流程（standard operation procedure，SOP）、业务流程重组（business process reengineering，BPR）等服务优化管理方式实现，通过提高物流服务质量保证数量的正确性。

（3）质量的正确性，指物流过程中物品的实际质量与要求质量的符合程度，常见指标有运输物品完好率、储存物品完好率、进货质量合格率等，主要通过全面质量管理、过程可视化管理、追溯管理等质量管理方式实现。

2）物流系统控制的宏观目标

物流系统控制除了要维持或优化物流系统运营状态之外，还需要通过控制协调物流系统之间，以及物流系统与经济、社会、环境系统之间的关系，以维持或优化整个社会经济系统的运营状态。由于物流系统在整个社会经济系统中承担着连接生产、流通和消费领域的重要使命，所以物流系统控制的作用力有助于调节经济、社会、环境系统之间的关系，有助于维持经济、社会和环境的协调发展。面向不同的系统，物流系统控制具有不同的目标。

（1）经济系统物流控制的目标。从经济系统的视角来看，物流系统控制的主要对象是物流综合成本。物流综合成本不仅是衡量物流系统运营状态的一项重要指标，而且也是影响整个社会经济系统运营状态的一项重要指标。一方面，物流系统综合成本控制就是采取有效的控制措施，在满足一定的客户服务水平的前提下降低物流总成本，从全局的角度，明确关键控制点，解决关键的瓶颈问题，以突出经济效益的方法提高整个物流系统的绩效水平；另一方面，社会经济系统的综合成本控制就是通过物流系统与相关系统之间的联系，借助物流成本与效益之间的均衡控制，有效地调节整个社会经济系统的综合成本，从而改善整个社会经济系统的运营状态。

（2）社会系统物流控制的目标。从社会系统的视角来看，物流系统控制的主要对象是物流系统不良影响。物流系统不良影响诸如不健康、不安全、不及时等不协调因素，如食品物流中的质量问题、危险品物流中的不安全事故等，直接影响着物流系统的服务水平和绩效水平，也间接影响着整个社会经济系统的运营状态。物流系统不良影响控制反映在对物流系统安全性和时效性等因素的控制，以保障物流系统的效率和安全，特别是保障整个社会经济系统的效率和安全。由于物流系统不良影响来源广泛、影响深远，甚至直接关系着国计民生，影响着参与者的身心健康，所以增添了有效控制的难度。物流系统不良影响控制是一类综合的、全方位的控制，尽管难以获得一个有效的综合指标，但是保障物流系统或社会经济系统健康可持续运营已经成为一个综合的控制目标。

（3）环境系统物流控制的目标。从环境系统的视角来看，物流系统控制的主要对象是碳排放量。在可持续发展理念指导下，通过技术创新、制度创新、产业转型、新能源开发等多种手段，尽可能减少物流系统运营过程中的碳排放量，实现经济社会发展与生态环境保护双赢的目标。可见，以低碳（low-carbon）为目标的物流系统碳排放量控制追求的是整个社会经济系统的可持续发展。

3.2.2　物流系统控制网络结构和组织结构

由于物流系统的复杂性，物流系统控制也呈现复杂的网络结构。根据 SFB 模型所描述的物流系统控制基本结构，物流系统控制网络结构和组织结构是两类最基本的物流系统控制结构形式。

1. 物流系统控制网络结构

物流系统控制网络内嵌于物流系统网络之中，担负着对物流系统信息流、物流和资金流的综合控制功能。物流系统控制网络结构不仅受到物流系统网络结构的影响，而且受到网络中关键客户需求的影响，可以认为：物流系统控制网络就是一个由客户需求驱动的、持续提高客户满意度的动态网络。

1）企业物流系统控制网络

企业物流系统担负着连接企业价值链各环节的重要使命，是实现价值传递、价值转移、价值增值的重要纽带。在客户需求驱动下，生产经营企业构建了自己的主资源计划模型（图 3-5），并借助销售与运营计划整合和协调企业各项计划，从而更好地满足客户需求。

如图 3-5 所示，在主资源计划体系中，企业物流系统主要受销售与运营计划和主计划排程（master scheduling）控制，完成企业生产任务，并由各个物流节点构成了企业物流系统控制网络，从而更好地实现需求管理和能力管理的目标，以满足企业物流系统正常运营的基本需求。

企业物流系统控制网络，主要围绕采购、生产和销售环节，综合集成运输、

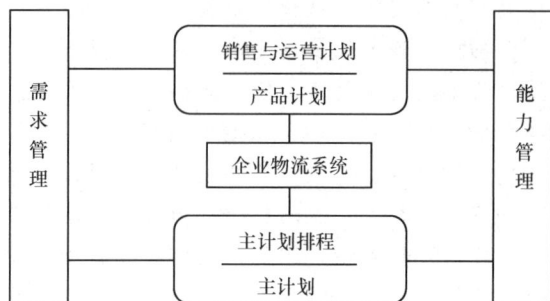

图 3-5 主资源计划模型

储存、包装、装卸搬运、配送、流通加工、信息处理等基本功能，用以提升企业物流系统的整体运营能力，保障企业生产经营活动的正常运营。

2）社会物流系统控制网络

社会物流系统担负着连接社会物流系统成员的重要使命，由于社会物流系统结构的复杂性和广泛的跨地域性，社会物流系统集聚了丰富的物流资源、管理资源和控制资源。社会物流系统控制网络就是在社会需求的驱动下，由社会物流系统集聚的资源连接而成的网络，每一个网络节点都会成为物流节点。

社会物流系统控制网络中的每一个物流节点，不仅是一个暂时停留的空间场所，而且也是一个物流系统控制的时间环节，它兼具了时空转换的重要职责。社会物流系统控制网络控制着整个社会物流系统物流的流向、流量、流效，而且每一个物流节点也具有微观环境的控制能力。社会物流系统控制网络如图 3-6 所示。由于每一个节点在社会物流系统中的目标、地位和作用的不同，它们在物流系统控制中的作用也不尽相同，如物流集货中心、物流分货中心、物流集疏运中心和物流配送中心等。

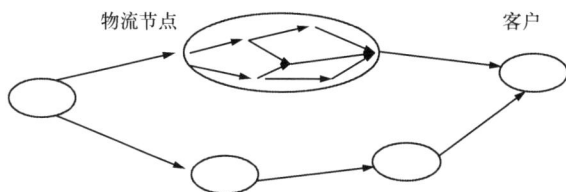

图 3-6 社会物流系统控制网络

（1）物流集货中心。物流集货中心在一个区域内是一个典型的物流系统控制中心，经过简单加工或复杂加工，如批量包装、初级产品分级和分选、简单成型等，分散的包装程度低甚至完全不包装的小批量零星货物，以及规格质量混杂、不适宜批量运输的货物集中成批量货物，从而实现大批量、低成本、高效率的运输。我国农产品主要采用产地集货的方式，由物流集货中心集中成批量货物运输到消费地进行销售。

（2）物流分货中心。作为一个物流节点，物流分货中心控制着物流的集聚与分流，它依据客户需求将集聚的大批量货物分解成小批量货物，满足客户小批量、多频次需求。物流分货中心有效融合了大批量运输带来的规模效益，以及充分满足客户小批量需求的社会效益，实现了降低运输成本和提高服务水平的均衡。我国医药流通企业主要采用销地分货的方式，按销售批量要求进行拆零，形成小的零售或批发起点再运送到医院或药店。

（3）物流集疏运中心。作为连接同一种运输方式两程以上中转或多种运输方式之间转运的节点，它不仅集聚了公路、铁路、水路等多种运输方式，而且以"零距离"为目标控制着物流系统多种运输方式的有效衔接。物流集疏运中心担负着降低物流综合成本的重要使命，是实现经济、社会和环境协调发展的重要物流节点。环境友好型、资源节约型的车站、港口、机场等集疏运平台建设的重心，就在于建设一个具有国际影响力的物流集疏运中心。

（4）物流配送中心。物流配送中心是执行实物配送功能的流通型节点，它能够全面、完整地综合集货中心、分拣中心、配送加工中心等功能，达到配和送的最高水平。物流配送中心一般的流程如图 3-7 所示。

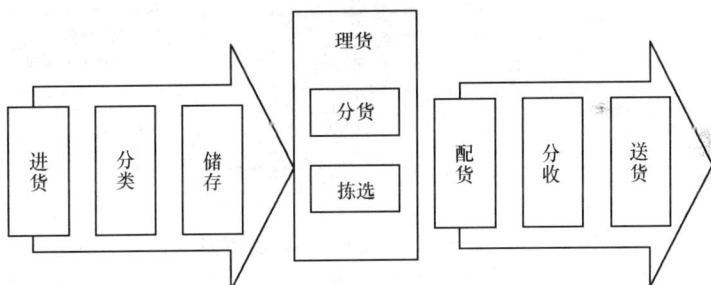

图 3-7　物流配送中心一般的流程图

物流配送中心集聚了物流系统的基本功能，它是物流配送系统运营效率和效益提高的重要环节，但是如果规划不好、运营不善，也可能会成为制约物流配送系统效能的主要瓶颈。

社会物流系统控制网络就是由这些结构各异、功能各异、行为各异的控制节点构成的，同时它又控制着社会物流系统的结构、功能和行为。

2. 物流系统控制组织结构

物流系统控制组织结构具有不同的层次，如企业物流系统控制组织结构和社会物流系统控制组织结构，它们从不同的层面集聚和调度着物流资源。由于物流系统控制组织结构影响着物流活动之间的功能衔接、功能集聚和功能实现，所以物流系统控制组织结构优化有助于降低组织惰性，提高物流系统的运营效率和效益。为了能够更加清晰地描述物流系统控制组织结构优化过程，在此将从企业视角重点介绍企业物流系统控制组织结构优化过程。

1）传统的物流组织结构

在物流系统发展过程中，物流系统管理决策者首先将注意力集中在生产和销售环节上，物流功能被分散在企业的每一个职能部门中，客观上起着便利和支持采购、生产、销售等生产运营的作用。由于物流功能分散在各个职能部门中，分别从属于采购、生产、销售和财务管理等职能部门，所以形成了一个物流功能分散的组织结构（图 3-8）。

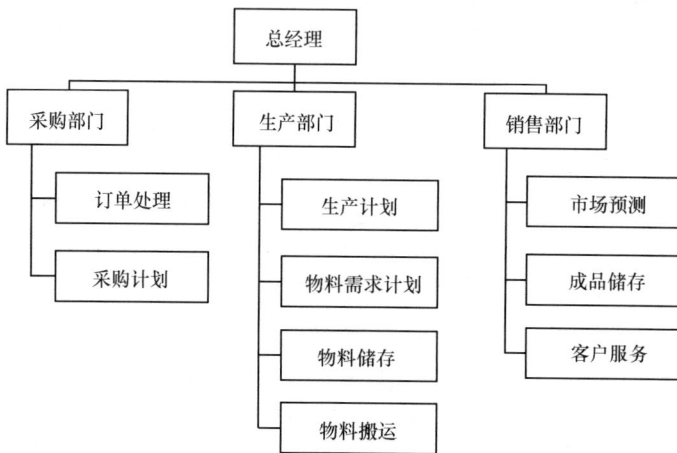

图 3-8　物流功能分散的组织结构

在物流功能分散的组织结构中，不仅淡化了物流功能，使物流功能在各职能部门之间的责权利模糊不清，而且浪费了物流资源，使各环节中的物流活动相互重复，难以实现物流系统的整体效益。

为了改变物流功能淡化和物流资源浪费现象，物流组织结构开始由物流功能分散型向物流功能相对集中型转变，从而形成了如图 3-9 所示的物流功能相对集中的组织结构，有利于实现高效、优质、低成本的客户服务，增强物流系统竞争力。

在物流功能相对集中的组织结构中，物流系统开始具备更高的组织权力、责任和独立的地位，被作为一种核心能力处理。物流功能向采购部门和销售部门转移，即从"腰鼓型"的组织结构转变为"哑铃型"，部门经理专门负责相关的物流活动，原材料采购和成品分销分别由不同的部门负责，从而增加了物流活动之间的协调控制能力。

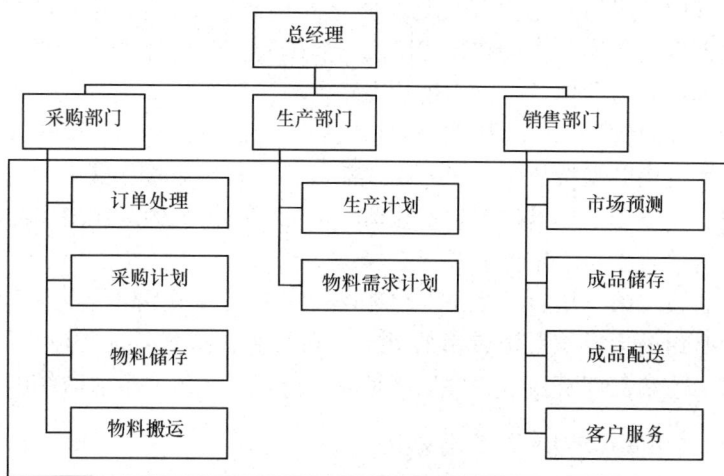

图 3-9　物流功能相对集中的组织结构

2）一体化的物流组织结构

在传统的物流组织结构中，无论是物流功能分散还是物流功能相对集中的组织结构，都无法站在战略的高度统筹整个系统的物流资源。因此，需要将物流组织结构定位于一个更高层次的组织水平上，以增加物流系统的战略影响力。在提高物流系统运营效率和效益需求驱动下，一体化的物流组织结构应运而生。

在信息技术的支撑下，为了实现物流系统规划、运营、控制一体化，物流组织结构涵盖了物流资源计划部门、物流服务支持部门和物流运营管理部门（图3-10），以有效地管理和控制原材料、半成品、产成品的流通，以最优的方式、最快的速度满足客户需求，实现物流系统低成本、高效率、高效益的目标。

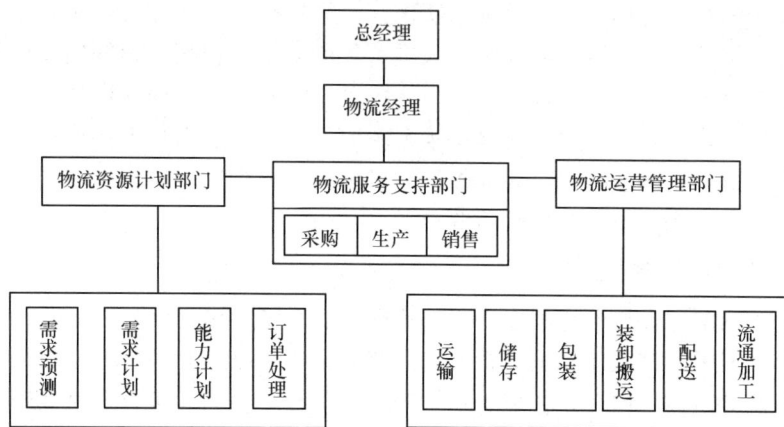

图 3-10　一体化的物流组织结构

　　科学合理的组织结构是实现物流一体化的保证，图 3-10 是一体化的物流组织结构的典型形式，能够在最高运营层次上实现物流系统规划、运营、控制，为推动物流一体化运营发挥了重要作用。物流资源计划部门关注需求预测、需求计划管理、能力计划管理和订单处理，物流服务支持部门为采购、生产和销售环节提供配套的物流服务支持，物流运营管理部门着重管理运输、储存、包装、装卸搬运、配送、流通加工等具体的物流活动。可见，一体化的物流组织结构是一类顺应市场经济的典型组织结构形式（赵启兰 2005）。

　　随着信息技术的发展，一个科学合理的物流组织结构不仅给企业系统带来竞争优势，而且给社会经济系统带来低成本、高效率、高效益的物流系统，例如，专业化的第三方物流能够最大限度地满足客户需求，并获取最大的经济效益。

3.2.3　物流系统控制基市模型

　　根据物流系统控制的 SFB 模型所描述的物流系统控制基本结构，企业物流系统控制和社会物流系统控制具有一致的基本模型。

1. 物流系统控制基本因素

　　由于物流系统运营环境中不确定性因素的存在，物流系统控制成为保障物流系统运营绩效的重要基础。在不确定性因素中，除了参数设计偏差之外，还有突发事件可能引起的偏差，这些因素都会影响物流系统计划实施的结果。物流系统运营环境也会发生根本性变化，影响物流系统计划的实施，例如，市场环境、科学技术和经济政策等的变化都会对物流系统正常运营产生影响。

　　从某种角度讲，物流系统控制就是一个对物流系统运营环境进行实时监测、控制的过程，主要针对系统参数设计偏差、突发事件等引起的偏差，根据监测结果采取有效的措施进行控制，以保持物流系统的运营偏差、运营绩效能够维持在一个可接受的水平，确保预期目标的实现。

　　物流系统控制基本因素涉及物流成本、物流质量和物流过程等用于刻画物流系统运营绩效的指标，如在微观环境中保障正确的时间、正确的数量和正确的质量等。物流系统控制，通过物流系统运营绩效的监测，借助物流系统运营绩效指标的均衡，根据具体情况采用事前控制、事中控制和事后控制，有效调节物流系统运营状态，保障物流系统运营绩效。

2. 物流系统控制模型结构

　　在物流系统正常运营过程中，主要依据物流系统的预期目标、运营标准或系统设置的计划等监控物流系统运营状态，监测物流系统运营环境的变化因素，以及这些因素对运输、储存、包装、装卸搬运、配送、流通加工、信息处理等物流系统基本功能的影响，一旦发现运营偏差将采取有效的纠正措施，调整物流系统输入的物流资源，从而产生更为理想的物流服务输出（图 3-11）。随着物流服务的输出，来自客户反馈的信息都将被输入绩效报告，并作为是否采取纠正措施的重要依据。

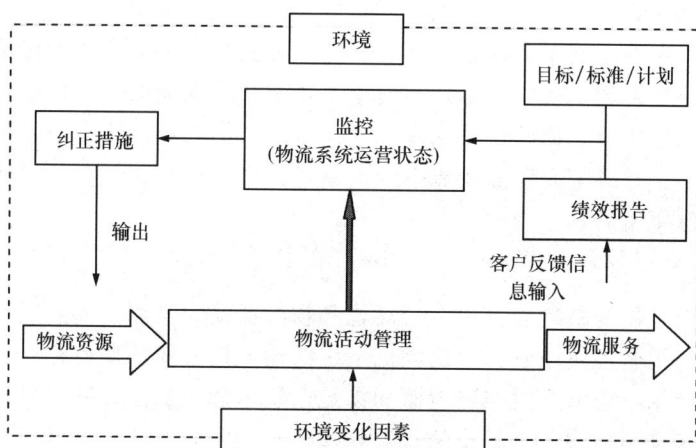

图 3-11　物流系统控制基本模型

在物流系统控制基本模型中，主要包括输入和输出信息、预期目标、运营标准或系统设置的计划、物流系统运营状态监控等关键因素，通过控制因素来调整物流系统的运营状态。

1）输入和输出信息

物流资源作为物流系统的输入保障着物流活动的进行，以提供优质的物流服务。物流系统控制的输入主要来自反映系统运营状态的绩效报告，以及用于对比分析的预期目标、运营标准或系统设置的计划。由于不同的物流系统具有不同的运营目标，需要参照不同的运营标准或系统设置的计划，在时间、数量和质量等方面具有不同的要求，所以就会产生不同的输入，如到货及时率、安全库存量、货物完好率等。

在物流系统控制输入因素中，来自监测环节的环境变化因素具有重要作用，它综合反映了物流系统运营状态中的不确定性，如客户需求变化、供应商产能变化、市场价格变化等，这些不确定性因素影响着物流系统的运营状态，而且这些环境变化因素能否被及时准确地输入到物流系统控制体系中非常重要。因此，物流系统控制对物流系统的监测能力提出了更高的要求。

物流系统控制的输出主要是面对偏差的纠正措施，以更加有效地保障物流系统能够始终维持在正常状态。输出的纠正措施会直接影响输入物流系统的物流资源，也会从整体上改变预期目标、系统设置的计划，甚至有可能调整运营标准。

2）预期目标、运营标准或系统设置的计划

在微观环境的物流系统控制过程中，需要一个能够发现是否存在偏差的参照系，它涵盖了预期目标、运营标准或系统设置的计划，如客户满意度水平、《药品良好流通管理规范》（Good Distribution Practice for Pharmaceutical Products，GDP）、物流系统的绩效指标等，作为一个标准衡量物流系统运营状态。

在宏观环境的物流系统控制过程中，还需要在参照系中综合考虑用于维持经济、社会和环境协调发展的指标，如健康、安全和环保标准。特别是随着环保意识的增强和绿色物流、低碳物流的发展，低能耗、低损耗、低污染成为一项新的标准，在每一个环节都要监测物流系统运营过程中的碳排放量，从而保障物流系统的可持续健康发展。

3）物流系统运营状态监控

物流系统控制的基础来自对运营环境和物流活动的监测，以及以此为基础的控制。物流系统管理决策者，根据物流系统的输入信息和预期目标、运营标准或系统设置的计划，能够及时准确地监测物流系统运营状态，并针对发现的偏差采取有效的纠正措施控制物流系统的运营状态。

物流系统监测主要来自定期的物流系统运营绩效报告，如客户满意度、碳排放量、综合管理成本等，管理决策者将物流系统运营绩效与目标值进行比较，从而判断物流系统的运营状态是否出现了偏差、偏差是否超出了可接受的水平，如果出现的偏差超出了可接受的水平，将会采取适当的纠正措施控制运营状态。例如，如果绩效报告显示物流系统的碳排放量已经连续 15 天超过了预期的碳排放量，管理决策者会要求物流系统采取有效的措施降低碳排放量。

物流系统运营绩效报告用以反映物流系统的运营状态，是否采取有效的纠正措施控制物流系统的运营状态，取决于物流系统管理决策者对偏差的理解和认识，以及对控制成本和收益的判断。如果他们认为偏差是由偶然事件引起的临时性状态变化，就不会采取纠正措施，但是如果他们认为偏差会影响系统运营绩效和预期目标的实现，就有可能采取纠正措施；除此之外，对控制成本的判断也会影响决策（Ballou 2006），即综合分析纠正偏差需要付出的成本与获得的预期收益之间的关系，如果经测算收益远远大于投入的成本，那么管理决策者就会毫不犹豫地采取纠正措施。

尽管物流系统控制论中的控制是一类软控制，但是也需要一个完善的物流系统控制结构，以更好地支持物流系统功能和行为目标的实现。物流系统控制结构从不同的层面反映了物流资源、人力资源受客户需求驱动所形成的物流系统控制网络结构和组织结构，并集中体现在一个有助于承载和提升客户满意度的物流系统控制基本模型中。

3.3　物流系统控制的功能

物流系统控制结构更多地描述了物流系统时空结构，一个用于满足客户需求的功能结构。在物流系统控制结构的支持下，物流系统以物流活动为控制对象，以更好地实现对包含时间、成本和绩效（质量）的物流资源的控制，因此，物流系统控制的功能可以分为时间控制、成本控制和质量控制。

3.3.1 物流时间控制

物流时间涵盖了实物在企业物流系统和社会物流系统中的流通时间，涉及在厂、在途、在库、在售等时间。在激烈竞争的社会环境中，物流时间价值越来越凸显出来，基于时间的竞争成为物流系统重要的战略，谁能保证时间的及时性、准确性，谁就能够获得更多的客户群。物流时间的及时性、准确性使时间成为衡量物流服务质量的重要因素，也使时间控制成为物流系统控制的重要功能。

1. 物流时间控制的意义

从时间视角看，物流时间控制具有协调经济、社会和环境，衔接物流系统各个环节，以及均衡效率/效益和时间/成本的作用（图 3-12），有助于保障物流系统正常运营，保障物流系统的时效性、经济性和安全性，以推进社会再生产过程正常进行。

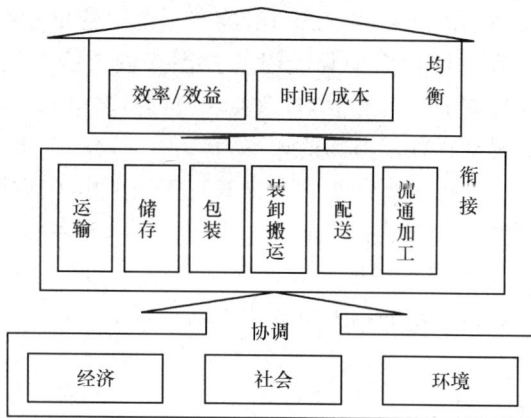

图 3-12 物流时间控制的意义

1）协调经济、社会和环境

在整个社会经济系统中，物流系统承担着连接相关系统的重要使命，物流时间控制有助于经济、社会和环境的协调发展。物流系统及时、准确的时间节奏，能够保障社会经济系统平稳运行，降低整个系统的资源消耗、损耗和对环境的污染程度，从而提高整个社会经济系统运行的安全性和经济性。

在社会经济系统中，物流总费用占国内生产总值的比重反映了物流系统运营的经济效益，保管费用占国内生产总值的比重反映了物流系统资金周转率的高低，这些都与物流系统的时间效率有关。在保障物流系统运营效益的基础上，提高物流系统运营效率至关重要，可见，物流时间控制对保障经济、社会和环境的协调发展，维持整个社会经济系统正常运营意义重大。

2）衔接物流系统环节

在社会经济系统中，由于物流系统与相关系统之间的功能差异和时间差异，如物流系统与生产系统、消费系统，时间控制显得尤为重要，它不仅有助于调节系统之间的功能差异，而且有助于衔接系统之间的时间差异，从而维持或提高物流系统中流通物品的使用价值，加快资金周转，降低物流成本。

物流系统各环节之间的衔接效率会直接影响物流系统的整体效益，就像接力赛一样，参赛者的接棒能力直接影响着赛跑的成绩。在客户需求驱动下，以准时制、零库存、M2M等精益管理为目标的管理模式，更加强调物流系统各环节之间的衔接效率，以便低成本、高效率、高效益地完成物流系统各环节之间的衔接。因此，物流系统环节衔接为物流时间控制提供了用武之地。

3）均衡效率/效益和时间/成本

物流系统选择铁路、公路、水路、空运与管道等不同的运输方式，会产生不同的效率和效益、不同的时间和成本。由于物流系统运营目标的不同，在基于时间的竞争环境中，管理决策者借助物流时间控制来调节因缩短时间而增加的成本。可见，物流时间控制成为均衡效率/效益和时间/成本的重要方式。

物流服务水平的提高往往以追加的成本为代价。以快递物流为例，送达时间成为影响客户满意度的一项重要因素，为提高物流服务水平需要采用空运、点对点等方式，为此需要花费较高的物流成本。因此，越来越多的快递公司开始考虑时间和成本之间的均衡问题，例如，敦豪（DHL）公司可以根据客户时间容忍度调整运输方式，在保持一定的物流服务水平的前提下实现了时间和成本之间的均衡。

2. 物流时间控制的措施

物流时间控制的目标与物流系统运营的总目标是一致的，在设计和运营物流时间控制时，必须考虑物流系统运营的总目标，以最大限度地提高客户满意度。

1）基于渠道和流程的时间控制

在物流系统中，存在渠道选择和流程组合问题，不同的渠道和流程会产生不同的时间和成本。因此，渠道选择和流程组合成为时间控制的重要环节。

选择不同的渠道和集疏运方式，意味着时间和成本的确定，因此，在保持一定的客户满意度和物流服务水平的前提下，协调好不确定性因素的影响，以及时间和成本之间的均衡问题，就可以选择适合的渠道。渠道选择可以根据物品属性、物流服务类型、客户时间容忍度等，依据时间优先或成本优先原则进行。

即使采用同一渠道或相同的集疏运方式，不同的流程也会产生不同的时间和成本，一个完整的物流系统会涉及原材料采购、产品生产制造、产品配送等流程。不同的流程会具有不同的时空跨度，流程组合就是尽可能缩小这种跨度，从而在保持一定的物流服务水平的前提下，缩短物流时间、降低物流成本。

基于渠道和流程的时间控制，就是为提高客户满意度，遵循空间换时间、成本换时间等基本原则，选择适合的渠道和流程，从而实现有效的时间控制。

2）基于最小变异的时间控制

在快节奏的市场环境中，有效客户反应（efficient consumer response，ECR）和快速反应（quick response，QR）成为物流系统核心的价值观，即最大限度地快速满足客户需求，但是由于市场环境中不确定性因素的存在，增加了物流时间变异的可能性，不仅增加了物流时间和成本，而且降低了客户满意度。

物流时间变异是指影响物流时间效益的任何时间变化，它产生于物流系统的任何环节，如原材料采购失误、生产设备损坏或运输车辆故障等导致的时间延误。通过物流时间控制，使物流时间变异最小化，有助于有效降低物流系统风险影响，从而提高物流时间效益。

基于最小变异的时间控制，就在于控制时间不确定性带来的风险，将时间变异控制在一个可以接受的范围内，有关物流系统干扰问题的研究主要集中在基于最小变异的时间控制方面。

3）基于物品属性的时间控制

在物流时间控制中，需要综合考虑物品属性，即针对长生命周期和短生命周期物品需要采取不同的时间控制措施。

长生命周期物品在物流系统中的时间控制，需要考虑物品在产品生命周期的引入、成长、饱和成熟和完全衰退四个阶段中的特点、市场竞争状况而采取不同的措施。在新产品引入阶段，物流时间控制应综合考虑市场需求波动性，采取灵活有效的措施；在产品成长阶段和饱和成熟阶段，科学地均衡物流时间和成本，使物流成本维持在一个合理的范围内；在产品完全衰退阶段，重点考虑降低运营风险的时间控制措施。

短生命周期物品在物流系统中的时间控制，应以保障物品的安全性为前提，采取有效的措施保证易腐食品、易失效药品等短生命周期物品的可用性，控制短生命周期物品的货架期、保质期等因素，满足短生命周期物品的时效性要求。尽管在物流系统中，可以采取诸如冷藏技术、保质保鲜技术等，但是仍然需要采取有效的控制措施加快物流系统运营，降低短生命周期物品在物流系统中的时间消耗。

3.3.2　物流成市控制

物流成本控制的基本思想，在于尽可能降低物流系统运营过程中的成本，从而提高物流系统的综合效益。物流成本控制贯穿于整个物流系统，涉及社会物流系统和企业物流系统的所有环节和过程。从宏观角度上看，物流成本控制有助于降低物流成本，提高社会经济系统和谐运营能力；从微观角度上看，物流成本控制有助于提高物流服务水平和管理水平，提高企业系统竞争优势。

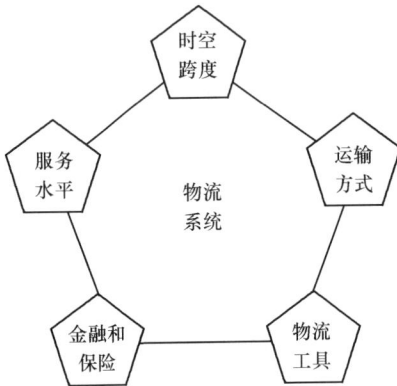

图 3-13　物流成本影响因素

1. 物流成本影响因素

物流成本有广义和狭义之分，广义的物流成本包括因生产、流通、消费全过程的实体与价值变换而发生的全部成本；狭义的物流成本是指由实体的场所（或位置）位移而引起的有关运输、包装、装卸等成本。在整个社会经济系统中，物流成本影响因素众多，主要包括以下几个方面（图 3-13）。

1）物流系统的时空跨度

物流时间长短直接关系着物流服务水平，直接影响着物流成本。物流空间距离是一项衡量物流成本大小的重要指标，它直接影响着物流成本。物流系统的时空跨度作为一类复杂的环境因素，以时间长短和空间距离测度着物流成本，并且时间和空间通常呈现一种直观的线性关系。

2）物流系统的运输方式和物流工具

物流系统选择铁路、公路、水路、空运与管道等不同的运输方式，就意味着消耗不同的物流成本。运输方式的选择，取决于承运物品的体积、重量及价值大小，以及客户时间需求、客户时间容忍度的大小。在物流系统中，交易工具、运输工具、储存工具、保管工具等也影响着物流成本。除此之外，依托信息技术、网络技术和通信技术等管理工具，如仓储管理系统（warehousing management system，WMS）、运输管理系统（transportation management system，TMS）等，引发的管理成本也直接影响物流成本。

3）物流系统的金融和保险

在物流系统中，金融和保险业务也会占用资金成本，往往会表现为直接成本和机会成本的形式。如果物流系统是利用贷款进行运营的，必然要支付贷款利息。在物流系统运输、储存等过程中支付的保险费用，也是物流成本的一部分。

在物流系统运营过程中，尽管物流金融业务可以带来价值增值，但是仍然会消耗成本。

4）物流服务水平

物流服务水平的高低也直接影响物流成本，例如，保持较高的库存量以提高客户服务水平，保持较高的食品追溯能力以提高食品质量安全水平。物流系统需要遵循健康、安全和环保的标准，并以此提高物流服务水平，例如，提高物流系统质量安全保障能力、提高废弃物回收能力，从而增加了物流成本。

在物流系统运营过程中，存在一方成本的降低导致另一方成本增加的二律背反现象，如维持库存量的合理性必然导致运输的不合理性，包装费用的节约会影响运输、储存过程中物品保护和方便功能，从而造成经济损失。因此，物流成本控制就在于维持成本与相关因素之间的均衡。

2. 物流成本控制措施

物流成本控制建立在基于活动的成本分析（activity-based costing，ABC）基础上，根据每一项物流活动的成本制定成本控制目标、实施计划，以预先设定的成本目标或标准成本为基准压缩不必要的成本。基于活动的成本分析能够跟踪分析物流系统运营过程中每一项物流活动成本，从而更加全面地进行物流成本控制。物流成本控制措施，可以划分为绝对成本控制和相对成本控制两种类型。

1）物流系统绝对成本控制

物流系统绝对成本控制是一种应用绝对成本控制标准，如预算成本和标准成本，进行成本控制的方法，有利于将成本控制在一个预先设定的标准范围之内，其中预算成本是预先设定的成本目标，标准成本是在一定假设条件下所发生的成本。不同的成本标准反映了管理决策者对成本控制风险的态度。

（1）风险厌恶型的标准。一个风险厌恶型的管理决策者，会选择能避免资金损失的成本指标，通常以物流系统不稳定运营条件下的成本作为标准成本。

（2）风险喜好型的标准。一个风险喜好型的管理决策者，会选择能达到最优水平的成本指标，通常以物流系统理想运营条件下的成本作为标准成本。

（3）风险中性（risk neutral）的标准。只有一个风险中性的管理决策者才能选择宽严相济的成本指标，通常以物流系统正常运营条件下的成本作为标准成本。

2）物流系统相对成本控制

物流成本控制不仅受诸多因素的影响，而且也影响着诸多因素。因此，在物流成本控制过程中需要综合考虑相关因素的作用和影响，应用相对成本控制方法进行控制。物流系统相对成本控制是通过成本与时间、绩效、资源等对比分析，寻求在一定约束条件下取得最佳运营绩效的一种成本控制方法，物流成本控制同样需要遵循时间、成本、绩效（质量）和资源构成的四要素法则。由于物流系统相对成本控制方法能够综合考虑成本关联因素，所以它扩大了控制标准的适用范围，扩展了成本控制的应用领域。

在社会经济系统中，物流系统相对成本控制还可以综合考虑经济、社会和环境的成本，并以此为参照标准进行控制。尽管不同的系统具有不同的生存环境和生存条件，具有不同对象和运营规律下的成本消耗，但是可以作为物流成本控制的参照标准，将物流成本控制在一个相对合理的范围内。

3.3.3 物流质量控制

物流质量控制旨在通过物流系统全面质量管理和全程控制，以提高客户满意度和物流服务水平。物流系统凭借输入的物流资源，通过物流活动输出物流服务。可以认为，在物流系统运营过程中，科学有效的物流质量控制，不仅有助于实现实体价值转移，而且有助于实现物流价值增值。

1. 物流质量衡量指标

随着经济全球化的发展，物流质量控制承受着越来越大的挑战，"零缺陷"、"零风险"成为物流质量控制的新标准。除客户满意度一级指标之外，根据时间、成本、绩效（质量）和资源构成的四要素法则，物流质量控制二级指标主要包含在物流时间、物流成本和物流资源之中。

1）客户满意度

客户满意度反映了客户的一种心理状态，它来源于客户对物流服务水平的一种主观感受和评价。在物流质量衡量指标体系中，客户满意度是唯一一个不能被物流系统管理和控制的指标，但是，客户满意度却是一项最权威的衡量指标，因为它直接影响着客户对物流系统的信赖程度和忠诚度，影响着客户是否仍然选择该物流系统所提供的服务，所以客户满意度指标具有物流质量评价的最大权重。

在社会经济系统中，客户满意度不仅难以量化，而且会受到许多因素的影响，诸如物流时间、物流成本、物流质量和物流资源等都会影响客户满意度（图3-14），但是即使这些因素都能达到令人满意的程度，仍然有可能无法达到预期的客户满意度水平。如果客户满意度较高，就有可能提高客户忠诚度，否则将会降低客户忠诚度甚至造成客户流失。因此，物流质量控制的目的就在于提高客户满意度。

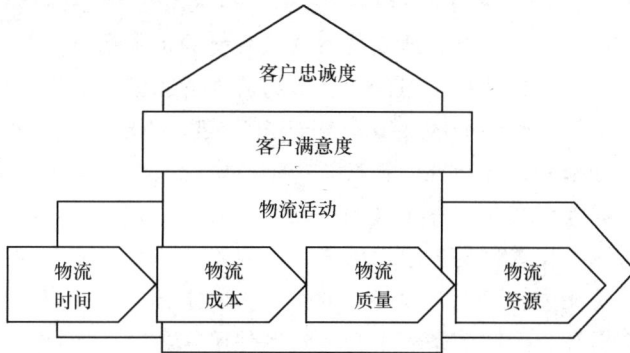

图 3-14　客户满意度示意图

2）物流时间指标

在激烈的市场竞争环境中，时间就是效益、时间就是生命，基于时间的竞争已经上升为整个物流系统提升核心竞争优势的一种经营理念。时效性、及时性等成为影响客户满意度的时间指标，也是制约物流系统乃至整个社会经济系统运营的重要指标，从而推动着准时制、零时间无缝衔接、缩短提前期、提高周转率、缩短响应时间等时间控制方法的广泛应用。

在物流时间控制方面，主要涉及提前期、周期时间、响应时间等时间指标，用以协调和控制物流系统与相关系统之间、物流系统各环节之间的时间衔接，并用以衡量以时间为基础的客户满意度。物流时间指标不是一个单一指标，而是综合指标体系中的一个方面，需要综合评价、均衡相关指标。

3）物流成本指标

物流系统控制的一个重要出发点在于控制物流成本，这也是物流系统可持续发展的重要基础，如第三方物流就是基于自身具有的成本优势而形成的一种专业化的运营组织。物流系统控制的成本指标，涉及物流系统运营过程中所花费的所有成本，如何有效地降低物流系统运营成本支出，怎样才能形成一种低成本、高效率、高效益的运营方式，已经成为物流成本控制的主要问题。

物流成本控制贯穿于整个物流系统运营过程，包括运输成本、储存成本、包装成本、装卸搬运成本、配送成本、流通加工成本、信息处理成本等，但是更重要的是，物流成本控制是对物流系统综合成本的控制，也许某个单一成本的提高就能够带来总成本的降低。因此，物流成本指标应该能够反映整个物流系统的综合成本，并以此为基准进行控制。

4）物流资源指标

物流系统正常运营的基础在于它所依赖的物流资源，物流资源包括资金、人力、设施设备等资产资源和保障资源，它是一类极具综合性的指标。资金、人力、设施设备等资产资源强有力地支持着物流系统的正常运营，并以资产利用率的形式衡量着资产资源的绩效。但是，保障物流人群的健康安全，保障物流系统运营低能耗、低损耗、低污染的保障资源却由于难以量化而被忽视。

随着健康、安全和环保标准的推行，在资产资源指标基础上，健康、安全和环保标准作为一类保障资源而逐步成为一系列具有举足轻重地位的指标，用于衡量物流系统对物流操作人群的健康保障能力、对物流系统的安全保障能力、对运营环境的环境保护能力。可见，保障资源所蕴含的指标有助于突破健康、安全和环保壁垒，从而提高整个物流系统自身的资源保障能力。

2. 物流质量控制措施

物流系统的输出为物流服务，物流服务质量是无形的，相比于产品质量更不容易控制，但是物流服务质量对整个社会经济系统来说更为重要，特别是对于直接提供物流服务的物流系统。

1）基于物流目标的控制

面对激烈的市场竞争，"符合型"服务质量观已经不能适应当今社会经济发展的需要，即不能只是简单地认为只要物流系统运营符合系统设计的模式和相关参数，就能获取最大的收益和可持续发展的竞争优势。物流系统只有从"符合型"服务质量观转变到"客户型"服务质量观，才会真正意识到客户的重要性，真正"以客户为中心"，努力为客户提供快速、完备的物流服务，用富有创新性和竞争力的服务满足客户需求，提高客户满意度和忠诚度。

基于物流目标的控制，就是以客户满意度为目标的控制，从而要求物流系统能够通过面向客户进行的分析、整理、说明、验证和绩效报告，及时听取客户对物流服务质量的评价、改进意见，及时掌握客户明确和隐含的服务质量需求。因此，基于物流目标的控制有助于确定物流服务质量整体状况，进一步改善物流服务质量的着力点，从而提升整个物流系统及其服务对象的市场竞争力。

2）基于物流过程的控制

物流质量控制的一个主要目的，是要确保物流系统的合理属性能够在整个运营过程中得以保持。例如，必须确保食品和药品的安全属性在物流过程中保持不变，通过借助物流系统可视化技术实时监测食品和药品物流过程中的温度、湿度等，达到物流质量控制的目的。

基于物流过程的质量控制，更加关注整个物流过程的度量和评价，可以从减少不一致性导致的物流服务质量下降的风险出发，通过应用传统的统计过程控制方法实现，有效识别物流过程中存在的问题，即没有达到规定质量标准和要求的情况，从而有效隔离可能导致问题的因素。

总之, 时间控制、成本控制和质量控制是物流系统控制的基本功能, 它以物流系统的运输、储存、包装、装卸搬运、配送、流通加工、信息处理等基本功能为控制对象, 并以增强系统柔性、鲁棒性和弹性等物流系统扩展功能为目标, 从而维持物流系统预期目标的实现, 并有效推动经济、社会和环境协调发展。

3.4 物流系统控制的行为

物流系统行为是由物流系统结构和功能决定的。在物流系统行为体系中, 决策行为、管理行为和操作行为构成了一个相互交融的行为模式。物流系统控制行为不同于机电系统, 它是一种对不可见属性甚至无法准确感知属性的软控制行为, 主要涉及物流系统控制决策行为、管理行为和操作行为。可见, 物流系统控制行为具有层次性。

3.4.1 物流系统控制决策行为

面对复杂的物流系统及其生存环境, 物流系统控制决策将面临巨大的挑战。物流系统控制指标选择、物流系统控制方式选择等都影响着物流系统控制决策行为, 从而制约着物流系统控制绩效。

1. 物流系统控制决策要素

在物流系统控制过程中, 无论是时间控制、成本控制还是质量控制, 都需要进行物流系统控制对象选择、控制参数选择、控制策略选择等决策, 并以此构成了物流系统控制决策的基本要素。

1) 物流系统控制对象选择

物流系统控制决策包含运输决策、储存决策、包装决策、装卸搬运决策、配送决策、流通加工决策和信息处理决策等基本功能决策, 以及柔性、鲁棒性和弹性等扩展功能决策。无论是面向基本功能还是扩展功能, 只要能够反映系统控制的基本目标和目的, 就可以作为物流系统控制的对象。

在社会物流系统和企业物流系统中, 在不同的控制目标和目的影响下, 可以根据不同的需要选择不同的对象, 通常物流系统控制对象贯穿于整个物流过程, 涵盖每一个环节, 其中一项重要的标准在于控制对象是否能够及时、准确、全面地反映物流系统的运营状态, 是否可以用于观测物流系统运营状态的表征量。

物流系统控制对象选择决策相对比较复杂, 应综合考虑物流环境、物流系统、物流环节等因素, 科学地预测所选择的控制对象能否达到预期的控制目标, 能否满足物流系统控制的能控性和能观性要求。

2) 物流系统控制参数选择

在确定了物流系统控制对象的基础上, 就需要确定物流系统控制对象的控制参数，以便能够及时、准确、有效地反映物流系统的运营状态。物流系统控制参数选择，不仅与物流系统结构和功能有关，而且与社会物流系统和企业物流系统的类型有关，也属于一类复杂的决策行为。

物流系统控制参数可以是单一参数，也可以是复合参数，只要能够综合反映控制目的，能够满足物流系统控制的能控性和能观性要求。物流系统控制参数选择主要依据时间控制、成本控制和质量控制，有针对性、有所侧重地进行选择，如库存控制中的库存量、周转率等参数选择，运输控制中的运输量、运输速度等参数选择。

3）物流系统控制策略选择

在物流系统控制决策中，物流系统控制策略选择行为直接影响着控制效果和控制目标的实现。在物流系统控制对象选择和物流系统控制参数选择的基础上，进行物流系统控制策略选择，使控制对象、控制参数更加有效地发挥作用，从而使物流系统控制决策更加科学、更加有效。

在物流系统控制策略中，主要包含基于物流目标的控制、基于物流过程的控制等。物流系统控制策略的选择，可以针对运输决策、储存决策、包装决策、装卸搬运决策、配送决策、流通加工决策和信息处理决策等基本功能决策，以及柔性、鲁棒性和弹性等物流系统扩展功能决策选择不同的策略，以充分挖掘蕴含其中的决策行为规律。

2. 物流系统控制决策方法

为了提高物流系统控制决策的科学性，必须有一套科学的方法和规范的程序予以保证。在物流系统结构完善、功能优化和行为规范设计过程中体现的控制决策行为，蕴含在一个科学的决策程序中。物流系统控制决策程序大致可以分为如下 8 个阶段（图 3-15）。

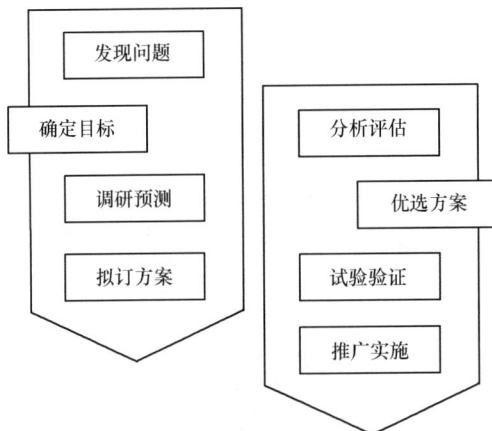

图 3-15　物流系统控制决策程序

1）发现问题

物流系统控制决策的出发点在于发现问题。在物流系统运营过程中，一旦遇到影响物流系统运营状态和预期目标的问题，就应该首先确定具体的问题和产生问题的具体原因，从而启动物流系统控制决策程序。

2）确定目标

目标是决策的前提，更是选择最优决策的导向。物流系统控制决策的目标就是解决问题。物流系统控制是在一定的目标下完成的，在物流系统控制目标的驱动下维持或优化系统的运营状态。目标的设定要遵循 SMART 原则，即 specific（具体的）、measurable（可度量的）、attainable（可实现的）、relevant（相关性）、time-bound（有时限的）。即使针对同一个问题，若目标不同，建立的模型和控制决策也不同。物流系统控制决策的目标必须遵循 SMART 原则，以运输路线优化为例，构造模型既可以以运输成本最小为目标，也可以以运输时间最短为目标。

3）调研预测

物流系统控制决策建立在调研和预测的基础上，可以将这一阶段细分为如下 4 个步骤：

（1）根据确定的目标，有针对性地开展调研，有目的地对获得的第一手数据进行统计分析，全面了解物流系统的运营状况。面对物流系统控制决策问题，广泛查阅、搜集与决策有关的国内外文献资料，了解和借鉴国内外解决类似控制决策问题的方法、后果、经验与教训。

（2）为了实现科学决策，必须系统观察物流系统运营状态和演化规律，采集、输入、处理和输出有关的信息，用于物流系统控制决策。根据确定的目标，在外部环境中寻找决策的影响因素和条件，明确各种因素及它们之间的关系，作为物流系统控制决策的输入。收集的信息需全面客观且与目标相关，将收集的信息进行分类，挖掘其本质，同时明确信息的主次变量，尽可能用数学语言表达，以客观准确地描述各变量间的关系。

（3）在信息处理过程中，一方面，考虑在现有目标及输入信息的条件下，对所获信息进行综合性判断与处理，构建正确的模型；另一方面，借鉴已成熟的案例、知识、经验等，从中汲取模型构建方法、求解方法等关键思路。

（4）科学预测是决策的前提。由于物流系统控制决策所需要的条件和环境存在不确定性因素，因此需要根据采集的信息进行预测，并依据建立的模型进行仿真，从而系统分析可能的结果。

4）拟订方案

在物流系统控制决策目标驱动下，持续探寻有效的途径。根据收集的信息，针对物流系统运营过程中遇到的实际问题，选用合适的控制方法，拟订多个可供选择的比较方案。在制订比较方案过程中，不仅需要注意方案的可行性、多样性和层次性，而且需要了解影响目标实现的限制性和决定性因素，从而清晰、准确地拟订各种可行方案。不同决策方案的侧重点可能不同，不同决策方案的物流系统运营状态也可能不尽相同，因此不同决策方案为物流系统控制带来的效益不同。

5）分析评估

物流系统控制决策分析评估，就是选择一个最能实现控制目标的方案。

（1）建立各种可行方案的物理模型或数学模型，并求得各模型的解，对结果进行评估。在进行物流系统控制决策分析评估时，要根据目标考核各个方案的费用和绩效。

（2）应用现代分析、评估、预测方法，对各种比较方案进行综合评价。一是运用定性分析与定量分析相结合的方法，评估各方案的效能价值、预测决策结果，以及具体应用领域的反应；二是在评估的基础上，权衡、对比各方案的利弊得失，并按优先顺序排列各方案，提出取舍意见。

运用合适的分析评估方法，预估物流系统控制决策下系统未来的可能状态及各状态可能出现的概率及损益值，以此将物流系统控制决策标准化，为优选方案奠定基础。

6）优选方案

由于不同的决策方案为物流系统控制带来的效益不同，需要从多个决策方案中选择出最优决策方案。物流系统控制决策方案选择是决策程序中一个最关键的环节。选择就要比较可供选择方案的利弊，运用绩效理论进行总体权衡、合理判断，然后选取其中的一个方案或综合成一个方案作出决策。

管理决策者在决策时必须研究每一个决策方案的影响，以及其他事物对每一个决策方案的影响，并评估决策失误后果的严重性、影响力和可能发生的程度。依据评估结果，通常会选择原来目标中安全性高、危险性小的次优方案。

7）试验验证

物流系统控制决策方案选定后需要进行局部试验，以验证方案运行的可靠性。若成功的话，即可进入推广实施阶段。但是，若所有事前考虑到的后果都变成了可能发生的问题，就需要进一步分析发生问题的原因所在，以采取有效的预防性措施解决这些问题。若无法解决，还需要制定应急措施防范可能发生的问题或反馈回去进行"追踪检查"。

8）推广实施

物流系统控制决策程序的最终阶段就是推广实施。尽管经过试验验证，提高了可行方案实施的可靠性，但是在实施过程中难免会出现一些偏离目标的情况。因此，为了确保物流系统控制决策的推广实施，必须建立科学有效的控制制度和报告制度。如果物流系统运营环境发生重大变化，以至于必须重新确定目标时，必须进行"决策追踪"。

3.4.2　物流系统控制管理行为

物流系统控制管理行为涉及从物流资源向物流服务转化的全过程管理行为，更多地体现在物流系统控制设计、规划、优化等管理过程中。物流系统控制管理行为吸收了许多现代管理理论方法，在物流系统控制管理行为规范方面发挥了重要作用。

1. 物流系统控制基本功能管理

物流系统控制中的管理行为，主要包含面向基本功能的运输控制、储存控制、包装控制、装卸搬运控制、配送控制、流通加工控制、信息处理控制等管理行为。物流系统控制基本功能管理的目的，主要体现在如下两个方面。

1）保障物流系统控制基本功能

根据物流系统控制决策过程中确定的目标，对物流系统基本功能控制行为进行有效管理，以保障物流系统控制基本功能的实现。物流系统控制基本功能管理贯穿于整个物流系统控制过程，如运输控制、储存控制、包装控制、装卸搬运控制等，并针对采用的物流系统控制措施采取不同的管理方法。

在物流系统控制基本功能管理过程中，依据预先拟订的方案，根据方案中设定的时间间隔，应用科学的管理方法，观察分析物流系统控制的实际效果，对比分析当前状况与预期状况之间是否存在差距，并进一步分析产生这种偏差的原因，以便能够及时调整控制措施，使物流系统控制能够达到预期的目标。

物流系统控制基本功能管理可以综合应用现代管理方法，以更加科学地保障物流系统控制基本功能，及时有效地控制物流系统出现的各种偏差，保障物流系统正常运营。

2）扩展物流系统控制增值功能

在物流系统控制基本功能管理过程中，如果发现物流系统控制产生了超过预期目标的控制效果，则应详细记载这些扩展的物流系统控制增值功能，详细记载物流系统控制的决策要素、决策方法等物流系统控制决策行为，以及相应的物流系统控制管理行为和物流系统控制操作行为。

物流系统控制增值功能是基本功能的补充，主要来自物流系统环境变化、控制参数变化等控制过程中。物流系统控制增值功能不仅需要补充在物流系统控制功能集合中，而且可以根据需要调整物流系统控制目标，从而使增值功能转化为基本功能。

2. 物流系统控制扩展功能管理

在物流系统控制基本功能管理基础上，物流系统中的管理行为还包括面向扩展功能的柔性控制、鲁棒性控制和弹性控制等管理行为，它不仅从不同的方面支撑着物流系统正常运营，而且多渠道、全方位地保障着物流系统的运营效率和效益。

1）柔性控制管理

物流系统柔性反映了系统适应环境的能力，它能使物流系统适应市场需求的动态变化。以提高物流系统柔性为目标的柔性控制管理水平的高低受资源约束，不仅取决于时间、成本和绩效资源的约束能力，而且取决于环境对不确定性因素的吸附能力。因此，物流系统柔性控制管理可以从资源扩展和增强环境吸附性两个层次展开（图3-16）。

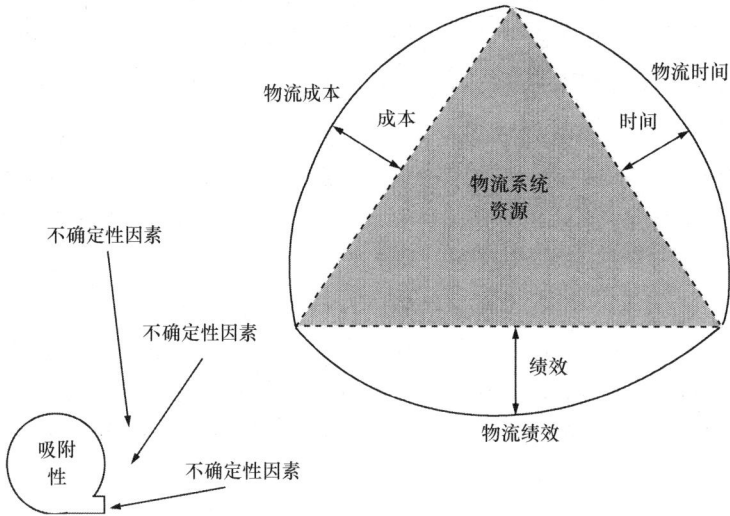

图 3-16　物流系统柔性控制管理模型

如图 3-16 所示，一方面，物流资源在时间、成本和绩效方向的扩展，有效地提高了物流系统柔性，但是由于资源的有限性需要控制管理好资源扩展，使时间控制、成本控制和绩效控制维持在一个有效的范围内；另一方面，增强物流系统环境吸附性，有助于消除不确定性，但是由于环境的复杂性，无法彻底消除不确定性。因此，对于如何增强物流系统环境吸附性，需要持续不断地进行研究。

2）鲁棒性控制管理

物流系统鲁棒性反映了系统抵御风险和冲击的能力，它能够使物流系统承受一定的风险冲击。物流系统结构完善、功能优化和行为规范设计的目的之一，在于提高物流系统鲁棒性，提高物流系统抵御风险和冲击的能力。

在图 3-16 中，物流系统具有的环境吸附性，能够消除不确定性因素，有助于为物流系统提供一个健康的生存环境，从而有效地提高物流系统鲁棒性。物流系统鲁棒性控制管理，就是管理好物流系统的环境吸附性，使物流系统保持高度的鲁棒性。

3）弹性控制管理

物流系统弹性反映了系统遭受冲击后的自修复能力，它能够使物流系统在遭受冲击后得以及时有效地恢复。提高物流系统弹性，也是物流系统结构完善、功能优化和行为规范设计的一个目的，有助于使物流系统尽快修复遭受冲击的系统结构、功能和行为。

面对复杂的物流系统环境，可以从不同的层次、不同的视角进行物流系统弹性塑造，以提高物流系统抵御不期望的破坏、恢复正常运营的能力。物流系统弹性控制管理，旨在管理物流系统控制过程中的弹性，以保持物流系统自身具有的自修复能力。

物流系统控制管理行为有效地管理着物流系统控制过程中的各种行为，强有力地支持着物流系统控制目标的实现，以维持整个物流系统的正常运营。

3.4.3　物流系统控制操作行为

在物流系统控制过程中，运输控制、储存控制、包装控制、装卸搬运控制、配送控制、流通加工控制、信息处理控制等基本功能操作，也是实现物流系统价值增值、发挥结构和功能有效性的具体途径。从根本上讲，物流系统控制的决策行为和管理行为最终都是借助控制操作行为实现的。

1. 物流系统控制操作基本要求

物流系统作为一个服务体系，系统控制操作行为会直接影响系统的输出，因此，物流系统控制操作必须满足基本的要求，即规范化（standardization）、一致性（consistency）和协调性（coordination）（图 3-17）。

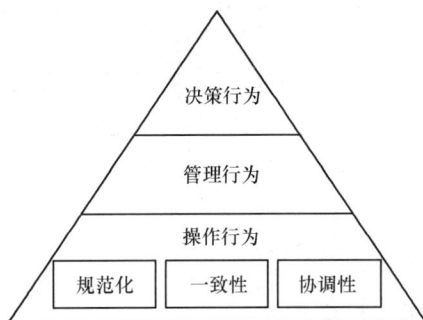

图 3-17　物流系统控制操作行为

（1）物流系统控制操作规范化。在物流系统控制目标驱动下，应该按照物流系统控制决策、管理的要求，遵循物流系统控制操作行为规范，以规范的操作行为满足物流系统控制的目标，使物流系统维持在正常的运营状态。对于一些特殊的物资，如食品、药品，还应遵循相应的规范，如食品需要遵循《食品良好流通规范》（Good Distribution Practice for Food，GDP）、药品需要遵循《药品经营质量管理规范》（Good Supply Practice，GSP）。

（2）物流系统控制操作一致性。在物流系统控制操作过程中，必须保持物流系统控制操作的一致性，在物流系统控制的每一个环节、每一个不同的系统中都必须遵循一致的标准和规范，保持一致的操作行为。例如，对于冷链物流，在运输和储存过程中都必须保持一致的控制温度；又如，国际物流和国内物流必须保持一致的标准和要求，从而保持物流系统控制操作一致性。

（3）物流系统控制操作协调性。由于物流系统控制的对象有可能分属于不同的系统，所以在系统控制操作过程中必须保持良好的协调性，以实现协同控制的目标，使物流系统能够始终保持在一个有效维持预期目标的运营状态。

物流系统控制操作协调性，需要遵循一致的操作规范，使物流系统不同的运营主体，在资源、利益等诸多方面保持一致性。可见，规范化、一致性是实现物流系统控制操作协调性的基础和保障。

2. 物流系统控制操作基本行为

根据物流系统控制操作基本要求，物流系统控制操作基本行为不仅包含运输控制、储存控制、包装控制、装卸搬运控制、配送控制、流通加工控制和信息处理控制等基本功能操作，而且包含柔性控制、鲁棒性控制和弹性控制等物流系统扩展功能操作。

（1）物流系统控制基本功能操作。针对运输控制、储存控制、包装控制、装卸搬运控制、配送控制、流通加工控制和信息处理控制等基本功能操作，在物流系统控制决策、管理基础上，按照物流系统控制操作的基本要求，进行物流系统控制基本功能操作，以实现物流系统控制的目标。

（2）物流系统控制扩展功能操作。在物流系统控制基本功能操作基础上，还包括柔性、鲁棒性和弹性等物流系统扩展功能操作。规范、一致、协调的物流系统控制扩展功能操作，有助于从更深层次上实现物流系统控制的目标。

面对结构、功能和行为之间的相互影响、相互作用、相互支持的复杂物流系统，全面系统地剖析物流系统结构、功能和行为，有助于在物流系统和谐统一原则基础上充分揭示物流系统控制的内在规律。

3.5 小结

物流系统控制论是建立在物流系统控制结构、功能和行为基础上的，它是在物流系统追求整个社会经济系统结构、功能和行为和谐统一的基础上逐步发展起来的。由物流系统控制的 SFB 模型构成的物流系统控制基本结构，以及包含时间控制、成本控制和质量控制的物流系统控制功能，有力地支持了物流系统控制决策行为、管理行为和操作行为，有助于更好地保障物流系统的正常运营。

第4章　物流系统自适应性和响应性

以电子商务为代表的新经济运动的兴起，给市场竞争环境带来了深刻的变革，经济全球化也使竞争态势日益加剧，有助于提高市场的规范化程度。在一个竞争规范化的市场环境中，呈现的生产制造模式日益先进、产品生命周期日益缩短、市场需求日益多元化等特点，驱动着时空领域中的物流活动更加频繁和广泛，物流系统的复杂性、动态性和多样性也日益明显。因此，这些对物流系统自适应性和响应性提出了更高的要求。

4.1　概述

在物流系统长期演化过程中，它与社会经济系统之间形成了自适应性，一种可以适应外部环境变化的能力，并且增添了面对市场需求变化的响应性，以便能在多变的社会环境、激烈的市场竞争中谋求生存和发展。

4.1.1　物流系统环境的变化

随着经济环境的快速发展和市场竞争的日益激烈，物流系统环境也发生了巨大的变化，主要表现在如下三个方面。

1. 客户需求不确定性增加

随着卖方市场（seller's market）向买方市场（buyer's market）的转变，客户需求的变化不断加快，不确定性日益增加。客户需求不确定性主要来自两个方面：一是客户真实需求变化、需求形成机制变化等因素固有的不确定性，如客户需求预测不准确产生的偏差；二是由市场竞争环境变化、客户消费理念变化等因素引发的不确定性，如新的具有竞争力的产品问世带来的价格变化。

客户需求不确定性的增加，带来了小批量、多频次物流需求的增加，给物流系统运营方式带来了新的挑战。

2. 产品生命周期缩短

市场竞争加剧的一个显著特征，就是产品生命周期（product life cycle，PLC）的缩短，使产品从开发到投入市场以满足客户需求的时间大为减少，从而快速响应客户需求——快速的产品开发、快速的原材料采购、快速的产品生产、快速的产品销售，成为企业获取竞争优势的一个关键因素。

产品生命周期的缩短，驱动着物流系统进入快节奏的市场环境，参与基于时间的竞争，确定了以 ECR、QR 为目标的物流系统核心价值观。

3. 库存量不断压缩

在社会经济系统中，一定的库存量能防止生产经营中断，维持一定的服务水平，但是会占用资金，产生库存成本。在传统的管理模式下，服务水平的提高和库存成本控制之间存在着效益背反现象。面对激烈的市场竞争环境，企业采取各种措施尽可能降低库存量，实现零库存和准时制生产，以降低库存持有成本并释放库存占用资金。

库存量的不断压缩，并不是以服务水平的降低为代价的，而是建立在物流系统运营效率提高基础上的。

总之，客户需求不确定性增加、产品生命周期缩短和库存量不断压缩等物流系统环境的变化，不仅给物流系统运营和物流系统控制带来了新的挑战，而且对物流系统自适应性和响应性提出了新的要求。

4.1.2　物流系统自适应性和响应性的作用

物流系统具有的自适应性和响应性，已经成为市场竞争环境中决定物流系统竞争优势的关键因素。自适应性是指物流系统为应对外部环境和市场竞争的变化而进行自我调整，并在互动式的状态调整中维持、更新及提高自身生存发展能力的一种方式。针对不同类型环境的变化，物流系统自适应性会有不同的表现形式。响应性是指物流系统应对外部需求和变化，整合资源和协调运营，通过压缩响应时间，更快、更好地响应客户需求的一种能力。因此，物流系统控制也应该继承物流系统的自适应性和响应性，增强应对外部环境变化的能力，并逐步转变为物流系统自身必备的一种属性。

1. 降低服务对象经营风险

客户需求不确定性增加、产品生命周期缩短和库存量不断压缩等新的市场环境，对物流系统及其服务对象快速响应客户需求提出了更大的挑战，如果物流系统及其服务对象不能对客户需求作出快速反应，就会丧失市场机会，减少销售量、降低盈利能力。以下以爱立信公司为例进行说明。

20 世纪 90 年代，由于爱立信公司没有准确把握手机市场客户需求的变化规律，长期投入巨资研发脱离当时市场需求的 2.5G 和 3G 技术，不仅占用了流动资金，而且影响了新产品投入市场的时间，导致竞争对手抢占了爱立信公司的市场份额，使爱立信公司逐步丧失了自己在手机市场上的竞争优势。

2000 年 3 月 17 日，爱立信公司唯一的芯片供应商——飞利浦公司，设在美国墨西哥州的芯片厂发生火灾后，爱立信公司没有采取有效的应急措施及时改变零部件采购方式，导致公司丧失了将新型手机推向市场的大好时机，直接导致了爱立信公司退出手机市场。

可见，面对激烈的市场竞争环境，正是由于爱立信公司缺乏应有的自适应性和响应性，导致了公司经营上的失败。

2. 创造物流系统竞争优势

随着市场竞争的不断加剧、经济活动节奏的不断加快，客户在时间方面的需求，也由按时交货转为缩短交货期，快速响应客户需求成为物流系统及其服务对象获取竞争优势的唯一途径。在竞争压力驱动下，物流系统通过提供快速响应的物流服务，提高自身的自适应性和响应性，帮助服务对象共同为缩短需求响应时间作出贡献。

物流系统的发展，能够集聚更多的物流资源，共同应对物流外部环境的变化，逐步培育快速响应市场的能力。采用准时采购、准时生产、准时配送等准时制管理方式，可以实现物流系统之间的协同运营，从而充分发挥物流系统自身具有的专业化服务能力和资源优势，缩短物流系统响应时间，创造物流系统的整体竞争优势。

4.1.3　物流系统自适应性和响应性之间的关系

物流系统自适应性主要表现在物流系统战略决策选择、物流组织结构建设等方面，而响应性则主要体现在运营策略应用等方面，两者之间的关系如图 4-1 所示。物流系统自适应性和响应性，都以最大化满足客户需求为中心，以提高物流系统竞争力为最终目的。

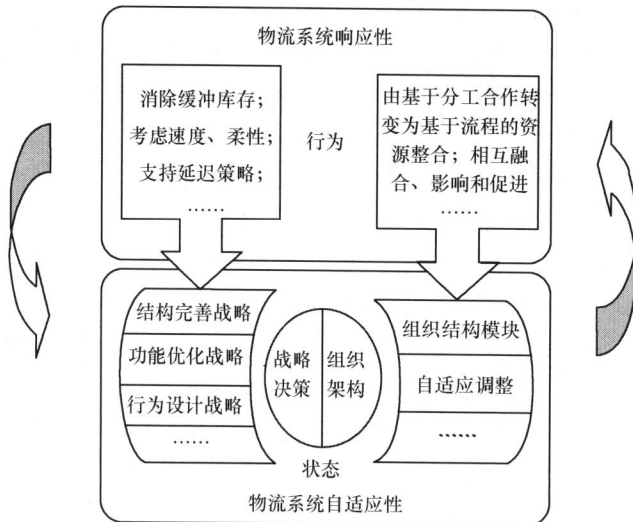

图 4-1　物流系统自适应性和响应性关系示意图

物流系统自适应性是响应性的一种内在属性，正是由于自适应性的存在，才能在外部环境发生变化时迅速响应；物流系统响应性是自适应性的一种外在表现，针对不同的环境变化表现出不同的响应行为体现了自适应性的本质属性。因此，可以根据响应行为对物流系统运营绩效产生的影响判断自适应性的高低。

如图 4-1 所示，物流系统自适应性战略决策选择，包括物流系统结构完善、功能优化和行为设计等战略，而响应策略则主要为消除缓冲库存、考虑物流系统交货速度和柔性、支持延迟策略等。在物流组织结构建设方面，主要表现为由基于分工合作向基于流程的资源整合的转变，从而改变了组织结构模块化设定的标准。物流系统自适应性和响应性相互影响、相互作用，已经成为物流系统提高自身竞争优势的重要属性。

本章将重点阐述物流系统自适应性和响应性（图 4-2）。以时间压缩策略、战略成本管理以及考虑响应性的绩效指标体系的建立为应用策略，从时间、成本、绩效三个维度论述物流系统控制在缩短客户响应时间、提高客户需求满足能力方面的作用，从而对提高物流系统自适应性和响应性的必要性进行分析。在此基础上，围绕复杂性思想，从自适应性的概念和性质出发，分析物流系统自适应性的驱动力以及自适应演化过程；围绕动态性思想，从响应性的影响因素出发，探讨动态响应方式及动态响应绩效评估原则、框架和评估指标体系。从内在机制及演化机制层面，深入探讨物流系统自适应性和响应性，解释现代经济环境下物流系统竞争能力的形成与发展机理，提高和强化物流系统竞争力，保证物流系统在多变、复杂的经济环境中获得生存发展的能力。

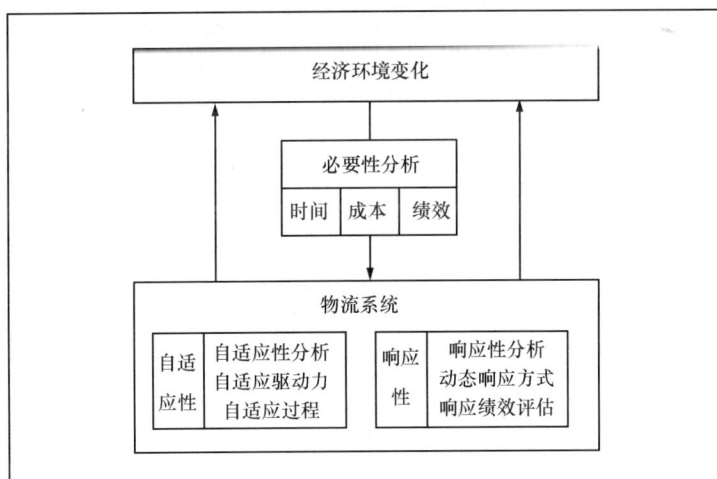

图 4-2　本章结构图

市场竞争环境的变化给物流系统核心竞争力的形成带来了不可忽视的影响，正是客户需求不确定性的增加、产品生命周期的缩短和库存量的不断压缩，导致了物流系统自适应性和响应性重要地位的日益凸显。物流系统只有逐步培育和完善自适应性和响应性，才能在激烈的市场竞争环境中立于不败之地。在物流系统控制论体系中，适应性和响应性成为物流系统的两个基本属性。

4.2　物流系统自适应性和响应性必要性分析

在物流、信息流和资金流的支持下，物流系统运营在一定的时空范围内，它涉及供应商、生产商、分销商、零售商和客户等参与主体，涵盖物流产品、生产设备、装卸机械、运输工具、储存设施、交通网络等资源要素，实现了加工制造、装配运输、分销、储存零售等功能的有机集成。面对复杂、动态、多样的物流系统环境，物流系统也呈现复杂性、动态性和多样性，并逐步培育了自适应性和响应性。物流系统功能、目标及性质的相互作用如图 4-3 所示。

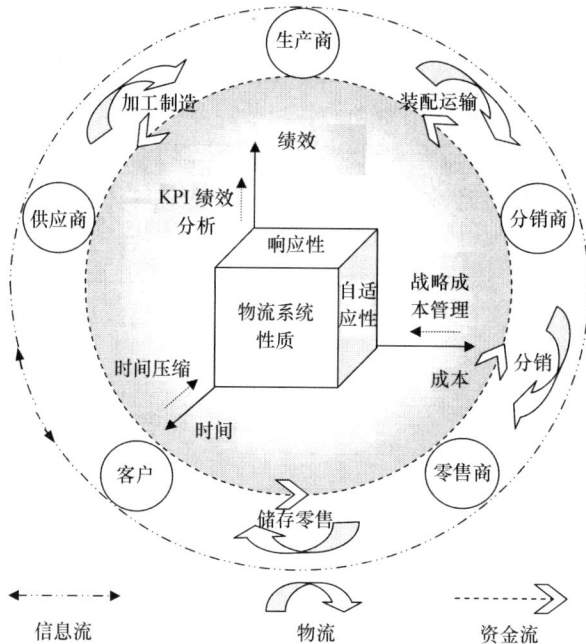

图 4-3　物流系统功能、目标及性质的相互作用

在物流系统运营过程中，时间、成本和绩效成为重要的资源。这些资源不仅支撑着物流系统的正常运营，而且支撑着物流系统孕育应对环境变化的自适应性和响应性。无论是物流系统环节还是整个物流系统，都追寻在客户要求的时间内提供客户所需要的产品和服务，并且在提供产品和服务的过程中，实现对物流系统的成本控制及绩效水平的提高。在管理实践中，物流系统借助时间、成本和绩效三类资源，提高物流系统自适应性、响应性及其应对环境变化的能力。

4.2.1 基于时间视角的必要性分析

物流时间包含了产品的生产和移动过程，蕴含在产品的价值增值过程中。随着市场竞争的加剧，个性化和多样化的客户需求驱动着生产模式朝小批量、多样化、多规格和多品种的方向转移，并且对物流系统的响应时间提出了更高的要求。物流系统响应时间的长短，已经成为一项衡量物流系统是否具有竞争优势的重要指标。美国咨询公司 PRTM（Pittiglio Rabin Todd & McGrath）的实证研究表明：对客户需求的响应时间为同业竞争对手 1/3 的公司，成长率至少是业界平均值的 3 倍，获利率至少为业界平均值的 2 倍，高者可达 5 倍之多（Stalk and Hont 1990）。

1. 物流系统中的时间概念

在物流系统中，主要的时间概念有提前期、周期时间和响应时间，其中响应时间（response time，RT）指客户向供应链成员发出订单到供应链成员将产品和服务交付给客户的总时间，由提前期和周期时间两个部分构成，它反映了整个供应链的整体响应能力（图 4-4）。

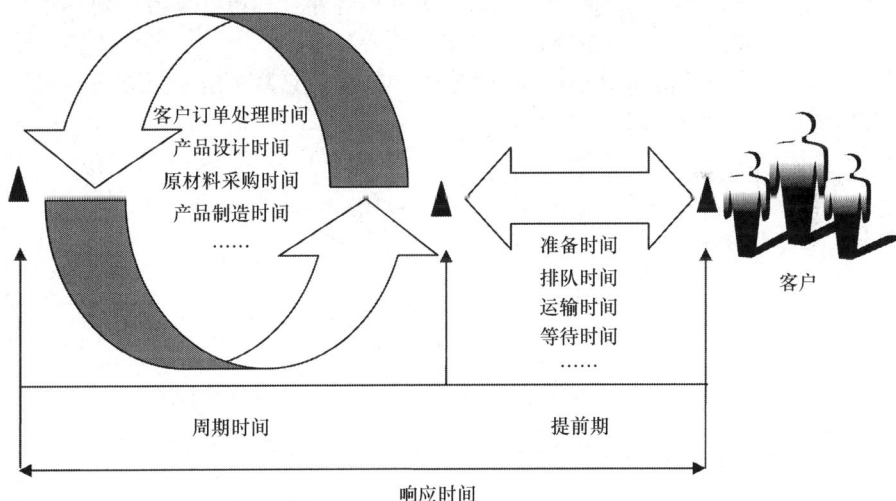

图 4-4 响应时间构成图

（1）提前期（lead time，LT）是指在客户向供应链成员提出某项需求时，供应链成员需要提前准备的时间。提前期的概念主要用于企业生产计划中，在制造资源计划和企业资源计划中经常出现，是为了能够在确定日期前完成产品和服务而必需的准备时间。提前期主要包括准备时间、排队时间、运输时间、等待时间等，项目包括产品、零部件、原材料及服务等。

（2）周期时间（cycle time，CT）是供应链成员生产运营过程中完成某项作业活动所需的时间，这些活动包括客户订单处理、产品设计、原材料采购、产品制造，以及运送产品到客户处的作业活动，还可以指这些活动中更为具体的作业活动。

可见，要想缩短响应时间，就应该从缩短提前期和周期时间入手，想方设法地缩短提前期和周期时间，从而提高物流系统的响应能力。

2. 物流时间压缩策略

物流时间压缩主要集中在缩短提前期和缩短周期时间两个方面，可以信息流时间压缩和物流时间压缩"双管齐下"，以最快的速度响应客户需求。

1）信息流时间压缩

在供应链系统中流动的信息流不仅包括订货数量信息，还包括反映客户需求的信息。在传统的供应链系统中，信息流经过每一个供应链成员时都会受到加工和处理（图 4-5（a）），这种信息流模式不仅不能真实反映客户需求信息，而且具有明显的时间滞后性（Emerson et al. 2009），会影响物流运营效率。为了实现信息流的时间压缩，将真实的客户需求信息实时传递给每一个供应链成员，实现客户需求信息在供应链成员之间的共享，保证每一个供应链成员都能够根据订货信息和最终客户的需求信息进行生产决策、库存决策和运输决策等决策，从而通过信息流时间压缩压缩供应链系统中的物流时间。目前，实现客户需求信息共享的主要方式是依托电子商务等信息共享平台（图 4-5（b））。

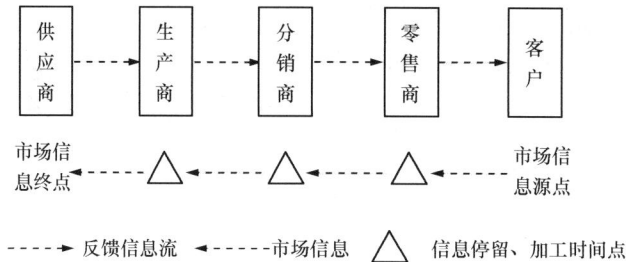

(a) 传统供应链系统中的信息流模式

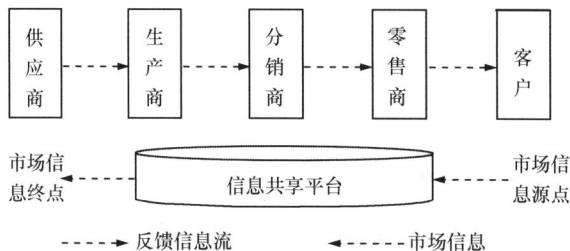

(b) 现代供应链系统中的信息流模式

图 4-5　供应链系统中的信息流模式

以北美第一大医药批发商美国麦克森公司（McKesson Corporation）为例，该公司将自己的计算机系统与 1.5 万家药品零售商等销售点互联，不仅可以直接接收订单，而且系统可以根据提前期自动向供应商订货。结果 McKesson 公司不仅为行业提供了最高水平的服务，而且库存周转率之高也名列前茅。由此可知，需求信息共享能够有效避免由于信息滞后而导致的供应链反应迟缓，有助于提高物流系统的运营效率和整体竞争力（Malhotra et al. 2007）。

信息流的时间压缩除每一个供应链成员通过信息共享平台进行信息共享之外，还包括物流系统自动化及物流系统网络化两种表现形式，利用信息技术和物流技术的共同作用消除物流系统运营过程中的时间延误，从而提高物流系统响应速度和竞争力，提升物流服务水平。

（1）物流系统自动化。物流系统自动化是指物流设施设备的自动化，它是物流系统实现实时运营的技术基础。物流设施设备自动化涵盖了货物接收、分拣、装卸、运送、监控等环节，致力于以自动化的方式完成整个物流过程。物流设施设备自动化涉及条形码（bar code）、射频（radio frequency，RF）、全球定位系统、地理信息系统等技术，通过这些自动化技术设施的应用，可以实现货物的自动识别、自动分拣、自动装卸、自动存取等，从而大大提高物流系统的操作效率，缩短物流作业时间。

物流系统自动化的实现，除了具备物流设施设备的自动化之外，还需要物流信息系统的支持。常用的物流信息系统，包括仓储管理系统（warehousing management system，WMS）、运输管理系统（transportation management system，TMS）、售点销售（point of sale，POS）系统、电子自动订货系统（electronic ordering system，EOS）、企业资源计划（ enterprise resource planning，ERP）系统、制造资源计划（manufacturing resource planning，MRPⅡ）系统等。

（2）物流系统网络化。物流系统网络化是指将网络技术运用到物流系统运营的各个阶段，支持物流系统成员之间信息共享与交流、协同运营。在物流系统网络化环境中，借助运行于互联网的电子订单、网上支付、货物追溯等系统，建立起一个连接客户和物流系统成员的渠道。物流系统应用数据挖掘技术，有效地分析来自运输、储存、包装、装卸搬运、配送、流通加工、信息处理等基本功能的实时数据，并通过信息的实时传递实现物流系统成员之间的信息共享与交流、协同运营（图 4-6）。

物流系统自动化和网络化技术的应用，使物流系统可以实时掌握货物运行状况，迅速获取市场信息，并快速履行订单约定、动态响应客户需求，从而及时有效地提供物流服务。基于时间的物流系统动态响应技术的应用，有助于降低时间成本、提高时间价值，融入"时间即是效益"的理念。

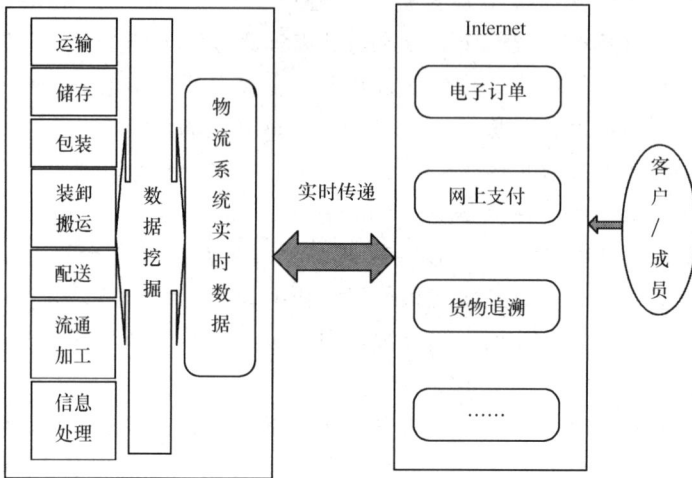

图 4-6　物流系统网络化

　　在信息流时间压缩方面一个成功的案例来自沃尔玛。沃尔玛于 1985 年建立电子数据交换（electronic data interchange，EDI）系统实现向供应商的自动订货；1987 年与美国休斯公司合作发射商业卫星，通过卫星传输数据；1990 年建立自己的数据中心并开始应用 GPS 实现全球 4000 多家零售店 1 小时内单种商品信息的全部盘点，并通过售点销售系统的应用完成产品销售信息在生产、采购以及供应商多个环节的同步共享，实现采购、库存、订货、配送和销售信息一体化。沃尔玛始终通过信息技术的广泛应用，保证以自身为核心企业的供应链系统能够实现最大化的信息流动，各个环节通过即时共享信息完成本职工作，减少不必要的时间浪费。这也成为沃尔玛始终保持行业领先水平的关键核心竞争力。

　　2）物流时间压缩

　　物流时间压缩包括物流的提前期压缩和周期时间压缩。物流时间压缩主要表现为在供应链成员内部产品设计研发、生产加工及运营整合等阶段，对工艺流程进行再设计、调整产品批量或者优化运输路线，以达到压缩企业内整个流程时间的目的。在具体实现上，由于产品设计研发时间与企业组织结构形式、与上下游成员的参与支持及知识传递有着至关重要的关系，所以，产品研发流程可以通过对供应链成员内部的组织形式调整及与物流系统成员的合作来减少时间浪费（Gupta and Souder 1998；Pragman 1996）。

　　在生产加工流程中，主要以并行工程和准时生产为指导思想，采取压缩冗余事件、工序重组及并行等方式优化周期时间（De Toni and Meneghetti 2000）。除了管理方法上的提升之外，物流系统成员间的信任、合作（Handfield and Bechtel 2002），以及战略联盟程度（Gunasekaran et al. 2008）直接影响合作关系，也对物流时间产生不可忽视的影响。在管理实践中，常常存在零售商一味依赖于生产商和分销商在制造和分销阶段采取时间压缩策略，来提高整个供应链系统对客户需求的响应性的现象，这会对物流系统与供应链成员之间的信任和合作程度，以及时间压缩的成本支出等产生负面作用（Thomas et al. 2010）。

在基础信息技术已经得到广泛应用的零售行业，宝洁（P&G）公司和沃尔玛之间通过深度合作，相互获得所需数据，共同制订生产、补货等计划，避免了库存过大的资源浪费和缺货风险，形成高于信息技术应用的软实力，在为沃尔玛带来丰厚利润增长的同时也使宝洁公司的产品赢得了广大客户的认可。

值得注意的是，信息流时间压缩和物流时间压缩并不是相互独立的，而是相生相伴、相互影响的，只有信息流时间压缩和物流时间压缩都达到了预期的目标，才会达到供应链系统整体响应时间最小化的目标。

3. 时间压缩对物流系统竞争力的影响

面对客户需求不确定性增加、产品生命周期缩短和库存量不断压缩等物流系统环境的变化，物流系统迫切需要寻找能够提高自身竞争力的途径和方法。实践证明：通过时间压缩，物流系统能够实现对客户需求的快速响应，在创新、市场占有及创造价值等多个方面提高物流系统的竞争力（杨阳 2008）。时间压缩策略与物流系统竞争力之间的关系如图 4-7 所示。

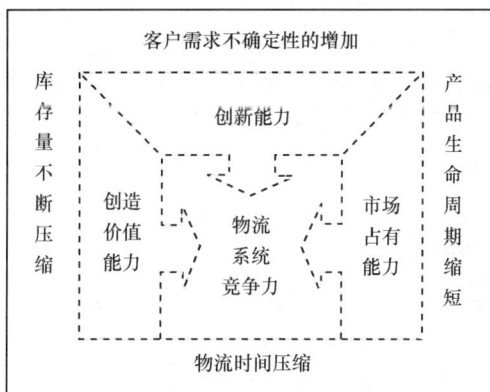

图 4-7　时间压缩策略与物流系统竞争力的关系模型

（1）时间压缩提高物流系统创新能力。物流系统创新能力主要取决于物流系统以创新的方式快速支持产品开发、产品推广的能力，而决定产品开发和推广速度的因素是产品开发时间和推广时间，这些都与物流系统的创新能力有关。物流时间压缩包含压缩产品的设计、研发及推向市场的时间，能够保证产品尽快进入市场、争取市场份额、获得利润；同时，物流系统创新能力的提高，能够保证物流系统持续领先于竞争对手，以稳定的竞争优势保证产品尽快进入市场。

（2）时间压缩提高物流系统市场占有能力。在新的市场环境中，由于选择的多样性及客户自身需求的不稳定性，客户忠诚度越来越低，而保证物流系统客户忠诚度的关键因素则是快速满足客户需求。物流时间压缩，一方面能够缩短产品到达市场的时间，另一方面能够缩短交货时间，加快订单处理速度、提高交货能力、提升客户满意度，使物流系统及其服务对象维持高水平的客户忠诚度和吸引新客户的能力，从而提高物流系统市场占有能力。

（3）时间压缩提高物流系统创造价值能力。物流系统创造价值的能力主要体现在支持客户创造更大的价值上。客户获取的价值可以用其感知的产品效用与其支付的产品价格之间的差额来衡量。一般来说，影响客户感知效用的因素主要包括产品质量、服务水平及产品个性化程度。时间压缩能够通过提高服务水平增强客户感知效用，提高客户获取的价值，从而提高物流系统创造价值的能力。

在整个社会经济系统中，物流时间不仅影响着物流系统的效率和效益，而且影响着整个社会经济系统的效率和效益，从基于时间的视角分析物流系统自适应性和响应性，有助于进一步提高物流时间价值，提升整个社会经济系统的时间价值。

4.2.2　基于成本视角的必要性分析

在企业系统和社会经济系统中，有效降低成本是物流系统有效运营的一个现实目标。由于物流系统的盈利归根结底来源于其所得价值超过提供产品和服务所产生的成本，所以在提高物流系统自适应性和响应性的过程中，不能一味地追求时间压缩，应避免在时间压缩中损失物流系统的盈利基础。因此，应借鉴战略成本管理的思想开展物流系统战略成本管理，并权衡处理好时间压缩与成本降低之间的关系。

1. 战略成本管理的基本内容

Shank 和 Govindarajan（1993）研究指出，价值链分析、战略成本动因分析和战略定位分析是战略成本管理的三要素，这一研究结果得到了理论界的普遍认可。因此，战略成本管理的基本内容，包括价值链分析、战略成本动因分析及战略定位分析三部分。

1）价值链分析

由采购、生产和销售构成的价值链，涵盖了产品从最初的原材料采购、生产、分销、销售到最终客户的过程。价值链以作业活动为载体，在作业活动推移的过程中形成价值传递系统并实现价值转移和价值积累，最终通过客户支付实现收益，完成价值链的循环过程。

物流系统价值链分析的目的，在于描述每一个环节、每一个活动的价值增值能力，描述物流系统与相关系统之间价值转移的能力和水平，从而更加清晰地展现物流系统的价值链延伸能力及整体竞争优势。物流系统的价值链示意图如图 4-8所示。

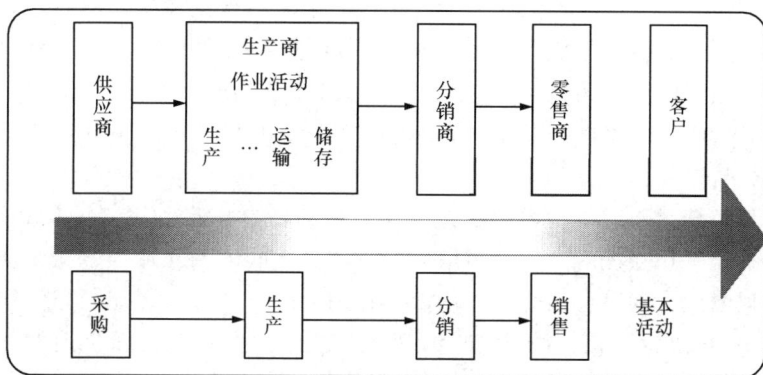

图 4-8　物流系统的价值链示意图

物流系统价值链分析是从战略层面对物流系统运营环境的一种描述，它能够明确物流系统在价值链中的位置及其对企业系统和社会经济系统价值增值能力的作用和影响，并且能够描述调整物流系统在价值链中的位置、作用和影响与降低成本、形成成本优势之间的内在联系。物流系统价值链分析可以分为企业物流系统价值链分析与社会物流系统价值链分析两种类型。

（1）企业物流系统价值链分析：从企业系统的视角分析物流系统价值链的价值增值能力，特别是每一个环节、每一个活动的价值增值能力，能够更加清晰地描述每一个活动的价值增值与成本消耗之间的关系。

（2）社会物流系统价值链分析：从社会经济系统的视角分析物流系统价值链的价值增值能力，除了观察分析以企业为单元的企业物流系统价值增值能力之外，重点描述在物流系统之间转换过程中的价值增值能力。

2）战略成本动因分析

战略成本动因是指影响成本的要素，可以从结构性成本动因和执行性成本动因两个方面进行分析（易华 2008）。结构性成本动因影响物流系统规模与网络结构，并决定了物流系统的成本结构；执行性成本动因除了包含用于提高运输、储存、流通加工等物流活动能动性的成本因素之外，还包含物流作业人员参与程度、质量管理等。在从结构性成本动因和执行性成本动因两个不同的视角进行物流成本动因分析时，应注意两者的关系。

（1）成本大小程度倾向不同。结构性成本动因和执行性成本动因分别倾向于不同的成本大小程度，结构性成本动因要求物流系统选择最佳的、最适合的成本大小程度，如物流基础设施投资规模并不是越大越好，而执行性成本动因则强调选择较大的成本大小程度，如物流系统流通加工能力越大越好，质量管理能力越大越好。

（2）成本动因分析的重点不同。随着市场竞争的日趋激烈及信息技术更新换代速度的加快，结构性成本动因分析的重点逐渐倾向于更加先进的技术，如物联网技术的应用，而执行性成本动因分析的重点则会由于物流系统所处市场环境、服务行业和战略定位的不同呈现很大的区别，如 WMS 和 TMS 的选择，不同的物流系统有所不同。因此需要结合实际背景进行分析，才能获得有助于降低和控制成本的分析结果。

在物流系统战略成本动因分析过程中，应该注意成本动因之间的相互作用、相互影响，避免相互抵触，并通过放大成本动因之间的相互加强效应来获得成本优势。以运输能力和储存能力投入的成本作用为例，在一些诸如服务于零售业的物流系统中两者相互促进、相互加强，但是在另一些诸如服务于准时制生产的物流系统中两者却是相互抵触的。

3）战略定位分析

战略定位分析要求通过战略环境分析，对企业面临的内外部竞争环境进行全面系统的分析，以确定应采取的战略，从而明确自身在竞争中的优势、劣势、机会和威胁，进而建立与企业战略相适应的成本管理战略。在管理实践中，企业战略通常由相互作用的总体战略、竞争战略和业务单元战略三部分组成（图 4-9）。

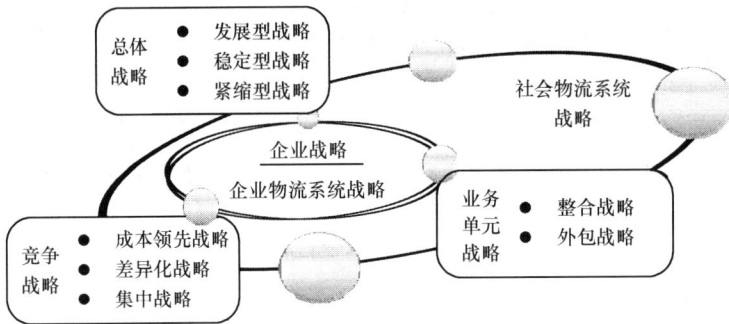

图 4-9　企业战略与物流系统战略之间的关系

战略定位分析开始于总体战略的确定。依据环境扫描，在对市场环境进行分析的基础上选择总体战略，即发展型战略、稳定型战略和紧缩型战略，并通过竞争战略来实施。在竞争战略中，两种最基本的战略是成本领先战略和差异化战略，集中战略是对两种战略的补充。通过细分市场，将目标瞄准某一特定的消费领域，即明确自己究竟是实施成本集中战略还是差异化战略，以满足特定的客户需求。

业务单元战略中的整合战略和外包战略，可以视为提高竞争力的两种不同方式：一方面通过扩大业务规模（横向整合）或价值链延伸（纵向整合）重构价值链，寻求以规模效益提高盈利水平的方法；另一方面，将非核心业务外包，巩固和扩张自身的核心竞争力，同时提高灵活性和创造性。

物流系统也可以参照企业战略定位分析方法，制定总体战略、竞争战略和业务单元战略，但是必须明确不同层次物流系统的战略与企业战略之间的关系。企业物流系统战略是企业战略的一部分，而社会物流系统战略包含了企业战略（图 4-9）。

2. 物流系统战略成本管理

随着物流行业进入"微利时代"，物流系统之间的竞争已经转变为成本的竞争。物流系统可以获得可持续的成本竞争优势的一个重要前提，是要有一个合理的、可接受的物流服务价格水平，更重要的是物流系统必须具有战略成本管理能力。为了使物流系统在激烈的市场竞争中立于不败之地，必须开展有效的成本管理改革，变被动的成本核算管理为主动的战略成本管理，并贯穿于整个物流系统运营过程。

20 世纪 80 年代，英国学者肯尼斯·西蒙兹（Kenneth Simmonds）和美国教授迈克尔·波特在同一时期提出了"战略成本管理"（strategic cost management，SCM）的概念（Shank and Govindarajan 1993），将战略思想应用到成本管理中，在合理降低运营成本的同时配合竞争战略来确保企业的市场竞争优势。战略成本管理意味着企业要采用更多的战略成本管理方法，如应用复杂的利润分析方法、业务流程重组和利润计划流程等方法，通过在物流系统各个环节之间实施协同运营计划降低整个物流系统成本。

物流系统战略成本管理不仅关注降低成本，更注重物流系统与服务对象竞争战略相配合以保持服务对象的竞争优势，有效降低物流系统与服务对象的成本。在物流系统战略成本管理实施过程中，一方面从成本的角度分析、选择和优化物流服务输出量；另一方面从战略管理的角度考虑如何对物流成本实施更好的控制。物流系统战略成本管理方法，可以借鉴如图 4-10 所示的作为企业战略的目标成本法。

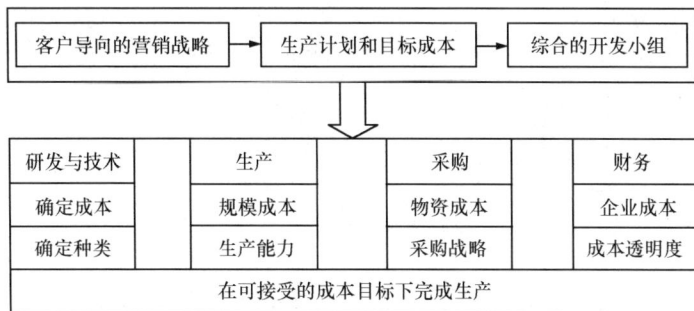

客户导向的营销战略	→	生产计划和目标成本	→	综合的开发小组

研发与技术	生产		采购	财务
确定成本	规模成本		物资成本	企业成本
确定种类	生产能力		采购战略	成本透明度
在可接受的成本目标下完成生产				

图 4-10　作为企业战略的目标成本法

资料来源：赵林度. 2007a. 供应链与物流管理（第 2 版）[M]. 北京：机械工业出版社.

图 4-10 描述了以企业为对象的目标成本法,尽管它与物流系统目标成本法有所不同,但是基本原理相同。目标成本既是一个目标概念,也是一个成本概念。作为目标概念,它是目标的一种具体形式,是物流系统预先确定的在一定时期内所要实现的成本目标,其内涵包括目标成本额、单位产品和服务成本目标、成本降低目标这三个相互联系的指标;作为成本概念,它主要表达为实现特定经济目的而产生的资本消耗。

物流系统目标成本法要求物流系统能够面向最终客户的需求确定一定时期内的预期目标,围绕这个总目标,物流系统确定运输、储存、包装、装卸搬运、配送、流通加工、信息处理等活动的目标成本,并制定实现目标的措施,在既定的成本目标下保障物流系统正常运营。物流系统目标成本法的实施需要充分整合物流系统的所有资源,以低成本、高效率、高效益地实现物流系统运营目标,可盈利地传递客户价值。

3. 时间压缩与成本降低之间的均衡

在传统的生产系统中,时间和成本之间的关系是一致的。一些研究成果已经从理论上证明了时间压缩与成本降低之间并不是对立的,甚至是一致的(Bower and Hout 1988),而且来自北方电信公司(Northern Telecom Ltd.)的实践也表明:时间压缩与成本降低之间具有一致性(崔松等 2006)。但是,随着竞争的加剧,在基于时间竞争的环境中时间和成本之间的关系已经发生了变化,生产系统中有限的资源已经开始向时间倾斜,以获取时间压缩带来的竞争优势。

物流系统控制遵循时间、成本、绩效(质量)和资源构成的四要素法则,在需要维持一定的绩效(质量)水平或者存在资源约束的情况下,时间压缩与成本降低之间存在如图 4-11 所示的关系,即时间压缩必然使成本增加,成本降低必然引起时间延长。因此,在以提高物流系统自适应性和响应性为中心思想的时间压缩过程中,需要注意解决时间压缩与成本降低之间的均衡问题。

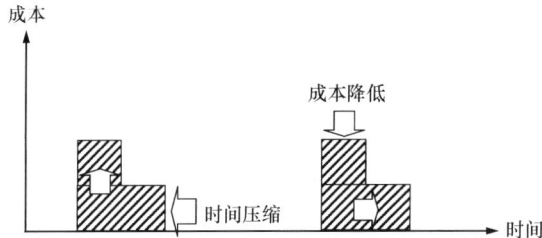

图 4-11　时间压缩与成本降低之间的关系

时间和成本之间的均衡关系,实质上是建立在物流时间-物流成本关系综合管理能力基础之上的,这种管理能力受物流系统信息技术应用水平、资源调度能力、协调管理方法等多种因素影响。

从时间压缩与成本降低之间的均衡关系来看，提高物流系统自适应性和响应性，不仅有助于压缩时间和降低成本，而且有助于显著提高物流系统对时间-成本的综合管理能力，在一定范围内打破时间与成本之间原有的均衡，在缩短响应时间的同时降低物流成本，提高物流系统的竞争能力。

4.2.3　基于绩效视角的必要性分析

绩效作为衡量系统运营状态的一把标尺，能够以科学的方式测度系统的运营状态，已经成为计划、优化和控制等决策的必要工具，以及衡量物流系统自适应性和响应性的一项重要的资源要素。物流系统自适应性和响应性也是衡量物流系统绩效水平的指标，从绩效分析、绩效评估与响应时间关系的视角提升物流系统核心竞争优势。由于市场竞争环境的变化，以及物流系统复杂性、动态性和多样性等特性的存在，如何科学地评价物流系统输出的绩效水平已经引起国内外学者的广泛关注，物流系统应对环境变化的自适应性和响应性是否影响整个物流系统的绩效？

1. 物流系统绩效基本内容

Beamon（1999）将衡量物流系统整体绩效的指标总结为三个方面，即获得效益、客户服务水平和物流系统应对变化的能力，强调构建物流系统指标体系时不能仅仅关注单一成员或者主导型成员，需要避免仅仅关注财务指标，而应该从战略的角度和联盟层面构建指标体系。在新的经济环境驱动下，只有将物流系统应对环境变化的能力纳入物流系统绩效测量体系，才能真实反映物流系统获得绩效的机制，并为寻找提高物流系统绩效的途径提供有价值的探索方向（Shepherd and Günter 2006）。同时，考虑到物流系统以最大化满足客户需求为中心的目标，可以从客户满意度、响应效率及财务效益三个方面全面考察物流系统绩效。

1）基于客户满意度的物流系统绩效

在买方市场环境下，客户是驱动市场的主要动力，也是物流系统利润的源泉。物流系统自适应性和响应性是以满足客户需求为中心、以提高物流系统竞争力为目的而逐步形成和发展起来的能力，通过物流系统各成员、各环节的协调实现快速响应。客户满意度是衡量物流系统绩效的一个关键指标，而提高客户满意度则可以作为获取物流系统竞争优势的一种有效方法，客户满意度的提高有助于提高客户忠诚度。物流系统客户满意度的提高，是以完善的服务体系、高服务质量、最佳订单满足率为基础。物流系统自适应性和响应性的提高，能够给客户带来所希望的物流速度、快速服务，从而获得高服务质量，以及最佳订单满足率。

（1）高服务质量。在基于时间竞争的市场环境中，响应性成为影响物流服务质量的重要因素。如果一个物流系统始终能够凭借自身具有的自适应性和响应性，快速应对外部环境的变化、快速响应客户需求，那么这个物流系统就一定能够在激烈的市场竞争环境中保持领先一步的优势，在市场中立于不败之地。

（2）最佳订单满足率。最佳订单满足率是指物流系统在一段时期内在满足客户需求的前提下完成客户订单的比率，它能够从总体上反映物流系统的交付质量和服务水平。物流系统具有自适应性和响应性，有助于提高物流系统应对环境变化的能力，保障物流系统交付的及时性和有效性，从而获得最佳订单满足率。

基于客户满意度的物流系统绩效，凭借物流系统具有的自适应性和响应性，旨在通过提高客户对物流系统提供产品和服务的满意程度而提高客户忠诚度，培育物流系统保留原有客户的能力。在激烈竞争的市场环境中，物流系统为了获得持久利润，不仅需要保留原有客户的忠诚度，更需要通过产品和服务的创新性来吸引新客户，不断扩大市场份额。

2）基于响应效率的物流系统绩效

物流系统自适应性和响应性主要反映在物流系统的响应效率上，主要由基于时间的指标来衡量物流系统对客户需求的反应速度，包括准时交货率、订单完成时间及新产品开发周期等。

（1）准时交货率。准时交货率指一段时期内物流系统准时交货的次数占同期总交货次数的比率，它能够反映物流系统各成员、各环节的协作水平是否符合物流系统运营的基本要求。准时交货率单纯从时间的角度衡量物流系统的服务能力，这种能力是由物流系统自适应性和响应性激发出来的，它是物流系统的运输、储存、包装、装卸搬运、配送、流通加工、信息处理等环节服务能力的综合体现。

（2）订单完成时间。订单完成时间指物流系统对客户订单的总体反应时间，从客户的角度即为客户从订单下达成功到收到产品和服务的时间；从物流系统的角度包括从接受订单、组织生产、包装运输直至客户接收产品和服务的全部时间。订单完成时间反映了物流系统满足客户需求的能力，是物流系统提高服务水平的重要途径。物流系统的自适应性和响应性有助于缩短订单完成时间，提升物流系统的竞争优势。

（3）新产品开发周期。新产品开发周期是指从投入研发或生产一项新的产品和服务到该产品和服务获得收益所需要的时间。新产品开发周期，一方面反映了市场对新产品和服务的接受水平；另一方面反映了物流系统支持服务对象的创新能力。物流系统作为新产品开发的支持平台，重在凭借自身的自适应性和响应性从容应对来自外部环境的不确定性，帮助服务对象有效缩短新产品开发周期。

3）缩短响应时间与物流绩效的关系

在基于时间竞争的环境中，物流系统逐步将竞争的焦点集中在缩短物流系统整体的响应时间上，希望通过提高物流系统自适应能力和响应能力，提升物流系统的竞争力和整体绩效。时间压缩的核心思想，就是要减少整个物流系统的运输、储存、包装、装卸搬运、配送、流通加工、信息处理等基本功能活动所消耗的时间总量。

由于供应链是物流系统最主要的服务对象，所以物流系统绩效往往由供应链绩效水平来衡量。研究表明，响应时间的缩短，会影响收入、库存、员工生产率、残余物、交货期、产品上市时间和资产回报率等（王福寿 2006），从而进一步证明了响应时间的缩短确实能够提高供应链的整体绩效。如果从物流系统的视角来看，也会提高物流系统的整体绩效，并且能够进一步加快物流系统的响应速度，由此进入一个良性循环。

2. 物流系统绩效分析策略

物流系统自适应性和响应性，能够从深层次上影响物流系统的绩效，影响物流系统的服务水平和竞争优势。因此，应该从提高物流系统自适应性和响应性的角度，探讨物流系统绩效分析策略。

1）物流系统绩效评估

绩效评估是绩效分析的基础。在绩效评估过程中，会产生估算过低和估算过高的现象，使估算绩效偏离实际绩效（赵林度 2007a）。如果估算过低，将会使运营成本转移到绩效评估更高的流程上，从而产生无效的计划和错误，引发更高的成本；如果估算过高，根据帕金森定律①，绩效增加时，消费随之增加，会抬高时间压缩的成本（图 4-12）。无论绩效评估的结果是过低还是过高，都会导致时间压缩成本的增加，因此，应采取有效的策略寻找实际绩效和估算绩效的交汇点，提高绩效评估的准确性。

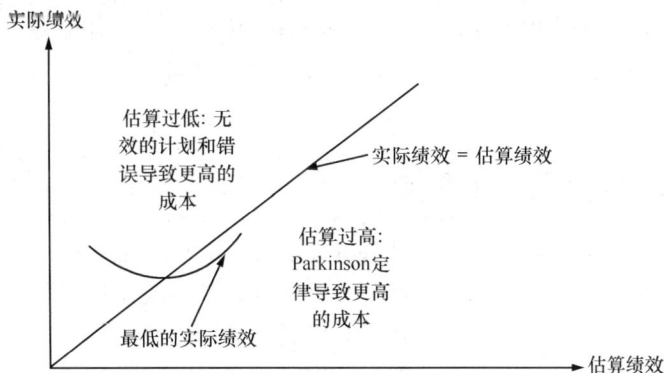

图 4-12　绩效评估

资料来源：赵林度. 2007a. 供应链与物流管理（第 2 版）［M］. 北京：机械工业出版社.

---

①　又被称为"金字塔上升"现象，由英国历史学家、政治学家西里尔·诺斯古德·帕金森（Cyril Northcote Parkinson）于 1958 年出版的《帕金森定律》一书中提出。帕金森得出结论：在行政管理中，行政机构会像金字塔一样不断增多，行政人员会不断膨胀，每个人都很忙，但组织效率越来越低下（阎栋 2012）。

物流系统绩效评估应深入观察影响物流系统绩效的每一个关键指标，及其指标间的内在联系，力求真实反映物流系统的实际绩效，避免由绩效评估失误带来的负面影响。

2）基于关键绩效指标的物流系统绩效分析

在提高物流系统自适应性和响应性过程中，应注重加强绩效评估基础上的绩效分析。绩效分析的目的在于确定和测量期望绩效与当前绩效之间的差距，通常采用关键绩效指标（key performance indicators，KPIs）法。关键绩效指标将绩效评估简化为对几个关键指标的考核，以关键指标作为评估对象、设定评估标准，将物流系统的绩效与关键指标进行比较的评估方法。在一定程度上可以认为关键绩效指标是目标管理法与帕累托定律（Pareto principle）的有效结合，即符合一个重要的管理原理——"二八原理"。

由于关键绩效指标是通过对物流系统关键参数进行设置、取样、计算、分析而获得的，用于衡量物流系统绩效的一种目标式量化管理指标，所以，关键绩效指标的确定就需要贯穿整个物流系统运营过程，并且在确定关键绩效指标时遵循SMART原则。

由于物流系统的复杂性，可能会形成多种类型的关键绩效指标。但是，无论是效益类指标，如资产盈利效率、盈利水平等，运营类指标，如成本控制、市场份额等，还是组织类指标，如客户满意度水平、服务效率等，都需要对整个物流系统进行综合分析，并应用关键绩效指标衡量物流系统自适应性和响应性提高前后的绩效变化。

从基于绩效分析的视角来看，物流系统自适应性和响应性的提高，能够提高客户满意度和响应效率，有效地缩短物流系统响应时间，提高物流服务水平，从而提高整个物流系统的绩效。

4.3　物流系统自适应性

物流系统自适应性兼具动态属性和静态属性，它既可以作为一个过程，也可以作为一种结果。作为过程的物流系统自适应性包括物流系统对外部环境变化的感应、解析、反应、学习、行动、成长和创新；作为结果的物流系统自适应性是指物流系统的结构、功能、行为等经过长期的生存竞争，所形成的物流系统与外部环境之间协作、协调和协同的属性，并能够对市场竞争环境的变化作出正确反应的能力（樊毓卿 2009）。

4.3.1　物流系统自适应性分析

物流系统自适应性反映了物流系统在生存竞争中与外部环境互动而形成的能力和属性，面对复杂、动态、多样的外部环境，物流系统自适应性也随着环境的变化而演化，从而形成了复杂的物流系统自适应性。

1. 物流系统自适应性的概念

适应和适应性属于生物学范畴。适应是指生物形态结构及生理功能等与环境相适应的现象；适应性是指生物在自然选择的压力下通过自身遗传赋予后代生存的潜力和性能。从系统论的角度来讲，适应性是对系统自组织过程的一种描述，强调在所处环境的作用下，系统为了适应环境，通过自组织过程表现出新的结构、状态或功能（陈禹和钟佳桂 2006）。

随着适应性的逐渐被认知和发掘，20 世纪 90 年代前期，德国航空航天中心（Deutsches Zentrum für Luft- und Raumfahrt，DLR）将自适应技术作为一项基础技术进行研究，指出自适应技术通过影响系统的结构并通过结构的改变实现不断优化，以适应环境的快速变化（冯纯伯 1982）。自适应性的基本思想是在不断变化的复杂环境中，个体为了生存发展，不断学习、积累经验能力，通过不断地调整，更好地适应环境的变化。自适应技术的应用已经扩展到交通、机械制造、加工工业等行业领域，并已应用于自然科学及管理科学领域。

1994 年，约翰·霍兰德（John Holland）在美国圣菲研究所（Santa Fe Institute，SFI）提出了复杂适应系统（complex adaptive system，CAS）理论，通过生物的演化规律研究系统复杂性的起源，运用适应性主体（adaptive agent）将微观和宏观世界联系起来。微观方面通过与环境等主体的交互作用不断学习，宏观方面在主体与环境的相互作用下完成复杂的演化过程。霍兰德将复杂适应系统定义如下：一个系统在没有任何其他主体有意识地管控下能够自我组织以适应环境的变化，并经过一段时间表现出与环境的一致性。霍兰德的研究成果，为认识、理解、控制及管理复杂系统提供了新的研究思路（Holland 1995）。物流系统是一个典型的复杂适应系统（万志成和慕静 2010），它呈现出复杂性、动态性和多样性。物流系统不仅受到内部各成员、各环节能力的约束，使能力间呈现出复杂的非线性、动态性且相互紧密作用的关系，而且受到外部环境变化及环境之间不断交互的影响。

物流系统自适应性的概念模型如图 4-13 所示。物流系统自适应性主要体现在系统运营过程中，特别是物流系统从突发事件中持续学习，将学习知识融入物流系统，持续改进、创新、优化物流系统的过程。物流系统自适应过程涵盖了规划和运营及感知和适应相互交互的过程，其中，规划是基于竞争战略从物流资源的角度制订计划方案的过程；运营是物流系统利用

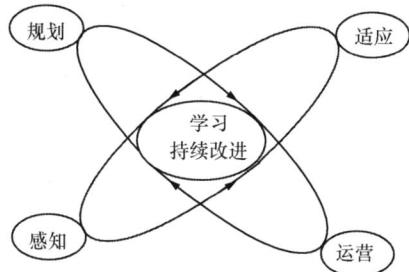

图 4-13　物流系统自适应性的概念模型

物流资源执行物流资源规划的过程；感知是物流系统凭借先进的技术实时监测内外事件变化并发出预警的过程；适应主要来自物流系统对外部环境变化及时作出响应的过程。

如图 4-13 所示，在基于学习的持续改进动力驱动下，规划和运营及感知和适应相互交互的过程，一定程度上描述了物流系统的自适应性，即一种能够及时、有效地应对外部环境变化的能力。

2. 物流系统自适应性的特征

物流系统自适应性是指物流系统具有依据环境变化而自动修正自己行为的特性，以适应服务对象和市场需求的动态变化。物流系统自适应性，具有交互性、学习性和动态变化性等特征。

1）交互性

物流系统自适应行为源于物流系统外部环境的变化，来自其不断与外部环境进行物质、信息和能量交换的过程。外部环境的变化打破了物流系统内部要素与各种环境因素之间的平衡，从而促使物流系统不断调整内部要素以适应外部环境的变化。

物流系统在适应外部环境变化的过程中，与环境之间相互影响、相互作用。首先，动态变化的环境发挥引导作用，经过与环境的比较、选择等，促使物流系统不断调整内部要素以适应环境变化，从而提高物流系统的适应性。物流系统与外部环境的影响是相互的，它也会对环境产生巨大的影响作用。

2）学习性

物流系统是一个开放的复杂系统，它不断地与外部环境进行物质、信息和能量的交换。物流系统在适应外部环境的过程中，通过学习来识别环境的变化，根据变化调整和改变物流系统的组织结构、运营模式等方面。

物流系统自适应性来自复杂的学习过程，通过学习积累的知识和经验，转化成应对环境变化的各类行为规则，从而使物流系统具备了依据环境变化而自动修正自己行为的能力，并且能够凭借自身具有的学习性，持续不断地调整自己应对环境变化的行为规则。因此，物流系统自适应过程，就是一个不断学习、持续改进的过程。

3）动态变化性

物流系统自适应性产生于自身应对环境变化的过程中，物流系统能够根据外部环境的动态变化，动态调整系统内部的结构、功能和行为，以适应这种变化。在动态变化的环境中，物流系统以自己具有的自适应性呈现动态变化性。

物流系统自适应性就是以自身具有的动态变化性来应对环境的动态变化性，在动态变化的过程中动态调整自身的行为规则、学习规则，使物流系统的自适应性更强。物流系统自适应性的动态变化性，不仅揭示了物流系统内外同步的动态性需求，而且描述了物流系统自适应性的不稳定性。

3. 物流系统自适应性的表现形式

柔性、鲁棒性和弹性是物流系统自适应性的主要表现形式。柔性能够使物流系统适应市场需求的动态变化，鲁棒性能够使物流系统承受一定的风险冲击，弹性能够使物流系统在遭受冲击后及时有效地恢复（图 4-14）。

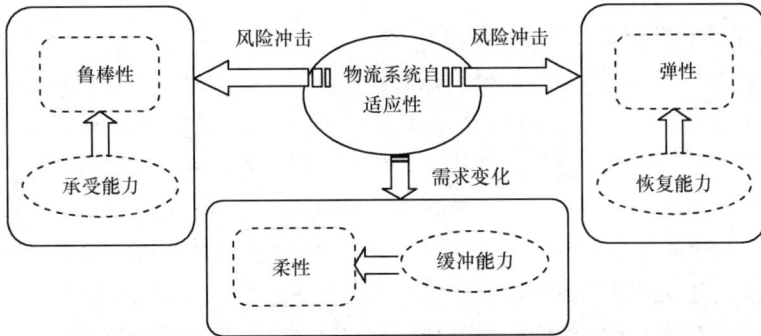

图 4-14　物流系统自适应性的表现形式

1）柔性

物流系统柔性反映了系统适应环境变化的能力，使系统能够适应市场需求的动态变化，可以用缓冲能力来衡量。柔性不仅可以带来经济效益，而且能够有效地提高物流系统应对市场不确定需求的能力。面对外部环境的动态性、市场需求的不确定性，物流系统只有具备应对客户需求变化的柔性，才能及时满足客户对产品和服务的需求。为了适应复杂的、不确定的外部环境，物流系统需要具备较短的订单完成提前期、快速的响应时间和较好的服务柔性。

2）鲁棒性

物流系统鲁棒性反映了系统抵御风险和冲击的能力，使系统能够承受一定的风险冲击，可以用承受能力来衡量。鲁棒性不仅能够帮助物流系统抵御来自外部环境的冲击，有效规避风险带来的损失，而且能够依据物流系统抵御风险过程中获得的经验，优化物流系统结构、功能和行为。物流系统在抵御风险和冲击的过程中，由自身的鲁棒性培育了自适应性，并进一步增强鲁棒性。可以认为，面对风险冲击时物流系统的自适应性和鲁棒性相互交织、相互孕育。

3）弹性

物流系统弹性反映了系统遭受冲击后的自修复能力，使系统能够在冲击后及时有效地恢复，可以用恢复能力来衡量。适当保持物流系统的冗余、增强物流系统的柔性、提高物流系统的敏捷性、加强物流系统环节间的合作、营造良好的文化等，都可以增强物流系统的弹性。物流系统在自修复过程中，弹性转化为物流系统对新环境的自适应性，并进一步增强自身的弹性。

物流系统作为一个动态开放的系统，不可避免地要受到物流系统内外环境因素的影响。一旦物流系统遭受需求变化和风险冲击，物流系统就会展现其具有的柔性、鲁棒性和弹性。物流系统柔性、鲁棒性和弹性都依赖于物流资源，都以自适应性的表现形式提高着物流系统应对环境变化的能力。

4. 物流系统自适应性的影响因素

物流系统自适应性表现为通过内部调整以适应外部环境变化的性质，它受物流系统外部环境因素和内部自身因素的影响，是内外因素共同作用的结果（图 4-15）。物流系统自适应性无论在过程上还是在结果上，都具有内部自身因素之间、内部自身与外部环境因素之间相互协作、协调和协同的属性。在外部环境因素中，物流系统通过稳定有序的物质、信息和能量交换实现物流系统自适应；在内部自身因素中，物流系统各成员、各环节通过稳定有序的竞争与合作方式，实现各成员、各环节的协同，调整物流系统结构、功能和行为，以适应外部环境的变化。

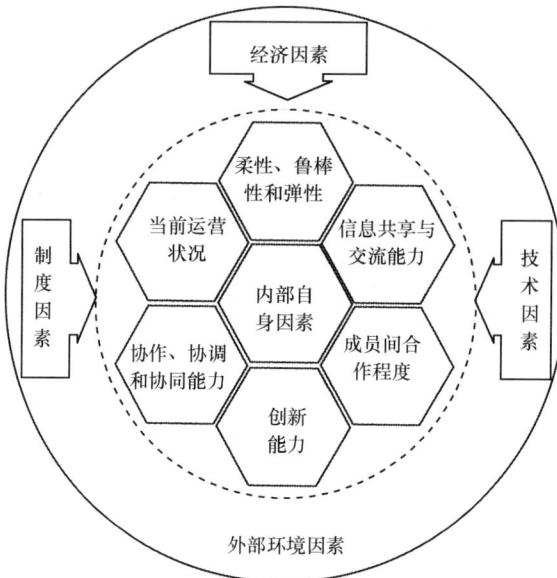

图 4-15　物流系统自适应性影响因素分析

1）外部环境因素

物流系统自适应性外部环境影响因素有很多，这些因素从不同的侧面和不同的层次、不同程度地影响着物流系统的自适应性，其中影响最大的是经济因素、技术因素和制度因素。

（1）经济因素。影响物流系统自适应性的经济因素主要来自物流系统所处的经济环境，包括区域经济、国民经济、国际经济、产业结构变化、国内外贸易等。物流系统是由企业物流系统和社会物流系统构成的一个开放的系统，物流系统各成员之间、各环节之间都存在着密切的经济联系，同时物流系统所处的经济环境始终处于动态变化之中，影响着物流系统的结构、功能和行为。

（2）技术因素。技术因素主要包括物流技术、信息技术、网络技术、通信技术等技术的发展水平。在很大程度上，物流系统自适应性受到系统中的技术水平影响。通过引入先进的技术，可以提高物流系统感知环境变化的能力，调节结构、功能和行为的能力，以及动态学习的能力。可见，技术因素影响着物流系统的规划和运营能力，从而影响着物流系统的自适应性。

（3）制度因素。制度因素主要包括正式制度和非正式制度两个方面。正式制度是人们有意识建立起来的，并通过正式的方式确定的制度环境，保证物流系统的公平竞争，一般包括政策法规、经济体制及产权制度等。非正式制度是在长期的社会生活中，逐步形成的对人们的行为产生非正式约束的伦理道德、风俗习惯、价值观念等规则，用以保证物流系统的生存和竞争的有序合理（樊毓卿2009）。

2）内部自身因素

物流系统自适应性内部自身影响因素源自系统的自适应过程，是在物流系统适应外部环境变化的过程中逐步培育出来的。

（1）柔性、鲁棒性和弹性。柔性、鲁棒性和弹性既是物流系统自适应性的表现形式，也是重要的影响因素。物流系统柔性、鲁棒性和弹性是物流系统在应对需求变化和风险冲击过程中，培养的缓冲能力、承受能力和恢复能力，有助于支持物流系统快速地调整系统内部要素以应对外部环境的变化。可见，物流系统柔性、鲁棒性和弹性是物流系统培育自适应性的前提，如果物流系统不具备柔性、鲁棒性和弹性，即它不具备应对环境不确定性的快速响应能力、抵御风险和冲击的能力、遭受冲击后的自修复能力，也就无法快速地应对外部环境的变化。

（2）信息共享与交流能力。物流系统对外部环境变化的自适应性，在很大程度上取决于物流系统获取信息的能力，即信息共享与交流能力。由于物流系统与服务对象之间构成了一个具有多利益主体的系统，存在利益不均衡、信息不对称现象，阻碍了物流系统与服务对象之间的信息共享。在物流系统外部环境发生变化时，信息共享与交流能力对物流系统的自适应性起着决定性作用。信息共享与交流能力越强，物流系统越能及时、准确、高效地获取信息，越能与服务对象协同运营，从而越能提高物流系统的自适应性。反之，信息共享与交流能力越弱，物流系统就越不能快速适应外部环境的变化。

（3）成员间合作程度。物流系统是由物流服务提供商及其服务对象等成员构成的一个合作联盟，包含供应商、生产商、分销商和零售商等。物流系统协同运营的关键，在于联盟成员之间的合作程度。成员之间的准时交货率和订单满足率就体现了成员之间的合作程度。成员之间的密切合作不仅可以提高信息共享水平、降低库存水平和运营总成本，而且可以在外部环境发生变化时增强物流系统的自适应性，加速自适应过程。

（4）创新能力。创新是物流系统生存发展的动力源泉，也是物流系统持续完善、持续优化的重要驱动力。新技术的投入水平、新产品的研发周期和新产品的收益水平，都反映了物流系统的创新能力。面对物流系统的复杂性、动态性和多样性，为适应环境的变化、解决遇到的问题，需要物流系统具有良好的创新能力。

（5）协作、协调和协同能力。物流系统具有的协作、协调和协同能力，支持着物流系统成员之间，以及运输、储存、包装、装卸搬运、配送、流通加工、信息处理等物流系统环节之间的协同运营。物流系统要在激烈的市场竞争环境中立于不败之地，需要具备良好的协作、协调和协同能力。物流系统协作、协调和协同能力是信息共享、成员间合作、协同创新等基本功能的综合。只有具有良好协作、协调和协同能力的物流系统，才能呈现较好的自适应性。反之，如果协作、协调和协同能力弱，物流系统就难以快速适应外部环境的变化。

（6）当前运营状况。物流系统当前运营状况反映了系统生存发展的现状，通常由资产运作、收益能力和成本控制等指标来衡量。一个当前运营状况良好的物流系统，即具有良好的资产运作能力、收益能力和成本控制能力，就能够对环境变化呈现较好的适应性。反之，如果当前运营状况不良，各种能力难以得到有效发挥，物流系统就难以快速适应外部环境的变化。

4.3.2　物流系统自适应驱动力

物流系统自适应的驱动力，来自物流系统内部对竞争力的追逐，以及对外部竞争压力的感知，并体现在"以客户为中心"理念驱动下的满足客户需求的驱动力，如果物流系统能够准确地把握自适应的方向，就能更快、更有效地应对外部环境的变化。

1. 物流系统自适应的内驱动力

物流系统自适应的内驱动力是物流系统自适应的主要驱动力，包括物流系统成员间和环节间的协同性，以及物流系统涌现性诱发的驱动力。

1）物流系统成员间和环节间的协同性

在物流系统中，物流系统成员与供应商、生产商、分销商和零售商等供应链成员在协作、协调和协同演化过程中集聚物流资源（Paterson et al. 2011），实现资源协同、信息协同和组织协同，以增强物流系统自适应性。

在一个具有协同性的物流系统中，不仅物流系统成员间协同运营，而且物流系统运输、储存、包装、装卸搬运、配送、流通加工、信息处理等环节间也协同运营（图 4-16），共同适应外部环境的变化，逐步培养物流系统自适应性。

正是物流系统成员间、环节间的协同性，驱动着物流系统成员关系、环节衔接等更加适应外部环境的变化，驱动着物流系统自适应性的增强。

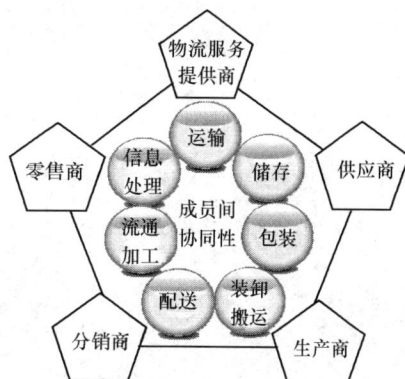

图 4-16　物流系统成员间、环节间协同性

2）物流系统涌现性

系统涌现性是指系统具有其组成部分或部分总和没有的性质（陈迎欣 2010）。复杂性科学将系统整体具有而部分或者部分之和所不具有的属性、特征、行为、功能等特性称为涌现性。系统功能之所以表现为"整体大于部分之和"，就是因为系统涌现了新质的缘故，其中"大于部分"就是涌现的性质（图 4-17）。涌现性为理解和认识物流系统提供了新的视角。

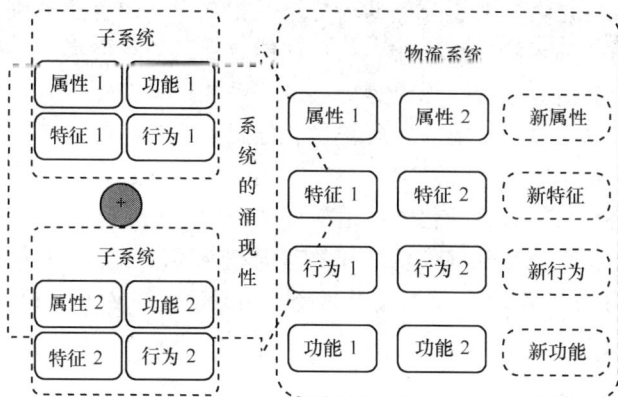

图 4-17　物流系统涌现性

以风险共担库存管理模式为例（图 4-18），集中式的库存管理方式，实现了跨时间和跨空间的风险共担，有效降低了市场需求的波动性，以较低的安全库存水平为物流系统及其服务对象带来更高的收益。可见，风险共担库存管理模式产生了物流系统的涌现性。

物流系统涌现性在更高层次上实现了"整体大于部分之和"的效应，并成为

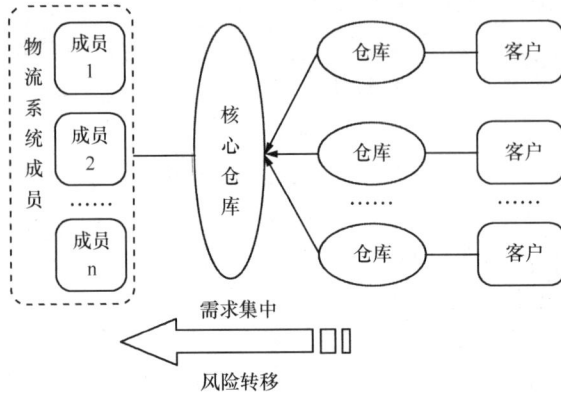

图 4-18　风险共担库存管理模式

物流系统自适应的驱动力，从而使物流系统的自适应能力得到提高。

2. 物流系统自适应的外驱动力

物流系统自适应性源自系统为应对外部环境变化而形成的适应能力，它强调了物流系统与外部环境的交互性。在物流系统与外部环境交互过程中，外部环境中的一些重要因素也成为物流系统自适应的外驱动力。

1) 信息共享渠道的完善

信息共享渠道是物流系统与外部环境之间相互交互的重要基础，也是一个开放的物流系统与外部环境进行物质、信息和能量交换的重要渠道，信息共享渠道的完善能够加快自适应过程。无论是社会经济系统还是企业系统，信息共享能力决定了物流系统的整体响应能力、资源优化配置能力和物流系统成员的协调合作能力，同时也决定了物流系统应对环境变化的适应能力。

物流系统信息共享渠道转化的自适应外驱动力，在加快信息共享与交流的过程中，拉近了物流系统与外部环境之间的时间和空间距离，从而使物流系统能够更快地对来自市场的客户需求及时准确地作出响应，推进物流系统的自适应过程。

2) 诚信体系的完善

诚信体系是物流系统可持续发展的重要基础条件。随着诚信体系的完善，物流系统成员之间会建立和完善信任机制，并驱动物流系统自适应能力的提高。物流系统成员之间以"利益共享，风险共担"为基础的互惠互利的合作关系，需要植根于一个诚信体系完善的环境之中。

物流系统成员之间以契约或共同的愿景为纽带组织在一起，如果物流系统外部缺乏有效的诚信体系、内部缺乏完善的信任机制，成员个体的自适应过程就有可能会由于一方违背契约而被迫中断，从而造成难以估量的损失。因此，物流系统诚信体系的完善，有助于提高物流系统的自适应能力。

当物流系统外部环境或客户需求发生变化时，在物流系统成员间、环节间的协同性、涌现性以及物流系统外部的信息共享渠道和诚信体系的作用下，物流系统会通过自适应过程对这些变化作出响应。相应地物流系统能否及时、有效地对外部环境变化作出快速响应，就取决于这些因素。通常，物流系统外部环境中的信息共享渠道和诚信体系越完善，物流系统成员间及环节间的协同性越高、系统涌现性特征越明显，物流系统的自适应能力就越强，就越有可能在更短的时间内响应外部环境和客户需求的变化。

4.3.3　物流系统自适应过程

物流系统自适应性是指物流系统在生存竞争中与外部环境之间，通过互动式的状态调节而形成的一种适应能力和属性。在激烈的市场竞争环境中，物流系统仍然需要遵循"适者生存"（survival of the fittest）的法则，寻求能使自身立于不败之地的能力和属性，即注重对物流系统自适应性的培育。

1. 物流系统自适应过程的界定

物流系统是一个涉及众多要素的复杂系统。如果要从一个完整的系统的角度研究物流系统自适应性，就必须引入调控主体和环境主体。调控主体主要指各级政府和行业协会，通过宏观调控手段使物流系统结构、功能和行为趋于合理；环境主体则是物流系统生存发展所必须适应的对象。因此，一个完整的物流系统自适应过程涉及物流系统、服务对象、调控主体和环境主体四大类主要成员，贯穿原材料采购→生产→流通→消费的全过程。物流系统自适应性模型框架如图 4-19 所示。

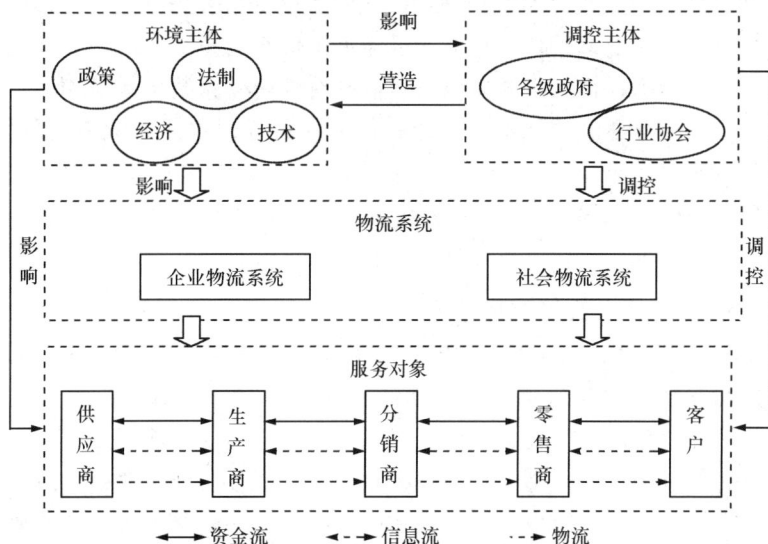

图 4-19　物流系统自适应性模型框架图

任何复杂系统都具有演化特征，系统通过演化调整自身的规模、组成成分、功能或者结构等自主适应内外环境的变化（李士勇和田新华 2006）。物流系统自适应的目标是通过调整自身结构、功能和行为适应外部环境的变化。从系统论的角度来看，自适应性是对系统自组织过程的一种描述，强调在外部环境中，通过自组织过程来适应环境变化，进而出现新的结构、状态或功能（陈禹和钟佳桂 2006）。对于物流系统而言，自适应过程是物流系统通过感知和接受外部环境变化信息，不断修正自身行为规则集的一个动态循环过程（王静 2011）（图 4-20）。

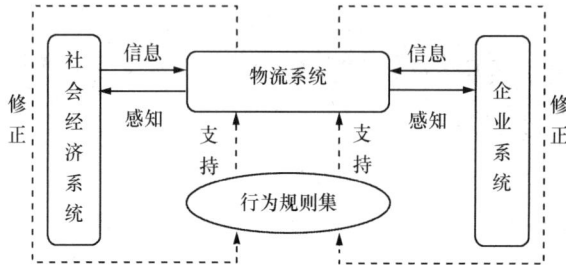

图 4-20　物流系统自适应过程图

在物流系统自适应过程中，物流系统以外部环境为适应对象。物流系统所面对的环境可以分为微观的企业物流系统生存及活动的企业系统，以及宏观的社会物流系统生存及活动的社会经济系统，分别称为微观环境适应和宏观环境适应。微观环境适应主要体现在对外部环境变化的适应；宏观环境适应主要体现在对经济、社会和环境协调性变化的适应。

2. 物流系统自适应过程特征分析

物流系统是一个复杂系统，它决定了物流系统自适应过程的复杂性。面对动态、复杂的市场环境，物流系统显现三个重要特性：一是物流系统由若干系统组成，每个系统都具有自己的结构、功能、行为和目标；二是物流系统依靠物流、信息流和资金流的集成过程运营；三是物流系统不仅是一个多主体聚集的模型，而且是一个与环境相互联系、相互作用和相互依赖的系统。因此，物流系统自适应过程具有的三个重要特征可以描述如下。

1）物流系统自适应过程的协同性

在物流系统中，每一个成员、每一个环节都是具有自主决策能力和行为能力的主体，以利润最大化为目标，依据动态变化的环境不断改变自己的决策和行为，而这些改变也会影响其他成员的决策和行为。尽管每一个成员、每一个环节的决策和行为都能够实现局部最优，但是难以实现预期的整体最优。

在物流系统中，每一个成员以及运输、储存、包装、装卸搬运、配送、流通加工、信息处理等每一个环节都具有自适应性，而且它们部分地拥有整个系统某一侧面的信息和行为，只是各自的侧重点不同，呈现出不同层次的自适应性。物流系统每一个成员之间、每一个环节之间（图 4-21），在达到理想的状态时都有可能产生新的、更高层次的涌现。

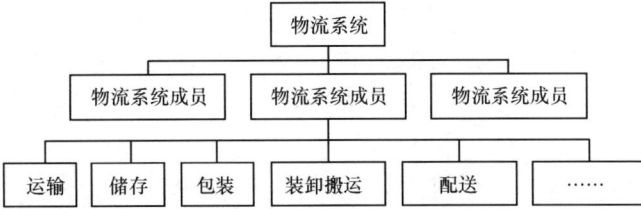

图 4-21　物流系统分解图

在物流系统自适应过程中，每一个成员、每一个环节都呈现协同性，在自主决策、自主行动的过程中，共同应对外部环境的变化。

2）物流系统自适应过程的多主体聚集性

在图 4-21 所示的物流系统分解图中，物流系统由企业物流系统和社会物流系统构成，它集聚了供应商、生产商、分销商和零售商等供应链成员的物流资源，支撑着物流系统的运输、储存、包装、装卸搬运、配送、流通加工、信息处理等基本功能（图 4-22）。

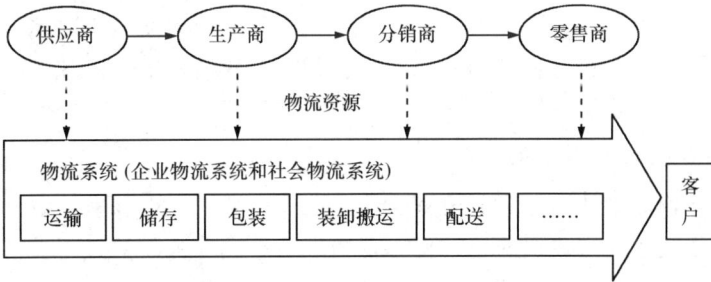

图 4-22　物流系统多主体聚集模型

在如图 4-22 所示的物流系统多主体聚集模型中，一方面各成员主体不是独立存在的，成员主体之间相互作用并涌现出复杂行为，从而产生更高级的新主体；另一方面，成员主体都根据各自的行为规则采取行动，而且这些行为规则是可以根据其他主体的行为和环境变化不断进行修正的，即成员主体具有学习能力。可见，行为规则就是构成成员主体适应能力的行为模式，各成员具有不同的行为规则。

在物流系统自适应过程中，正是由于成员主体行为规则的不同，所以物流系统成员内部以及成员之间的联系与交互、决策与行为之间都存在多样性。但是，作为一个合作共生系统，各成员主体自主决策和自主行为的特性与物流系统整体性不是对立的，而是相辅相成的。在一个成熟的物流系统中，成员之间是相互理解、相互信任、互惠互利的合作伙伴关系。

3）物流系统自适应过程的开放集成性

物流系统自适应的复杂性主要来自两个方面，一是物流系统与外部环境的交互性，即开放性基础上的交互；二是物流系统成员之间的协同性，即集成基础上的协同。

（1）物流系统自适应过程的开放性。物流系统自适应不仅是一个成员之间相互联系、相互作用和相互依赖的过程，而且是一个与外部环境密切沟通交流的过程。在物流系统自适应过程中，不断与外部环境进行物质、信息和能量的交换，外部环境的变化都会影响系统整体功能的实现，如宏观政策的变化、经济结构的调整、新技术的开发与应用等所引起的商业模式的变化，都会与物流系统发生交互作用，并增加物流系统自适应的复杂性、动态性和多样性。

（2）物流系统自适应过程的集成性。物流系统在提供物流服务的过程中，有效实现了资源集成、功能集成和过程集成。物流系统自适应过程的集成性就是物流服务流程的集成，它贯穿了从原材料采购到将最终产品交付给客户的全过程，并表现为物流、信息流和资金流的集成。为了提高物流系统应对外部环境变化和客户需求的快速响应能力，在物流系统自适应过程中必须依托物流服务流程的集成，加快物流、信息流和资金流的周转，提高产品生产和商品流通的效率。

复杂的物流系统在与复杂的环境之间进行交互的过程中，形成了复杂的自适应性，从而驱动着物流系统在和谐的环境中正常运营。

3. 物流系统自适应过程分析

自适应是物流系统自组织演化的特性。根据图 4-20 的描述，物流系统自适应过程就是物流系统自组织演化过程中行为规则集动态更新的过程。因此，物流系统自适应过程分析的重点就应该集中在物流系统自组织演化过程上。

由图 4-23 可知，物流系统自适应过程是物流系统自组织演化的基础。在竞争、协同的驱动下，物流系统自组织演化过程，主要集中在完善物流系统结构、有效控制物流系统初值敏感性，以及促进物流系统有序结构的形成三个方面。

（1）完善物流系统结构。作为一个开放的、动态的复杂系统，不同的物流系统拥有各自不同的结构、功能和行为。在与外部环境进行物质、信息和能量交换的过程中，物流系统持续不断地调整着自身的结构，以适应外部环境的变化、满足自身发展战略的需要。

（2）有效控制物流系统初值敏感性。初值敏感性是复杂系统的重要特征，正是由于它的存在，初始状态微小的变化会导致系统最终行为的巨大变化。物流系统初值敏感性影响着物流系统自组织演化和自适应过程，甚至会导致较大的偏

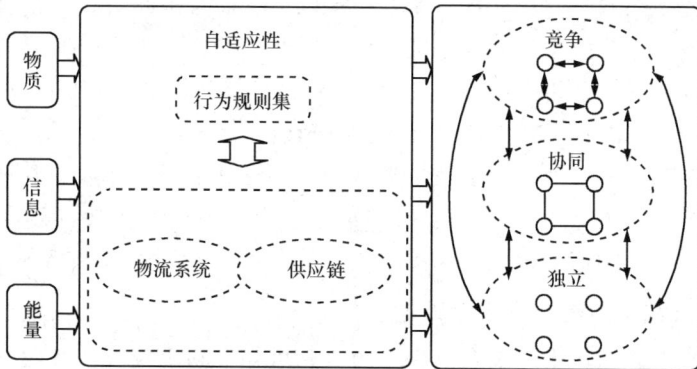

图 4-23　物流系统自组织演化模型

差。因此，应采取有效的措施对其加以控制。

（3）促进物流系统有序结构的形成。在物流系统自组织演化和自适应过程中，存在从无序到有序的演化过程，以及物质、信息和能量的交换过程。通常，物流系统的有序程度可以用熵描述，熵值越低，物流系统的有序程度越高。因此，可以通过从外部环境吸收负熵以减少系统内部产生的正熵的方法，降低整个物流系统熵值，促进物流系统有序结构的形成。

4.4　物流系统动态响应性

尽管物流系统具有自适应性，能够随着外部环境和客户需求的变化而不断改进自身的流程和运营模式，但是适应的过程复杂而滞后。因此，对于突发性客户需求的变化，仍然需要物流系统能够根据自身的响应机制，综合运用动态响应技术进行决策，从而采取科学合理的行动满足客户需求。

4.4.1　物流系统动态响应性分析

物流系统动态响应性反映了物流系统具有快速响应客户需求变化和外部环境变化的能力，能够及时捕捉来自客户和环境的动态信息、快速有效地作出响应，从而提高物流系统的竞争优势。

1. 物流系统动态响应性的概念

快速响应（quick response，QR）是 20 世纪 80 年代出现的一种供应链运营模式，它已经被广泛应用于很多领域，诸如制造业和服务业。为了在基于竞争的环境中获取时间带来的竞争优势，供应链成员之间建立了快速响应机制，不仅能够及时有效地响应客户需求，而且快速响应提供了在最后时刻作出决策的可能性和能力（尚扬 2011）。

物流系统动态响应性建立在快速响应基础上。面对多品种、小批量的买方市场环境，物流服务对象用各种要素准备代替了产品储备，在客户需要时，能以最快的速度抽取要素，及时组装成客户所需要的产品和服务，物流系统采用小批量、多频次的物流配送模式将产品和服务快速送达客户手中。

物流系统动态响应性体现了技术支持的业务管理思想，即为了实现共同的目标，物流系统成员间及其服务对象之间都应进行紧密合作、协同运营。可以认为：动态响应性给物流系统竞争优势的提升带来了巨大的空间。

2. 物流系统动态响应性的特征

从快速响应和物流系统动态响应性的概念可知，动态响应性针对动态的市场需求，基于供应链系统或物流系统，以响应客户的速度和时间为动态响应性的主要衡量指标。因此，物流系统动态响应性的特征主要体现在如下几方面：

（1）协作性。物流系统动态响应是多个物流系统成员间及其服务对象之间共同协作的产物。外部环境中任何需求信息的改变，都会对物流系统成员及其服务对象产生巨大的影响，而成员间及其服务对象间的协作可以增强整个物流系统的适应性，并且能够有效应对外部环境的变化。

（2）敏捷性。敏捷性是对响应速度的一种测量，而速度又是动态响应的关键，衡量响应速度的敏捷性被认为是动态响应策略的重要指标。在以时间竞争为主的外部环境中，动态响应的速度是物流系统的核心竞争力之一。

（3）动态性。物流系统动态响应建立在客户需求和外部环境动态变化的基础上，针对动态的市场需求，物流系统的结构、功能和行为都呈现动态性，客户满意度和响应速度均可作为动态响应策略的评价指标。

（4）外向性。动态响应的组织形式具有外向性。外向型组织形式打破了传统的界限，物流系统成员会因客户需求和外部环境的变化而成立或解散，这种新的结构形式从根本上改变了传统的思维方式和组织方式。

3. 物流系统动态响应性的影响因素

物流系统动态响应性建立在更具广泛性的社会经济系统中，影响物流系统动态响应性的因素相对较多，物流系统的类型、物流系统成员间的合作伙伴关系、信息共享模式、物流资源状况、物流服务设计及物流系统自适应性等，都会对物流系统动态响应性产生较大的影响。

1）物流系统的类型

无论是社会物流系统还是企业物流系统，都是由多个成员、多个环节构成的合作联盟。物流系统由于服务的对象不同呈现多种不同的运营形式，按照服务对象的不同可以分为三种类型：

（1）为多种类型客户提供服务。物流系统的客户群呈发散状，为了满足多样性的客户需求，物流系统需要保持一定的库存量。面对物流系统成员之间复杂的合作关系，只有物流系统成员间达成统一、详细的高层计划，才能更好地实现物流系统动态响应。

（2）为单一类型客户提供服务。物流系统直接为最终客户或零售商提供服务，是物流管理中最为复杂的一种类型。物流系统直接受市场需求变化影响，只有在充分进行市场预测、尽量压缩提前期的情况下，才能使物流系统库存量保持在一个合适的水平，实现物流系统动态响应。

（3）为特定类型客户提供服务。物流系统只满足相对较少的客户需求，由于物流服务多由订单和客户需求驱动，所以最适于应用动态响应策略。

2）物流系统成员间的合作伙伴关系

物流系统成员间的合作伙伴关系是一种在一定时期内共享信息、共担风险、共同获利的伙伴关系。物流系统成员对自身利益的追求及来自外部环境的竞争压力，促使成员间合作伙伴关系的形成和发展，实现了物流系统成员之间的信息共享和统一决策。同时，物流系统动态响应能力受到信息共享程度和统一决策程度的影响。

3）信息共享模式

信息共享是物流系统成功的关键因素之一，物流系统需要大量及时准确的需求信息和用以协调物流系统成员、环节的反馈信息，任何信息的延误和错误传递都有可能直接影响物流系统的正常运营。动态响应作为面向需求的物流系统管理策略，信息共享模式更为重要。通过物流系统成员、环节间的信息共享，可以有效缩短订货提前期、减少等待时间，提高物品在各环节间移动的效率。现代信息技术为动态响应提供了技术保障，有助于更好地实施物流系统动态响应策略。

4）物流资源状况

物流系统成员的资源饱和程度、资源配置情况及资源质量，直接影响整个物流系统运营周期。如果物流系统受资源约束影响，造成某一环节运营周期的延长，会造成下一环节运营周期的延长，最终造成整个物流系统动态响应时间的增加。

5）物流服务设计

物流系统成员、环节的服务相互影响、相互作用。如果上一环节运输的物品较多，则会增加下一环节的库存。由于物流系统成员、环节之间的关联性，面向特定成员、特定环节的物流服务设计就会对物流系统动态响应性产生影响。

6）物流系统自适应性

具有自适应性的物流系统，在与外部环境的交互过程中需要具备市场敏感性、快速反应性、柔性、鲁棒性和弹性等特性。物流系统自适应性在一定程度上影响着物流系统动态响应性的生命周期，物流系统自适应性越明显，动态响应性的生命周期越长；反之，物流系统应对外部环境变化的能力越弱，动态响应性的生命周期也越短。

4.4.2　物流系统动态响应方式

为了快速响应客户需求和外部环境的变化，物流系统必须形成一种适合的动态响应方式，建立起连接服务对象和客户的快速通道。物流系统动态响应贯穿于运输、储存、包装等物流活动中，主要为供应商、生产商、分销商和零售商等供应链成员提供物流服务。

1. 基于延迟策略的动态响应方式

延迟（postponement）概念最初是由 Alderson 于 1950 年提出来的，延迟策略已经从最初的营销策略转变成生产策略、采购策略、物流策略，并渗透到很多行业领域，例如，服装企业 Benetton 公司和 Obermeyer 公司都采用了延迟策略。延迟策略的核心思想就是将前端的环节延迟到尽可能靠近客户的环节，真正实现按客户需求营销、生产、采购、配送。延迟策略的实施，一方面依赖于营销、生产、采购和物流流程的优化；另一方面依赖于物流系统动态响应能力。

1）延迟策略的类型

经过 60 多年的发展，延迟策略已经形成了众多的类型。从生产与物流关联系统的视角来看，如果根据生产系统延迟的工艺在物流系统中环节的位置进行分类，可以将延迟策略分为物流末端（end-logistics）延迟策略、物流过程（logistics）延迟策略和物流前端（front-logistics）延迟策略三种类型（图 4-24）。

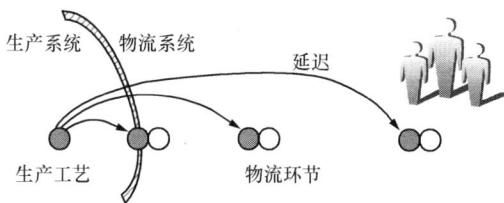

图 4-24　基于物流视角的延迟策略类型

（1）物流末端延迟策略。就是将生产系统的生产工艺延迟到靠近客户的物流系统末端环节，例如，医药流通企业在地区库中将需要拆零的药品拆零后配送到医院或药店，物流企业将需要分类包装的产品分类包装后配送到零售企业。

（2）物流过程延迟策略。常见的流通加工就属于这种策略，例如，将原来属于生产工艺的产品检测、产品包装等延迟到物流过程中，客户定制的产品在物流过程中装配，以更加合理地利用物流时间。

（3）物流前端延迟策略。将延迟策略安排在产品进入物流环节前，例如，Benetton 公司将染色工艺延迟到获得客户准确的需求信息之后，产品染色后就直接进入物流环节。

2）延迟策略实施的关键

尽管不同的系统实施延迟策略的关键点有所不同，但是都涉及流程的重新设计。生产系统延迟策略的实质在于延迟产品差异点，在获得不同产品需求信息之后再安排生产，其关键在于产品差异点的确定；生产与物流关联系统延迟策略的实质在于延迟客户需求切入点，在确定客户需求信息后再安排生产和配送，其关键就在于客户需求切入点的确定。

在延迟策略研究中，企业生产系统致力于寻找通用化阶段和差异化阶段的分界点，形成大批量生产和小批量生产相互衔接的生产系统；供应链系统中，主要在于确定客户订单分离点（customer order decoupling point，CODP），形成推动式生产与拉动式生产相互衔接的供应链系统。

延迟策略的实施使产品最终成型的时间向后推迟了，如果不能通过一定的方式调整成型产品与客户的空间距离，就有可能使产品到达客户手中的时间延长，而影响响应客户需求的时间，影响客户满意度。基于延迟策略的动态响应方式，就是通过物流系统动态响应性的提高有效弥补延迟策略缩短的流通时间的一种方法，甚至直接将延迟的工序安排在物流过程中，例如，将产品质量检测安排在储存环节。

2. 基于 JIT 的动态响应方式

准时制（just in time，JIT）是由日本丰田汽车公司在 20 世纪 60 年代实行的一种生产方式，又称无库存生产方式（stockless production）、零库存（zero inventories）、一个流（one piece flow）或者超级市场生产方式（supermarket production）。

1）JIT 的核心思想

JIT 生产方式的基本思想是"在需要的时候，按需要的量生产所需的产品"，它的实质是保持物流、信息流在生产中的同步。实现以正确数量的物料，在正确的时间进入正确的地点，生产出正确质量的产品。JIT 生产方式有助于减少库存、缩短时间、降低成本，从而提高生产效率。

JIT 生产方式的核心是通过生产计划与控制和库存管理，追求一种无库存或库存最小化的生产方式。为此，包括看板管理在内的一系列具体方法，用来控制生产现场的生产排程，逐渐形成了一套独具特色的生产管理体系。

2）JIT 实施方式

在 JIT 生产方式中，通过产品的合理设计，使产品易生产，易装配，当产品范围扩大时，即使不能减少工艺过程，也要力求不增加工艺过程，具体方法有模块化设计，设计的产品尽量使用通用件和标准件，设计时应考虑易实现生产自动化。

从 JIT 的核心思想出发，为了实现获取最大利润和降低成本的目标，JIT 生产方式主要采用生产流程化、生产均衡化和资源配置合理化等手段，力图通过适量生产、弹性配置作业人数及保证质量彻底消除浪费。

基于 JIT 的动态响应方式突出了物流系统在生产系统中的作用，图 4-25 描述了一个应用看板的 JIT 生产方式，物流系统能够根据看板传递的信息将所需要的原材料配送到指定的入料口货点，并将成品从成品货点转移至库存或配送给客户。

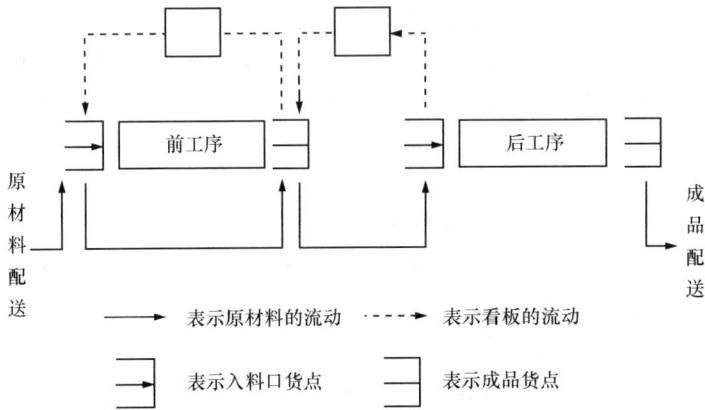

图 4-25　基于 JIT 的动态响应方式

JIT 生产方式的实施，是以物流系统动态响应性为基础的。物流系统只有具有很强的动态响应性，才能在需要的时候，按需要的量配送所需的产品，支持 JIT 生产方式。

3. 基于直销模式的动态响应方式

直销（direct selling 或 direct sale）可以分为单层次直销（uni-level marketing）、多层次直销（multi-level marketing）和网络销售（network marketing）。直销模式通过减少中间商环节，采取电话、网络等方式进行订购，形成了低价和快速响应的竞争优势。它具有三个主要特点：一是在价格大幅度压缩中增强了价格优势；二是在直销模式的支持下降低了库存量；三是由于贴近最终客户、掌握客户需求变化而提供个性化的产品和服务。

1）直销模式的优势

直销模式适合发展较为成熟的定制品牌产品（Gosling and Naim 2009）。产品进入成熟期后增长速度就会缓慢下降，竞争者通常寻找低成本的销售渠道。直销模式在信息技术、网络技术和通信技术的支持下，通过减少中间商环节降低了运营成本，从而推动着直销模式竞争优势的形成和发展。

安利公司（Amway）是全球最大的直销公司之一。2012 年安利公司全球销售业绩达到 113 亿美元。安利公司的创始人温安格和狄维士原是纽崔莱公司的直销员，他们将纽崔莱公司原有的传销模式加以改进，应用于新建立的安利公司中，取得了巨大的成功。安利公司的直销模式及收益分配制度，已在全球 80 多个国家运行了 50 多年。

面对快速发展的直销模式，物流系统动态响应能力得到提升。基于直销模式的物流系统，面对产品种类多、客户需求各异的情况，通常采用小批量、多频次、多品种的配送原则，不仅应用信息技术、网络技术和自动化技术提高物流系统的配送效率，而且采用优化技术调节运输规模与库存成本、配送成本与服务水平以及中转运输与装卸搬运之间的矛盾，从而使物流系统快速、准确地满足直销模式的需要。

2）戴尔直销模式分析

戴尔（Dell）公司直销模式的精华在于"按需定制"，在明确客户需求后迅速作出响应，并直接向客户发货。由于消除了中间商环节，减少了不必要的时间和成本，戴尔公司形成了富有竞争优势的戴尔直销模式。通过平均四天一次的库存更新，戴尔公司能够及时将最新的技术和产品带给客户。

戴尔直销模式的成功，一方面得益于公司通过电子商务等建立的直接与客户沟通交流的平台，公司可以直接联系、直接提供服务，有效地提高了客户满意度；另一方面得益于公司物流系统具有的动态响应性，快速响应客户需求、支持整体的营销策略，并向着社会营销、绿色营销等方向发展。

4. 基于合作联盟的动态响应方式

物流系统及其服务对象——供应商、生产商、分销商和零售商等供应链成员，构成了一个合作联盟。为了提高物流系统的动态响应能力，合作联盟成员之间通过信息渠道、网络渠道等实现资源共享，提升物流系统动态响应性。

1）零售商主导的物流模式

零售商直接面对最终客户，可以迅速了解客户需求的变化，有利于利用最短的时间以最合适的数量、以正确的商品满足最终客户的需求。为了快速响应最终客户的需求，物流系统在单品管理和物流管理中需具有充分的柔性及动态响应能力。零售商主导的物流系统通过缩短系统的响应时间，满足客户多样化、定制化的需求，提高服务水平，实现零售业务的拓展。

以 7-ELEVEn 公司为例，它成功地实践了零售商主导的物流模式。创建于 1973 年的 7-ELEVEn 是日本零售业巨头，世界上最大的零售集团之一，在全球拥有便利店、超市、百货公司和专卖店。7-ELEVEn 的店铺遍布世界各地，各店之间经常通过共同的国际采购或者相互介绍供应商的方式降低商品采购成本。例如，中国台湾统一通过菲律宾的 7-ELEVEn 引进菲律宾生产的芒果干。日本

7-ELEVEn拥有先进的物流系统，各单体商店按照 7-ELEVEn 的统一模式进行管理。7-ELEVEn 便利店依靠先进的物流系统实现小批量、多频次进货，进而发展成连锁便利店。为了保证便利店商品供货的有效性，7-ELEVEn 对原有的分销渠道进行了合理的改造，在新的分销系统下，批发商常常需要负责多区域的销售业务。同时，7-ELEVEn 通过和批发商、生产商的销售协议，有效实现了分销渠道与所有门店的对接。

2）产销联盟的物流模式

产销联盟的物流模式针对物流的多环节性拉长了物流系统对最终客户的响应时间，基于零售商和生产商建立的产销联盟，应用电子自动订货系统等信息平台，确立长期的合作关系，通过缩短物流系统各环节的响应周期，减少物流系统内耗，让利于最终客户，实现物流系统响应时间的缩短和成本的降低。产销联盟物流模式的目标定义为品牌管理，通过产销联盟实现物流和服务的差别化及品牌化。

产销联盟的物流模式从零售阶段切入、从业务上综合集成，取代批发商的物流功能，旨在解决零售商和生产商之间的集成与协作关系，适用于大型生产商和物流服务提供商组成的物流系统。最具代表性的产销联盟物流模式是由宝洁公司和沃尔玛组成的联盟关系。

随着信息技术、网络技术、通信技术和物联网技术等的广泛应用，新的更具特色和创新性的物流系统动态响应方式必将产生，从而进一步提高物流系统快速响应客户需求的能力和水平。

4.4.3　物流系统动态响应绩效评估原则和框架

绩效评估体系应具备科学完整性，因此物流系统动态响应绩效评估需要建立在物流系统研究、影响因素分析及运营机理研究的基础上，绩效评估体系应选择与之相匹配的数值评估方法，最终将多要素的评估值归结为具有可比性的评价数值。

1. 绩效评估原则

物流系统动态响应绩效评估体系建设是一项复杂的系统工程，绩效评估需要综合考虑研究条件、研究基础，在绩效评估建设过程中需要遵循几项原则（姚巍 2007）。

1）以主导型成员为对象

主导型成员是物流系统中必不可少的成员，应该成为物流系统动态响应绩效评估的对象。但是，目前的物流系统绩效评估体系不够完善，不具备对任何类型的物流系统及其成员进行动态响应绩效评估的能力。以主导型成员为对象建立物流系统动态响应绩效评估体系，能够依托主导型成员的凝聚力、领导力，通过集聚的物流资源更好地观察分析和评价整个物流系统的动态响应能力。

2）选择关键性指标

物流系统动态响应绩效评估的目的，在于科学地评价物流系统动态响应能力和水平，以进一步改进物流系统的动态响应性，提高整个物流系统的绩效。在物流系统动态响应绩效评估体系建设过程中，不能片面地追求评估的全面性和准确性，必须权衡绩效评估的成本和收益，选取关键的物流系统动态响应绩效评估指标，确保利用最简单的体系反映最真实的物流系统动态响应能力和水平状况。

3）关注以流程为焦点的整体性

在激烈的市场竞争环境中，提高物流系统动态响应能力已经成为物流系统获取竞争优势的重要手段。物流系统动态响应绩效评估体系建设，不能局限于某一个具体的业务流程、某一个具体的环节，应从业务流程的视角关注整个物流系统运营过程，关注物流系统动态响应的综合能力、整体水平和全局效果。

4）反映物流系统的竞争力

物流系统竞争力反映了物流能力的不可复制性，是一个能力体系的综合表现。物流系统动态响应绩效评估体系建设，应始终围绕物流系统竞争力提升这条主线，筛选的每一个指标都应该能够直接或间接地反映物流系统动态响应能力和水平，并作为一个标准来衡量物流系统运营状态和竞争力。

2. 评估指标的整体框架

物流系统动态响应绩效评估体系，具有决策层、管理层和操作层三个层次。物流系统动态响应能力战略贯穿于决策层、管理层和操作层，从而构成了一个完整的物流系统动态响应绩效评估体系（图 4-26）。

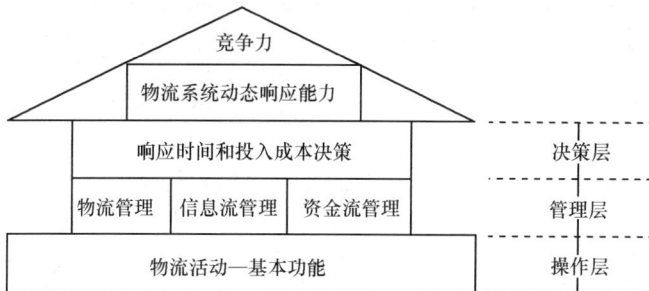

图 4-26　物流系统动态响应绩效评估的基本框架

1）决策层

从战略管理的高度，围绕提升物流系统竞争力，制定直接影响物流系统动态响应能力的决策，主要是响应时间和投入成本决策。决策层的指标用于直接反映物流系统竞争力，并根据分目标用于衡量物流系统动态响应能力，即物流系统在响应时间和投入成本上的优势、劣势程度的比较。

2）管理层

在物流系统管理体系中，主要涉及物流管理、信息流管理和资金流管理，以包含提前期、周期时间和响应时间的物流时间为主线，从管理的视角评价物流系统动态响应能力的形成过程。管理层的指标重在支持决策层指标的细化和分解，从更深层次挖掘影响物流系统动态响应能力的主要因素。

3）操作层

操作层支撑着管理层的具体实施，从微观角度支持物流管理、信息流管理和资金流管理，并从具体的操作层面影响着物流系统动态响应能力和物流系统竞争力。物流系统动态响应能力操作层指标，主要涉及员工素质、财务状况、物流文化和规章制度等方面，从更具体的角度衡量物流系统操作水平。

为了更加科学准确地衡量物流系统动态响应能力，构建一个包含决策层、管理层和操作层的物流系统动态响应绩效评估体系，有助于更加深入系统地观察分析和描述物流系统的运营状态，全面提升整个物流系统的竞争力。

4.4.4　物流系统动态响应绩效评估指标体系

在物流系统动态响应绩效评估原则和评估指标整体框架的基础上，以下围绕决策层、管理层和操作层，构建一个完整的物流系统动态响应绩效评估体系。

1. 决策层指标体系

决策层是对物流系统整体运营绩效的评估，可以应用物流系统动态响应的成本和速度分析度量（尚扬 2009）。

1）物流系统动态响应成本分析

物流系统动态响应成本包含在物流成本中，但是更侧重物流信息系统、物流系统自适应性等方面。

（1）物流成本构成。物流系统运营需要一定的费用支出，从而构成了物流系统的成本。从不同的角度，物流成本可以划分为多种形式。从企业内部角度考虑，物流成本可以划分为直接成本和间接成本，但是没有考虑物流系统成员之间的交易成本；当考虑物流系统成员之间竞争与合作的关系时，可以分为供应商成本、生产商成本、分销商成本、零售商成本及最终客户成本等。

在物流系统运营过程中，需要通过合理配置物流资源，有效协调物流、信息流和资金流之间的关系，才能实现整个物流系统效益最大化。可见，物流成本也可以按照物流、信息流和资金流划分，物流成本包括运输成本、储存成本、包装成本、装卸搬运成本等；信息流成本包括信息系统建设软硬件成本、信息管理成本等；资金流成本包括财务成本、资金占用机会成本等。

（2）物流系统动态响应成本构成分析。物流系统动态响应成本包含在物流成本中，两者的构成大致相同，只是侧重点有所不同，应重点关注物流系统动态响应性影响因素对成本的影响。首先，由于物流系统成员间的合作伙伴关系直接影响物流系统动态响应速度，所以合作伙伴选择和关系维系在实际运营过程中不容忽视；其次，信息共享模式影响着物流系统动态响应性，而信息共享模式主要受物流信息系统影响，物流信息系统建设和维护成本在一定程度上影响着物流信息系统的运行；最后，物流系统自适应性与物流系统动态响应速度和成本密切相关。由此可见，与合作伙伴关系、物流信息系统和物流系统自适应性相关的成本投入比一般的物流成本更为重要。

2）物流系统动态响应速度分析

针对物流系统动态响应能力，物流系统动态响应速度分析比成本分析更重要，需要均衡时间和成本之间的关系。

（1）物流系统动态响应速度竞争力分析。物流系统动态响应速度竞争力是一个相对概念，相对于竞争对手通常呈现三种情况：一是物流系统动态响应速度低于竞争对手的平均响应速度，物流系统不能快速响应客户需求、无法在竞争中获得优势，物流系统为了克服响应时间过长的问题，不得不维持较高的库存量；二是物流系统动态响应速度高于竞争对手的平均响应速度，物流系统能够完全即时地满足客户需求、具有明显的竞争优势；三是物流系统动态响应速度与竞争对手的平均响应速度相同，物流系统具备基本的生存条件，但不具有竞争优势，面临较大的市场竞争压力。

在与竞争对手比较的过程中，如果物流系统动态响应速度低于竞争对手，但投入成本却高于竞争对手，即物流系统处于图 4-27 中的滞速区（高成本、低速度），物流系统应尽快改进运营管理模式，降低成本，提高响应速度；如果物流系统动态响应速度和投入成本都较高，即处于匀速区（高成本、高速度），物流系统应在保持良好动态响应速度的前提下，不断降低成本；若物流系统处于慢速区（低成本、低速度），应加大成本投入，提高动态响应速度；若处于

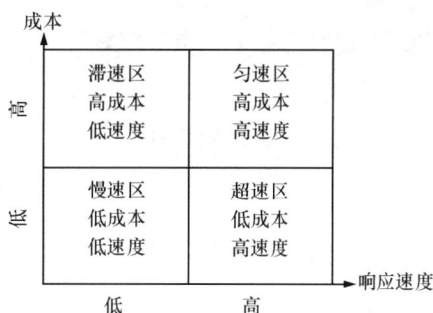

图 4-27 物流系统响应速度与投入成本

超速区（低成本、高速度），则说明物流系统的效率较高，应予以保持。

（2）物流系统动态响应速度与成本关系分析。在物流系统动态响应性影响因

素中，物流系统成员间的合作伙伴关系、信息共享模式、物流系统自适应性都会直接影响物流系统动态响应速度与成本之间的关系。理论上，物流系统为提高动态响应投入的成本越多，以动态响应速度为标准的服务水平也就会越高，即物流系统处于匀速区（高成本、高速度）。投入和服务（相应速度）的产出正相关，不同的投入水平就会有一个相应的服务水平与之相对应。

在一定的限度内，物流服务水平随着投入成本的增加而增加，而且处于不同服务水平时相同的投入成本获得的服务水平增量不同（尚扬 2011）。当物流服务水平处于较低水平时，增加较低的成本就可以使物流服务水平获得较大的提高，但是当物流服务水平处于较高水平时，相同的成本投入所获得的物流服务水平的增长却较低。物流系统有效管理的目标就是使系统在保持客户要求的服务水平的同时，最小化物流成本，并且可持续。

2. 管理层指标体系

管理层是对物流系统运营过程的评估，注重流程的绩效，主要涉及物流管理、信息流管理和资金流管理。

1）物流管理评估指标

为了实现物流系统动态响应绩效评估，在物流系统运营过程中，应增加反映时效性、可靠性、准确性的物流管理评价指标，用于描述物流系统的运输、储存、包装、装卸搬运、配送、流通加工、信息处理等管理过程。因此，常用最佳订单满足率、准时交货率和在途库存率三项指标综合评估物流系统运营绩效。

最佳订单满足率和准时交货率是物流系统绩效评估的指标，分别基于客户满意度和响应效率。在途库存率体现了物流系统中库存周转水平和库存准确性的高低，是指物流系统内在途货物总量与货物总量的比值。较高的在途库存率表示物流系统成员的仓库库存较低，此时物流系统整体的供需匹配程度较为理想，具有较高的库存管理能力，可以较好地支持物流系统动态响应。

2）信息流管理评估指标

在物流系统成员间、环节间、活动间都存在信息流，信息流管理是保障物流系统正常运营的基础。信息共享模式是物流系统动态响应性的一个影响因素。在物流系统运营过程中，信息共享与交流能力、信息传递的延误会在很大程度上影响物流系统的整体绩效和物流系统动态响应绩效。在信息流管理评估指标体系中，通常采用信息共享模式中信息传递的速度和准确性两个指标。

（1）信息传递的速度。信息传递的速度反映了物流系统信息传递的有效性。随着外部环境的快速变化，客户的需求也不断变化，物流系统成员需要在掌握最终客户偏好的情况下才能增强竞争力。但是，由于信息传递存在时间延误，很难做到信息实时共享，所以大多数物流系统仍存在信息传递周期。信息传递周期的长短体现了物流系统信息传递速度的快慢，可以作为信息传递速度的评估指标。

（2）信息传递的准确性。信息传递的准确性是对物流系统信息传递准确性的评价，必须考虑信息的时效性。信息在物流系统成员间传递的过程中，由于信息标准化程度不够，常常会出现信息失真，甚至造成信息传递误差的出现。信息失真会降低物流系统的运营效率，增加物流系统的运营成本，通常用有效时间范围内的信息传递误差率衡量信息传递的准确性。

3）资金流管理评估指标

资金流是物流系统的"血液"，是维持物流系统正常运营的基础。在物流系统运营过程中，应加强资金流管理，提高资金使用效率。在财务方面，常用资产周转率作为衡量资金使用效率的指标，用以表达资产周转的次数或天数。为了维持物流系统正常运营，应采取有效的措施保证有充足的资金、保证资金高效率使用、降低资金流动风险，合理规划、科学管理物流系统中的资金流。

3. 操作层指标体系

操作层既支持着管理层的运行，也影响着物流系统动态响应的发展潜力。一般从管理策略匹配度的角度衡量操作层绩效。通常，物流系统管理策略决定了系统实现预期目标的可能性，物流系统动态响应能力应该与物流系统管理策略相吻合，只有两者相匹配，才能实现操作层支持管理层运行的目标。

面对复杂的市场竞争环境，要实现物流系统动态响应能力与物流系统管理策略完全匹配非常困难。图 4-28 描述了物流系统动态响应能力与物流系统管理策略的匹配情况。在管理层，由成本领先战略转化的物流成本领先策略与物流系统动态响应能力需求低的低成本相吻合，而由差异化战略转化的差异化策略与物流系统动态响应能力需求高的快速响应相吻合。图 4-28 中的管理策略匹配带表明物流系统动态响应能力与物流系统管理策略相匹配，物流系统可以获得较高的运营绩效。由此可见，物流系统管理策略匹配度对物流系统动态响应能力具有深远影响。

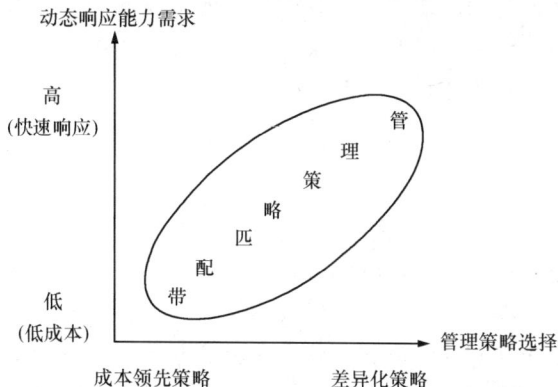

图 4-28　物流系统动态响应能力与管理策略选择匹配图

综上分析，物流系统动态响应绩效评估体系如图 4-29 所示。体系中的指标大多不能从原始数据中直接获得，因此需要对物流系统动态响应绩效评估体系中的指标进行量化分析。决策层和管理层的指标均是将物流系统成员作为一个完整的整体进行评价，指标的相应数据可以由某些物流系统成员或者整个物流系统的综合数据获得。操作层的指标较大程度上受到物流系统主导型成员的影响，相关数据可以从对主导型成员的调研中获得。

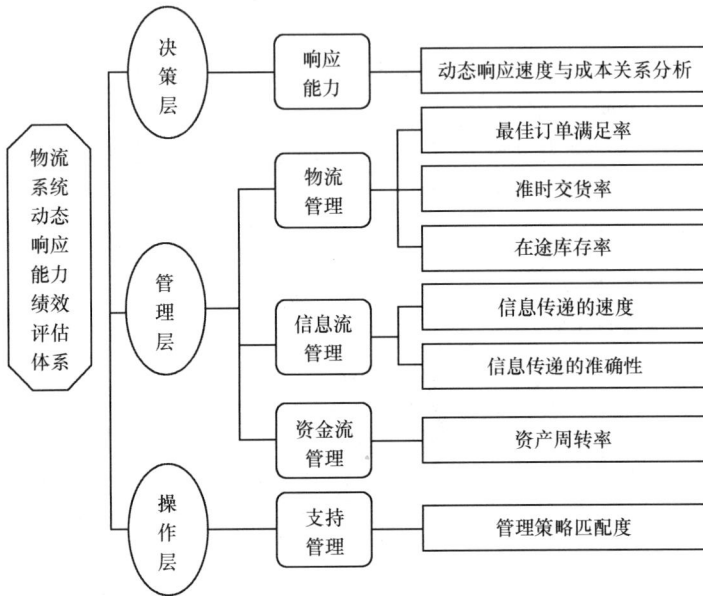

图 4-29　物流系统动态响应绩效评估体系

面对激烈竞争的市场环境、转瞬即逝的市场机遇，如何培育和提升物流系统动态响应能力已经成为物流系统迫切需要解决的问题。物流系统动态响应性分析和描述，以及物流系统动态响应绩效评估体系的建立和完善，有助于深刻理解物流系统竞争力的关键因素，以及物流系统动态响应性的内在规律，为培育物流系统动态响应能力、提高物流系统竞争力创造新的机遇。

4.5　小结

伴随着经济全球化和新型经济形态的发展，外部环境复杂性显著提高，信息技术推动产品更新换代的速度持续加快，产品生命周期越来越短。买方市场的成熟及客户收入水平的提高，促使客户需求多样化、个性化和不确定性趋势日益明显。面对变幻莫测的外部环境和客户需求，物流系统必须具有应对外部环境变化的自适应性和响应性，才能在激烈的市场竞争中获得生存发展的竞争优势。

第 5 章　物流系统控制最优决策和自动调节过程

无论是在微观的企业物流系统还是在宏观的社会物流系统控制中，都存在最优决策问题。一方面，物流系统的复杂性和时空不确定性，使它难以维持在绝对稳定的最优决策目标状态；另一方面，物流系统外部环境存在的各种难以预测的不确定因素，使它在运营过程中由于遭受各种突发事件引起的干扰加剧了不稳定性。物流系统控制不存在绝对适应任何状态、任何环境的"最优决策"，需要对决策持续进行自动调节，使物流系统在不断适应新环境的过程中维持相对平稳的运营状态，并不断向目标状态趋近。最优决策和自动调节过程反映了当前状态和目标状态之间的动态关系，是一个以目标状态为驱动力的渐进演化过程。

5.1　概述

物流系统控制是一个多级递阶结构的控制问题，每一个主体、每一级子系统的最优决策有效性判据在物流时间和物流空间过程中是变化的，因此物流系统控制的全局最优决策也是时刻变化的。由于物流系统自身及其外部环境的复杂性和时空不确定性，以及运营过程中面临的诸多干扰因素，物流系统当前状态和目标状态之间往往存在偏差，而物流系统控制最优决策和自动调节的目的，就是要通过有效的控制缩小或消除当前状态和目标状态之间存在的偏差。

5.1.1　物流系统控制的两种最优决策方法

物流系统控制决策与调节机制，就是以最优决策和自动调节的动态关系为依据，通过筛选两者的影响因素，构建综合评价指标体系，运用适宜的优化方法制定最优决策，并分析物流系统当前状态与目标状态之间存在的偏差，有针对性地调节最优决策的过程。物流系统控制最优决策，分为静态优化与动态优化两种方法。

（1）静态优化：以物流系统网络结构优化为主要内容，从微观角度阐述企业物流系统采购、生产与销售的网络结构优化，以及微观的企业物流系统向宏观的社会物流系统拓展时的网络结构调整过程。

（2）动态优化：侧重于物流系统过程结构优化，一方面，对微观的企业物流系统业务流程进行优化，使业务流程结构更加合理，运营效率得以提高；另一方面，通过建立物流系统过程结构持续优化机制，使宏观的社会物流系统中物流、信息流和资金流有机结合，实现物流系统价值最大化。

5.1.2　物流系统控制的两个自动调节过程

任何一类系统控制最优决策的实现，都是一个动态的调节过程。物流系统就是通过最优决策和自动调节的动态协调、动态协同，逐渐实现持续优化、不断完善的目标。物流系统控制自动调节过程，包括反馈和前馈两个过程。

（1）反馈过程。反馈过程包括偏差分析、问题分析与信息反馈三个环节。通过对当前最优决策下物流系统运营状态与目标状态之间存在的偏差分析，识别造成偏差的内外部干扰因素，并有针对性地调节当前决策。

（2）前馈过程。前馈过程包括扰动分析与扰动补偿两个环节，通过观察情况、收集整理信息、掌握规律、预测趋势，分析外部环境的潜在干扰因素，正确预测物流系统未来不同环节可能出现的问题，提前采取相应措施，将潜在的偏差消除在萌芽状态。

本章将从静态优化和动态优化两方面介绍物流系统控制最优决策方法，以及包括反馈过程和前馈过程的物流系统控制自动调节过程，最终将物流系统控制最优决策和自动调节过程演变成一个持续交替的动态协同过程（图 5-1）。

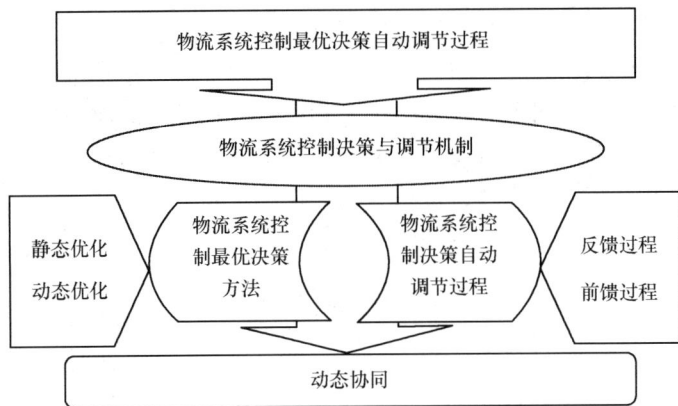

图 5-1　本章结构图

物流系统控制最优决策和自动调节过程，在于控制物流系统的复杂性和时空不确定性，以维持物流系统最优决策目标状态、规避突发事件引起的干扰，持续提高物流系统的竞争优势，这些都充分体现了物流系统控制论的基本思想。

5.2　物流系统控制决策与调节机制

物流系统及其生存环境的复杂性、动态性和多样性，决定了物流系统在运营过程中无法始终保持在一个绝对稳定的状态。而且由于决策的滞后性，任何决策方法都无法使物流系统与动态变化的环境完美匹配，难以达到理论上的目标状态，即不存在真正意义上的"最优决策"。物流系统运营过程就是一个从"稳定"到"不稳定"再到"稳定"的循环过程，也是一个从当前状态出发，向理想的目标状态持续趋近的动态演化过程。物流系统控制决策与调节机制，赋予了物流系统持续改进并不断适应环境变化的能力。

5.2.1　物流系统控制决策与调节的影响因素

在物流系统运营过程中，物流系统控制决策与调节会受到各种因素的影响，识别和分析影响因素是形成物流系统控制决策与调节机制的基础。

1. 物流系统控制决策的影响因素

物流系统控制决策是在各种约束条件的限制下，以目标为导向，对系统输入进行整理、分析和运算，从若干可能或可行的备选方案中选择出满足需求方案并加以实施的过程。物流系统控制决策的影响因素，包括环境、目标和输入三个方面（图 5-2）。

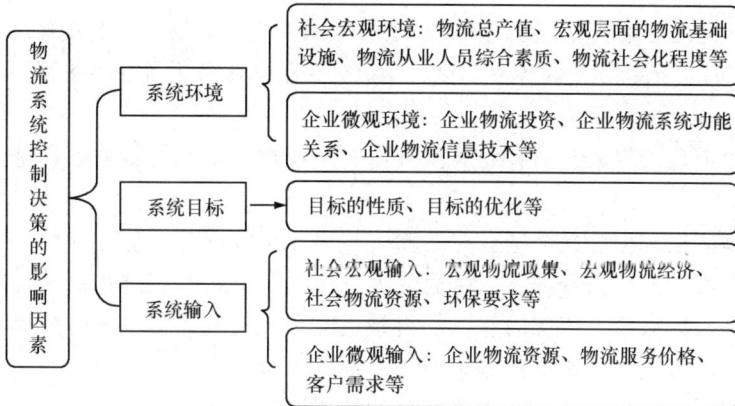

图 5-2　物流系统控制决策的影响因素

1）环境因素

环境的限制是影响系统控制决策的重要因素。物流系统是涉及物流、信息流和资金流的复杂系统，系统的输入与输出都是在特定的物流环境中进行的。一方面，物流系统是社会经济系统中的子系统；另一方面，物流系统又是由多个参与物流活动的实体企业组成的集合。因此，物流系统所面对的环境可以分为社会宏观环境和企业微观环境两个方面。

第一，社会宏观环境。

社会宏观环境因素包括物流总产值、宏观层面的物流基础设施、物流从业人员综合素质、物流社会化程度等。

物流总产值是物流系统在一定时期内创造的物流活动的总收入，物流总产值的高低在一定程度上反映了物流系统在社会经济系统中的地位。物流总产值以数值的形式客观反映物流活动的价值，是评价物流系统运营成果的综合性价值指标。因此，通过物流总产值反映的物流系统现状是物流系统控制的基调，更是进行物流决策的前提。

宏观层面的物流基础设施是指满足物流系统运营需求的、具有特定功能的场所及设备的统称，如铁路、公路、港口、机场、管道等基础设施。物流基础设施使物流系统得以存在和发展，任何物流决策的制定和实施都离不开物流基础设施。

物流从业人员综合素质是指在物流行业中从事物流活动人员的素质。物流从业人员是推动物流行业不断前行的动力，更是评价物流系统软实力的一项重要指标。物流行业的快速发展，对物流从业人员提出了更高的要求，一些受过高等教育的从业人员开始进入物流行业，物流从业人员的综合素质得到提升，有助于从根本上促进物流系统的优化与可持续发展。

物流社会化程度不仅反映了社会化专业分工在物流领域的细化程度，而且反映了社会对物流行业的认可程度，如第三方物流发展程度、物流业务外包模式被接受的程度。物流社会化已经成为现代物流的一个重要特征，物流社会化程度主要反映在物流需求社会化、物流服务社会化、物流公共信息服务平台社会化等方面。

第二，企业微观环境。

企业微观环境因素包括企业物流投资、企业物流系统功能关系和企业物流信息技术等。

企业物流投资力度是指企业对运输、储存、包装等基本功能和柔性、鲁棒性和弹性等扩展功能的投资程度。企业物流系统控制决策的制定和实施，需要足够的投资规模作为保障，相应的投资规模是提高企业物流运营水平的前提。企业物流系统控制决策能力，不仅依赖于物流系统各环节、各活动的能力和水平，而且在一定程度上又取决于企业对物流系统的投资规模。

企业物流系统功能关系，是物流系统控制决策的重要影响因素之一。企业物流系统包含在由采购、生产、销售构成的价值链体系中，系统中具有的运输、储存、包装等基本功能之间的协作与冲突，以及柔性、鲁棒性和弹性等扩展功能的层次和水平等，对物流系统的控制决策会产生重要的影响。

企业物流信息技术是指运用在企业物流系统各环节中用以提升基本功能的信息技术，是物流系统正常运营的基础，也是传统物流转变为现代物流的基本特征。条形码、电子数据交换、无线射频识别等一系列物流信息技术的集成应用，提高了企业物流系统的运营效率，并为企业物流管理与控制提供支撑。因此，物流信息技术是物流系统控制决策的技术保障。

2）目标因素

目标是物流系统控制决策的基本导向、主要动力源。以目标为前提，采用不同的最优化方法进行的最优决策各有偏重，而目标的性质是选择物流系统控制最优决策的重要依据。如果目标是定量且可测量评估的，则有利于高效准确地选择最优决策。例如，若将物流成本作为量化目标并以具体数字的形式展现出来，则最优决策的选择应以各决策下的物流成本总和作为比较的依据；而若将提高物流系统运营效率作为改善性的定性目标，则最优决策的选择便不能以简单的客观数据为依据，而应综合考虑物流系统各环节、各活动之间的连接性，通过定性分析的方法选择最优决策。

对于一般的优化问题，无论是单目标还是多目标优化，选择合适的目标函数并建立正确的数学模型是最优决策的核心。目标函数应针对最重要的指标建立，并能反映物流系统期望达到的目标。选择合适的目标函数是最优决策实现的第一步。选择目标函数并建立数学模型后，才能选择合适的方法求解，而不同的方法又会带来不同的决策结果。因此，目标的选择在很大程度上决定了物流系统控制最优决策的制定。

3）输入因素

物流系统的输入是控制决策的来源，为最优决策提供必要的信息支持。物流系统通过对输入的信息进行整理、分析和运算，从若干可能或可行的备选方案中选择出最优方案。物流系统控制决策输入因素的影响，也体现在社会宏观输入和企业微观输入两个方面。

第一，社会宏观输入。

社会宏观输入包括宏观物流政策、宏观物流经济、社会物流资源、环保要求等。

宏观物流政策是指国家或地方政府为了提升整个物流行业的效益、改进物流行业的运营状况，有计划地制定物流行业运营的指导原则和措施，实现物流行业的预期目标。任何决策都需要考虑政府的物流政策，最优决策是否符合国家及地方政府当前的物流政策，当地政策是否鼓励和支持等。这些都是物流系统控制决策能否顺利实施的重要决定因素。

宏观物流经济是指整个国民经济中与物流相关的经济活动和状态。物流系统是社会经济系统中的子系统，宏观经济环境必然会对物流系统产生影响。此外，物流系统中的生产、流通、分配、交换等环节都存在一系列经济活动，而各项经济活动彼此联系且与外部宏观经济密不可分。因此，物流系统控制决策应以当前宏观物流经济为依托。

社会物流资源是指宏观区域内拥有的人力、物力、财力等物流要素的总和。社会物流资源为物流系统控制决策提供了必要的条件，只有借助并充分利用各种社会物流资源，制定更加科学有效的物流系统控制决策，才能实现物流系统控制的预期目标。

在低碳经济理念驱动下，各国政府开始要求物流行业逐步摆脱传统能源困扰的格局，积极发展低碳物流并制定长远的能源战略，以缓解能源压力、减轻环境污染，培育和打造低碳物流良性发展的市场机制，维持人类的健康生活。

第二，企业微观输入。

企业微观输入包括企业物流资源、物流服务价格及客户需求等。

相对于社会物流资源，企业物流资源是指单个企业所能支配的人力、物力、财力等物流要素的总和。企业物流资源是企业从事物流活动的前提和条件，从根本上决定了企业物流系统所能提供的最高物流服务水平。因此，物流系统控制决策必须建立在企业现有物流资源状况的基础之上。

价格是影响成本与利润的最直接表现形式，是商品供求关系变化的指示器。企业物流系统控制决策的最终目的是实现物流价值、增加利润，需要借助物流服务价格不断调整物流系统控制决策、调节物流资源配置。因此，物流服务价格对物流系统控制决策的影响是不言而喻的。

在基于时间竞争的环境中，物流系统控制决策的焦点已经从成本转向时间，并使客户满意度成为最终的衡量指标。因此，物流系统控制决策应以客户需求为导向，在达到客户满意度水平的前提下，从时间和空间维度出发综合权衡物流服务水平与物流成本之间的关系，提高物流系统的竞争力。

2. 物流系统控制决策调节的影响因素

物流系统控制决策调节的目的，是通过对当前决策的调整减少物流系统内外部干扰因素对物流系统正常运营造成的影响。影响物流系统控制决策调节的干扰因素，主要来自物流系统自身和外部环境的不确定性、复杂性、动态性和多样性。

1) 物流系统控制决策调节需考虑的因素

物流系统控制决策调节，需要考虑物流系统自身的当前决策、物流系统外部的当前环境和突发事件干扰因素三个方面。

(1) 物流系统自身的当前决策。物流系统控制调节过程以物流系统控制的当前决策为对象，通过对当前决策具体执行效果的分析，制订具体的调整方案，以缩小物流系统运营的当前状态与目标状态的偏差。因此，当前决策的优劣会直接影响调节的力度。对于一个较为完善和成熟的决策而言，调节力度必然会小于一个相对不完善和不成熟的决策所需要的调节力度。

(2) 物流系统外部的当前环境。外部环境的不确定性是造成物流系统输出扰动的重要原因之一。对物流系统外部环境变化的感知和掌握，是决定物流系统控制调节效果的重要因素。显然，对外部环境变化掌握得越迅速、越全面、越准确，则越有利于采用正确的调整措施，制订正确的调整方案。因此，应充分分析当前环境，准确掌握外部环境的变化。

(3) 突发事件干扰因素。物流系统生存的外部环境错综复杂，往往会由于一些不确定因素引发意想不到的突发事件干扰物流系统正常运营，造成系统输出异常，而且干扰因素的数量和程度会对调节过程产生意想不到的影响。物流系统控制调节的目的，正是为了减少由干扰因素引起的当前状态与目标状态之间的偏差。因此，应深入系统地分析突发事件干扰因素所处的环节、数量和程度。

物流系统控制决策具有一定的柔性，允许物流系统运营状态存在一定程度的起伏，并允许物流系统的输出存在一定程度的波动。如果物流系统的输出与预期目标之间的差距不超过正常扰动范围，则无须进行控制决策调节，因为过于频繁地进行控制决策调节未必有利于维护系统运营的稳定性。只有当物流系统输出超出正常扰动范围，系统的稳定状态受到干扰而遭到破坏、无法达到期望目标时，才需要进行控制决策调节，以减小干扰对物流系统控制决策的影响。

2）物流系统控制决策调节干扰因素的分布

物流系统作为一个复杂、动态、多样的社会经济系统，自身和外部环境带来的许多不确定性因素造成的负面影响，使物流系统控制决策调节受到许多干扰因素的影响，难以达到预期的调节目标。物流系统控制决策调节干扰因素分布广泛，覆盖微观的企业物流系统从采购到销售全过程、宏观的社会物流系统从供给者（生产地）到需求者（消费地）全过程和外部环境（图 5-3）。

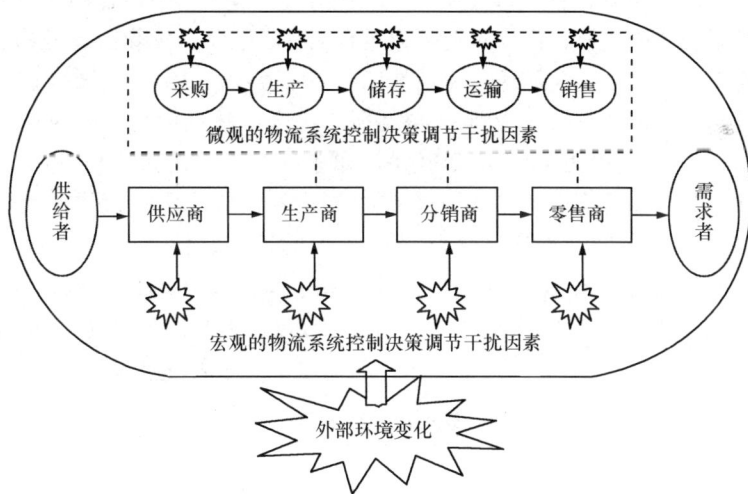

图 5-3　物流系统控制决策调节干扰因素的分布

（1）在微观的企业物流系统中，影响企业物流系统正常运营、企业物流系统控制实施、企业物流系统控制决策制定等干扰因素，如决策信息不对称、物流资源缺乏等，都会影响企业物流系统控制决策的调节。

（2）在宏观的社会物流系统中，影响社会物流系统正常运营、社会物流系统控制实施、社会物流系统控制决策制定等干扰因素，如物流系统成员间衔接不及时、物流系统与相关系统不协调等，都会影响社会物流系统控制决策的调节，这些因素分布在整个社会物流系统中。

（3）外部环境的变化，时刻都会产生一些干扰因素影响物流系统控制决策调节，如突发事件，不仅会导致物流系统运营状态出现异常，而且也会使物流系统控制决策调节产生偏差，这些因素分布在整个企业系统和社会经济系统中。

需要指出的是，受到物流系统控制决策调节干扰因素的影响，无论是在宏观层面还是在微观层面，物流系统控制决策调节往往难以一次性就能实现预期的调节目标，需要持续地根据目标和环境的动态变化情况进行调节。

3）物流系统控制决策调节干扰因素的分类

由于物流系统及其环境的复杂性，物流系统控制决策调节干扰因素不仅分布广泛，而且种类繁多。如果希望能够有效地降低干扰因素对物流系统控制决策调节造成的影响，必须对干扰因素进行准确的分类与定位，从而准确把握干扰因素的性质，提高物流系统控制决策调节的准确性和有效性。

第一，基于物流系统运营环节的分类。

从物流系统运营角度，可以将物流系统控制决策调节干扰因素沿物流系统运营环节进行分类。结合物流系统功能要素，可以将整个物流系统运营过程划分为三个环节，即采购供应环节、生产制造环节、需求销售环节。其中，采购供应环节包含运输等物流系统功能要素；生产制造环节包含储存、包装、装卸搬运等物流系统功能要素；需求销售环节包含配送、流通加工、销售等物流系统功能要素。

（1）采购供应环节的干扰因素，包括所有出现在物流系统采购供应环节、影响物流系统正常运营的因素和突发事件，如表 5-1 描述的采购供应环节干扰因素。采购供应环节的干扰因素对物流系统控制决策调节的影响通常较大，如果调节措施不及时或不合理，物流系统将遭受较大的冲击。例如，1999 年的中国台湾地区大地震引发了全球计算机器件供应短缺，苹果公司因此陷入了供货短缺、客户抱怨急剧增多和销售额大幅下滑的困境；2005 年初的印度尼西亚海啸阻断了我国棕榈油的进口，使几千家企业原材料短缺，造成严重损失。

表 5-1　采购供应环节干扰因素

一级干扰因素	二级干扰因素
供货质量（quality）	供货与服务质量
	供货及时性
交付能力（delivery）	交付延误
	配送差错
	缺货比率
供货成本（cost）	服务价格波动

（2）生产制造环节的干扰因素，包括所有出现在物流系统生产制造环节、影响物流系统正常运营的因素和突发事件。例如，生产企业的生产设备、原材料、生产计划等并不总是可靠的，一旦出现异常，会导致产品质量不合格和生产能力不足等问题，最终影响物流系统控制决策调节的可行性（表 5-2）。

表 5-2　生产制造环节干扰因素

一级干扰因素	二级干扰因素
设备可靠性（reliability）	设备故障
	设备保全
	设备修理
原材料缺货（stock-out）	供应中断
	配送差错
	库存量不足
生产计划变更（change）	市场需求变化
	产能变化

（3）需求销售环节的干扰因素，包括所有出现在物流系统需求销售环节、影响物流系统正常运营的因素和突发事件，如表 5-3 所示。市场需求是时刻变化的，短期内的需求剧烈变化必然对物流系统造成冲击，影响系统的稳定运营。无论是由物流系统输出的产品和服务引起的变化，还是由外部环境中的经济因素、自然灾害、突发事件等引起的变化，都会影响物流系统控制决策调节的可能性。

表 5-3　需求销售环节干扰因素

一级干扰因素	二级干扰因素
需求中断（disruption）	重要客户流失
	新产品投入市场
	客户需求变化
响应能力（response）	库存量不足
	配送差错
	信息不对称
销售成本（cost）	营销价格波动

第二，基于干扰因素自身性质的分类。

从干扰因素自身性质角度，可以将物流系统控制决策调节干扰因素分为如下几类：

（1）经济方面，如股价大幅波动、市场动荡、汇率波动等。

（2）政策方面，如物流行业新政策的制定、优惠政策的出台等。

（3）信息方面，如私有及保密信息流失、信息出错、信息系统记录损坏或计算机病毒感染、主要客户信息丢失等。

（4）物质因素，包括主要物流设施、仓库等损失，主要物流设备、运输车辆损坏，主要物流工具损毁等。

（5）人力资源，包括主要物流管理和运营人员流失、旷工风险、故意破坏和事故等。

（6）行为方面，包括产品伤害、诱拐及绑架人质、恐怖事件、工作场所暴力等。

（7）自然灾害，诸如地震、火灾、洪水、爆炸、台风、飓风等。

第三，基于干扰因素发生概率的分类。

从干扰因素发生概率的角度，可以将物流系统控制决策调节干扰因素分为如下几类：

（1）自然灾害，包括地震、洪水、雪灾、雷电、飓风等自然事件。例如，我国 2008 年发生的"5·12"地震导致众多产品的物流系统发生中断。

（2）突发事件，包括物流系统运营过程中发生的突发事件，如配送车辆在运输途中发生车祸，而影响货物到达的时间，并波及服务对象的生产制造环节。

（3）人为事件。人为故意引起的干扰事件经常出现在最没有防范准备的时间和最脆弱的地方，如罢工和恐怖袭击，而且人为事件具有自适应特征，若加强了对物流系统某个环节的保护，可能会导致其他环节受到攻击。

第四，基于干扰因素影响后果的分类。

从干扰因素影响后果的角度，可以将物流系统控制决策调节干扰因素分为如下几类：

（1）使供应失效的干扰因素。在现实中，自然灾害、突发事件和人为事件等干扰因素都会导致供应失效，使提供物流服务的物流系统被迫中断，从而遭受巨大的经济损失。

（2）使内部运营失效的干扰因素。在物流系统内部所包含的运输、储存、包装、装卸搬运等基本功能活动中，使某些功能失效的干扰因素都会引发内部运营失效，如包装机故障导致无法准时配送。

（3）使需求失效的干扰因素。在短时间内造成产品和服务需求发生剧烈波动的干扰因素，包括新技术的出现、新竞争者的加入、重要客户的流失等。

5.2.2　物流系统控制决策与调节的评价体系

评判物流系统控制决策是否最优、调节是否准确到位，需要依照一定的标准，根据结构化制度和系统性方法来测度经过决策或调节后的物流系统状态是否满足要求、整个物流系统绩效是否有所改进（赵林度 2012）。

1. 评价指标设计原则

物流系统控制最优决策的实现，实质上是一个动态的调节过程。因此，对最优决策和自动调节的评价不能简单地分别独立进行，而应对两者交替循环后的物流系统运营状态进行综合评价。通过构建合适的评价指标体系，可以准确地反映出物流系统控制的不足与缺陷，对完善物流系统控制决策具有一定的指导意义。物流系统控制决策与调节的评价指标设计，应遵循如下原则。

（1）系统性原则。评价指标体系的建立应结合物流行业的现状，力求对物流系统进行全面的综合评估。物流系统是一个独立的系统，有完整的输入、输出、转换、制约及反馈过程，因此评价指标设计需要遵循系统性原则。

（2）客观性原则。评价是决策和调节的前提，也是评判决策与调节是否动态协同的依据。因此，评价指标设计应以科学理论为基础，依据的资料须全面且可靠。只有当评价的资料满足客观性条件时，所建立的评价指标才是客观的，据此进行的决策和调节才可能是客观准确的。

（3）可比性原则。评价指标的选取应考虑不同时间、不同决策实施效果的可比性，既可以实现当前多个决策间的比较，又可以实现当前决策与历史决策的比较。

2. 评价指标体系

由于物流系统具有复杂性和时空不确定性，结合物流系统控制的微观目标与宏观目标，可以从如下四个方面构建综合评价指标体系。

（1）时间指标。微观层面包括货物周转率、送货及时率、按时到达率等，宏观层面包括物流系统时效性等。

（2）质量指标。微观层面包括运输物品完好率、储存物品完好率、进货质量合格率等，宏观层面包括碳排放量、物流基础设施利用率、物流从业人员素质、物流信息化水平等。

（3）数量指标。微观层面包括货物运输量、储存物品盈亏率、错发率等，宏观层面包括物流占国内生产总值（GDP）的比重等。

（4）成本指标。微观层面包括企业物流成本等，宏观层面包括物流综合成本、人均物流产值等。

3. 评价方法

对于物流系统控制决策与调节策略的评判和比较，目前国内外所应用的评价方法很多，大体可分为定性评价和定量评价两类。

1）定性评价法

定性评价法主要包括专家评价法与德尔菲法，较为典型的是专家评价法。该方法以专家的主观判断为基础，首先为评价对象的各项评价指标定出评价等级，每个等级的标准用分值表示，然后由专家对各项评价指标进行打分，最后对各分值运用各种评分法求出综合评价值，并以此得到评价结果。

（1）评价等级和标准。评价指标体系建立后，需要为各项指标设定评价等级和评价标准。根据物流系统控制的共性与个性，可以设定如表5-4所示的等级和标准，其中评价标准主要参照物流行业"标杆"最近半年内的月平均运营数据。

表 5-4　物流系统控制评价等级和标准

Ⅰ级指标	Ⅱ级指标		评价标准
时间指标	微观	货物周转率	以"标杆"月平均货物周转率（送货及时率、按时到达率）为基准，每增加（降低）1%加（减）1分
		送货及时率	
		按时到达率	
	宏观	物流系统时效性	以"标杆"月平均物流系统时效性为基准，每增加（降低）1%加（减）1分
质量指标	微观	运输物品完好率	以"标杆"月平均运输物品完好率（储存物品完好率、进货质量合格率）为基准，每增加（降低）1%加（减）1分
		储存物品完好率	
		进货质量合格率	
	宏观	碳排放量	以"标杆"月平均碳排放量为基准，每增加（降低）1%减（加）1分
		物流基础设施利用率	以"标杆"月平均物流基础设施利用率为基准，每增加（降低）1%加（减）1分
		物流从业人员素质	以物流行业当前物流从业人员素质（物流信息化水平）平均值为基准，每增加（降低）1%加（减）1分
		物流信息化水平	
数量指标	微观	货物运输量	以"标杆"月平均货物运输量为基准，每增加（降低）1%加（减）1分
		储存物品盈亏率	以"标杆"月平均储存物品盈亏率（错发率）为基准，每增加（降低）1%减（加）1分
		错发率	
	宏观	物流占GDP的比重	以物流行业最近半年内物流占GDP的比重为基准，每增加（降低）1%减（加）1分
成本指标	微观	企业物流成本	以"标杆"月平均企业物流成本为基准，每增加（降低）1%减（加）1分
	宏观	物流综合成本	以物流行业最近半年内社会月平均物流综合成本为基准，每增加（降低）1%减（加）1分
		人均物流产值	以物流行业最近半年内社会人均物流产值为基准，每增加（降低）1%加（减）1分

（2）评分方法。根据评价标准将各指标数量化后，可采用加权平均法得出每

一决策的综合评价值。根据决策评价值的大小，对决策集中的元素进行优劣排序。考虑到物流系统的复杂性和时空不确定性，指标的权重并不是一成不变的，应随着时间推移和空间转换不断进行调整。根据权重因子法设定各类指标的权重后，将分值与权重相乘后相加，得出每一决策的综合评价值。求取综合评价值时，也可用乘法或加乘法。

2）定量评价法

定量评价法可分为五类：常规定量评价方法、多元统计评价方法、运筹学评价方法、模糊评价方法及其他评价方法。常规定量评价方法包括功效系数法和综合指数法；多元统计评价方法包括主成分分析法、因子分析法、聚类分析法、判别分析法和理想点法；运筹学评价方法包括层次分析法和数据包络分析法；模糊评价方法包括模糊综合评价法、模糊聚类、模糊识别、模糊单元及模糊积分；其他评价方法如灰色关联度分析、信息熵评价法、人工神经网络等方法（王雪铭和吴瑞明 2009）。

5.2.3　物流系统控制决策调节机制

由于物流系统自身和环境的复杂性，特别是物流系统结构复杂性、关系复杂性、过程复杂性和时空结构的不确定性及外部环境存在的干扰因素，物流系统控制决策难以实现"最优决策"，即物流系统控制在任何时刻、任何层次都难以达到最优的目标状态。因此，必须建立和完善物流系统控制决策调节机制。

1. 物流系统控制决策调节的目的

物流系统自身及其外部环境存在的诸多干扰因素，影响了物流系统控制的稳定性，使物流系统控制的输出超出正常的扰动范围，难以实现物流系统控制决策的目标。为了保证物流系统控制目标的实现，需要对物流系统控制决策进行调节。物流系统控制决策调节的目的，主要集中在两个方面。

1）提高物流系统控制决策的科学性和准确性

受物流系统自身和外部环境因素影响，物流系统控制决策的实际输出结果往往与预期目标之间存在一定的偏差。因此，在物流系统控制决策调节过程中，通过调整当前决策不断地纠正异常的系统偏差，消除物流系统控制决策调节的不正常扰动，能使物流系统偏差回到正常的扰动范围内，从而实现物流系统控制决策的目标。

面对物流系统偏差的物流系统控制决策调节，有助于修正物流系统控制决策，产生预期的系统输出，从而提高物流系统控制决策的科学性和准确性。

2）提高物流系统干扰管理和控制能力

面对物流系统偏差，调整当前决策是一种方式，然而这种方式并没有改变来自物流系统自身和外部环境干扰因素的状态。物流系统控制决策调节，也可以以干扰管理和控制为基础，提高物流系统干扰管理和控制能力。干扰管理和控制是通过新计划局部调整达到减少干扰因素影响的作用，使物流系统最大限度地保持稳定。新计划要在考虑原来目标的前提下尽量减少干扰因素造成的影响（Yu and Qi 2004），制订并执行最优或次优计划、识别干扰因素、形成有效的干扰管理方案（胡祥培等 2007）。

物流系统控制决策调节吸取了许多干扰管理和控制方法，可以借用很多模型方法，如应用分支定界算法解决航班干扰问题（Teodorovic and Guberinic 1984），应用轮换算法解决 TSP 扰动的恢复问题（杨磊等 2003）等。通过物流系统控制决策进行一系列有针对性的调节，可以减少或消除由干扰因素引起的不正常扰动，并尽量减少对整个物流系统的影响。

2. 物流系统控制决策调节原理

物流系统控制决策调节遵循最基本的规律，以更加科学地达到预期的调节目标。物流系统控制决策调节原理，基本覆盖了物流系统控制决策调节的反馈机制和前馈机制、物流系统控制决策调节的适度阶梯控制等内容。

1) 物流系统控制决策调节的反馈机制和前馈机制

物流系统控制决策调节原理的核心，在于反馈机制和前馈机制。所谓反馈又称回馈，是指对物流系统控制决策的输出进行分析后，将分析结果返回到控制决策中心，并以此为依据产生调整决策，使输出结果接近预期目标的过程。反馈对于一切自然系统、生物系统和社会系统具有普适性，物流系统控制决策调节反馈机制亦是如此。实际上，反馈过程就是信息传递和偏差消除的过程。所谓前馈指通过观察情况、收集整理信息、掌握规律、预测趋势，正确预计物流系统控制决策在未来不同发展阶段可能出现的问题，提前采取措施，将可能发生的偏差消除在萌芽状态。实际上，前馈过程就是扰动分析与扰动补偿的过程。反馈机制偏重于事后调节，前馈机制偏重于事前控制，两者相互补充，共同构成物流系统控制决策调节机制。

物流系统控制决策调节原理如图 5-4 所示。在物流系统控制决策调节过程中，通过观测被控对象（物流系统、物流系统成员、物流系统环节等）实时捕获系统偏差，如果受到内外部干扰因素影响导致偏差过大时，可以通过对偏差和系统运营状态的分析，识别干扰因素及问题环节，同时将信息反馈到物流系统控制决策中心。物流系统控制决策中心依据反馈信息制定调整策略，并指导执行决策环节（或成员）执行调整计划，使被控对象（物流系统、物流系统成员、物流系统环节等）的输出接近预期目标，并继续进行观测，形成物流系统控制决策的反馈调节循环过程。另外，在物流系统控制决策调节过程中对潜在的干扰因素进行预估分析，在影响物流系统控制决策并引起不正常扰动前，生成扰动补偿策略以抵消或减小潜在的异常扰动，物流系统控制决策中心接收补偿策略，指导执行决策环节（或成员）执行补偿策略，以保障物流系统稳定运营，从而形成物流系统控制决策的前馈调节循环过程。

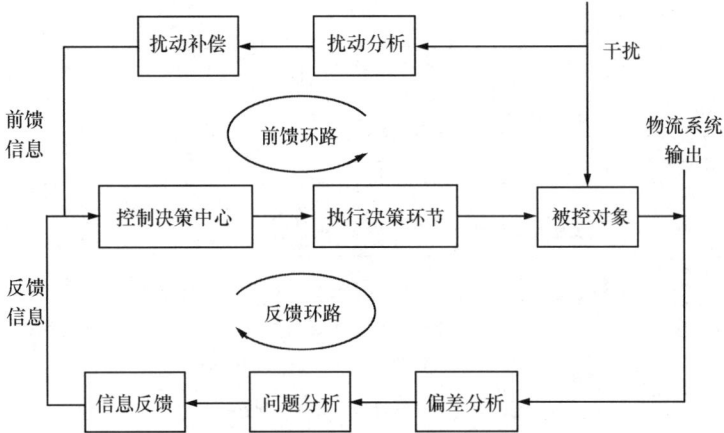

图 5-4　物流系统控制决策调节原理

资料来源：万百五，韩崇昭，蔡远利. 2009. 控制论——概念、方法与应用［M］. 北京：清华大学出版社.

2）物流系统控制决策调节的适度阶梯控制

由于物流系统的复杂性，物流系统控制决策调节过程呈现多级、多阶段特性，不是仅包含简单的单层次反馈或前馈环路。以受控过程或对象的结构特性为依据，可以将物流系统划分为若干等级或阶段，每个等级或阶段又被划分成若干个拥有控制决策中心的子系统。整个物流系统控制决策调节是由不同等级的控制决策中心分级控制的，下一级的控制决策中心接受上一级控制决策中心的指令。按照适度阶梯控制思想（余福茂和沈祖志 2003），可以将物流系统控制决策调节过程分为三个层次，即物流系统网络结构设计、物流资源配置决策、物流系统控制决策调节优化（图 5-5）。

以物流系统执行某项货运业务为例，根据既定的货运要求，物流系统成员需要组织运输、储存、装卸搬运及物流信息服务资源。首先，应进行物流网络结构设计，如建立配送中心、分布仓库设施及选定货运线路等；其次，根据资源的价格、运营成本优势，决定如何配置物流资源；最后，通过监控物流系统运营状态，评估物流系统控制决策实施效果，当物流系统要素或行为的改变超过阈值（临界值）时，适时调节控制决策。

由此可见，物流系统控制决策调节过程的三个层次具有不同的作用：物流系统网络结构设计包括物流设施选址规划与配送网络规划；物流资源配置决策是根据物流业务要求控制物流系统增量资源配置需求；物流系统控制决策调节优化的

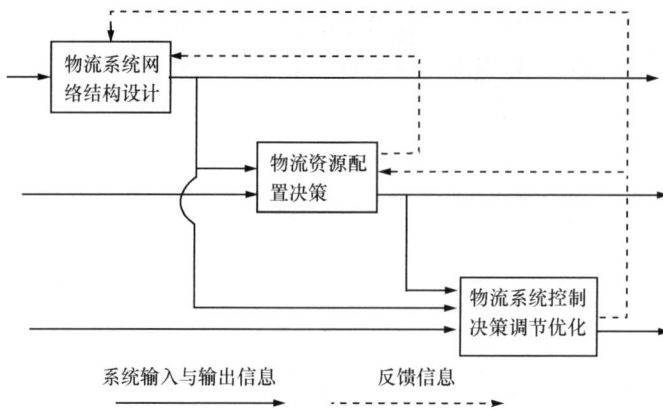

图 5-5　物流系统控制决策调节的适度阶梯控制

资料来源：余福茂，沈祖志. 2003. 基于适度递阶控制的物流系统动态规划 [J].
中南大学学报（社会科学版），9（1）：89-92.

主要目的是适时追踪系统运营状态，并对异常情况作出适当的反应，及时调节控制决策。物流系统网络结构设计和物流资源配置决策是静态的控制决策调节过程，物流系统控制决策调节优化则偏重于动态的调节。

　　这三个层次的调节过程同时存在于宏观的社会物流系统和微观的企业物流系统中，但侧重点有所不同。社会物流系统侧重于物流系统网络结构设计和物流资源配置决策（图 5-6），企业物流系统则侧重于物流资源配置决策和物流系统控制决策调节优化（图 5-7）。宏观系统控制决策调节为微观系统控制决策调节提供框架指导，而微观系统控制决策调节又是宏观系统控制决策调节实现的基础，只有宏观和微观控制决策调节有机结合，才能真正实现整个物流系统控制决策调节。

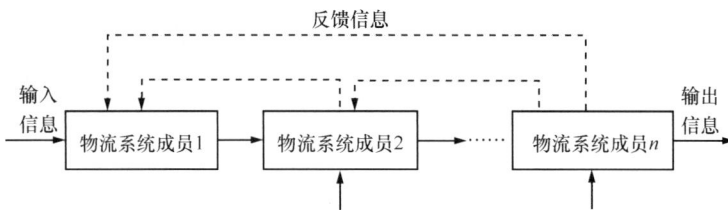

图 5-6　社会物流系统控制决策调节

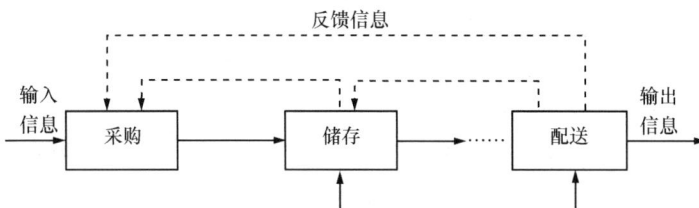

图 5-7　企业物流系统控制决策调节

3. 物流系统控制决策调节机制类型

物流系统控制决策调节机制，是指物流系统针对决策偏差和环境因素影响决策变化所采取的调整应变机制，它是以最优决策为目标而形成的应变和调节过程。根据物流系统控制决策的层次、环节、行为等因素的不同，可以将物流系统控制决策调节机制分为宏观调节和微观调节、全面调节和局部调节、外部调节和内部调节、行为调节和过程调节、自发调节和自觉调节、总体调节和个体调节等。

1）外部调节机制

从整个社会经济系统的角度来讲，物流系统控制决策包括社会物流系统控制决策、企业物流系统控制决策等，因而调节的作用范围应有这两个层次。物流系统控制决策外部调节机制，主要包括两个方面：

（1）自发的调节机制。物流系统在运营过程中，发现自己的决策不能与环境相适应，无法实现预期的控制目标，物流系统就会依据运营过程中产生的新问题自发地调节自己的控制决策，以适应环境实现"最优决策"。可见，物流系统控制决策自发调节是在一种不受外力影响而自然产生的一种功能，表现为一种外部调节机制。

（2）自觉的调节机制。物流系统运营环境潜移默化地发生着变化，如宏观或微观政策的变化，国家或地方政府运用各种经济、法律的手段及必要的行政干预来调节物流行业的经营活动，物流系统自觉地调节自己的控制决策。可见，物流系统控制决策自觉调节是由内在自我发现而逐步形成的一种功能，表现为一种外部调节机制。

2）内部调节机制

在既定的外部环境下，在保持物流系统运营协调性和平衡性的基础上，物流系统控制决策能自动保持对外部环境变化的适应性，以保障物流系统控制决策目标的实现。内部调节机制的实质是物流系统控制决策内在活力和外在竞争力的具体体现，体现了物流系统维持竞争优势的控制决策过程。

物流系统控制决策调节不论采取哪一种调节机制，都是管理决策者主观对客观的适应过程、调整行为。物流系统控制决策调节机制贯穿于整个物流系统运营过程，可以发生在物流系统运营的任何时刻、任何层次。

4. 基于物流系统控制最优决策的自动调节机制

物流系统控制的目标是保证整个系统稳定运营并得到满意的系统输出，为此物流系统控制需要制定包含物流信息、物流控制方式和物流时空转换等在内的最优决策，力争达到物流系统控制的最佳状态。

1）物流系统控制最优决策与自动调节机制的关系

物流系统控制无法实现"一步到位"式的最优决策，需要根据现有条件对当前决策持续优化、不断完善，也就需要最优决策与自动调节机制。物流系统控制最优决策与自动调节机制之间存在以决策为基础的渐进演化关系，共同推动着最优决策动态升级为新的最优决策。

在复杂的社会经济系统中，物流系统控制最优决策过程就是根据系统的输入，运用各种最优化技术和方法，制定系统控制的最优决策，实现物流系统控制的微观目标与宏观目标。由于物流系统自身的复杂性和时空不确定性，以及外部环境中存在的大量不确定因素，物流系统的输出往往表现出一定程度的波动性。物流系统捕获实际输出与期望输出之间的偏差并进行判断，如果偏差位于正常的扰动范围之内，则认为物流系统运营正常，出于维护系统稳定的目的，无须对物流系统控制进行调节；若偏差超出正常的扰动范围，则认为物流系统受到干扰，物流系统运营的稳定状态遭到破坏，需要对物流系统控制进行调节。

2）物流系统控制最优决策与自动调节机制框架

由于物流系统自身运营状态的变化或外部环境发生的变化，当前的最优决策不再适合系统运营的要求，需要对物流系统控制决策进行适当修正，以维护物流系统稳定运营，并使系统偏差重新回到正常的扰动范围之内；物流系统控制自动调节过程，实际上就是对当前系统控制最优决策进行修正的过程。自动调节过程对物流系统输出的异常偏差进行分析，识别干扰因素，并确定物流系统失常的症结所在，进而对物流系统控制的原有决策进行有针对性的修正，产生新的最优决策，并跟踪观测新决策的实施效果，适时重复调节过程，完成物流系统控制最优决策与自动调节的渐进循环过程，减少内外部干扰因素对物流系统造成的影响（图 5-8）。

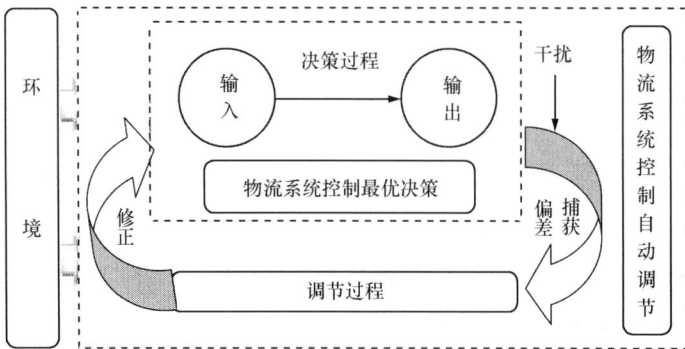

图 5-8　物流系统控制最优决策与自动调节框架

物流系统控制最优决策和自动调节过程，是一个以目标状态为导向，持续调节当前状态、优化当前结果的演化过程。以最优决策和自动调节的协调实施与动态协同为基础，以物流系统自身持续优化为目标，在最优决策与自动调节的渐进循环中，物流系统控制得以持续改进完善，逐步适应外部环境的变化，以求实现系统当前状态和目标状态的一致。

5.3　物流系统控制最优决策方法

物流系统控制最优决策方法，可以分为静态优化和动态优化两类，主要针对物流系统控制网络结构优化和过程结构优化，从根本上决定物流系统的运营效果和运营状态。物流系统控制最优决策过程是物流系统控制的重要内容，它与自动调节过程共同构成了物流系统自我完善、自我提升的循环过程，就是根据物流系统结构和系统输入，选用合适的最优化方法解决系统运营的相关问题，并获得期望的输出结果的过程。

5.3.1　物流系统控制网络结构优化

物流系统控制网络结构优化是物流系统静态优化的重要内容，其优化的主要内容包括物流节点类型、数量、位置，以及物流节点服务的客户群分派等（赵林度 2012）。物流系统控制网络结构优化决策的目标，可以是企业物流系统或社会物流系统的收益最大、成本最小、时间最短等。物流系统控制最优决策过程，通过约束条件的分析、目标函数的建立、数学模型的求解，得到物流系统控制网络结构优化的最优决策。物流系统网络结构优化方法，主要有运筹学优化方法、智能优化算法和模拟仿真优化方法三种（彭扬和伍蓓 2007）。通常，物流系统控制网络结构优化，包含微观的企业物流系统控制网络结构优化和宏观的社会物流系统控制网络结构优化。

1. 企业物流系统控制网络结构优化

在微观的企业物流系统中，各环节为了实现由采购、生产和销售构成的价值链增值最大化，围绕企业价值链网络结构优化而进行协作、协调和协同，需要在有限的资源优化配置的基础上，进行企业物流系统控制网络结构优化决策。

1) 企业物流系统控制网络结构优化的必要性

在企业物流系统控制网络结构中，普遍存在着一些缺陷和不足。首先，处于企业物流系统控制网络节点上的各环节之间相互独立，在各环节效益最大化目标驱动下，难以通过局部目标的控制保持一致的行为，从而导致物流系统整体协调性的降低；其次，规模较小的企业受自身资源的限制无法取得规模效益，而规模较大的企业各环节之间功能重叠、资源浪费严重，均难以达到企业物流系统预期的控制目标；最后，大多数企业物流系统的信息化程度不高，信息采集、加工、处理、集成与反馈技术落后，重要信息不能高度共享与交流（林荣清和苏选良2004）。正是目标、资源和信息等在企业物流系统控制网络中的冲突，导致企业物流系统控制网络结构有待优化。

2）企业物流系统控制网络结构优化的原则

基本的企业物流系统网络由采购、生产、销售环节组成，为实现企业价值链的价值增值最大化，不仅需要建立企业物流系统控制网络，用以协调和优化物流资源，而且需要对企业物流系统控制网络结构进行优化。企业物流系统控制网络结构优化应遵循以下原则：

（1）需求导向原则。企业物流系统通过为最终客户提供物流产品和服务来获取利润。换言之，只有满足了客户需求，企业物流系统的价值才能得以体现，才能生存和发展。因此，物流系统控制网络结构优化应以客户需求为导向。

（2）整体最优原则。企业物流系统作为企业系统的一部分，包含众多组成环节，如运输、储存、包装等，不同环节之间存在目标冲突、产权冲突与运作冲突。物流系统控制网络结构优化不是以实现系统各环节局部最优为目标的，而是在有限的资源配置基础上，使所有环节组合而成的整体效果达到全局最优。

（3）要素集成原则。企业物流系统控制网络结构优化的实质是对物流系统要素的集成。物流系统要素集成是根据一定的标准、制度和机制，统一规划、统一管理和统一运营物流系统控制网络、资源、信息要素的过程，在要素相互间协作、协调和协同运营的基础上，实现物流系统控制网络结构的优化（赵林度2012）。

3）企业物流系统控制网络结构优化方法

物流资源是维持物流系统正常运营的保障和基础，推动企业物流系统正常运营的资源需求来自各环节。企业物流资源包括维持企业正常运营的基础设施资源、资金资源、劳动力资源和信息资源等。企业物流资源优化配置是企业物流系统控制网络结构优化的核心，通过资源的合理分配最大限度地发挥各环节的作用、最大限度地提高资源利用率，促进资源使用价值最大化。因此，基于资源优化的企业物流系统控制网络结构优化方法，涵盖了企业物流业务流程设计、企业物流组织结构整合和企业物流信息平台集成三个方面（陈磊2009）。

（1）企业物流业务流程设计。企业物流业务流程贯穿由采购、生产和销售构成的价值链网络，它直接影响着企业物流服务水平的提升。因此，在物流资源合理分配、信息共享与交流能力有效提升基础上设计企业物流业务流程，有助于进一步优化企业物流系统控制网络结构。

（2）企业物流组织结构整合。企业物流组织在整合资源、优化调度资源等方面发挥着重要作用，在保证企业动态响应市场需求的基础上，以最大化资源配置效率为目标，整合企业组织结构，有助于进一步优化企业物流系统控制网络结构，为实现集中决策、统一管理奠定基础。

（3）企业物流信息平台集成。以资源优化为目标的企业物流信息平台集成，不仅有助于集聚物流信息资源，实现物流信息在企业内外的共享与交流，而且能够更好地支撑企业物流业务流程设计和企业物流组织结构整合，并进一步优化企业物流系统控制网络结构，提高企业物流系统运营能力。

4）企业物流系统控制网络结构优化应用

企业物流系统控制网络结构的优化，使物流系统能够更好地支撑服务对象实现优化，提高企业由采购、生产和销售构成价值链的价值增值能力。

第一，企业采购优化。

采购成本在企业系统运营总成本中占据着相当大的比重，采购环节优化成为增加企业利润的重要途径。采购环节并不是独立运行的，它在物流系统支持下维持着与相关系统的联系。只有保证采购活动所需资源的合理配置与优化，才能使依赖采购物料的生产活动顺利进行。企业物流系统控制网络结构优化，强有力地支持了采购与生产计划之间的衔接，成为降低库存成本、实现 JIT 生产的保障。

在一个具有优化的控制网络结构的企业物流系统支持下，能够实现集中采购、形成规模采购效应。在企业资源计划系统、采购电子商务平台等信息平台的支持下，汇总来自各个部门的需求订单，形成采购计划，并将分类汇总后的需求传递给集中采购平台，向供应商实施采购。优化后的集中采购模式，一方面极大地降低了采购综合成本；另一方面统一分配集中的资源，避免了资源配置的重复与浪费（图 5-9）。

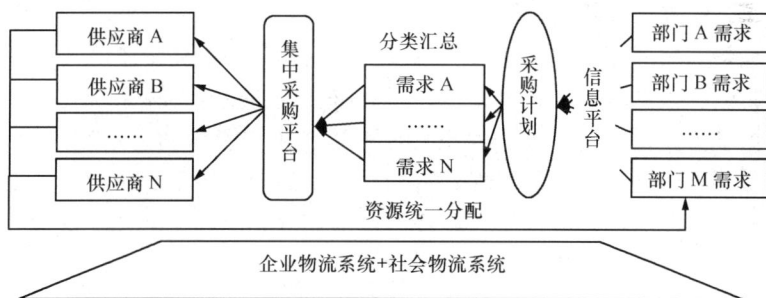

图 5-9　企业采购优化流程

第二，企业生产优化。

生产是企业价值链体系中一个重要的环节，它在物流系统的支持下，向着产销一体化的方向发展，有助于降低库存量、提高资金周转率。在经济全球化发展趋势的驱动下，全球化制造环境孕育了生产过程和分销渠道的集成化模式，能够进一步降低物流成本（Trappey et al. 2011）。只有保证生产资源的合理分配，才能实现销售资源的优化配置，因此生产系统需要一个强有力的物流系统。

在一个具有优化的控制网络结构的企业物流系统支持下，生产系统能够满足多时点、多客户、多产品复杂环境的客户需求，并逐步培养针对不同客户、不同产品的协调管理能力。不同客户的物流服务需求不同，所以需要物流系统多个环节通过多种方式协同提供服务（董军 2011），企业物流系统控制网络支持着生产协同运营。客户订单需求决定了生产计划中的产品生产方式与资源组合方式（图5-10），而且规模化、智能化和精益化的产品生产方式决定了生产过程中劳动者、管理决策者与生产资源的组合方式，对生产资源配置组合提出了更高的要求（王茂爱 2003）。一个优化的企业物流系统控制网络结构，能够强有力地支持 JIT 生产模式的实施。

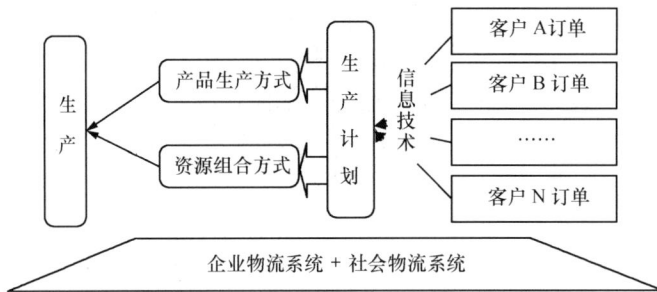

图 5-10　企业生产优化流程

第三，企业销售优化。

销售是将产品和服务转移给客户实现企业价值转换的关键环节，在销售环节，企业物流、信息流和资金流相互之间紧密结合。企业物流系统控制网络在销售环节发挥了重要作用，它控制着销售库存量、销售量和销售速度等关键参数。产品销售状况直接反映了市场需求，市场需求受到产品质量、物流服务质量等因素影响，如果不能真实客观地反映和遵循市场需求规律，将会造成库存积压、产品滞销、资金周转不畅等影响企业效益的问题。

在一个具有优化控制网络结构的企业物流系统支持下，企业可以克服需求地域差异性、客户需求个性化、客户配送差异化等带来的困难，有效协调产品在不同区域的销售、产品在同一区域内不同客户间的销售。企业在广泛收集产品销售信息的前提下，以客户分布和产品需求状况为依据，选择合适的产品运输模式和运输路线，制订科学合理的产品配送方案（图5-11）。在企业销售环节优化过程中，物流系统提供了有力的支撑。

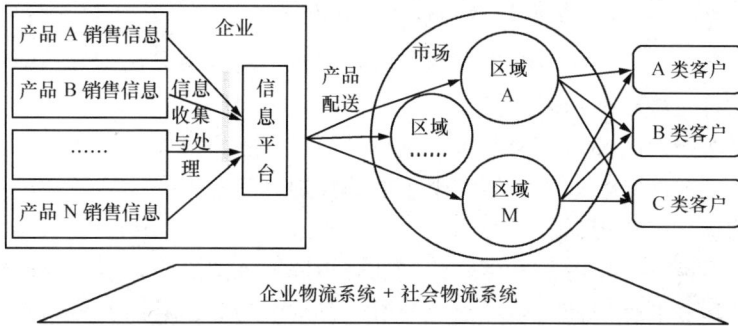

图 5-11　企业销售优化流程

2. 社会物流系统控制网络结构优化

社会物流系统控制网络结构优化，就是在整合社会经济系统中供应商、生产商、分销商和零售商等资源的基础上，使产品以正确的数量生产，并在正确的时间配送到正确的地点，在满足客户需求的同时，使整个社会物流系统的运营成本最小，最终达到提高整个社会经济系统效益和资源利用率的目的（Simchi-Levi et al. 2002）。在宏观的社会物流系统中，通过控制网络结构优化，能够支持服务对象在更大的范围内获取资源、协同运营、降低成本，从而构建更具竞争力的社会物流系统网络。

1）社会物流系统控制网络结构优化的必要性

社会物流系统是由各成员构成的供应网络、服务网络和需求网络组成的一个集合，各成员之间并不是孤立的，而是相互联系的。而且各网络之间也是相互连接的（图 5-12）。一方面，各网络之间存在大量的功能相似的成员；另一方面，相关成员之间虽有联系，但资源整合度不高，由此造成了社会物流系统中资源配置不合理、利用率不高、物流总成本居高不下等问题。对这些问题难以有效地加以控制，因此迫切需要对社会物流系统控制网络结构进行优化。

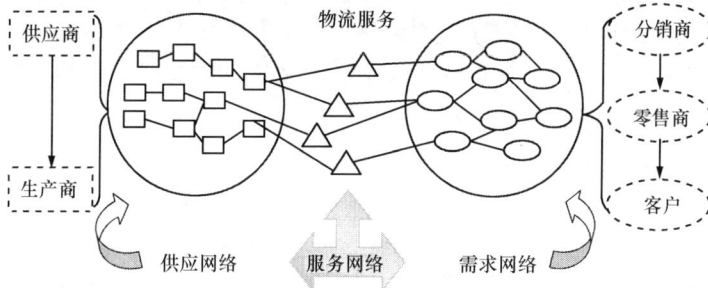

图 5-12　社会物流系统网络

资料来源：赵林度. 2012. 物流系统分析［M］. 北京：科学出版社.

2）社会物流系统控制网络结构优化的原则

社会物流系统由多个具有不同功能的物流系统成员组成，具有相同功能的成员构成具有特定功能的网络，社会物流系统便是由若干具有不同功能、处于不同层次的网络所构成的集合，通常包含供应网络、服务网络和需求网络。面对复杂的社会物流系统网络，如何才能实现预期的控制目标备受关注。社会物流系统控制网络结构优化，应遵循以下原则：

（1）供应网络控制可靠性原则。在社会物流系统网络中，对供应网络的控制主要针对其构成的供应商、生产商等环节，每一个环节、活动的控制都期望获得可靠的系统输入，以保障社会物流系统网络能够稳定运营。不仅如此，供应网络是否稳定可靠也会直接影响产品输入的稳定性。因此，社会物流系统控制网络结构优化应保证供应网络的可靠性。

（2）服务网络控制可达性原则。在社会物流系统网络中，服务网络承担着衔接供应网络和需求网络的重要使命，因此对服务网络的控制主要针对其作为关键枢纽的可达性，可以连接整个社会物流网络中的任何一个环节、任何一个活动。物流服务是社会物流系统正常运营的载体，只有保证物流服务的可达性，才能构成一个完整的社会物流系统。

（3）需求网络控制稳定性原则。在社会物流系统网络中，对需求网络的控制主要针对其构成的分销商、零售商及客户等环节，即需求网络如何借助物流系统稳定地获取客户需求，并实现产品价值转移、满足客户需求。需求网络控制以稳定获取客户需求、稳定满足客户需求为原则，从而提高客户满意度。

（4）网络之间控制协调性原则。在社会物流系统网络中，供应网络、服务网络和需求网络之间能否协调运营非常重要，网络之间协调运营可以有效提高物流系统时空转换的效率。网络之间控制遵循协调性原则，以服务网络为关键控制点，有效衔接供应网络和需求网络，从而快速有效地提供物流服务。

3）社会物流系统控制网络结构优化的方法

企业物流系统控制网络结构优化以环节或活动为对象，实现以企业为单位的局部最优，但是由于企业的有限理性和不完全信息，每个企业的局部最优决策未必是社会物流系统控制的全局最优决策；社会物流系统控制网络结构优化，以企业系统为对象，力求实现以社会经济系统为单位的全局最优，社会物流系统控制的最优决策，虽然无法保证每一个成员物流系统运营的最优，但是可以实现整体的全局最优。

参照单丽辉等（2011）的研究成果，社会物流系统控制网络结构优化可以采取三个具有递进关系的方法，即网络要素优化、横向网络资源优化和纵向网络资源优化（单丽辉等 2011），如图 5-13 所示。通过社会物流系统控制网络结构优化，实现社会物流系统整体的价值增值最大化。

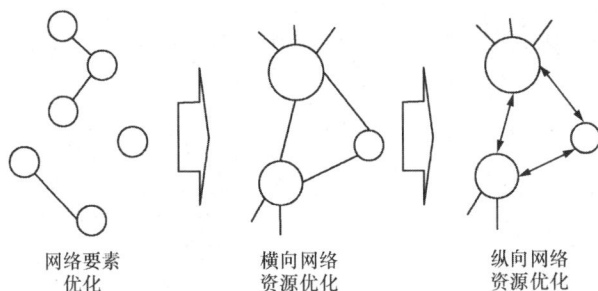

网络要素
优化　　　横向网络
资源优化　　　纵向网络
资源优化

图 5-13　社会物流系统控制网络结构优化的三个阶段

资料来源：单丽辉，张仲义，王喜富，等. 2011. 基于系统理论的物流网络分析与资源整合 [J].
北京交通大学学报（社会科学版），10（2）：47-53.

第一，网络要素优化。

网络要素优化将社会物流系统控制网络结构优化关注的焦点集中于网络要素，即从社会物流系统控制网络每一个环节自身功能的优化开始，如供应商的生产成本、生产商的储存能力、分销商的配送能力、零售商的营销能力等要素的优化。网络要素优化是社会物流系统控制网络结构优化的基础，只有每一个环节自身的功能优化了，社会物流系统网络控制的整体优化才能在适当的修正和整合过程中真正实现，最终实现社会物流系统控制网络结构的全局优化。

从某种意义上讲，社会物流系统控制网络结构要素优化就是企业物流系统控制网络结构优化，只不过它更强调对企业物流系统核心功能要素的优化，以加强对每一个环节创造价值增值能力的控制，从微观环境的局部优化实现宏观环境的全局优化。网络要素优化常用线性规划、非线性规划、动态规划等方法，例如，可应用线性规划方法求解库存优化问题、动态规划方法求解最短路径问题、人工智能方法求解车辆路径问题（vehicle routing problem，VRP）等。可见，网络要素优化就是从具体问题的分析、控制和解决的过程中进行优化。

第二，横向网络资源优化。

横向网络资源优化，主要是借助一定的标准、制度和机制，对具有相同功能的同一层次网络要素进行统一管理和统一协调，以扩展社会物流系统网络连通性的优化方法。例如，在供应链系统中处于同级中的零售商（或批发商）相互共享库存的横向转载（lateral transshipment）策略，增强了库存资源的连通性。尽管横向网络资源优化不能保证每一个环节都是最优的，但是能够保证形成的整体效果是全局最优的。根据赵林度（2012）对社会物流系统网络结构的分析，社会物流系统控制网络结构横向网络资源优化主要从供应网络优化、服务网络优化和需求网络优化三方面展开，图 5-14 描述了横向网络资源优化后的社会物流系统各子网络。

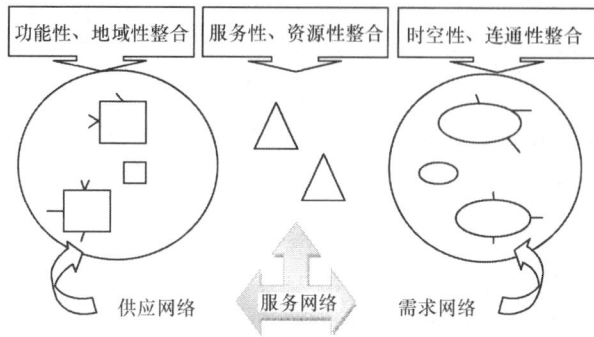

图 5-14　横向网络资源优化后的社会物流系统结构

　　在社会物流系统控制网络结构中，以功能性、地域性整合控制为基础的供应网络优化，能够形成一个区域性的采购功能集成网络，有效提高资源的可得性、物流设施利用率和运输效率。可见，供应网络优化将与采购功能相关的设施设备、组织人员、环节流程等进行有机集成，从而更加强有力地保障供应。

　　在社会物流系统控制网络结构中，服务网络优化以服务性、资源性整合控制为焦点，重在实施以提高物流服务网络服务能力和水平为目标的时间、成本和绩效（质量）控制。社会物流服务功能优化，如物流服务网络环节流程优化、衔接方式优化等，都会直接影响整个社会物流系统网络结构的优化。

　　在社会物流系统控制网络结构中，需求网络直接联系着最终客户，所以需求网络优化应以能够满足随时、随地的客户需求的时空性和连通性整合控制为主，通过物流需求以及满足物流需求资源的集成，形成一个优化的需求网络。一方面，通过需求集聚抵消不确定性，探索长期、稳定的需求规模；另一方面，统一配置用以满足需求的资源，避免资源配置过程中的重复与浪费（董军 2011）。

　　第三，纵向网络资源优化。

　　纵向网络资源优化，主要通过供应网络、服务网络和需求网络的协作、协调和协同控制，保持网络之间的连通性，提高整个物流资源的优化配置能力。

　　纵向网络资源优化是以横向网络资源优化为基础的，只有供应网络、服务网络和需求网络资源获得优化后，才能通过网络之间的相互联系、相互支撑的关联关系，采集、处理信息资源，充分整合每一个环节的资源进行纵向网络资源优化，以提高物流网络整体的运营效率和效益。

　　实行纵向网络资源优化后，不仅使供应网络、服务网络与需求网络集聚了不同的资源、承载了不同的功能，而且网络之间的资源实现了相互融合、协同运营。物流系统成员以动态联盟的形式协调运营，社会物流控制网络结构呈现自组织特性，网络各个环节之间相互分工协作，有秩序、有效率地运营（曹丽莉 2008）。可以认为，纵向网络资源优化就是整体上的优化，即社会物流系统控制网络结构优化，优化后的社会物流系统如图 5-15 所示。

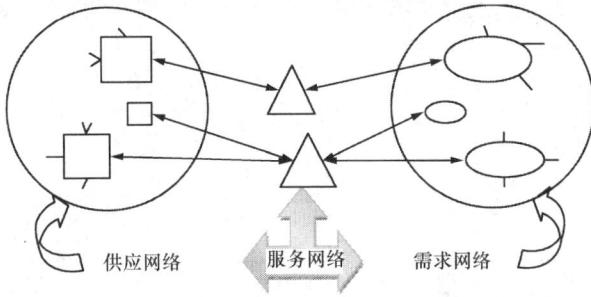

图 5-15　纵向网络资源优化后的社会物流系统

5.3.2　物流系统控制过程结构优化

物流系统控制网络结构优化关注的是静态结构优化问题，而过程结构优化则更加关注动态结构优化问题。物流系统控制过程结构优化，包含微观的企业物流系统和宏观的社会物流系统控制过程结构优化。企业物流系统控制过程结构优化主要涉及企业物流系统业务流程优化，通过优化控制消除无效流程和环节，提高网络环节、活动的衔接能力和衔接效率，最大化企业价值链增值能力；社会物流系统控制过程结构优化主要以社会物流系统为对象，通过合作伙伴间协作关系的优化控制，建立社会物流系统控制过程结构持续优化机制，以实现整个社会经济系统价值最大化。

1. 企业物流系统控制过程结构优化

企业物流系统控制过程结构优化，就是通过应用业务流程优化方法进行物流业务流程的时空控制，使企业物流业务流程结构更加合理、运营更为高效。由物流系统的运输、储存、包装、装卸搬运、配送、流通加工、信息处理等基本功能活动组成的一系列业务流程，受物流系统时空特性限制，如果企业物流系统的业务流程在时间和空间上的跨度很大，不仅会导致物流成本过高，而且会使物流系统的服务水平下降。

1）企业物流系统业务流程控制概述

在企业物流系统控制过程结构优化过程中，常用的方法是业务流程优化。业务流程优化（business process improvement，BPI）是对企业业务的流程、结构、方法等管理要素进行优化，使企业物流系统在运营成本、运输能力、储存能力、服务等方面获得改善，以提升企业物流系统的组织性能，提高企业物流系统的运营效率（高婷 2010）。

业务流程优化集成了业务流程重组、全面质量管理、安全追溯等基本功能，不仅以流程重组的系统性和整体性为原则，而且采取流程变动最小的方式降低变革风险。企业物流系统业务流程的展开以一系列基本功能活动为基础（图 5-16）。

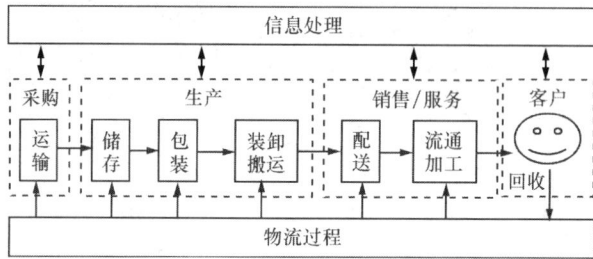

图 5-16　企业物流系统业务流程

在如图 5-16 所示的企业物流系统业务流程中，除了基本功能活动之外，还包含了回收活动，以构建一个闭环的绿色物流系统，降低系统的能耗、损耗和污染，从而实现企业运营效率最大化，服务增值效益最大化，生态效益最大化。

2）企业物流系统业务流程控制方法

看板管理已经成为企业物流业务流程控制的有效工具。在微观的企业物流系统中，可以引入看板管理思想进行业务流程实时监控。

（1）看板管理的内涵。看板，意译为"信号或指示器"，原意指可视化记录、卡片或标签等（Naylor et al. 1999）。在物流系统中集成应用看板管理思想，以看板为工具，通过对各业务流程运营过程的实时控制管理，最终实现对物流时间、物流成本与物流质量的控制。在看板管理方式下，一方面，对产品的各项操作进行灵活性控制，例如，在生产阶段，车间工作人员并不是机械执行原先制定的计划，而是根据看板中显示的真实需求决定生产的数量、时间与种类，从而最大限度地避免了生产过程中的短缺与浪费；另一方面，当某一环节或操作出现问题时，车间工作人员可以通过看板上显示的数据及时采取补救措施。

（2）看板管理的运行规则。看板主要分为生产看板与传送看板，其中生产看板主要用于内部加工的工序及批量生产的工序，传送看板主要用于传送工序间的需求信息。在看板管理中，需要遵守一定的规则，如看板需安附在有零部件的容器上，没有看板不能生产也不能搬运，看板的使用应该适应小幅度需求变动，要使用标准容器，前工序只能生产取走的部分，不良品不送往后工序。

（3）企业物流系统业务流程看板管理。看板管理由日本丰田汽车公司创建并运用于生产系统中，是准时制生产的有效保障。在企业系统中，与企业物流系统业务流程结合最为紧密的就是生产管理流程。生产管理流程看板管理以流水线为基础，将生产过程中传统的送货制改为取货制，从生产过程中的最后一道工序按反工序流程向前追溯直到原材料准备工作，严格按期量标准控制整个生产过程的计划和调度，控制在制品合理流动，从而使整个生产活动以市场为目标，有组织地协调进行。

企业物流系统业务流程看板管理与生产管理流程看板管理不同，它的核心思想则是根据战略层面的年运营计划逐步制订操作层面的日运营计划，并以此为依据对当前流程中产品的最后一道工序下达生产命令。以看板为载体，最后一道工序通过信息流向上一道工序传递信息，车间操作人员便根据看板中实时显示的信息，根据产品操作工序对产品进行相关的处理，最大限度地接近准时制生产，消除无效劳动和浪费（图 5-17）。

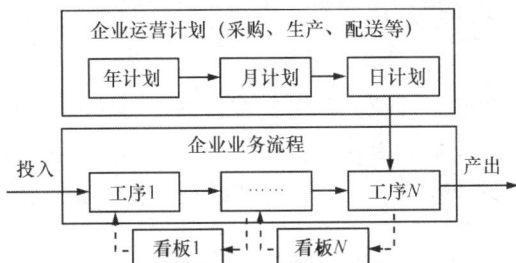

图 5-17　企业物流系统业务流程看板管理

资料来源：赵林度. 2012. 物流系统分析 [M]. 北京：科学出版社.

3）企业物流系统业务流程优化方法

企业物流系统业务流程优化建立在原有流程控制的基础上，对核心流程予以强调，而将效率低下的流程进行合并或删除。企业物流系统业务流程优化具有多种基本方法，如 PDCA 法、ESIA 法、头脑风暴法、鱼骨图分析法等，其中 PDCA 法和 ESIA 法比较常用。

（1）PDCA 法。PDCA 循环又叫质量环，是管理学中的一个通用模型，最早由沃特·阿曼德·休哈特（Walter A. Shewhart）于 1930 年提出构想，后来被美国质量管理专家威廉·爱德华·戴明（William Edwards Deming）博士在 1950 年再度挖掘出来，加以广泛宣传并运用于持续改进产品质量过程中。企业物流系统业务流程优化中的 PDCA 法包括四个步骤：P（plan，计划），主要包括企业物流业务流程优化目标的确定，针对业务流程优化目标制定优化策略；D（do，执行），指通过业务流程重组或修正来优化流程；C（check，检查），指对执行后的优化流程进行检查，并相应地调整不足的地方；A（action，处理），指对检查结果进行认可或否定处理，以此完成一次循环。

每个 PDCA 循环，都不是在原地周而复始运转，而是一个螺旋式的上升过程，每一循环都有新的目标和内容。这意味着流程优化管理每经过一次循环，就应该解决了一批问题，优化的水平也就有了新的提高（赵志芳 2011）。

（2）ESIA 法。ESIA 法是企业业务流程优化的方法之一，是一种以新的结构方式在设计流程中减少效率低下的流程、强调核心流程的方法。企业物流系统业务流程优化中的 ESIA 法包括四个步骤：E（eliminate，清除），指清除企业物流系统现有流程中效率低下的活动，如运输车辆空驶、储存过量、重复搬运等；S（simply，简化），指在尽可能清除了效率低下的活动之后，仍需进一步简化剩余的活动；I（integrate，整合），指整合分解的流程，以使流程更加同步、流畅，在对流程的整合中，所涉及的团队、服务对象也随之进行整合；A（automate，自动化），指在对流程清除、简化和整合的基础上应用自动化手段提高运营效率，例如，应用自动化手段实现数据采集、传递、分析的自动化。

4）企业物流系统业务流程优化步骤

企业物流系统业务流程优化是以最终客户需求为导向，以企业物流系统业务流程为对象，通过对企业物流系统业务流程各环节的持续优化，创造出更大的价值。以业务流程优化的方法为支撑，企业物流系统业务流程优化步骤如图 5-18 所示。

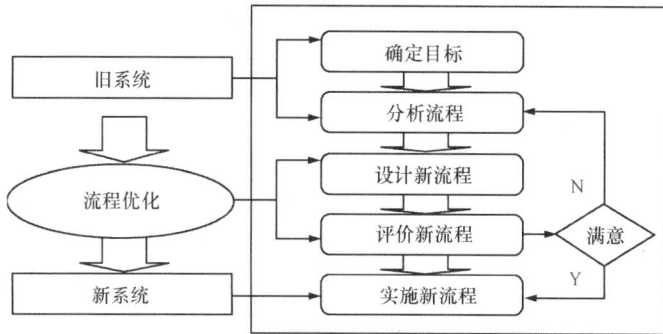

图 5-18　企业物流系统业务流程优化步骤

（1）确定目标。目标是解决问题的导向，只有确定了目标，才能在繁冗复杂的信息中收集到正确的信息、正确地进行整理分析，才能最终实现企业物流系统业务流程优化的目标。

（2）分析流程。以当前的企业物流系统业务流程为优化对象，通过业务流程分析，清晰明确地区分核心流程、重要流程和效率低下的流程，找出现有流程存在的不足和缺陷，同时对各环节涉及的部门作初步的影响分析。

（3）设计新流程。通过流程分析，就可以以目标为导向，以现有流程的不足和缺陷为出发点，对流程进行优化或重组，强调核心流程、优化重要流程、删除效率低下的流程，进而设计新的企业物流系统业务流程。

（4）评价新流程。新流程建立后，以企业物流系统所处环境及现有资源为约束条件，根据优化目标评价新流程的可行性、预期效益与可能结果，对新流程进行全面的综合性评价。评价后的结果若满足要求，则实施新流程；否则，则返回第 2 步，再次进行流程优化。

（5）实施新流程。实施新流程是企业物流系统业务流程优化的最终步骤，也是检验新流程最直接的方式。在新流程实施过程中，需要调动企业管理层、操作层全体人员的积极性，增加各流程、各部门、各员工间的交流与协作，对新流程的运行效果进行全面的综合性评价，并根据新流程的运行效果与期望值之间的偏差对新流程进行局部调整和修正。

5）企业物流系统业务流程优化分析

从图 5-16 中可见，企业物流系统业务流程贯穿于企业的采购管理、生产管理、销售/服务管理和回收管理等功能环节。根据企业物流系统业务流程优化步骤，可以分别优化这五个流程，并获得初步的优化结果。

第一，采购管理环节。

在企业物流系统中，采购管理环节业务流程优化，就是面向采购管理功能的运输业务流程优化。在采购管理环节中，企业接受需求订单后，通过核实订单数量、库存数量、在途数量等信息进行需求计划平衡，制订采购计划并实施采购。以此为基础，在运输业务流程中将采购的原材料等按时装载、送达仓库或直接送达现场（图 5-19）。

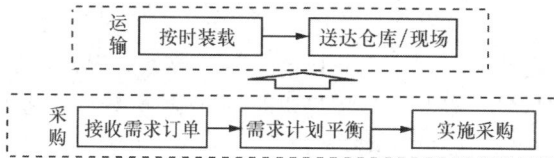

图 5-19　企业采购管理环节运输业务流程优化

在企业采购管理环节，在保证生产需求、满足客户需求的前提下，以最小化库存成本为目标制定科学的储备定额，通过 ERP、MRP 等信息系统获取最优的采购批量，通过供应商的综合评价选择最优秀的供应商进行集中采购。

在具体的采购操作优化基础上，为进一步提高采购效率需优化运输业务流程。根据采购物品的特性选择适合的运输方式、运输技术和运输结构，一方面，使各种运输方式扬长避短，多种技术综合集成；另一方面，扩大运输能力，同时提高经济效益。

第二，生产管理环节。

在企业物流系统中，生产管理环节业务流程优化，主要面向生产管理功能的储存、包装和装卸搬运业务流程优化，就是通过优化企业物流系统保障生产所需要的原材料供应，保障产成品能够及时进入销售环节（图 5-20）。

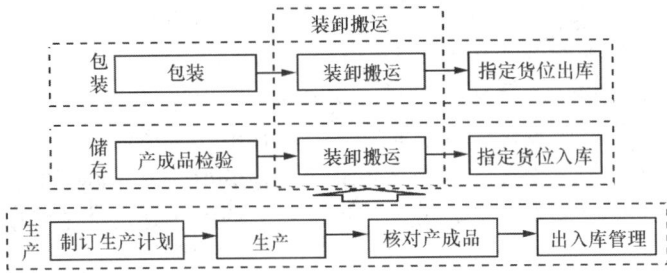

图 5-20　企业生产管理环节业务流程优化

　　企业生产管理环节的储存业务流程，主要涉及在生产环节生产的产成品进入储存阶段，即产成品检验、产成品放入指定货位入库。通过对储存物品进行 ABC 分类，集中库存，提高单位产出；采用"先进先出"的管理方式，提高储存密度；采用有效的储存定位系统，以及 AGV、集装箱、集装袋、托盘等储运一体化方式实行智能管理，精简多余的出入库等储存作业。

　　企业生产管理环节的包装业务流程，通过分析运输及销售过程中对产品包装的要求，对最终产品进行个性化包装，以便于运输及销售，包装后的产成品进入指定货位等待出库配送至最终客户。以适应多样化需求、方便消费、保护产品、促进销售、提高加工效率等为目标进行产品包装，提高产品的利用率，减少产品损耗，并提高客户满意度（董军 2011）。

　　在企业生产管理环节，无论是储存还是包装业务流程都包含装卸搬运，可以利用仓库的 AGV 或人力叉车等装卸搬运工具提高效率，提高出入库的吞吐量，以及整个企业物流系统的运营效率。

　　第三，销售/服务管理环节。

　　在企业物流系统中，销售/服务管理环节业务流程优化，主要面向销售/服务管理功能的配送和流通加工业务流程优化（图 5-21）。

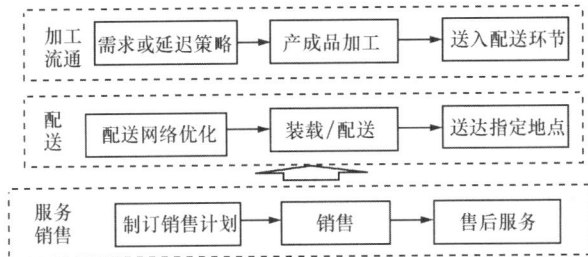

图 5-21　企业销售/服务管理环节业务流程优化

　　为了实现销售/服务管理环节配送业务流程的优化，一方面需要完善配送功能，提供外延拓展、内涵深化的增值服务功能，如市场调查与预测、信息咨询服务；另一方面完善物流配送网络、优化配送路线、优化车辆调度等，如完善配送中心功能。在配送业务流程优化过程中，需要在配送网络优化的基础上，将产品按时装载配送，送达客户指定的地点。

在企业物流系统中，蕴含在销售/服务管理环节的流通加工业务流程，一方面以个性化客户需求为目标，受客户需求驱动，根据客户需求在流通阶段进行加工，以提高产成品价值；另一方面体现了生产延迟策略，将生产管理环节的一个用于区分客户个性化需求的流程延迟到流通阶段。流通加工主要对产成品进行颜色、形状等方面的加工，产品被加工成符合客户要求的产成品后，送入配送环节。

第四，回收管理环节。

在企业物流系统中，回收管理环节业务流程优化就是企业根据产品性质、市场需求、环境要求及政策规定等因素制订回收计划后，对失效的或尽管仍在有效期内但客户不需要的、有回收价值的，以及政策规定必须回收的废弃物、必须召回的存在质量缺陷的产品进行回收。例如，电子垃圾的回收、汽车召回等。回收中心依照回收物品的不同性质进行分类，并制订相应的再处理计划，对回收物品进行处理，从而完成产品循环。通过建立正确的回收机制，按照回收管理思想、方法和流程对废弃物进行规模性回收和再处理，可以减少废弃物对环境的污染和对社会的危害，最大限度地挖掘产品的残余价值。

企业回收环节的运输业务流程不同于采购、生产和销售环节，对不同的回收物品有不同的要求，如电子垃圾的环保要求、缺陷汽车的时效性要求等。因此，需要根据回收计划制订详细的运输计划，充分利用社会化物流资源，在满足回收物品基本要求的情况下，优化运输路线、运输方式等运输流程，分类装载、送达指定地点（图 5-22）。

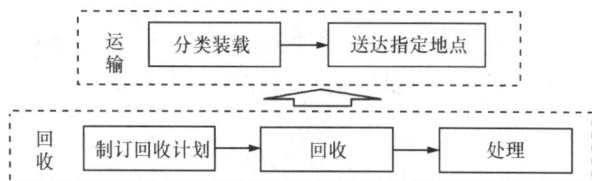

图 5-22　企业回收管理环节运输业务流程优化

在企业物流系统中，贯穿于企业采购管理、生产管理、销售/服务管理和回收管理等功能环节的业务流程优化，只有建立在一个完善的物流信息系统基础上才能实现。条形码、电子数据交换、地理信息系统、全球卫星定位系统、物联网等信息技术在物流系统中的应用，不仅提高了物流信息采集、储存、处理和交换的效率，而且在很大程度上提高了企业整体的运营效率。物流信息系统支撑着企业物流系统业务流程优化，使企业物流系统业务流程管理和控制更加便利，使物流系统决策更加科学、高效和准确。以物流费用管理为例，借助物流信息系统可以实时核算物流系统运营过程中的费用，更加方便企业进行成本管理和控制（图5-23）。

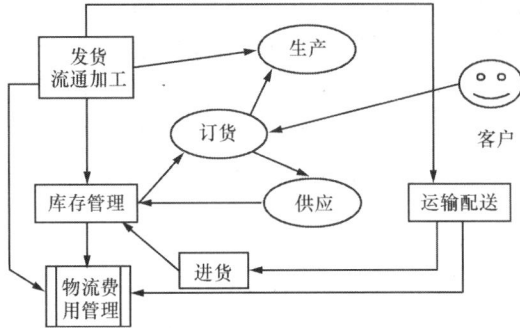

图 5-23　物流信息系统中的物流费用管理

资料来源：赵林度. 2012. 物流系统分析［M］. 北京：科学出版社.

2. 社会物流系统控制过程结构优化

微观的企业物流系统控制过程结构优化，关注的是单个企业系统内部物流系统业务流程优化问题，而宏观的社会物流系统控制过程结构优化，则以由多个物流系统成员组成的网络为对象，在社会物流系统控制网络之间及网络成员之间，通过优化控制建立过程结构持续优化机制，提高业务流程之间衔接的效率，在更大范围内、更高层次上实现整个社会经济系统价值链增值能力最大化。

1）社会物流系统控制过程结构概述

社会物流系统涵盖了产品从供给者（生产地）到需求者（消费地）转移的过程，是一个包括供应商、生产商、分销商、零售商与客户在内的社会经济系统，在运输、储存、包装、装卸搬运、配送、流通加工、信息处理等基本功能活动的基础上，将物流、信息流和资金流进行有效集成（图5-24）。

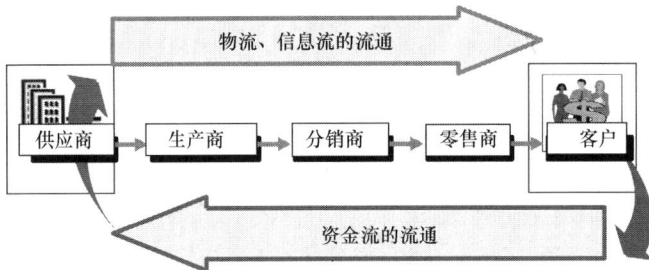

图 5-24　社会物流系统控制过程结构

在现有的社会物流系统控制过程结构中，由于缺乏应有的、有效的控制，社会物流系统成员往往仅立足于各自立场追求自身利益最大化，使社会物流系统运营过程中的物流、信息流和资金流出现不合理现象。在物流流动过程中，经常出现资源浪费、物流不畅等现象，如运输频繁但空驶率高、货物延时滞留等；在信息流流动过程中，经常出现信息重复输入、失真或信息传达错误等情况；在资金流流动过程中，经常出现资金分散、周转率低、资金监控不力、资产流失等情况。社会物流系统业务流程之间的不同步、不平衡造成了成员间协作效率低下，进而影响整个物流系统的运营效率及价值链增值能力（图 5-25）。

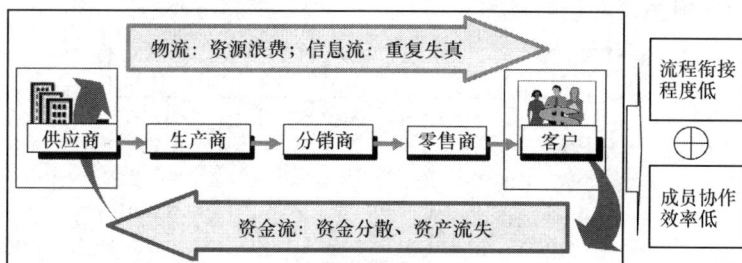

图 5-25　社会物流系统控制过程结构现状

2）社会物流系统控制过程结构控制方法

社会物流系统主要以物流系统成员或网络的形式运营，供应链面板是社会物流系统过程控制的一个有效的可视化工具。供应链面板支持社会物流系统绩效的监测、分析和管理（赵林度 2012），将社会物流系统运营过程中的运营状态以清晰直观的仿真方式进行可视化展现，以此支持社会物流系统过程控制决策的制定。

供应链面板以可视化方式支持社会物流系统控制过程结构控制，支持产品追溯功能和信息聚集功能，能够揭示宏观的社会物流系统成员之间一对多和多对多的复杂关系，有助于全面改善社会物流系统之间的协作效果，增强社会物流系统整体的响应能力和运营效率（赵林度 2012）。

3）社会物流系统控制过程结构优化机制

宏观的社会物流系统控制过程结构优化，以物流系统业务流程结构为对象，旨在通过有效的过程结构优化控制提高社会物流系统成员之间的协同性，从而实现社会物流系统整体运营效率最大化。社会物流系统成员之间缺乏有效协同的主要原因，在于缺乏一个完善的控制过程结构优化机制，集中表现在缺乏信息共享与交流机制、缺乏切实可行的契约机制。

（1）基于信息共享与交流的优化机制。以信息共享与交流为基础的社会物流系统控制过程结构优化机制是动态的，环境时刻变化、信息时刻变化、过程结构时刻变化，信息流通不畅、共享程度不高常导致过程结构失衡。因此，设计必要的基于信息共享与交流的优化机制是解决社会物流系统控制过程结构缺乏协同性的关键。

通过物流信息系统，可以全面采集真实准确的动态信息，包括社会物流系统成员在运输、储存、包装、装卸搬运、配送、流通加工、信息处理等基本功能活动间传递的信息，如技术信息、需求信息、组织结构信息、供应信息、环境信息、成本信息等，应用数据挖掘技术对采集信息进行筛选、分类、分析，并整理成物流系统成员之间共享与交流的信息，能够消除社会物流系统业务流程衔接不畅的障碍，提高整个社会物流系统成员之间的协同性，以达到最大化整个社会经济系统价值增值能力的目的（图 5-26）。

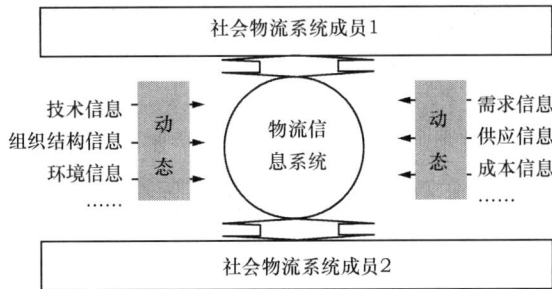

图 5-26　基于信息共享与交流的控制过程结构优化机制

（2）基于契约的优化机制。社会物流系统成员之间具有竞争与合作关系，既存在追求共同利益最大化的合作关系，又存在追求各自利益最大化的竞争关系。正是由于社会物流系统成员之间存在的复杂的竞争与合作关系，如面向一项大的物流任务可以分工合作的成员在竞争激烈的市场环境中就会竞争，因此，物流系统成员之间的利益冲突现象时有发生。

契约是协调社会物流系统成员之间利益冲突的主要工具之一，成员间的相互合作、流程间的同步运营都可用契约来协调，常见的契约有收入共享契约、回购契约、批发价格契约、数量折扣契约、弹性数量契约等（公甜甜和王喜成2011）。基于契约的优化机制与基于信息共享与交流的优化机制一样都是动态的。一方面由于社会物流系统契约所涉及的因素是动态多变的，例如不断变化的社会经济环境、市场供求关系、物流系统运营状况等；另一方面，契约也不是一成不变的，在适应动态的外部环境过程中需要不断调整契约内容。基于契约的控制过程结构优化机制如图 5-27 所示。

社会物流系统控制过程结构优化，更加关注社会物流系统成员之间的协作优化，应通过建立和完善一个控制过程结构持续优化的机制，将成员之间的物流、信息流和资金流有机集成，提高衔接效率，从而在更大范围内实现价值链增值最大化（图 5-28）。

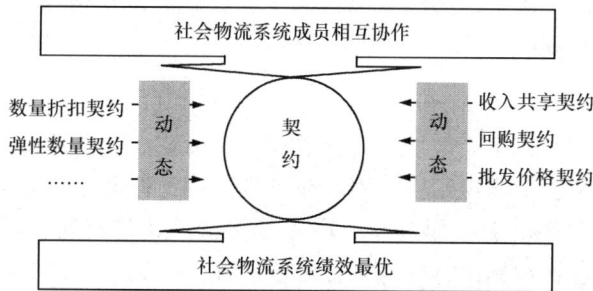

图 5-27　基于契约的控制过程结构优化机制

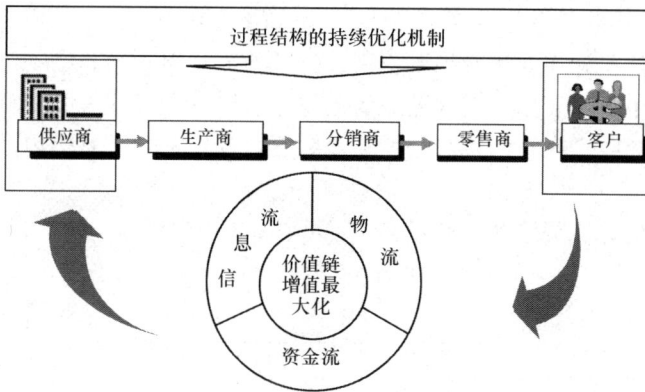

图 5-28　社会物流系统控制过程结构优化机制

5.4　物流系统控制决策自动调节过程

物流系统控制决策自动调节是指通过系统偏差和干扰因素分析，制定调整决策、采取调节措施，使物流系统由不稳定状态回到稳定状态的动态调节控制过程。物流系统干扰因素是指引起物流系统不正常扰动、造成运营异常，并使系统输出超出正常波动范围的内外部影响因素，如运输车辆故障、突发事件引起缺货等。物流系统控制决策过程是一个多主体、多目标的动态规划过程，这种动态控制要求物流系统具有持续的自动调节能力，能够根据系统结构、系统输出、干扰因素等信息不断调整系统运营状态，保持物流系统稳定，使其始终以目标状态为导向正常运营。

5.4.1　物流系统控制决策自动调节反馈机制

物流系统控制决策自动调节反馈机制，以物流系统偏差和运营状态分析为基础，将分析结果反馈到控制决策中心，并以此为依据制定调整策略，调节输出结果以接近预期目标。通常，物流系统控制决策自动调节反馈机制包含偏差分析、问题分析（关键点分析）、信息反馈三个环节。

1. 偏差分析

在物流系统按照控制决策正常运营过程中，由于干扰因素的影响，物流系统依托实际输入，如当前物流系统可用运输工具数量、资金流状况等，产生的实际输出，如车辆空驶率、库存周转率、库存持有量等，与预期目标之间产生了差距，偏差常用于衡量控制决策的科学性和准确性。物流系统控制决策偏差可以分为定量化和非定量化两类，对两类不同性质的偏差进行分析需要采用不同的评估与测量方法。

1）定量化偏差评估与测量

偏差的定量化评估与测量主要应用统计学的工具和方法。在物流系统偏差评估与测量过程中，主要用标准偏差作为测量分析工具。标准偏差也称标准离差或均方根差，它反映了一组测量数据的离散程度，即在某一个时段内误差上下波动的幅度。

标准偏差的计算公式如下所示：

$$S = \sqrt{\frac{\sum_{i=1}^{n}(x_i - \overline{x})^2}{n-1}} \tag{5.1}$$

其中，n 为物流系统某项指标下的样本数目；x_i 为物流系统某项指标下的样本数据；$\overline{x}$ 为物流系统某项指标的期望值。

以物流系统库存控制为例，为了满足一定的服务水平，管理决策者根据输入信息设定库存持有量为 $\overline{S}$，相关环节执行决策，由于物流系统复杂性和外部环境不确定因素的影响，经过一年的运行，实际的库存持有量高于期望库存持有量，实际库存持有量与期望库存持有量之间的差距就称为库存控制决策偏差。根据采集的日库存持有量数据 x_i（$i=1, 2, \cdots, 365$），可以计算库存控制决策偏差 S_S：

$$S_S = \sqrt{\frac{\sum_{i=1}^{365}(x_i - \overline{S})^2}{364}} \tag{5.2}$$

2）偏差模糊评估与测量

在现实的物流系统控制决策中，并不是所有的输出都是可以定量化测量的，而且这些非定量化输出所对应的期望也是模糊的，例如，物流系统的稳定性是否达到预期、服务质量是否好、物流设施设备的可靠性是否高等。针对这些具有模糊边界的非定量化因素，可以应用模糊综合评价法进行物流系统控制决策偏差的模糊评估与测量。

模糊综合评价法是一种基于模糊数学的综合评价方法，该方法根据模糊数学的隶属度理论将定性评价转化为定量评价，即用模糊数学对受到多种因素制约的事物或对象作出一个总体的评价（谢季坚和刘承平 2005；朱林等 2012）。以物流系统稳定性评价为例，模糊综合评价的数学模型描述如下：

若待评价的物流系统稳定性影响因素有 n 个，分别记为 u_1，u_2，$\cdots$，u_n，则构成一个具有 n 个评价因素的有限集合 $U=\{u_1$，u_2，$\cdots$，$u_n\}$。根据物流系统稳定性评价的实际需要，可以将评语从不稳定到稳定划分为 m 个等级，分别记为 v_1，v_2，$\cdots$，v_m，则构成一个具有 m 个评语的有限集合 $V=\{v_1$，v_2，$\cdots$，$v_m\}$。那么，物流系统稳定性模糊综合评价，就是将评价因素集合 U 这一论域上的一个模糊集合 A，经过模糊关系 R 变换为评语集合 V 这一论域上的一个模糊集合 B。因此，物流系统稳定性模糊综合评价的数学模型可以表示为 $B=AR$，其中 AR 为模糊矩阵的乘积，根据不同的规则有不同的乘积算法，且 A 中各元素满足 $\sum_{i=1}^{n}\alpha_i=1$；α_i 为物流系统稳定性评价因素 u_i 的重要程度或权重。

2. 问题分析（关键点分析）

如果物流系统控制决策的输出结果与期望产生偏差，说明物流系统运营存在问题，需要对问题产生的原因和产生问题的环节进行分析，以支持调节策略的制定。问题分析的工具与方法有很多，在问题的深度挖掘方面表现最为突出的是鱼骨图分析法。

1）鱼骨图分析法简介

鱼骨图（fishbone diagram）是日本东京大学石川馨教授设计的一种用于找出问题所有原因的方法，被广泛用于技术、管理领域（郑照宁等 2001），因形状像鱼骨，所以又称鱼骨图，它是一种透过现象看本质的分析方法（余野青 2010；张骏和郭慧 2009）。

在复杂的物流系统中，问题的特性总是受到一些因素的影响，要通过相应的方法，如头脑风暴法等找出这些因素，并将它们与特性值一起按照相互关联性整理成层次分明、条理清楚、重要因素突出的要因图，即鱼骨图。应用鱼骨图分析法能够从深层次上分析物流系统的问题所在。

2）鱼骨图分析法应用

针对我国医院药品库存过高的问题，许多医院采用品质管理圈（quality control circle，QCC）（简称品管圈，又称 QC 小组）形式进行库存控制。品质管理圈来源于 20 世纪 50 年代威廉·爱德华·戴明博士的统计学思想及朱兰

（Juran）教授的质量管理课程，1962 年被日本石川博士创新成 QCC 活动（钱正等 2010；周玲和缪丽燕 2010；席明名等 2012）。

医院药品库存控制常以库存周转天数（days sales of inventory）作为控制指标。库存周转天数是衡量库存控制决策科学性的一项重要指标，在保证临床用药的前提下，库存周转天数越小，表明库存控制决策越科学，库存管理效率越高。这里采用的库存周转天数计算公式如下（钱正等 2010；彭婕等 2013）：

$$库存周转天数＝天数×总库存占用金额/销售金额 \qquad (5.3)$$

或

$$库存周转天数＝药房在库药品零售总金额/药房每日平均零售金额 \qquad (5.4)$$

QCC 活动的开展对提高医院管理质量、降低药品库存量起到了一定的促进作用，例如，一家医院的药品库存周转天数由改善前的 30.6 天降至 13.1 天（钱正等 2010），另一家医院的药品库存周转天数由改善前的 15.1 天降至 12.5 天（周玲和缪丽燕 2010）。尽管如此，我国医院药品库存量仍然偏高，甚至一些医院开展 QCC 活动并未达到药品库存控制决策的预期目标，那么究竟是什么原因使医院药品库存控制决策执行不力呢？参照钱正等（2010）和席明名等（2012）的研究成果，主要从方法、环境、制度、人员和药品五个方面进行分析，并绘制成鱼骨图（图 5-29）。

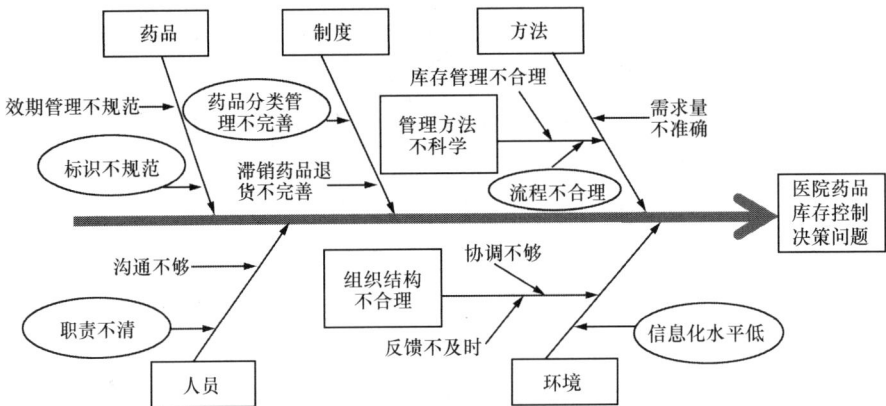

图 5-29　医院药品库存控制决策问题分析鱼骨图

从图 5-29 的鱼骨图分析可知，我国医院药品管理中存在的流程不合理、信息化水平低、药品分类管理制度不完善、人员职责不清和药品标识不规范是医院药品库存控制决策执行不力的要因，即问题的关键点。可见，鱼骨图分析在物流系统控制决策偏差问题分析（关键点分析）中是可行的。

经典的问题分析方法与工具还有检查表、柏拉图、管制图、矩阵资料分析法、过程决策图等。物流系统控制决策问题分析可以根据问题的自身特性选择一个合适的方法或工具，或者将两种或多种方法进行有机结合。例如，在物流系统控制决策问题定性诊断的基础上，应用层次分析法将相关因素或指标转为层次结构模型，构造判断矩阵，计算各个因素或指标相对于总目标的重要程度或权重，然后应用鱼骨图的形式表示（李奎刚等 2007）。层次分析法和鱼骨图分析法的有机结合，有助于更加清晰准确地掌握物流系统控制决策问题的关键因素。

3. 信息反馈

在进行物流系统控制决策偏差分析和问题分析之后，只有将信息有效地反馈给管理决策者才能发挥出分析结果应有的价值，实现控制决策自动调节。因此，在物流系统控制决策偏差分析和问题分析之后需要选择信息反馈途径、采取合适的方法，将分析结果及时准确地反馈给控制决策中心，以便管理决策者制定相应的调节策略，实现物流系统控制决策自动调节。

1）信息反馈方式

随着现代技术的发展，信息反馈方式也发生了很大的变化。最基本的信息反馈方式为会议反馈或报告反馈，这种方式简单而且易于实施，成本相对较低，但是对人的依赖性很大，带有极大的主观性，而且信息反馈的速度相对较慢，具有滞后性。因此，面向微观环境和宏观环境可以分别采用看板和面板进行信息反馈。

（1）基于看板的微观环境的信息反馈。看板管理是信息传递和信息反馈的有效管理工具，已经被广泛应用于精益生产方式中。在一般的生产管理体系中，看板管理方法在同一道工序或者前后工序之间以看板为载体进行物流或信息流的传递。

在微观的企业物流系统控制中，物流系统控制决策是由所有环节共同执行的，基于看板的信息反馈机制能够将偏差分析和问题分析结果逐级向上游传递，每一个环节都能了解出现偏差的问题所在，有助于共同执行控制决策中心的自动调节指令。由于信息反馈属于临时任务，可以应用临时看板完成信息反馈任务。

基于看板的微观环境信息反馈逐级传递的机制，有助于每一个环节都充分了解偏差问题，但是只能在生产或物流运营中传递，不仅会使反馈信息传递到控制决策中心的时效性受到影响，而且反馈信息可达的覆盖范围具有一定的局限性。电子看板管理模式的应用不仅可以很好地解决逐级传递效率低的问题，而且扩展了传统看板应用范围的局限性，甚至可以跨越企业物流系统的界限，面向宏观的社会物流系统进行信息传递和信息反馈。

（2）基于面板的宏观环境的信息反馈。供应链面板具有实时监控、流程分析和决策支持功能，利用它连接物流系统每一个成员、每一个环节、每一个活动的信息网络和能力及时有效地将信息传递给物流系统每一个成员。

在宏观的社会物流系统控制中，物流系统控制决策是由所有成员共同执行的，基于面板的信息反馈机制能够将偏差分析和问题分析结果以可视化的方式传递给每一个成员，使每一个成员都能与控制决策中心实时共享信息，并在控制决策中心的指令下统一行动，共同调节物流系统控制决策偏差。

基于面板的宏观环境信息反馈机制，不仅覆盖了微观环境的每一个环节，而且可以充分利用供应链面板的实时监控、流程分析和决策支持功能，将偏差分析和问题分析结果与流程分析的结果相比较，并且参照决策支持反馈的信息供控制决策中心进行自动调节决策，以获得更加准确的信息，更加科学地进行决策。

2）自动调节反馈机制

基于看板和基于面板的信息反馈机制，都是建立在信息共享与交流基础上的。一个综合的自动调节反馈机制可以用图 5-30 进行描述，它涵盖了微观层面和宏观层面的自动调节反馈机制。

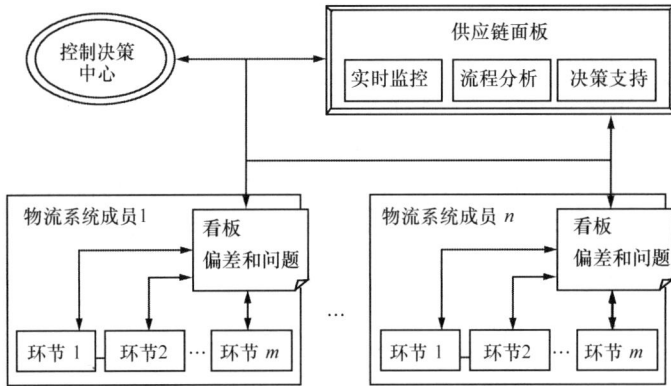

图 5-30　自动调节反馈机制

在微观层面，物流系统控制决策偏差分析和问题分析结果以看板为载体，反馈给每一个环节和控制决策中心，如果是电子看板还可以提供可视化的视图界面，便于调节决策的快速制定；在宏观层面，物流系统控制决策偏差分析和问题分析结果借助供应链面板的功能反馈给每一个物流系统成员和控制决策中心，通过集成供应链面板具有的实时监控、流程分析和决策支持功能，进一步提高控制决策中心的决策能力。

微观的企业物流系统信息反馈的对象相对比较明确，应该是企业的某个部门或企业委托的第三方机构。然而，宏观的社会物流系统信息反馈的对象依据物流组织结构的不同而有所差异，因为物流系统控制决策自动调节执行机构——控制决策中心，可能是主导型成员或某个成员的某个部门，也可能是独立于社会物流系统成员之外的第三方机构，甚至有可能是社会物流系统成员组建的一个组织。

5.4.2　物流系统控制决策自动调节前馈机制

物流系统控制决策自动调节前馈机制，指通过观察分析、信息采集、规律分析、趋势预测，判断物流系统未来不同发展阶段可能面临的内外部潜在干扰因素、可能出现问题的环节，提前采取措施消除可能出现的不正常扰动，将可能发生的偏差消除在萌芽状态。自动调节前馈机制包括扰动分析和扰动补偿两个环节，首先需要对潜在干扰因素可能对物流系统运营引起的扰动进行分析，然后根据分析结果设计补偿机制，使补偿作用正好与干扰因素引起的偏差相互抵消，从而维持物流系统稳定运营。

1. 扰动分析

扰动分析是指通过相应的技术方法对物流系统内外部潜在干扰因素进行分析，分析干扰因素有可能引起的物流系统扰动，以支持补偿机制设计。在机械自动调节系统中，外部干扰信息是由系统内置的感应器捕获的，例如，温度感应器、湿度感应器、压强感应器及光强感应器等。物流系统扰动分析需要建立相应的"感知器"机制感知内外部干扰信息，为扰动分析提供基础数据和信息支持。

1) 物流系统"感知器"机制

物流系统"感知器"不同于机械感应器，它由多渠道、多种感知形式的感知主体有机融合而成，具有多层次性和复杂性，需要面对种类繁杂且变化无常的潜在干扰因素捕获干扰信息。物流系统"感知器"机制如图 5-31 所示，主要由物流系统感知组织机制和物流系统感知技术机制构成。

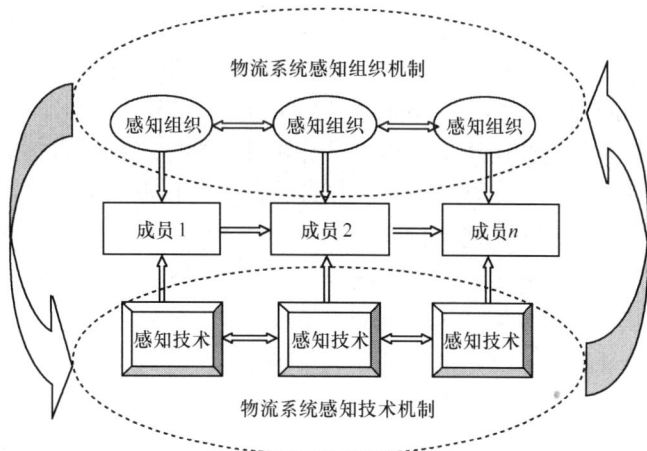

图 5-31　物流系统"感知器"机制

在宏观层面，社会物流系统"感知器"机制由物流系统感知组织机制和物流系统感知技术机制构成。物流系统感知组织机制是由物流系统成员的感知组织通过信息交流方式有机集成而形成的，物流系统感知技术机制是由物流系统成员的感知技术通过信息交流方式有机集成而形成的。物流系统感知组织机制与感知技术机制之间相互补充，两者之间存在使用和被使用的关系。社会物流系统"感知器"机制由物流系统成员的"感知器"机制集成而成，可以认为：社会物流系统"感知器"机制融合了企业物流系统"感知器"机制。

在微观层面，企业物流系统内部同时拥有感知组织和感知技术。感知组织是指由企业物流系统内部相关人员组成的有组织机制或无组织机制的有机组织。有组织机制的感知组织是企业具体存在的组织机构，职责就是对企业物流系统运营状态进行观察分析、信息采集、规律分析、趋势预测，从而判断企业物流系统未来可能出现的问题。无组织机制的感知组织实际上并不存在具体的职能机构，相关人员零散地分布在企业相关部门中，相互之间通过一定的方式进行交流，例如会议等，从而形成一个虚拟的感知组织。感知技术是指企业拥有的可以用来感知物流系统内外部潜在干扰因素的信息技术和管理技术，如供应链面板技术、数据挖掘技术等。

2）基于"感知器"机制的干扰分析

感知组织对物流系统内外部潜在干扰因素的感知是一种定性的感知，通常情况下带有一定的主观性，与感知组织中工作人员的素质和能力有很大关系。例如，感知组织人员通过对竞争对手的分析认为对方要采取某种物流调整策略，并且竞争对手的行动将会影响自身物流系统的竞争力，这是一种定性的分析。

相应地，感知技术对内外部潜在干扰信息的感知一般是定量的，是基于一定的历史数据对未来可能出现的系统扰动状况的相对准确的预测，或者是对当前正在发生的物流系统扰动的准确测量。例如，通过对历史库存持有量的分析，预测下一期库存持有量的增减趋势，从而使库存持有量维持在一个科学合理的水平；通过供应链面板获取物流系统运营信息，分析各种潜在干扰因素可能对物流系统运营造成的扰动程度，以支持补偿机制设计、制定更加准确的补偿策略，减少各种潜在干扰因素对物流系统的影响。

干扰分析主要来自感知组织的定性分析及感知技术的定量分析，通常是两者共同努力、相互补充完成的。干扰分析的结果越科学、越准确，后续的扰动补偿机制设计才能更加科学，制定的扰动补偿策略才能更加准确。

2. 扰动补偿

扰动补偿的原理在于在一个通道由干扰因素造成物流系统扰动的同时，另一个通道由控制决策中心应用补偿策略影响干扰，两个通道的作用是相反的，从而使干扰因素引起的负面扰动被抵消掉。物流系统控制决策自动调节前馈机制能否有效发挥作用，很大程度上依赖于补偿策略的准确性。补偿不足，不能抵消由于内外部干扰产生的系统偏差及其对物流系统稳定性的影响；补偿过度，就会使补偿措施成为导致系统扰动的因素，同样会对物流系统的稳定性产生不利影响，输出结果亦会偏离预期目标。因此，为了避免补偿不足和补偿过度，应设计一个科学有效的扰动补偿机制。通常将扰动补偿机制设计成补偿专家系统，并应用仿真技术验证补偿策略的有效性。

1）物流系统扰动补偿专家系统

传统的补偿策略由管理决策者按照经验制定，往往带有较大的主观性，而且管理决策者不能全面掌握物流系统的整体运营状态和相关信息。因此，在这种背景下产生的补偿策略对扰动的抑制作用甚微。信息技术和管理技术的快速发展，使得全面、实时掌握物流系统整体的运营状态成为可能。专家系统能够充分地利用这些信息，通过独特的推理机制制定扰动补偿策略，实现物流系统控制决策的前馈自动调节。

物流系统扰动补偿专家系统通常由人机界面、补偿知识库、补偿推理机、解释器、综合数据库、知识获取 6 个部分构成（图 5-32），核心部分是补偿知识库和补偿推理机。补偿知识库用来存放相关领域提供的补偿策略和相关知识。实际上，物流系统扰动补偿专家系统寻求补偿策略的过程，就是通过补偿知识库来模拟相关领域专家思维方式的过程。因此，补偿知识库是反映补偿专家系统质量是否优越的关键所在，即补偿知识库中相关领域知识的质量和数量决定着该专家系统的质量水平。一般来说，补偿知识库与补偿推理机是相互独立的，管理决策者可以通过改变、完善补偿知识库中的知识内容来提高专家系统的性能。补偿推理机针对物流系统当前存在的问题和获得的信息，反复匹配补偿知识库中的规则，以获得相应扰动下的补偿策略。

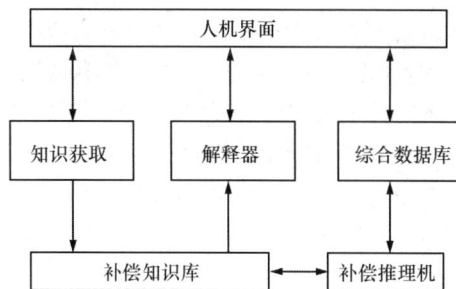

图 5-32　物流系统扰动补偿专家系统结构

2）物流系统扰动补偿策略仿真

虽然根据补偿专家系统可以得出相应的补偿策略，但在执行策略之前无法得知策略执行的效果，给物流系统控制决策带来了新的不确定性。系统仿真技术在物流系统控制决策方面的应用，可以很好地解决这种不确定性带来的决策风险。仿真也称为模拟，就是根据实际情况将需要研究的问题或对象构造成模型，然后对模型进行实验或试验，以在接近于实际的条件下，观察一项设计或计划方案的工作或运营情况是否合乎主观的意图或要求，或者是同时分析比较几个设计或计划方案，以确定其中哪个方案更符合主观的目的或要求，具有更好的技术性能或经济效益，从而确定选择其中一个较好的设计或计划方案（宋伟峰等 2006；李从容 2003）。

　　参照系统仿真方法具有的 3 个基本要素和 3 种基本活动，物流系统扰动补偿策略仿真的对象系统、系统模型、仿真模型（计算机模型）3 个基本要素通过物流系统状态分析、物流系统动态演化描述、物流系统过程仿真 3 种基本活动有机地结合在一起（图 5-33）。

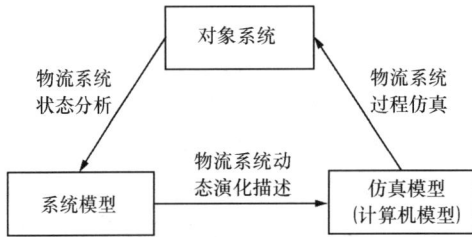

图 5-33　系统仿真方法的要素和相互关系

资料来源：赵林度. 2012. 物流系统分析［M］. 北京：科学出版社.

　　物流系统状态是指物流系统过去、现在和将来的运营状况，是能够完全描述物流系统受干扰因素影响的时域扰动行为的一个最小变量组，重点分析干扰因素影响运营状态的变化、应用扰动补偿策略后的状态变化，以验证补偿策略的有效性。物流系统动态演化描述主要用于揭示物流系统内部在竞争与合作关系相互作用下的演化过程、受干扰因素影响的演化过程、应用扰动补偿策略后的演化过程。只有明确物流系统当前的演化阶段和演化机制，才能正确地建立仿真模型。通过物流系统状态分析和物流系统动态演化描述，建立干扰因素与扰动补偿策略相互关联的仿真模型，用于仿真物流系统扰动补偿策略实施过程，从而直观地观察分析扰动补偿策略的有效性、可靠性，为进一步改进和实施物流系统控制提出可行的建议。

　　如图 5-34 所示，它描述了典型的、完整的物流系统扰动补偿策略仿真步骤及各步骤间的关系，对于一些简单的、特殊的或复杂的物流系统扰动补偿策略仿真，也可以根据具体情况相应简化和增减仿真过程的步骤。

　　首先，要对物流系统当前出现的问题进行明确定义与描述。物流系统扰动补偿策略仿真，面对的是受到干扰因素影响而采取扰动补偿策略后的物流系统。因

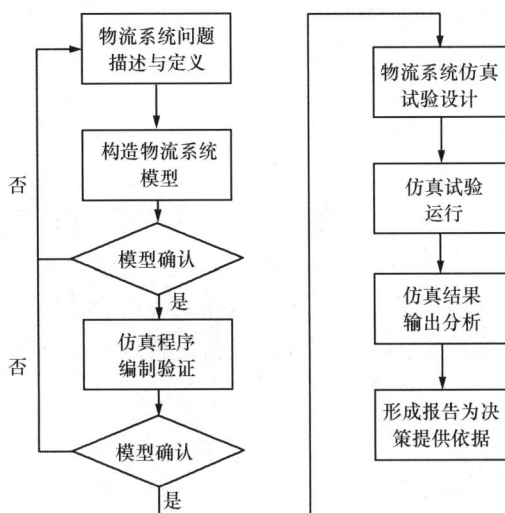

图 5-34 物流系统扰动补偿策略仿真步骤

资料来源：彭扬，伍蓓 . 2007. 物流系统优化与仿真［M］. 北京：中国物资出版社 .

此，应在观察分析、调研的基础上，明确需要解决的具体问题以及期望实现的具体目标，确定描述这些目标的主要参数及评价标准。根据这些目标，要清晰定义物流系统扰动补偿策略的边界，明确主要状态变量和主要影响因素，定义系统环境及控制变量。然后，通过物流系统相关信息采集，初步构建物流系统扰动补偿策略仿真模型。模型建立之后需要编制仿真程序，并依据物流系统当前的特性进行仿真试验设计。当一个扰动补偿策略产生后，可以通过设计仿真试验验证策略的执行效果，若效果不佳可以对扰动补偿策略加以持续改进；或者对比分析多种扰动补偿策略的仿真效果，从中择优。最后形成报告，作为物流系统扰动补偿策略实施的依据。

常用的物流系统仿真软件有 Witness、ProModel、Flexsim、RaLc、AutoMod 等。物流系统扰动补偿专家系统和物流系统扰动补偿策略仿真技术有机结合、相互补充，有助于更加科学合理地制定物流系统控制决策自动调节扰动补偿策略，建立和完善物流系统控制决策自动调节前馈机制，优化物流系统控制决策。

5.5 小结

面对一个动态的、多层次的复杂系统，物流系统控制的最优决策和自动调节过程两者不可分割、相互协同。根据物流系统控制论的基本思想，任何一类系统控制最优决策的实现，都是一个动态的调节过程；任何一类决策的自动调节过程，都是最优决策实施的保障。物流系统控制最优决策与自动调节的协调实施和动态协同，可以同时从宏观层面和微观层面保障社会物流系统和企业物流系统的正常运营。

第6章 物流系统环境控制和过程控制

物流系统的复杂性、动态性和多样性，增添了物流系统运营的复杂性。为了能够维持物流系统的成本优势，持续提高物流服务质量，需要对物流系统进行综合控制。物流系统控制的目的，在于维持物流系统的价值和能力，减少系统运营偏差。因此，需要对物流系统运营环境和运营过程进行控制。

6.1 概述

尽管物流系统控制不同于物流系统优化，但是优化与控制之间存在必然的联系，两者都是以目标为导向的。物流系统优化是依据已经确定的物流系统发展目标，设计达到该目标的策略、行为过程，从而采取相应的策略和行为组合优化相关因素，以更好地实现物流系统发展目标的过程。物流系统控制是以确保物流系统的预期目标实现为目标，将物流系统作为被控对象，应用系统控制理论，通过控制物流系统的输入、输出和运营过程，使物流系统达到预期目标的过程。

6.1.1 物流系统控制的类型

物流系统控制有多种基于不同视角的分类方法，通常可以根据控制时间点的不同，将物流系统控制分为事前控制、事中控制和事后控制三类（丁立言等2000；傅卫平和原大宁 2007），如图 6-1 所示。

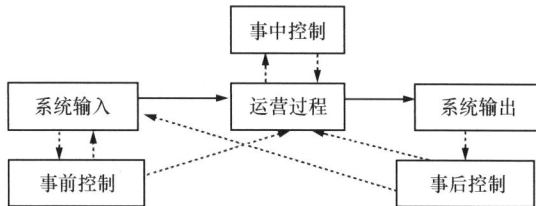

图 6-1 物流系统控制分类图

资料来源：丁立言，张铎，胡双增，等 . 2000. 物流系统工程［M］. 北京：清华大学出版社 .

1. 事前控制

事前控制也称前馈控制。事前控制是指在物流系统运营状态尚未出现偏差之前就能预先感知可能出现的偏差，而采取有效的控制措施消除偏差的过程，它属于一种开环控制。面对复杂的物流系统运营过程，管理决策者通过采集信息、观察分析、科学预测，及时捕捉到即将出现的偏差，并提前采取有效的措施加以控制，将可能发生的偏差消除在萌芽状态，从而使物流系统的输出与物流系统的预期目标保持一致（图 6-2）。

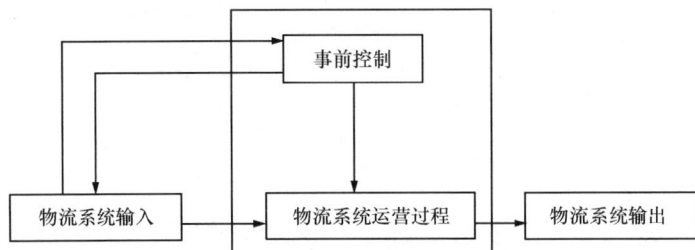

图 6-2　物流系统事前控制示意图

物流系统实现事前控制的关键，在于是否具有及时、准确地捕捉到即将出现偏差信号的能力，这种能力不仅取决于管理决策者观察分析问题的能力，而且取决于物流系统运营状态信息采集、分析和处理能力。因此，应建立完善物流系统偏差预警体系。

（1）深入分析物流系统潜在的偏差源，寻找容易出现偏差的物流系统成员和环节。

（2）在探索可行的预测模型的基础上，建立物流系统偏差预警模型。

（3）在现实环境中，持续地补充、修正、完善偏差预警模型，使之符合实际。

（4）为应对动态变化的环境，定期将变化的环境参数输入偏差预警模型中，观察分析预警模型的有效性和可靠性。

（5）如果预测到存在偏差，可以结合实际采取相应的纠偏措施和实施方案进行控制。

事前控制是一类复杂的控制方法。由于物流系统偏差预警体系需要一个详细的标准参照体系，才能准确感知偏差、采取正确的纠偏措施，才能及时、有效地控制物流系统运营过程中出现的偏差。

2. 事中控制

事中控制也称实时控制，是指在物流系统运营过程中，针对系统出现的偏差，采取纠偏措施进行控制的过程（图 6-3）。它建立在实时跟踪、实时监测物流系统运营状态的基础上，具有实时性。

在物流系统控制论体系中，基于看板管理的微观控制和基于供应链面板的宏观控制，都属于事中控制（或过程控制），可以采用物流批量控制法、盈亏平衡控制法和专家控制等策略进行控制。因此，依据物流系统控制论，事中控制主要有两大类控制方式：

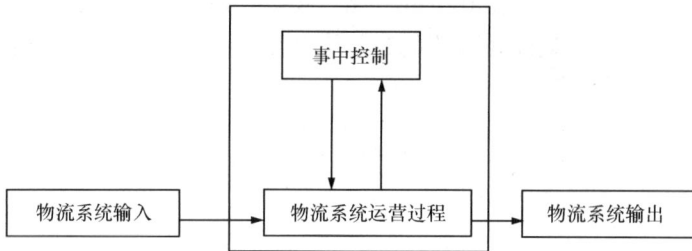

图 6-3　物流系统事中控制示意图

　　（1）微观的企业物流系统控制。在企业物流系统中，可以借助看板管理进行物流系统事中控制。不仅企业物流系统每一个环节可以借助看板管理平台协调运营，而且整个企业物流系统也可以观察分析自己运营过程中出现的偏差，从而采取有效的措施控制偏差，保证物流系统运营目标的实现。

　　（2）宏观的社会物流系统控制。在社会物流系统中，可以借助供应链面板进行物流系统事中控制。供应链面板可以充分展现社会物流系统成员之间的运营状态，每一个成员可能出现的任何偏差都会呈现在面板上，每一个成员都可以采取有效的措施控制自己运营过程中出现的偏差，或者社会物流系统成员协同控制出现的偏差。

　　物流系统事中控制是应用物流系统控制论对物流系统进行控制的一种方式，可以根据被控对象的不同，采用微观的企业物流系统控制和宏观的社会物流系统控制，对整个物流系统运营过程进行监控，实现物流系统预期目标。

3. 事后控制

　　事后控制也称反馈控制，它主要通过监测物流系统运营的实际结果，比较物流系统的目标与结果之间存在的偏差，并针对存在的偏差采用有效的措施加以纠正，从而减少物流系统运营的实际结果与物流系统目标之间的偏差（图 6-4）。

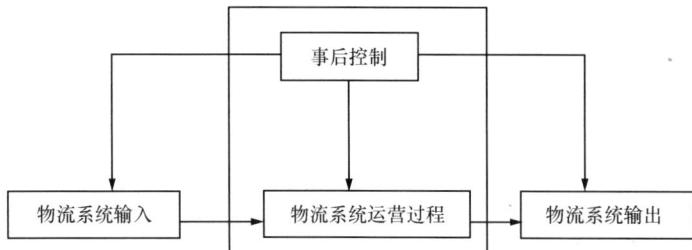

图 6-4　物流系统事后控制示意图

　　物流系统事后控制表现为时间滞后，即只有当物流系统运营的实际结果与预期目标之间出现偏差时，物流系统管理决策者才会采取纠正措施，这不仅会导致额外的资源浪费，而且也会在一定程度上影响物流服务水平，甚至影响客户满意度。因此，可以采用成本分析、质量检查控制、财务分析等策略进行控制。如果要成功地进行物流系统反馈控制，必须要获得如下几方面信息：

（1）目标值。用于表征物流系统目标的一组值，物流系统的一系列活动都是在目标值的驱动下，使物流系统的运营结果尽可能趋向物流系统的目标值。

（2）观测值。物流系统运营状态的监测值，来自物流系统的实时数据，是物流系统运营状态判断、决策的依据。

（3）预测值。物流系统未来可能的运营状态值，来自对物流系统运营状态的一种判断，通常是物流系统出现偏差之前采取控制措施的依据。

（4）偏差。实际值与目标值之间的差值，用于描述物流系统运营状态偏离程度的大小，一旦偏差大于预先设定的一个阈值，将启动控制指令进行控制。

（5）控制指令。在控制方式中，期望的控制参量的设定值。通常，物流系统管理决策者根据预测值或观测值与目标值之间偏差的大小，发出调整物流系统运营状态的指令。

物流系统事后控制过程，可以通过如下简单的数学模型表示：

$$y_{t+k} = f(\varepsilon_t) = f(x_t - \varphi_t) \tag{6.1}$$

其中，x_t 为监测过程对物流系统有关变量在 t 时刻所测得的观测值；φ_t 为物流系统有关变量在 t 时刻的目标值；ε_t 为 x_t 与 φ_t 之间的偏差；y_{t+k} 为物流系统管理决策者采取的纠正措施；t 为监测时间；k 为控制措施的时间延误。

总之，物流系统控制可以分为事前控制、事中控制和事后控制三种类型。表6-1 从控制依据、检测信号和控制作用发生的时间三个方面，对物流系统控制的三种类型进行了比较。

表 6-1　物流系统控制三种类型的比较

比较内容	控制依据	检测信号	控制作用发生的时间
事前控制	干扰量的大小	干扰量	偏差出现前
事中控制	干扰量的大小 被控变量的偏差	干扰量 被控变量	偏差出现征兆前
事后控制	被控变量的偏差	被控变量	偏差出现后

6.1.2　物流系统控制的内容

物流系统综合控制体系，主要涉及环境控制、过程控制、协调与协同控制和复杂控制等。尽管物流系统控制的内容一般会随着系统的大小而发生相应的变化，但基本上都会涉及时间控制、成本控制和质量控制三个方面。

1. 时间控制

一个完整的物流系统不仅涉及从原材料采购、产品生产到产品配送的整个企业物流系统运营过程，而且涉及为供应链成员提供物流服务的整个社会物流系统运营过程。正是由于物流系统运营过程在时间和空间上都有很大的跨度，所以在特定空间范围内的时间控制就变得非常重要。

例如，以实现准时制生产为目标的物流系统控制，就是尽可能缩小运营流程的时间跨度和空间跨度，使物流系统与生产系统实现在特定时间上的空间衔接或者在特定空间上的时间衔接，以及特定时间、空间上的有效衔接与协同。如果流程的时间跨度和空间跨度很大，一方面会导致物流成本过高，另一方面也会导致物流服务水平的下降。因此，在某种程度上物流时间控制为实现成本控制和质量控制提供了必要的前提条件。

2. 成本控制

物流成本控制主要是对物流系统运营过程中所发生费用的控制，它强调在整个物流系统运营过程中应尽可能降低成本、减少成本消耗。物流成本控制基于每一项基本功能活动的成本控制，贯穿于整个物流系统的运输、储存、包装、装卸搬运、配送、流通加工、信息处理等基本功能活动，以及柔性、鲁棒性和弹性等扩展功能活动，只有将成本控制在最低限度，才能实现低成本、高效率、高效益的物流系统运营目标。

物流成本控制应站在整个社会经济系统的高度，从全局出发综合考虑物流系统每一个成员、每一个环节、每一个活动的成本，并综合考虑不同系统之间、不同子系统之间的合理优化、相互衔接、相互适应，从而形成最佳的物流系统结构、功能和行为，只有这样才能从整体上进行物流系统优化，既能充分发挥各系统、各子系统的功能，又能使系统的整体效率得以充分体现，最终达到降低物流费用、提高经济效益的目的（施国洪 2009）。

3. 质量控制

物流质量控制主要针对物流系统所能达到的服务质量和服务水平而言，主要目的在于提高物流系统的服务质量和服务水平，满足客户需求。尽管物流质量控制不同于产品质量控制，但是两者在保障产品质量、提高客户满意度上的目标是一致的。可以认为，物流质量控制是产品质量控制向流通渠道和客户端的延伸，它应该成为全面质量管理体系中的一部分。

物流质量控制的目标，在于以规范化、标准化的物流服务确保产品质量和服务质量满足客户的适用性、可靠性、安全性等质量要求，提高客户满意度。质量控制的范围贯穿于整个物流系统的运输、储存、包装、装卸搬运、配送、流通加工、信息处理等基本功能活动，涉及每一个成员、每一个环节、每一个活动的质量控制。因此，物流系统应根据物品特性遵循相关标准，如食品需要遵循《食品良好流通规范》、药品需要遵循《药品经营质量管理规范》，从而可持续地保证物流服务质量。

　　本章将在物流系统绩效分析的基础上，重点介绍物流系统环境控制和过程控制。物流系统环境控制主要涉及微观的物流系统环境控制和宏观的社会经济系统环境控制；物流系统过程控制，将分别从基于看板的企业物流系统过程控制和基于面板的社会物流系统过程控制两个方面进行分析。本章结构图如图 6-5 所示。

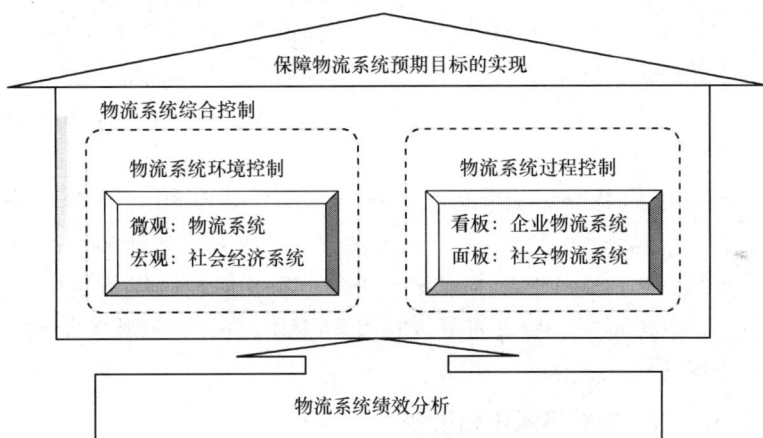

图 6-5　本章结构图

　　物流系统控制不仅具有系统控制的一般特征，而且具有自身特有的特征。由于物流系统外部环境因素、内部自身因素的动态变化，物流系统在实际运营过程中有可能导致输出的物流服务不能满足客户需求的现象，需要采取有效的措施进行控制，保障物流系统预期目标的实现。

6.2　物流系统绩效分析

　　从管理学的角度看，绩效反映了组织期望的结果，绩效分析的目的在于调动个体和组织的积极性和创造潜能，持续提高他们的绩效水平（杨杰等 2000）。物流系统绩效分析有助于诊断、检验物流系统运营过程中是否受到外部环境因素和内部自身因素的影响，按照计划执行和完成情况，以了解物流系统的"健康"状况，发现物流系统运营管理中存在的问题，以便采取正确的控制措施。

6.2.1　物流系统绩效评价指标体系

　　物流系统绩效是整个物流系统基本功能的价值，以及物流系统成员之间"绩效创造"的价值总和（邹辉霞 2009），包含柔性、鲁棒性和弹性等扩展功能的价值。因此，物流系统绩效评价不仅涵盖了运输、储存、包装、装卸搬运、配送、流通加工、信息处理等基本功能活动的评价，而且涵盖了物流系统扩展功能及其成员之间集成功能的评价。

1. 物流系统绩效评价的范围

物流系统绩效评价是指运用一定的评价方法、量化指标及评价标准，测度物流系统基本功能活动的绩效，以及物流系统成员的行为是否符合物流规范的一种方式。物流系统绩效评价具有一套科学的、全面的方法体系，其中一个关键环节是建立有效的评价指标体系，以正确反映整个物流系统运营的真实状况。

物流系统绩效评价涵盖了整个物流系统，强调整个物流系统的整体绩效，包括效率和效能的评价。在单一的物流系统基本功能和扩展功能活动绩效评价的基础上，重点考虑环节间绩效和成员间绩效。因此，物流系统绩效评价的范围，主要包括两个方面：

(1) 环节间绩效。物流系统的运输、储存、包装、装卸搬运、配送、流通加工、信息处理等基本功能活动之间的评价，即评价基本功能活动之间有效衔接的程度。

(2) 成员间绩效。在社会物流系统中，物流系统成员之间集成功能的评价，关注物流系统运营过程中成员之间衔接的和谐程度，即评价物流系统成员之间协作—协调—协同的状况。

2. 物流系统绩效指标体系构建原则

物流系统绩效指标应该反映物流系统运营实际及动态变化，反映管理决策者关注的焦点问题。因此，在物流系统绩效指标体系构建过程中，选取的绩效指标应该随着物流系统管理成熟度的变化而不断演化，并因绩效管理聚焦重点的不同而不同，但是不能脱离物流系统的运营实际。

物流系统管理成熟度本身就是一个绩效指标体系，参考供应链管理成熟度（supply chain management maturity，SMM）概念（赵林度 2003），物流系统管理成熟度（logistics system management maturity，LMM）也可以成为衡量物流系统管理水平和能力的一项重要指标，也可以应用管理结构、管理策略和管理环境三方面指标来描述（图 6-6），从而形成一个具有价值增值能力的指标体系。

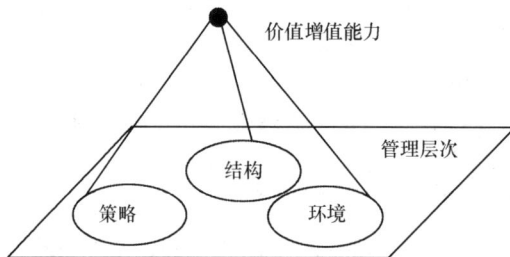

图 6-6　物流系统管理成熟度模型

物流系统绩效评价指标选取，除了应与物流系统管理成熟度相吻合之外，另一个更重要的基本原则，就是要与物流系统的发展战略目标保持一致，支持物流系统战略目标的实现。物流系统绩效评价指标的选择和绩效评价指标体系构建的原则，可以细化为目的性原则、整体性原则、全面性原则和关键绩效指标优先相结合原则、层次性原则、可量化和非均衡权重原则、规范和可操作性原则等。

3. 物流系统绩效评价指标体系

在从物流系统整体的角度衡量物流系统运营绩效时，应从全局的、系统的视角选择能反映物流系统整体绩效的衡量指标。如图 3-14 所示，可以以客户满意度作为一级指标，即战略性指标或目标性指标，以时间、成本、质量和资源等作为二级指标，即战术性指标或策略性指标，度量物流系统的整体绩效，如表 6-2 所示。

表 6-2　物流系统整体绩效衡量架构

指标类别	指标名称	输出	表现
一级指标	客户满意度	完善的服务体系	合理的投诉机制
		最佳订单满足率	按时交货
二级指标	时间	订单提前期	物流系统响应时间
	成本	物流系统运营总成本	合理的成本、利润和效益
	质量	高服务质量	服务价值增值能力
	资源	现金周转时间	预测准确度
		库存天数	存货贬值报废
		资产绩效	物流设施设备利用率

1）客户满意度

持续提高客户满意度始终是物流系统可持续发展战略中最核心的理念之一。在物流系统管理中，客户满意度体现了物流系统满足客户对服务时间、成本、质量等要求的综合能力。简单地说，作为物流服务提供商，如果物流系统提供的物流服务水平能够达到甚至超过客户的期望值，那么客户就有可能得到满足。参考 Shawnee 等（1999）的研究成果，在表 6-3 中列举了 10 项与物流系统绩效相关的客户满意度指标。

表 6-3　与物流系统绩效相关的客户满意度指标

指标	表现
可靠性 （reliability）	客户希望物流服务提供商能够切实履行所有承诺，可以信赖
响应性 （responsiveness）	客户所希望的物流速度及提供快速服务的能力

指标	表现
可接近性 （access）	客户希望物流服务提供商容易接触、方便联系，如客户能够方便地下达订单，容易获得库存信息、订单状态信息等
沟通能力 （communication）	客户希望物流服务提供商能够预先提供有关信息，具有可靠的沟通渠道
可信度 （credibility）	客户希望物流服务提供商提供的信息真实、可信，行为可信
安全性 （security）	客户希望物流服务过程中的风险较低
友好性 （courtesy）	客户希望能够受到物流服务提供商礼貌、友善的接待，得到应有的尊重
胜任能力 （competence）	客户通过接触后判断物流服务提供商能够胜任所承担的工作
外部特征 （tangibles）	客户对物流设施设备及工作人员的期望，即是否具有较好的印象和形象
对客户的了解 （understanding the consumer）	客户希望物流服务提供商能够充分了解他们的独特性，并能够提供专门的服务来满足他们的特殊要求，具有提供增值服务的能力

2）时间

　　时间指标用于衡量物流系统响应客户需求的能力。在物流系统中，正是由于时间指标非常重要，所以衍生出有效衡量时间绩效的需求，要求从客户角度出发衡量物流系统从接到客户订单直到完成物流服务的时间绩效，涉及提前期、周期时间和响应时间等时间指标，并综合反映在订单提前期上。以提高物流系统动态响应能力为目标，表 6-4 列举了关键的时间衡量指标。

表 6-4　关键的时间衡量指标

指标	表现
提前期	客户订货提前期的缩短
周期时间	整个供应链备货时间周期的缩短
响应时间	包含提前期和周期时间的响应时间的缩短

3）成本

　　物流成本贯穿于整个物流系统运营的全过程，包括从客户发出需求订单开始一直到将产品和服务送达客户手中所发生的全部物流费用。成本度量主要采用基于活动的成本分析法追踪每一项物流活动的成本，从而核算整个物流系统的成本。物流成本绩效，可以采用成本绩效指数（cost performance index，CPI）进行衡量，成本绩效指数＝累计盈余量/累计实际成本。如果从物流系统基本功能活动的视角进行分析，那么物流系统的成本构成主要包括运输成本、储存成本、包装成本、装卸搬运成本、配送成本、流通加工成本、信息处理成本等（表6-5）。物流成本最终以物流系统运营总成本的形式展现出来。

表 6-5　物流成本构成

类别	说明
运输成本	主要包括人工费用、运输车辆燃料费、折旧费、公路运输管理费等
储存成本	主要包括建造、购买或租赁等仓库设施设备的成本和储存作业成本等
包装成本	主要包括包装材料费用、包装机械费用、包装技术费用、包装人工费用等
装卸搬运成本	主要包括人工费用、资产折旧费、维修费、能源消耗费等
配送成本	主要包括人工费用、运输车辆燃料费、折旧费、公路运输管理费，以及相应的装卸搬运成本和流通加工成本等
流通加工成本	主要包括流通加工设备费用、流通加工材料费用、流通加工劳务费用等
信息处理成本	主要包括物流管理信息系统研发费用、软硬件系统购置费用、软硬件系统运营维护费用等

4）质量

尽管质量指标在不同的层次具有不同的表现形式，例如，微观层面包括运输物品完好率、储存物品完好率、进货质量合格率等，宏观层面包括碳排放量、物流基础设施利用率、物流从业人员素质、物流信息化水平等。但是，质量指标直接与客户满意度相关联，所以通常采用客户抱怨率和客户投诉率这两项指标来衡量物流服务质量（表6-6），甚至直接发放问卷调查客户满意度水平。

表 6-6　关键的质量衡量指标

指标	表现
客户抱怨率	客户在合理的投诉机制中反映服务质量的抱怨情况
客户投诉率	客户在合理的投诉机制中反映服务质量的投诉情况

5）资源

物流资源包括资产资源和保障资源。在物流系统运营过程中，涉及相当大的资产，包括资金、人力、设施设备等。因此，在衡量物流系统绩效时必须考虑资产因素。物流系统资产衡量基本上集中在特定资产水平支持下的服务水平，以结果为基础的资产衡量包括现金周转时间、用于维持服务水平的库存天数及资产绩效。最终的衡量集中在总的资产利用率上。资产绩效被定义为服务额与总资产的比率，它受到资产利用率和流动资产持有量的双重影响。表 6-7 列出了物流系统关键的资产衡量指标。

表 6-7　关键的资产衡量指标

指标	表现
总资产周转率	用周转次数和周转天数表示，反映物流系统资产运用的有效性，即资产创造服务额的能力
流动资产周转率	用周转次数和周转天数表示，反映流动资产运用效率，影响着物流系统的盈利水平
固定资产周转率	用周转次数和周转天数表示，固定资产周转率越高，表明物流系统固定资产利用越充分

随着人们对健康、安全和环保理念的认识和重视程度的提升，保障物流人群的健康安全和保障物流系统低能耗、低损耗、低污染运营的保障资源正逐步被纳入衡量指标体系，并分别从安全效益、环境效益的角度进行衡量，以维持物流系统的可持续发展。

6.2.2　物流系统绩效评价方法

物流系统绩效评价是一个面向多属性的物流系统所进行的全面的、整体性评价。常用的物流系统绩效评价方法，主要有基准化评价管理方法、平衡计分卡评价法、基准-平衡物流计分卡法和 ROF 法（邹辉霞 2009）。

1. 基准化评价管理方法

基准化（benchmarking）评价管理起源于 20 世纪 70 年代末 80 年代初，它提供了一种通过与"标杆"相比较而确定绩效的方法。

1）基准化评价管理方法的核心

在物流系统绩效评价中应用基准化评价管理方法，至少应关注基准化评价管理方法的三个核心问题。

（1）客户满意度如何？可以应用表 6-3 中的 10 项指标进行评价，并结合问卷调查获得真实的客户满意度情况。

（2）相对于行业"标杆"的地位如何？通过与行业"标杆"在时间、成本、质量和资源等指标上的对比分析，及其竞争对手分析，全面了解自己相对于行业"标杆"的地位。

（3）是否综合考虑了评价结果产生的原因和过程？在物流系统绩效评价中，

应结合评价范围、指标体系，综合考虑评价结果产生的原因和过程。

2）基准化评价管理方法的应用

基准化评价管理方法具有价值化、指标化、可操作性、系统性、持续性和变革性等特点，应用该方法能够在全面分析比较物流系统与行业"标杆"的过程中，动态调整评价基准、持续变革和创造管理价值。基准化评价管理方法的应用，主要集中在两个方面：一是与"标杆"进行比较，确定绩效衡量的标准尺度，结合绩效评价体系指导绩效评价；二是通过绩效评价寻找与"标杆"的差距，修订绩效计划，并在实施过程中持续改进。表 6-8 给出了基准化评价管理方法在物流系统绩效评价中应用的步骤。

表 6-8　基准化评价管理方法应用的步骤

步骤	内容	作用
识别	确定基准化管理的具体方向，选择"标杆"，分析数据来源与采集数据	指导绩
排序	设定基准化管理的优先顺序	效评价
分析	确定相对于行业"标杆"的地位，分析评价结果产生的原因和过程	
计划	制订绩效水平、行动计划，创造共同的经营理念和价值观	指导绩
行动	指导行动计划的实施，持续改进绩效	效改进
完成	制度化、可持续化	

2. 平衡计分卡评价法

美国学者 Robert Kaplan 和 David Norton 于 1992 年提出来的平衡计分卡法（balanced score card，BSC），综合运用关键绩效指标进行评价，与传统的财务导向的指标相比，应用非财务的关键绩效指标有助于为管理决策者提供描述和实现战略目标的更好方法。如果能够识别与实现战略目标相关的关键绩效指标，就可以在此基础上建立相应的衡量绩效的平衡计分卡。平衡计分卡将任务与战略转化为目标和衡量指标，并整理成财务、客户、业务流程、创新与学习四个方面（马士华等 2002；刘秉镰和王鹏姬 2003；龙子泉和高伟 2004）。

应用平衡计分卡评价法进行物流系统绩效评价，不仅能够强调绩效管理与物流系统战略之间的紧密关系，在物流系统绩效评价指标体系的基础上提炼关键绩效指标，而且能够将变革过程（控制过程）引入物流系统运营过程中，要求物流系统能够创造全新的产品和服务等未来的价值，提高物流系统未来的绩效，以满足现有的和未来的目标客户的需求。

基于平衡计分卡的物流系统绩效评价方法，兼顾了客户利益和财务代表的物流系统利益，如果对应已经建立的物流系统绩效评价指标体系，客户对应着客户满意度一级指标，财务中作为战略性指标或目标性指标的部分可以在客户满意度中体现出来，因为客户满意度的持续提升必须建立在盈利的基础上，财务中作为战术性指标或策略性指标的部分以及业务流程、创新与学习都可以在时间、成本、质量和资源等战术性指标或策略性指标中体现出来。

3. 基准-平衡计分卡法

为了充分发挥基准化法与平衡计分卡法的优点，可以有机集成两种方法，并转换为物流系统绩效评价的工具。

基准化法与平衡计分卡法有机集成后形成的基准-平衡计分卡法（BBSC），可以将物流系统目标与运营过程紧密地联系在一起，并将物流系统过程控制建立在对物流系统目标的追求之上，有助于达到思想与行动的统一、战略和战术的统一。图 6-7 是两者集成的关系示意图。

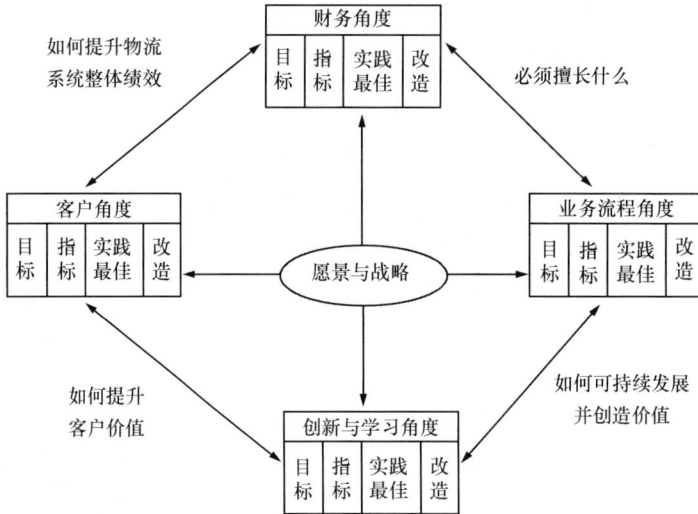

图 6-7　BBSC 法关系示意图

基准-平衡计分卡法在物流系统绩效评价中的应用，有助于实现行业"标杆"与关键绩效指标的结合，一方面可以参照行业"标杆"修改完善绩效评价指标体系，提炼关键绩效指标；另一方面可以持续地与行业"标杆"进行比较，判断自己相对于行业"标杆"的地位。

4. ROF 法

ROF 法通过三个方面的绩效评价指标来反映物流系统战略目标，即资源（resources）、产出（output）和柔性（flexibility），这三类指标都具有各自不同的目标（王瑾 2007）。资源、产出和柔性之间存在如图 6-8 所示的相互影响、相互作用关系。

资源评价指标主要描述了资源可得性及其资源影响下的物流系统运营状态；

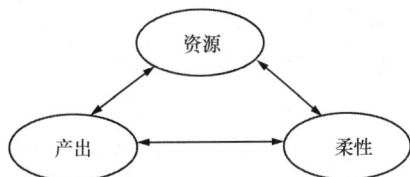

图 6-8　ROF 法的绩效评价指标及其关系

产出评价指标用于描述物流系统输出的物流服务水平，综合反映在客户满意度、价值增值能力等方面；柔性评价指标反映了物流系统满足客户需求变化的能力，能够快速响应环境变化。资源、产出和柔性指标不仅能够评价物流系统基本功能的状态，而且能够评价物流系统扩展功能状态，特别是通过资源、产出和柔性之间关系的评价判断物流系统战略目标实现的可能性。

　　基于 ROF 的物流系统绩效评价方法，如果对应已经建立的物流系统绩效评价指标体系，产出对应着战略性指标或目标性指标——客户满意度，资源和柔性对应着时间、成本、质量和资源等战术性指标或策略性指标，通过资源、产出和柔性之间的关系描述整个物流系统的状态。

　　物流系统绩效分析强调通过物流系统整体绩效的衡量和从不同角度的综合剖析，获得对物流系统发展水平、运营状态、控制效果等的真实描述，并提出解决问题的有效方法。因此，在物流系统控制论体系中，物流系统绩效分析的最终目的在于寻找物流系统控制的关键成员、关键环节、关键点，并通过有效的控制方法将物流系统保持在一个绩效持续改进的理想状态之中。

6.3　物流系统环境控制

　　环境是系统赖以生存发展的全部外部条件的总和，系统与环境之间存在必然的联系。首先，环境是系统存在的基础，系统的结构、功能和行为只有在一定的环境中才能展现出来；其次，环境会引起系统的变化，环境的缓慢变化也会潜移默化地引起系统自身结构、功能和行为的变化；再次，系统也给环境以反作用，系统与环境之间可以相互转化。因此，物流系统控制必须关注环境控制。

6.3.1　物流系统控制环境

　　作为一个开放的系统，物流系统与外部环境之间存在持续的物质、信息和能量交换。正是由于物流系统生存环境的复杂性，才产生了复杂的结构、功能和行为，所以需要对物流系统环境进行控制，首先需要确定物流系统控制环境的构成。通常，可以从微观和宏观两个方面进行分析。

1. 微观的物流系统控制环境

在微观的物流系统控制环境中，主要包含由物流系统基本功能环境要素和扩展功能环境要素构成的基于环境要素的物流系统控制环境，以及由时间、成本和绩效（质量）等资源要素构成的基于资源要素的物流系统控制环境（图 6-9）。

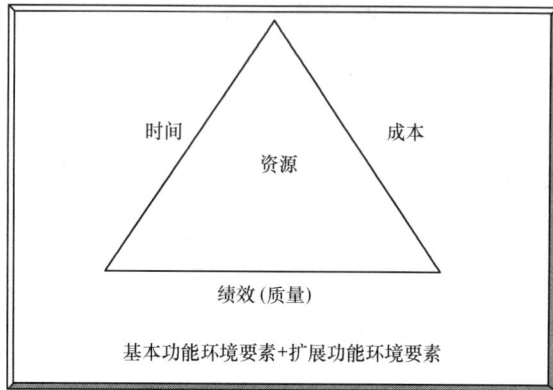

图 6-9　微观的物流系统控制环境构成

1）基于环境要素的物流系统控制环境

如果从物流系统基本功能的视角进行分析，可以将物流系统控制环境定义成运输、储存、包装、装卸搬运、配送、流通加工、信息处理等环境的总和（孙秋菊和郭兴宽 2004），每一个基本功能的运行环境就是一个环境要素。柔性、鲁棒性和弹性等扩展功能的运行环境内嵌于基本功能环境之中。

（1）运输。不同的运输方式会带来不同的运输环境，不同的货物会有不同的运输环境需求，在综合考虑运输费用、运输方式、运输条件、运输时间、时间准确性、运输频率、运输能力、货物安全性、网络连通性等因素的基础上，物流运输需要考虑运输环境的温度、湿度、大气等因素，科学合理地均衡运输时间、运输成本和运输服务质量之间的关系。

（2）储存。物流系统的储存环境非常重要，它不仅需要与运输环境保持一致，而且需要保持特有的保值、增值环境，并注重将储存功能由关注保管效率转变为关注吞吐效率。因此，储存环境除了具备堆存、管理、保管、保养、维护等完好地保证货物的使用价值和价值环境之外，还应具备流通加工等物流服务增值环境。

（3）包装。为了满足客户服务需求，完好地将货物运送到客户手中，物流系统需要为大多数商品构建一个具有不同方式、不同要求、不同程度的包装环境。一方面满足商品保护、单位化、便利化的物流服务功能；另一方面满足有利于产品销售的商品化营销功能。可见，包装环境控制有利于保护和提高商品价值，实现物流服务价值增值。

（4）装卸搬运。在物流系统装卸搬运环境中，不仅需要保持物流通道的畅通，不影响装卸搬运的效率及其各种基本功能活动之间的衔接效率，而且要尽可能减少装卸搬运次数，实现装卸搬运的合理化，降低物品装卸搬运过程中的破损率。更重要的是保障装卸搬运环境的健康与安全，避免对物流操作人员造成伤害。

（5）配送。配送是现代物流的一个最重要特征，所以在物流系统配送环境中，应努力实现配送系统合理化。为了实现这一目标，不仅要使分货、拣选、配货、分收和送货等每一个配送要素都支持合理化，而且应逐步完善物流配送中心的基本功能，提高整个物流系统的综合配送能力。

（6）流通加工。为了促进商品销售、维护商品质量、实现物流效率化，应保持一个良好的流通加工环境，实现增值服务，更好地衔接生产和需求环节，有效地弥补生产商生产过程中加工程度的不足，使流通过程更加合理化，更好地满足客户需求。在流通加工环境中，也要保持环境的合理化，保障物流操作人员的健康与安全。

（7）信息处理。物流系统有序控制的一个重要前提，就是保持物流、信息流和资金流的三流合一。物流系统信息处理环境应在保持信息流通畅的基础上，及时、可靠地保持物流系统正常运营。因此，应保持物流信息处理系统软硬件功能的安全性、可靠性，保持物流信息传递的通畅性、及时性，使物流系统成员能够充分共享物流信息，提高物流系统运营效率。

2）基于资源要素的物流系统控制环境

由图 1-9 可知，微观环境的资源要素由时间、成本、绩效（质量）构成，尽管不同环境要素中的时间、成本、绩效（质量）要素主导的资源约束不同，但是资源要素的影响作用是相同的，都会对物流系统控制环境产生重要影响。

在更好、更快、更便宜、更近的客户需求驱动下，物流系统控制环境充满了挑战，主要表现在时间、成本、绩效（质量）要素主导的资源约束成为常态，以及时间、成本、绩效（质量）要素间不协调、不均衡导致的成本追加、中断频发等不利因素的增加，因此，迫切需要进一步加强基于资源要素的物流系统环境控制。

物流系统控制论涵盖了包含时间、成本、绩效（质量）等资源要素的资源管理，目的在于减少或者消除资源约束的影响，进一步优化物流系统控制环境，更好地保障物流系统基本功能和扩展功能的实现。

2. 宏观的物流系统控制环境

在宏观的物流系统控制环境中，主要包含由物流行业竞争力、物流科技发展水平和物流服务需求等环境要素构成的基于环境要素的物流系统控制环境，以及由物流产品和服务、物流基础设施、物流信息系统、物流客户群和供应链等资源要素构成的基于资源要素的物流系统控制环境（图 6-10）。

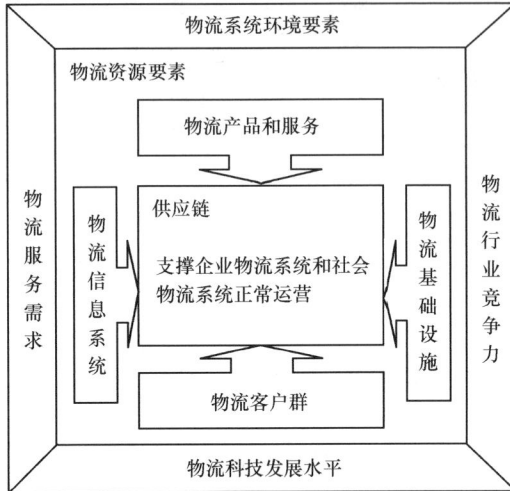

图 6-10　宏观的物流系统控制环境构成

1）基于环境要素的物流系统控制环境

在宏观的物流系统控制环境中，物流行业竞争力、物流科技发展水平和物流服务需求等环境要素（图 1-1）不仅培育了物流系统，而且潜移默化地影响和改变着物流系统的结构、功能和行为，影响着物流系统的灵活性和适应性。

（1）物流行业竞争力不仅决定了物流行业在整个社会经济系统中的地位，而且竞争对手的竞争力和区域市场差异决定了物流系统的生存环境。作为环境要素，物流行业竞争力主要用于描述物流行业与相关行业之间的关系和地位，在竞争与合作主题下协同演化、共同发展的历程。

（2）物流科技发展水平不仅体现了物流系统对先进科学技术的需求和运用能力，而且决定了物流系统自身的现代化水平和能力。物流科技发展水平主要用于描述物流系统是否为先进的科学技术提供了用武之地，能否应用先进的科学技术提升自身的运营能力和综合管理能力，并转化为自身的竞争优势。

（3）物流服务需求作为物流系统发展的重要驱动力，反映了客户需求的动态变化。在"适者生存"的竞争环境中，物流系统提供的物流服务能否满足客户需求决定了物流系统的生存能力和发展潜力。物流服务需求主要用于描述物流系统能否适应物流服务方式的变革、物流服务低碳化的要求和物流服务结构优化的要求等新的需求，能否为物流系统创造新的生存发展空间。

2）基于资源要素的物流系统控制环境

在宏观的物流系统控制环境中，物流产品和服务、物流基础设施、物流信息系统、物流客户群和供应链等资源要素（图 1-2）涵盖了物流系统重要的资产资源和保障资源，它决定着物流系统的生存能力、发展能力及其发展潜力。物流资源要素之间的关系如图 6-11 所示。

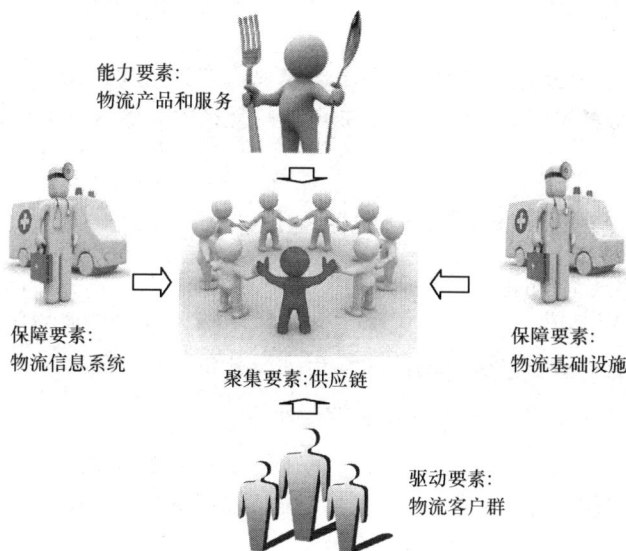

图 6-11 物流资源要素之间的关系

（1）物流产品和服务作为一种能力要素，描述了物流服务的领域和生存发展的空间范围，特别是在同一领域和空间内的不同层次和水平。物流系统的物流产品和服务不仅明确了自身满足客户需求的能力、客户群的大小，而且明确了物流系统自身的生存发展能力、核心竞争优势。

（2）物流基础设施作为一种保障要素，体现了物流系统正常运营的基础条件，它直接影响着物流系统的时间、成本、绩效（质量）。如果物流基础设施为物流系统提供的环境合理化程度较高，就应该满足结构完善、功能优化和行为规范的要求，有助于实现物流系统低成本、高效率、高效益的运营目标。

（3）物流信息系统作为一种保障要素，为物流系统正常运营提供了一个信息共享与交流的环境，它直接影响着物流和资金流的流转效率。物流信息系统有助于降低或消除信息不对称、信息不及时、信息不准确等风险，以实时、透明、有效的方式驱动和保障着物流系统的正常运营。

（4）物流客户群的客户需求成为驱动物流系统持续发展的动力源泉。物流客户群作为一种驱动要素，为物流系统提供了一个实现物流产品和服务价值转换、价值增值和价值实现的环境。物流系统是否拥有足够数量的客户群，是否充分了解客户群的需求及其变化，直接影响着物流系统的生存与发展能力。

（5）供应链作为一种聚集要素，有效集聚了物流产品和服务、物流基础设施、物流信息系统、物流客户群等资源要素，为物流系统扩展了生存发展的空间。供应链环境中孕育的各种资源和能力，如供应链信息资源、供应链管理能力等，直接影响着物流系统与供应链系统之间战略合作伙伴关系的建立、信息共享渠道的选择等决策。

无论是微观的物流系统控制环境还是宏观的物流系统控制环境，物流系统环境要素和资源要素的交织、集成增添了环境的复杂性，给物流系统环境控制带来了挑战。

6.3.2　微观的物流系统环境控制

微观的物流系统环境不是指企业物流系统，而是相对于整个社会经济系统而言的，包含了社会物流系统在内的环境。微观的物流系统环境控制，可以从物流系统环境要素和资源要素两个不同的视角进行分析。

1. 基于环境要素的物流系统环境控制

运输和储存是物流系统中两个最常见、最重要的基本功能。因此，物流系统运输环境控制和储存环境控制无疑都是物流系统环境控制中的重中之重。

1）物流系统运输环境与控制

物流系统的复杂性及运输过程的多变性，增加了物流系统运输环境的复杂性、动态性和不确定性。因此，正确认识运输过程中的环境变化对物流系统运输环境控制至关重要（孙秋菊和郭兴宽 2004）。

第一，物流系统运输环境。

运输是连接产品生产和商品流通的纽带，也是商品流动过程中举足轻重的环节。一方面，物流运输涉及的地理空间广、时间长，所以受气候环境变化的影响大；另一方面，物流运输涉及多种运输方式的衔接和多种运输工具的转换，所以运输物品会受到不同环境的影响。例如，运输会受如下因素影响：

（1）温度。在物流运输过程中，温度因素会对不同的运输物品产生不同程度的影响。为了保证物品质量、减少损耗，温度敏感性物品在运输过程中需要始终处于规定的低温环境中。典型的温度敏感性物品，主要有乳制品、果蔬、水产品、面食、肉类、冷饮等生鲜食品，花卉等园艺品，以及血液、疫苗、药品等。

（2）湿度。温度和湿度是霉菌生长的基本条件，而水分是孢子发芽的必要条件。高温、高湿会使霉菌孢子发芽生长，对运输过程中的物品产生破坏作用。如果湿度过高，就会加速金属物质的腐蚀过程，而且一些有机材料吸湿后，会膨胀变形起泡；一些物质变潮后会失效，如水泥、石灰、电石、石棉粉、炸药、焊接材料等。相反，如果湿度过低，将会导致新鲜果蔬蒸腾作用加强，加速其失水、萎蔫。

（3）大气。大气环境是指生物赖以生存的空气中的物理、化学和生物学特性。大气环境中的雨水冰雪、太阳辐射，以及大气中的灰尘、砂尘、化学气体等，不仅会带来恶劣的运输环境，而且会对运输过程中的物品产生破坏作用。例如，雨水冰雪会打湿物品、太阳辐射会加速一些化学物质的物理及化学变化，而且大气中的化学气体会对金属产生腐蚀、污染食品、影响电子产品的性能。

物流系统运输环境，主要承受着来自温度、湿度和大气的影响。除此之外，由于公路运输中的道路不平、水路运输中的风浪、空运中的气流等因素引起的振动、冲击，也会对某些易碎品产生致命的影响。

第二，物流系统运输环境控制。

温度、湿度和大气等因素对物流系统运输环境的影响，不仅影响了物流系统运营的效率，而且影响了运输物品的质量，因此，应采取有效的措施进行物流系统运输环境控制。

（1）温度控制。为了保证温度敏感性物品在运输过程中不受温度影响从而降低质量，可以采用冷链物流进行运输。例如，生鲜食品、园艺品、药品等。全程冷链物流能够保持低温环境，满足商品的时效性要求。在全程冷链物流系统中，不仅需要提供适合的运输温度，而且需要全程记录温度的变化，使温度控制在一个适宜的范围内。通常，低温运输工具主要有保温运输工具、非机械冷藏运输工具和加温设备三类（张平等 2010）。

（2）湿度控制。在物流系统运输过程中，针对不同类型的物品选择加湿或降湿，以维持适宜的运输湿度环境。在需要降低湿度的运输环境中，可以采用全程冷链物流技术，在控制温度的同时，有效地控制湿度，并实时获取湿度的动态变化数据；在需要增加湿度的运输环境中，可以通过调节制冷机的运行、采用空气加湿系统、加冰、应用塑料膜包装等技术（张平等 2010），有效地防止水分的蒸发。

（3）气体调控。对于需要调节大气环境的物品，如蔬菜、水果等可以采用气体调控方法。根据张平等（2010）的研究成果，气体调控就是在载运工具或塑料袋裹包的托盘内加入氮气和二氧化碳，以改变载运工具内部自然大气成分，降低运输物品的生理代谢。气体调控主要有调节大气和改变大气两种方法，由于调节大气的要求难于在运输过程中实现，所以集装箱或陆运工具大多采用改变大气的气体调控形式（张平等 2010）。

对于一些特殊物品，在运输过程中必须遵循一定的标准，如食品需要遵循《食品良好流通规范》、药品需要遵循《药品经营质量管理规范》。

2）物流系统储存环境与控制

物流系统储存环境是指仓库的储存状况，它直接影响着储存物品的质量。例如，药品对温度、湿度、光线具有一定的要求，如果忽视了这些要求，就会使药品的有效期缩短，甚至变质、产生有毒物质，不仅会造成经济损失，而且可能危害患者的健康和生命。因此，物流系统储存环境控制尤为关键。

第一，物流系统储存环境。

由于物流系统储存环境直接影响着储存物品的质量安全，所以仓库类型和储存系统的自然环境就成为物流系统管理决策者密切关注的两个重要问题。

（1）仓库类型。仓库的分类方法有很多，如果按照储存物品的性能及技术设备进行划分，可以将仓库分为通用仓库、专用仓库和特种仓库三种类型。通用仓库也称为综合仓库，是指可以同时储存多类具有不同自然属性的物质的仓库，可以储存没有特殊要求的物质，适用范围较为广泛；专用仓库是指在一定时期内以只储存某一类物质为主的仓库，如金属材料仓库、化学品仓库等，为了确保物品的质量安全，需要相应地增加一些设施设备，如密封、防虫、防霉、防火及监测等方面的设备和器材；特种仓库指主要用于存放危险品、易腐蚀品、石油及药品等物质的仓库，主要有冷藏库、保温库、危险品仓库等。

（2）储存系统的自然环境。在储存系统中，科学合理地保存好物品、保障物品的质量安全已经成为储存系统的一个重要目标，也是实现储存活动价值的前提。在自然环境中，储存物品经风吹、日晒、雨淋、冷冻、虫害等影响，以及长时间储存而引发的锈蚀、霉烂、老化、熔化、挥发等化学反应，就会发生物理变化、化学变化和生物活动引起的变化，有可能影响物品的质量安全。可见，自然环境会对储存物品的质量安全造成影响。

第二，物流系统储存环境控制。

正是由于物流系统储存环境影响着物品的质量安全，可以认为，物品储存环境与物品储存过程中的质量变化有着密切的关联，而且物品质量变化的影响因素是多方面的。所以，应该从多个方面对储存环境进行控制，以确保物品在储存过程中的质量安全。

（1）温度和湿度的控制。吸湿性（hygroscopicity）指材料在空气中能吸收水分的性质。储存系统中的一些物品不仅能够从空气中吸收水分，如非金属材料、金属材料都具有吸附水分子的性质，而且一些物品能够向空气中散发水分，影响储存系统的温度和湿度。因此，只有保持储存系统始终处于良好的温度和湿度范围内，才能保障储存物品的质量安全。

由于每一种物品对温度和湿度的要求不同，所以可以采用多种不同的方法控制和调节储存环境的温度和湿度，如采取密封、通风与吸潮等方法。通过采取适当的控制方法，使储存环境保持在一个适合的温度和湿度范围内，例如，温度降低到能够阻止病原菌生长的温度（冷藏温度 $0 \sim 5℃$）以下，保障果蔬、鱼肉、禽蛋、乳制品等质量安全；湿度降低到金属生锈的临界湿度（铁的临界湿度为 $65\% \sim 70\%$、钢的临界湿度为 $70\% \sim 80\%$）以下，防止金属生锈。

（2）物品霉变的控制。在储存环境中，由于霉菌、酵母菌等微生物的作用和影响，一些物品会发生霉变，如食品、药品、纺织原材料及其制品、纸张及其制品、橡胶和塑料制品、日用化学品、皮革及其制品、胶黏剂、油漆、涂料、光学仪器、电器产品、胶片、文化体育用品等，从而出现生霉、腐烂和腐败变臭等质量变化。因此，应采取有效的措施控制微生物的生长，降低微生物的作用和影响。目前，常见的物品霉变控制方法主要有化学药剂防霉、低温冷藏、调控环境、干燥防霉腐法等。

（3）物品虫害的控制。在储存环境中，虫害如同霉变一样，对储存物品的破坏极大，但是与霉变不同的是，不同的虫害表现的危害方式不同，如白蚁危害仓库建筑物、老鼠专食禾谷类粮食等。因此，应根据储存物品类型的不同，面向不同类型的虫害，选择有效的虫害控制方法，例如机械防治、高温杀虫、低温杀虫、低真空治虫、密封防治、充填氮气或二氧化碳防治方法、杀虫剂防治方法、生物防治方法。

（4）特殊物品的储存环境控制。对于食品、药品、金属、高分子物品和化学物品等特殊物品，应采取严格、有效的储存环境控制措施，以保证物品的质量安全。特殊物品的储存环境控制，首先应遵循一定的标准和规范，如食品的储存环境应满足良好储存规范（good storage practice）的要求，从而实现特殊物品储存管理的基本目标，如食品保鲜、金属防锈、橡胶和塑料制品防老化，以及化学物品防火、防爆、防泄漏等。

由于物流系统环境的影响是多方面的，所以应采取一系列综合而有效的控制措施，并保持物流系统运输环境控制与储存环境控制的一致性。对于食品、药品等特殊物品，运输和储存环境控制只是进入物流系统进行环境控制的两个环节，以食品为例，环境控制贯穿于从农田到餐桌的全过程（图 6-12）。

种植　　　　采摘　　　　包装　　　　储存

从农田到餐桌　　　　运输　　　　销售　　　　消费

图 6-12　从农田到餐桌的食品环境控制

在物流系统环境控制过程中，不仅要注重对环境影响因素的控制，而且更要注重物流系统环境效益的提高，将物流系统环境控制的目标定位于提高物流系统环境效益。因此，物流系统环境控制要遵循健康、安全和环保的标准，以提高物流系统环境效益为目标。

2. 基于资源要素的物流系统环境控制

在微观环境中，时间、成本、绩效（质量）构造了基于资源要素的物流系统控制环境，能否控制好每一个资源要素对保障物流系统正常运营至关重要。因此，为了更好地实现对时间、成本和绩效（质量）等物流资源的控制，形成了物流时间控制、物流成本控制和物流质量控制（详见物流系统控制的功能），以保障物流系统正常运营。

物流系统的时间、成本和质量控制是一种基于资源视角的综合控制，将时间、成本和质量作为稀缺资源进行科学配置、优化调度的过程，强调资源之间的均衡以及健康、安全和环保理念下的可持续发展，不是单纯的时间压缩、成本缩减和质量提高，甚至在宏观环境中应用时间控制、成本控制和质量控制来强调物流系统控制的均衡性、可持续性。

在经济全球化背景下，物流时间控制、成本控制和质量控制是市场激烈竞争的必然产物，它们充分揭示了时间、成本和质量的价值所在，体现了物流系统满足客户需求的能力和水平。

6.3.3 宏观的物流系统环境控制

宏观的物流系统环境控制，尽管也可以从物流系统环境要素和资源要素两个不同的视角进行分析，但是已经不是真正意义上的控制，而是控制自己与这些要素之间的接触时机、交互节奏、演化关系等，以适应环境要素和资源要素的变化。

1. 基于环境要素的物流系统环境控制

在宏观的物流系统控制环境中，物流系统被物流行业竞争力、物流科技发展水平和物流服务需求等环境要素所包围，它不仅无法控制这些环境要素，而且必须承受这些环境要素的作用和影响，并逐步适应这些环境要素的变化。

1）物流行业竞争力

行业竞争力是由社会分工所决定的，并随着产业结构的调整而发生变化，但是有一点可以明确，就是行业竞争力的提升需要行业内每一个成员的贡献。物流行业竞争力已经随着服务业的快速发展而提升，并逐步显现其应有的竞争力。在竞争激烈的物流行业内，每一个物流系统在行业内必须了解竞争对手的竞争力和由区域市场差异带来的各种挑战，在行业外必须了解服务对象所在行业具有的服务需求带来的各种机遇。

（1）适应行业内部竞争环境。不同的物流系统由于所在区域、服务对象、自身条件等因素的不同，在物流行业内呈现不同的竞争优势。为了能够在行业内部生存发展，物流系统必须了解竞争对手的竞争力和区域市场差异等因素对自身竞争力的影响，在充满竞争的市场环境中了解对手、了解自己所在区域的市场状况，以更好地适应行业内竞争环境。

（2）满足行业外部服务需求。物流行业的需求主要来自制造业、商贸流通业等相关行业，来自物流业与相关行业协同发展、协同演化过程中。面对激烈的竞争，物流系统必须了解这些相关行业的需求，充分挖掘自身潜能及时做好应对，才能获得生存发展所必需的契机、资源和基本条件。

2）物流科技发展水平

科技的支撑作用不仅来自系统外部，更重要的是来自系统内部对科技第一生产力的追求。物流系统的生存发展离不开物流科技的支持，而且科技的作用和影响越来越大。因此，物流系统应在充分了解当前物流科技发展水平的基础上，了解自身的科技需求，了解竞争对手的科技实力，并运用科技提升自己的竞争力。

（1）提升自身的科技能力。在创新发展动力驱动下，物流系统应充分利用物流科技发展带来的机遇，在运输、储存、包装、装卸搬运、配送、流通加工、信息处理等基本功能及物流系统扩展功能活动中，适时、适度地选择和运用先进的科学技术，以科技能力提升自身的运营能力和综合管理能力。

（2）洞悉对手的科技实力。科技实力的增长往往带来跨越式发展的机遇。竞争对手科技实力的增长会给自己带来更大的挑战，会在此消彼长的竞争环境中使自己处于劣势。因此，物流系统必须时刻观察分析竞争对手的科技实力，并采取有效的应对策略提升自身的科技能力和竞争优势，例如，应用 RFID、GPS、GIS等信息技术提高物流系统的追踪和溯源能力。

3）物流服务需求

在物流系统环境要素中，物流服务需求对物流系统最重要，但是也最难驾驭，它就像市场中的那只无形的手，推动着各具特色的物流系统为了满足物流服务需求而不停地运转，并将应得的利益分配给这些系统以维持它们的可持续运转。因此，物流系统必须采用先进可靠的技术方法深入了解当前和未来的物流服务需求。大数据分析是一种很好的可行方法。

（1）准确把握当前的物流服务需求。物流系统具有的复杂性、动态性和多样性，主要来自物流服务需求，物流服务需求可谓神秘莫测。物流系统为了能够更好地满足客户需求，应该及时了解物流服务需求的变化，如物流服务方式的变革、物流服务低碳化的要求和物流服务结构优化的要求，准确把握当前的物流服务需求。

（2）科学判断未来的物流服务需求。在持续变革的市场环境中，未来的物流服务需求指引着物流业的发展方向，直接驱动着物流系统的发展。在准确把握当前的物流服务需求、获得生存发展动力的基础上，如果物流系统能够科学判断未来的物流服务需求、就能够抢占先机超前规划自身的结构、功能和行为，更好地适应未来发展的需求。

2. 基于资源要素的物流系统环境控制

在宏观的物流系统控制环境中，资源要素保障着物流系统的正常运营。基于资源要素的物流系统环境控制，旨在优化资源要素配置、实现资源效益最大化，为物流系统提供资源溢出、配置合理的生存环境。

1) 物流产品和服务

物流产品和服务作为宏观的物流系统控制环境中的一种资源要素，为物流系统提供了生存发展的机遇，驱动着物流服务能力的形成和发展。物流产品和服务主要来自物流客户群的物流服务需求，由于它直接影响着物流系统的活力和竞争力，所以在物流系统环境控制过程中应密切关注物流产品和服务的成长性和差异化。

（1）物流产品和服务的成长性。物流系统的生命力源自物流产品和服务，如果物流产品和服务自身的生命力不强，就会影响物流系统的可持续发展。因此，物流系统环境要素和资源要素都应该关注物流产品和服务的成长性，采取有效措施提升其成长性，并遵循"适者生存"的法则优胜劣汰。

（2）物流产品和服务的差异化。物流系统控制环境中存在的区域市场差异，主要是在物流产品和服务的差异化作用下形成的，从而形成了各具特色的物流系统。因此，应更加充分地利用物流产品和服务的差异化特性，集聚环境要素和资源要素，培育更具专业化特色和竞争优势的物流系统。

2) 物流基础设施

物流基础设施为物流系统运营提供了重要的保障条件。在宏观的物流系统控制环境中，物流基础设施网络结构的合理性，以及每一个网络节点上物流基础设施空间布局和时间衔接的合理性，都会影响物流系统运营的效率和效益。因此，应注重提高物流基础设施网络结构、空间布局和时间衔接的合理性，形成物流基础设施资源优化配置的环境。

（1）物流基础设施网络结构。物流基础设施网络结构作为物流网络的骨架，支撑着整个物流网络的运行。如果物流基础设施网络结构合理，就会有效支持多式联运、公共资源循环利用、正逆向物流集成等，为物流系统提供低成本的运营环境。因此，应采取有效措施实现物流基础设施优化配置，形成一个结构优化的物流基础设施网络。

（2）物流基础设施空间布局。在一个具体的网络节点上，物流基础设施资源的集聚有助于提高该节点的吞吐能力。以集疏运平台为例，它集聚了公路、铁路、水路等多种运输方式的基础设施资源，如果空间布局合理，就有助于提高集疏运平台的整体运营效率。因此，应注重优化物流基础设施空间布局。

（3）物流基础设施时间衔接。实现物流基础设施网络结构、空间布局合理化的目的，在于有效提高物流基础设施之间衔接的时间效率。如果物流基础设施之间缺乏有效的衔接、时效性不高，就会影响物流系统的运营效率。因此，在物流基础设施网络结构、空间布局合理化的基础上，应注重培育时间衔接优化的环境。

3）物流信息系统

在宏观的物流系统控制环境中，物流信息系统成为物流系统正常运营的重要资源保障。如何借助物流公共信息服务平台为物流系统每一个成员、每一个环节创建一个信息充分共享与交流的环境，已经成为物流系统环境控制的新目标。因此，在控制过程中应注重物流信息共享能力和信息更新能力的提升，以维持物流公共信息服务平台的有效运行。

（1）物流信息系统信息共享能力。物流公共信息服务平台提供了一个信息共享与交流的环境，只有物流系统及其服务对象的信息能够充分共享，才能真正获得信息共享带来的价值增值。因此，应创建物流系统及其服务对象信息共享的环境，有效地提升物流系统每一个成员、每一个环节与服务对象之间的信息共享能力。

（2）物流信息系统信息更新能力。物流公共信息服务平台的运行效率和效果还与信息更新能力有关。如果物流系统及其服务对象的信息能够及时更新，共享与交流的信息价值将会进一步得到提升。因此，物流系统应完善信息更新机制，确保每一个成员、每一个环节和每一个活动的信息能够及时得到更新。

4）物流客户群

物流客户群是宏观的物流系统控制环境中最原始的动力源，也是任何一个物流系统不可或缺的重要战略资源。物流系统为了扩展自己的生存发展空间，必须充分了解自己的服务对象——物流客户群的基本特性、需求及其变化，协调与控制好自己与物流客户群之间长期维系的和谐共生的生态环境。

（1）物流客户群细分。不同的客户群具有不同的物流产品和服务需求，与不同的物流系统相衔接。为了更加准确地定位自己的服务领域，物流系统应进行物流客户群细分，锁定某一特定的目标客户群，在差异化战略指导下，以有限的资源更好地满足特定的客户群需求，培育自己独特的竞争优势。物流客户群细分步骤如图 6-13 所示。

（2）物流客户群变化。物流客户群本身就是一个存在于某一特定时空结构中的松散群体，客户群具有的动态性不仅表现在客户成员的更迭上，而且表现在客户需求的变化上。因此，物流系统必须增强自身的柔性，及时准确地把握物流客户群的变化，及时调整与之相适应的资源、能力，更好地满足客户群的需求。

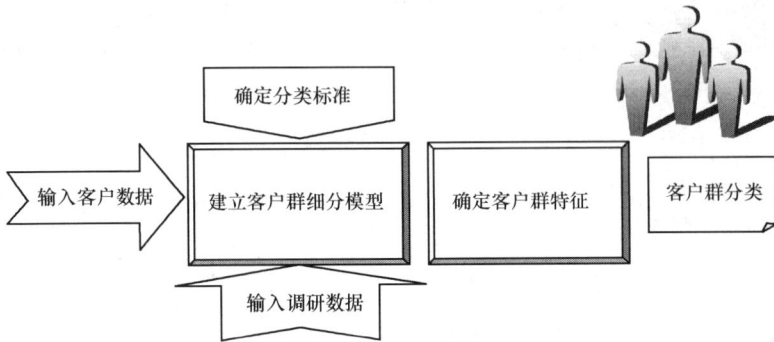

图 6-13　物流客户群细分步骤

5）供应链

供应链不仅是物流资源要素聚集的环境，而且也是物流系统孕育成长的环境。供应链借助集聚的资源要素，成为资源衍生、能力孵化和竞争力培育的场所。孕育其中的物流系统，必须充分了解供应链带来的资源要素集聚效应和协同效应，才能更好地支持和保障供应链运营。

（1）资源要素集聚效应。物流产品和服务、物流基础设施、物流信息系统、物流客户群等资源要素的集聚，为物流系统生存发展提供了所需要的资源，使物流系统的生存环境从资源约束转化为资源溢出，从而形成资源要素的集聚效应。物流系必须充分利用供应链带来的资源要素集聚效应，在提供物流服务的过程中快速成长。

（2）资源要素协同效应。供应链资源要素集聚效应只是解决了资源可得性问题，并没有充分发挥每一个资源要素的优势和作用，为此，物流系统必须充分挖掘资源要素协同效应，充分发挥每一个资源要素的优势和作用，降低资源要素之间的内耗，以物流资源要素之间协同运营的方式，保障供应链正常运营。

宏观的物流系统环境控制，分别从环境要素视角和资源要素视角，充分挖掘了环境要素和资源要素的作用和影响，为保障物流系统正常运营创造了条件。

6.4　物流系统过程控制

众所周知，有关系统的观念和实践早在 2000 年前的中国和欧洲即已出现，但是系统作为一门现代科学却起源于近代自然科学技术的成就。系统过程控制理论与实践，也是一个曾在 20 世纪对人类社会生产和生活产生重大影响的科学领域。从本质上讲，物流系统过程控制就是系统过程控制理论在物流系统中的具体应用与实践，所以它具有系统过程控制理论的一般特征。

6.4.1　基于看板的企业物流系统过程控制

在微观的企业物流系统中，为了确保物流系统运营过程始终处于受控状态，可以引入看板管理思想，对直接或间接影响物流服务水平的关键因素进行实时监控。看板管理是准时制生产最重要的组成部分，它已经成为一种控制现场生产流程的工具。因此，看板管理也应该成为企业物流系统过程控制的工具。

1. 看板的种类和作用

看板，意译为"信号或指示器"，原意指可视化记录、卡片或标签等（Naylor et al. 1999）。从狭义上讲，看板是生产信号的传递工具；从广义上讲，看板用于表示拉动式生产管理方式，是一种生产计划和物料控制技术。看板的本质是在需要的时间、按需要的数量对所需零部件发出生产指令的一种信息媒介体，实现这一功能的形式多种多样。实际上，看板的形式并不局限于记载有各种信息（通常包括看板编号、零部件号码、产品名称、制造编号、容器形式、容器容量、移送地点和零部件外观等）的某种卡片形式。例如，在丰田公司的工厂中，小圆球、圆轮、台车等均被用作看板。近年来，随着计算机普及程度的提高，计算机屏幕被以看板的形式设置在各个工序上，有效提高了企业物流信息共享与交流能力。

1) 看板的种类

看板可以分为生产看板、传送看板和临时看板三大类（图 6-14），其中生产看板包括工序内看板和信号看板，传送看板包括工序间看板和外协看板（杜战其2005）。

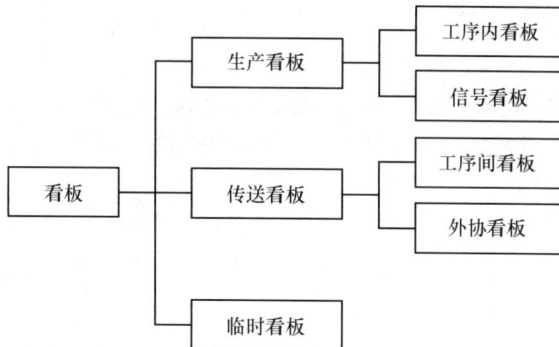

图 6-14　看板的种类

资料来源：杜战其 . 2005. 看板管理在 JIT 生产中的应用分析 [J]. 科技情报开发与经济，15（20）：210-212.

（1）工序内看板，指在工序内部加工时所使用的看板，主要用于装配线以及生产多种产品也不需要实质性的作业更换时间（作业更换时间接近于零）的工序，如机加工工序等。

（2）信号看板，指用于记载后续工序必须生产和订购的零部件的种类和数量的看板，主要用于批量生产的工序之间，如树脂成形工序、模锻工序等。信号看板挂在成批制作出的产品上，当该批次产品的数量减少到基准数时摘下看板，送回到生产工序，然后生产工序按该看板的指示开始生产。从零部件出库到生产工序，也可应用信号看板指示配送。

（3）工序间看板，指企业内部后工序到前工序领取所需零部件时所使用的看板，主要用于传送工序间的需求信息。典型的工序间看板形式，如前工序为零部件生产线，后工序为零部件装配线，后工序所需要的零部件就可以根据看板到前工序领取。

根据栗贺友和郝建男（2003）的研究成果，在基于看板管理的生产流程中，工序内看板和工序间看板的应用如图 6-15 所示。

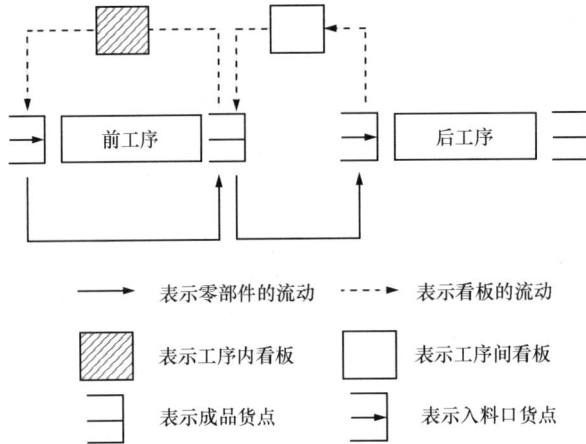

图 6-15　工序内看板和工序间看板应用示意图

资料来源：栗贺友，郝建男 . 2003. 看板管理在企业的应用 ［J］. 工业工程与管理，（2）：62-66.

（4）外协看板，指针对外部协作厂商所使用的看板，主要用于记载协作厂商名称、进货时间、进货数量等信息。外协看板与工序间看板类似，只是前工序的主体是外部的供应商，通过外协看板可以从最后一道工序慢慢往前拉动，直至外部协作厂商。可见，外协看板有助于企业与外部协作厂商在准时制生产过程中实现协同。

（5）临时看板，指在设备保全、设备修理、临时任务或加班生产时所使用的看板，主要用于完成非计划内的生产或设备维护等任务，因而灵活性比较大。

2）看板的作用

无论是生产看板、传送看板，还是临时看板，都可以在信息指示、制造过剩控制、可视化管理、工序和作业改善、降低管理成本等方面发挥作用（孙东 2008）。在企业系统中，为生产系统提供物流服务的物流系统，可以在看板的作用下实现物流系统的时间控制、成本控制和质量控制。

（1）时间控制。在准时制生产目标的驱动下，借助看板这个可视化管理的工具，不仅可以及时了解物流系统满足生产系统的状况、物流系统与生产系统的协同状况，而且可以及时发现工序进展的快慢。例如，如果在制品看板没有按时间存放于在制品看板箱里的话，就表示后工序的生产发生了延迟；如果比预定时间早早地存放了过多的看板，就证明后工序的生产速度提高了。因此，企业物流系统可以依据这些看板的信息指示控制物流系统传送的速度。

电子看板的广泛应用（Wan and Chen 2008），有助于在准时制生产过程中指示物流系统运营的节奏，涉及传送时间、传送地点、传送数量等信息，从而形成一个周密细致的运营计划。在看板的作用下，物流系统和生产系统能够建立一个良好的协作-协调-协同机制，共同支持准时制生产过程。

（2）成本控制。在看板的作用下，准时制生产有效地控制了所有工序的生产节奏，有助于实现最小化在制品量和库存量、最大化产品价值的系统控制目标，实现生产周期与销售周期的同步，即通过看板控制能防止过度生产。在准时制生产系统中，通过看板不仅前工序和后工序之间实现了协同，而且生产系统和物流系统之间实现了协同，从而控制生产多于销售量的物品，防止出现浪费。

在精益管理思想和准时制生产方式指导下，物流系统的运输、储存、包装、装卸搬运、配送、流通加工、信息处理等基本功能活动与生产系统协作-协调-协同运营，不仅有效降低了运营成本和管理成本，而且有效避免了物品积压、资金占用等过度生产造成的浪费。可见，看板提供了生产系统和物流系统协同降低运营成本的途径。

（3）质量控制。作为一个可视化工具，看板提供了在客户需求驱动下微调计划和控制进度的方法，特别是改善现场工序和作业环境的方法。计划进度调整和现场环境改善的目的，都在于完善质量管理体系，提高生产率、产品质量。与此同时，也有助于提高物流质量控制能力，从而提高物流系统的服务质量和服务水平（Hou and Hu 2011）。

在提高客户满意度动力驱动下，物流系统可以通过看板以规范化、标准化的物流服务确保产品质量和服务质量。可见，看板集成了一个连接多产品、多工序、多作业的质量管理体系，搭建了一个企业内部生产系统与物流系统协同保障产品质量的平台。

2. 看板管理的内涵和特点

1）看板管理的内涵

看板管理（KANBAN management）是日本丰田生产方式的管理工具，它产生于日本丰田汽车公司为寻求准时制生产、彻底消除无效劳动和浪费的指导思想下。看板管理已经成为一种工序内部或前后工序之间物流、信息流传递的方式，一种可视化的管理工具。实行看板管理的根本目的在于提高生产系统各工序之间衔接的效率，消除无效劳动和浪费，有效地控制生产节奏。

看板管理产生于生产流水线环境，在客户需求转化的生产计划拉动下，从生产系统的最后一道工序逆向传递看板，直至原材料采购环节，严格按期量标准控制生产过程、控制在制品合理流动，使整个生产过程更加协调有序。看板管理工具的应用不仅有助于控制生产节奏、消除浪费、保障产品质量，而且控制了物流时间、物流成本和物流质量。

在传统的生产系统中，每一道工序都是由生产计划推动的，为生产系统提供物流服务的物流系统也在生产计划的推动下运营。图 6-16 描述了一种推动式生产管理方式，生产计划推动着生产系统和物流系统运营。然而，准时制生产却是一种拉动式生产管理方式，它需要借助看板的可视化管理能力传递信息。

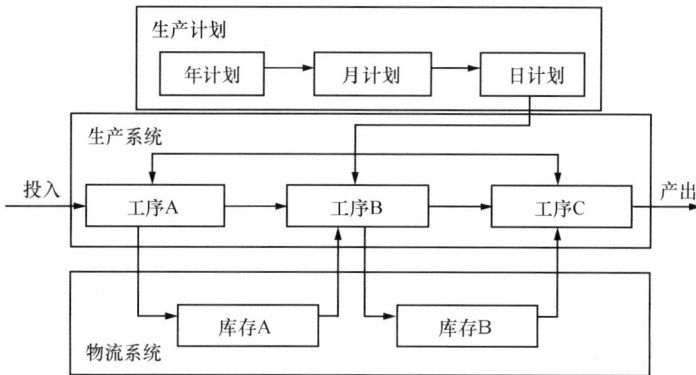

图 6-16　推动式生产管理方式

基于看板管理的生产方式只需要对最后一道工序下达生产指令，不像推动式生产管理方式那样将主生产计划按照物料清单分解到每一个工序和原材料采购环节。如图 6-17 描述了一个基于看板管理的拉动式生产管理方式的流程，在看板的作用下，生产系统和物流系统集成运营。

看板管理是为了实现精益管理思想和准时制生产方式而形成的一种管理工具，它并不是管理体系中的"灵丹妙药"。如果希望基于看板管理的生产管理方式能够真正发挥作用，一方面需要结合具体的管理思想和管理方式；另一方面需要一个持续的改进过程（刘聪 2013；曹文静 2012）。

2）看板管理的特点

看板管理奠定了精益生产方式的基础，为实现准时制生产提供了一种可行的管理工具，它不仅能够有效地调节和控制生产系统，使其在必要时间生产出必要

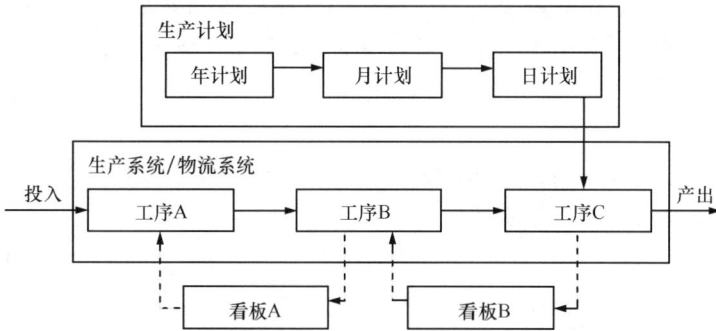

图 6-17　拉动式生产管理方式

数量的必要产品，而且能够支撑物流系统实现时间控制、成本控制和质量控制，实现生产系统和物流系统的协同运营。因此，凭借看板提供的清晰、明确的可视化管理能力，看板管理呈现如下特点：

（1）在看板管理方式下，不需要将主生产计划按照物料清单分解到每一个工序和原材料采购环节。客户需求转化的生产计划只下达给最后一道工序，借助看板的可视化管理能力由后工序向前工序传递信息、领取原材料，拉动生产系统运行；其他工序仅需要了解每月大致的生产品种和数量计划，以此为基准安排自己的作业计划。

（2）在看板管理方式下，必须依据看板信息调整生产。这不仅改变了传统的根据预测制订生产计划、组织生产的推动式生产管理方式，而且在执行由客户需求转化的生产计划时必须根据后工序看板发出的信号调整生产，即生产什么、何时生产、生产多少及何时进行生产切换必须严格按照看板给出的信息执行，而不是原定的生产计划。

（3）在看板管理方式下，必须严格遵守操作规则和规范。针对看板管理方式，已经建立了一个清晰、明确的规则体系，经过培训后掌握规则的操作人员，知道当生产出现问题时，他们应该采取何种解决方案、解决问题的步骤，以及应该向谁请求支持和帮助。

因此，对于基于看板的生产流程来说，必须遵守一定的原则，即只生产客户（后工序）需要的产品，绝不超出客户的需求；只根据客户发出的生产指示进行生产，绝不自行组织生产（杨连娜 2008）。只有这样，才能力求做到在必要时间生产出必要数量的必要产品。

3. 看板管理的运行规则

在企业生产系统中，尽管基于看板的生产方式会因产品特性、生产条件的不同而不同，但是它们的基本原理是相同的，都需要建立一个完善的基于看板的企业物流系统过程控制体系。在准时制生产方式中，看板管理形成了一系列独具特色的运行规则，如看板只能来自后工序、前工序按收到看板的顺序进行生产等。因此，看板管理操作必须严格遵守运行规则，否则就无法收到应有的效果。概括地讲，看板管理操作应遵守如下运行规则（王哲 2009；Golińska et al. 2010；Diaz and Ardalan 2010）：

（1）看板必须和实物在一起。无论是生产看板还是传送看板，在使用时，必须附在装有原材料、半成品等的容器上。

（2）要使用标准容器，不允许使用非标准容器或者虽使用标准容器但不按标准数量放入，从而减少搬运次数和降低周转时间，并防止损伤原材料、半成品等。

（3）前工序只能生产取走的部分。前工序应该只生产足够的数量，以补充被后工序领取的原材料、半成品等。

（4）没有看板不能生产也不能搬运。必须由需方到供方工作地凭传送看板提取原材料、半成品等或者由需方向供方发出信号，供方凭传送看板转送原材料、半成品等。简言之，要按照需方的要求传送原材料、半成品等，没有传送看板不得传送原材料、半成品等。

（5）看板数量影响库存量。应用看板管理能够降低库存量，但是库存量与看板数量有关，因此应采取更加科学的方法计算系统应该采用的看板数量（Widyadana et al. 2010；Aghajani et al. 2012；Faccio et al. 2013），以降低在制量、库存量，有效地避免浪费。

（6）在微观环境存在推动式生产管理方式。在看板管理模式下，整个生产系统采用拉动式生产管理方式，但是在微观的车间环境中可以采用推动式生产管理方式，以实现大批量生产和个性化生产方式的融合（Mueller et al. 2012）。

（7）不良品不送往后工序。在生产过程中，一旦发现次品必须停止生产，必须找到不良品送回前工序，不能送往后工序，但是可以根据是否可修复进行分类处理（Aghajani et al. 2012）。

（8）看板管理方式应满足需求变化。在生产计划执行过程中，允许根据市场需求变化、生产节奏变化动态调整生产，形成能够依照看板信息执行生产、调整生产的管理方式。尽管传统的准时制系统是为具有稳定生产计划的大规模生产系统设计的，但是可以设计适应看板和产能控制系统来应对生产需求不稳定的变化（Marand et al. 2013）。

4. 看板管理的应用

看板管理提供了一种企业生产系统和物流系统协同运营、过程控制的方法，它已经在汽车、钢铁、家电、医药等行业获得了广泛应用，并随着供应链管理思想的发展延伸到了供应链管理领域。

1）看板供应链管理模式

在企业内部，看板管理生产方式以看板为载体进行前后工序物流或信息流的传递，在供应链环境中，生产加工单元扩展为供应链成员之间的工序（于海江等2003），也同样需要一种能够将供应链成员的生产加工单元联结成一个有机整体的信息交换工具，以实现供应链成员之间的信息共享与交流。

在客户需求驱动下，经供应链成员的协商，由供应链主导型成员协调制定包含销售与运营计划和主计划排程在内的供应链主资源计划，并下达生产指令给负责最终产品生产的供应链成员，如图 6-18 中的供应链成员 4。借助图 6-18 所示的供应链信息交换工具，供应链成员就可以根据下游成员的需求适时、适量地安排生产，尽可能消除库存并减少由此带来的浪费。问题的关键在于如何才能构建一个基于看板的供应链信息交换工具。在供应链环境中，可以采用电子看板作为信息交换的工具。

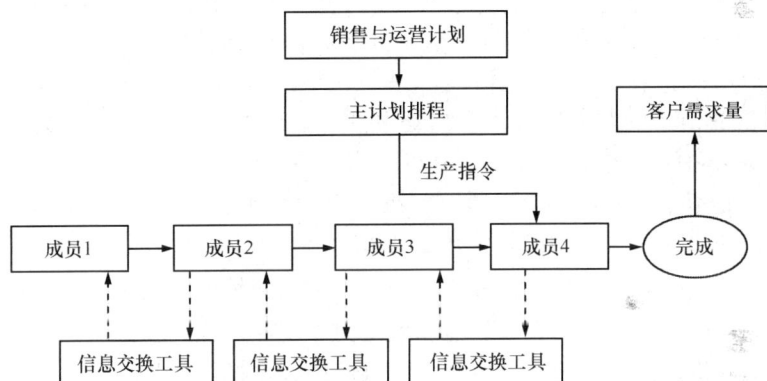

图 6-18　供应链信息交换工具

图 6-18 展示了一个在单一供应链环境中以看板作为信息交换工具的模式，那么多供应链环境中基于看板的供应链管理模式又是怎样运行的？参照赵静（2008）的研究成果，图 6-19 展示了一个基于看板的多供应链管理模式，可以视为一个装配供应链系统。例如，生产小汽车的六缸发动机，发动机是一条主线，连杆、气缸、活塞、曲轴等零部件是在支线中生产的，当组装发动机时，这些零部件会在总装配线（主线）上完成装配。

比较图 6-18 和图 6-19 可知，无论供应链系统是简单的单一供应链还是复杂的多供应链，基于看板的供应链系统采用拉动式生产管理方式。在客户需求驱动下，供应链成员协调制定包含销售与运营计划和主计划排程在内的供应链主资源计划，并下达生产指令给负责最终产品生产的供应链成员，从下游开始拉动供应链进行生产。

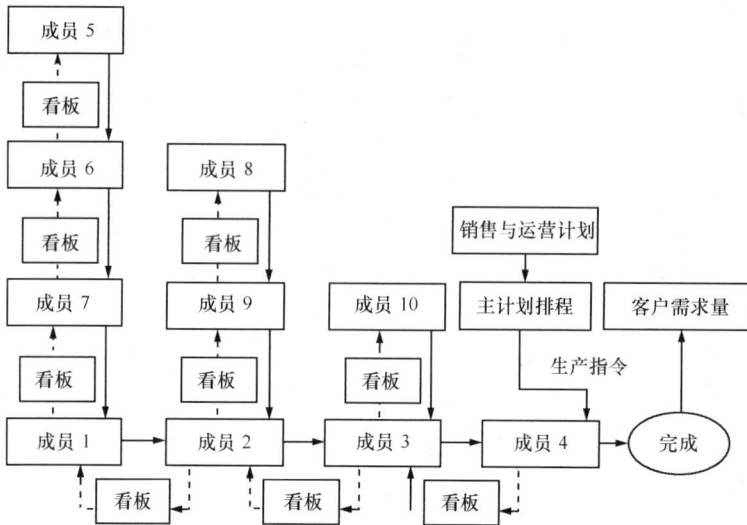

图 6-19　基于看板的多供应链管理模式

如图 6-19 所示的装配供应链系统是由处于总装配线（主线）上的多阶段看板供应链系统和处于支线上的单一看板供应链系统组成的，支线在供应链成员1、成员 2、成员 3 处加入总装配线（主线）。基于看板的装配供应链系统的目标，是通过总装配线（主线）完成最终产品的生产，每一条支线在必要时间向总装配线（主线）提供必要数量的必要零部件。在整个装配供应链系统中，需要所有供应链成员相互配合、协同运营，才能有效避免出现库存积压或短缺。

在一个多供应链环境中，尽管每一个供应链成员都需要具有有效的过程控制功能，但是总装配线（主线）仍是过程控制的关键环节。因此，需要借助看板管理实现生产系统和物流系统的协同运营，实现适时、适量的过程控制。

2）医院看板管理模式

我国典型的医院药品库存分三级——一级药库、二级药房和三级药柜。供应商配送的药品在经验收合格后被存放于一级药库，一级药库负责将药品送至医院门诊药房、中心药房、配置中心、手术室、急诊药房等二级药房。二级药房分别向各诊疗科、各住院区和各手术室供药。同时，在特殊情况下一级药库也负责向三级药柜临时配送药品。图 6-20 描述了一个三级库结构下的医院看板管理模式。

在医院看板管理模式中，药品流动是由患者需求拉动的。当下级药库需要补货时，将写明药品名称、数量等信息的传送看板置于指定地点，定期巡回的物流管理人员将传送看板送至相应的部门通知补货。医院看板系统拉动示意图如图 6-21 所示。

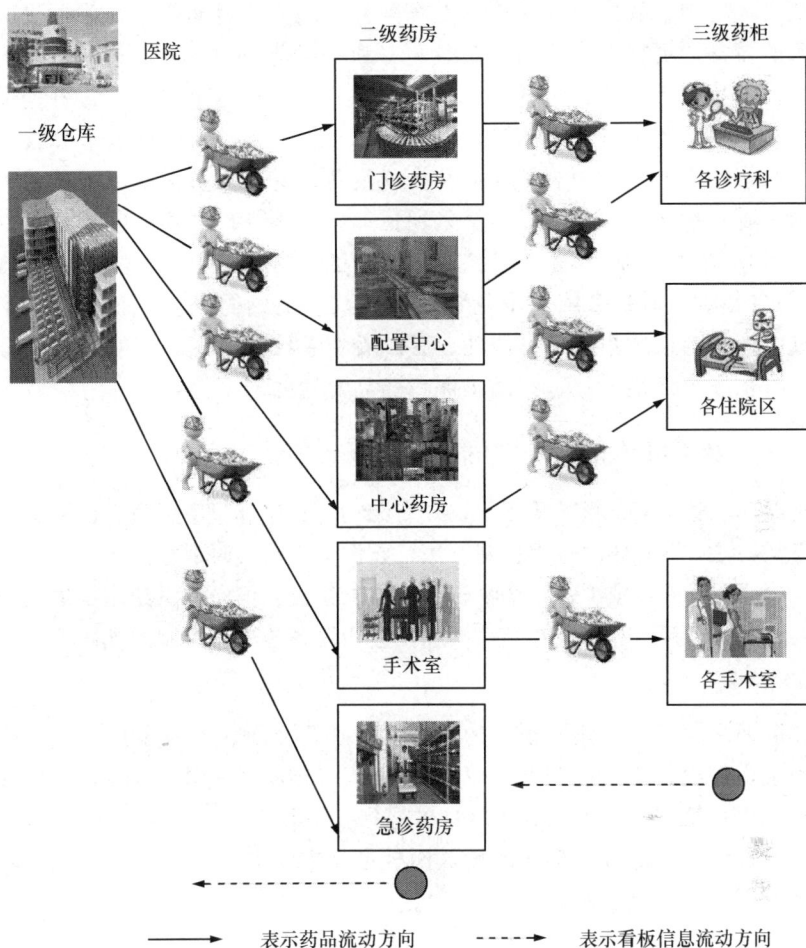

表示药品流动方向 ----▶ 表示看板信息流动方向

图 6-20 医院看板管理模式

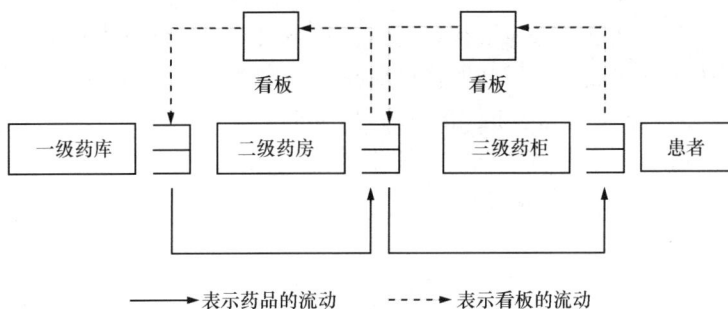

——▶ 表示药品的流动 ----▶ 表示看板的流动

图 6-21 医院看板系统拉动示意图

在现实环境中，我国三级甲等以上医院的药品流通量非常大，为了提高物流系统运营的效率，更好地满足医院二级药房和三级药柜的药品需求，可以通过历史数据分析挖掘每个部门、每种药品的日需求规律，将每个部门、每种药品的日需求量划分成基本需求量和动态需求量。从而，采用推动式配送管理和拉动式看板管理相结合的方式，兼顾规模效益和杜绝浪费，基本需求量采用推动式配送管理方式配送到每个部门，动态需求量采用拉动式看板管理方式由患者需求拉动。

电子看板有效集成了看板管理思想和信息技术（赵荣建 2010；方轩等 2009），不仅提供了看板系统与企业管理信息系统集成的机会，而且提供了看板系统与供应链管理系统集成的可能性。医院看板系统的应用，能够有效保证药品流通的及时性和准确性，并且有助于保障药品流通的安全性。

6.4.2　基于面板的社会物流系统过程控制

在宏观环境时空复杂性的驱动下，具有结构、关系和过程复杂性的社会物流系统迫切需要一种科学有效的过程控制方法，以便更好地实时掌控整个物流系统的运营状态。在社会经济系统中，社会物流系统主要集成在供应链系统中协同运营。因此，可以以供应链系统为研究对象来揭示社会物流系统过程控制的规律性。

1. 供应链面板的内涵

供应链面板集成了企业面板的功能，扩展了企业面板的应用范围。企业面板可以分为生产过程、生产控制、企业控制三类（Gröger et al. 2013），可以支持商务决策和工程决策（Hu et al. 2012）。在监测、一致性度量、沟通和规划目标的驱动下，成长在企业面板基础上的绩效面板思想方法进入了供应链管理领域，并成为一个可视化的控制工具。

1）供应链面板的定义和特性

供应链面板支持供应链绩效的监测、分析和管理（Strandhagen et al. 2006），可以以可视化的方式显示供应链运营过程的快慢节奏并支持决策。供应链面板类似于汽车驾驶舱，可以将供应链系统的运营状态以清晰的仿真方式展现出来，能够帮助管理决策者有效地把握和监视供应链系统出现的主要问题及其关键信息。

绩效面板（performance dashboard）是一个绩效管理系统，能够将组织战略转换为目标、标准、计划和客户化的任务，有助于战略目标的沟通并为管理决策者提供测量、监测和管理关键活动和过程的工具（Eckerson 2005；Strandhagen et al. 2006）。

随着信息技术、仿真技术的发展，绩效面板已经由一个类似汽车仪表仪盘的单一工具发展成为一个综合的管理控制平台，即由一个单纯显示关键绩效指标状况的个性化应用软件，逐步发展成一个能够进行溯源和情境分析的交互式企业决策支持系统，它构架在企业资源计划（enterprise resource planning，ERP）系统和商业智能（business intelligence，BI）系统等应用软件基础之上（Yigitbasioglu and Velcu 2012）。

供应链面板借鉴绩效面板的思想，为供应链系统过程控制及集成在供应链系统中的社会物流系统过程控制提供了一个可视化控制的工具。参照 Strandhagen 等（2006）的研究成果，供应链面板具有如下特性：

（1）可以结合绩效、诊断和控制的三类指标描述供应链运营状态，以揭示微观环境的企业价值链和宏观环境的社会价值链具有的一对多和多对多的复杂结构。

（2）以可视化的方式支持供应链运营状态监测、分析和管理，有效地加快了状态识别和决策的速度。

（3）具有产品追溯和信息聚集功能，能够动态展现供应链不同产品、不同成员在不同时空环境中的特性。

（4）包含可能性决策 what-if 分析的仿真功能，能够结合工作流和环境变化情况优化调整运营参数和控制指标。

（5）集成应用运营模型中的控制模型，有助于增强可视化供应链控制模型的综合控制能力。

2）供应链面板应用的好处

作为一个综合管理控制平台，供应链面板提供了一个成员间协作-协调-协同的"观察窗"。借助这个具有指挥、引导、示范作用的"观察窗"，供应链成员、社会物流系统成员应用供应链面板可以获得如下好处：

（1）为清晰地观察宏观供应链成员之间的关系和微观企业系统设备之间的状况，提供了一个具有较高水平的实时监测方法。

（2）从供应链整体的视角（不同于单一供应链成员的视角）监测、分析和管理整个价值链的整体绩效，全面覆盖了这个跨行业、跨企业、跨地域的供应链系统。

（3）全程追踪和溯源供应链运营过程，全面提高了供应链系统的响应能力，从而加速了供应链运营状态的识别。

（4）信息共享取代了信息不对称，有力地支持了供应链成员的集成决策，如采购和生产控制决策，而且有效地提高了供应链决策效率。

供应链面板以直观、形象的"观察窗"展示着复杂的供应链运营过程和社会物流系统运营过程，为社会物流系统过程控制提供了一个可行的工具。

2. 供应链面板的应用

供应链面板所依托的面板技术，已经在商业领域、制造业和工程管理领域获得了应用，为绩效分析、过程管理和成本控制设计开发了一系列友好的软件平台。有关面板领域的应用研究主要集中在软件的人机界面设计，许多商业智能和经营管理软件已经开始应用可视化面板技术，显示便于掌握和监视经营管理状况的全景概貌，例如，2006 年德国斯图加特弗朗霍夫 IPA 研究所牵头开发的"企业驾驶舱"项目，就是用于解决企业的经营管理问题的。

在有效集成面板技术的基础上，供应链面板的应用领域正逐步扩展。如2006 年摩托罗拉公司（Motorola Inc.）针对全球供应链透明化管理的需要，开发了一套供应链流程可视化管理面板技术，以实现摩托罗拉公司对自身供应链系统整个流程的实时数据获取和监控；2009 年美国疾病防控应对库存追溯中心，针对 H1N1 禽流感开发的"基于 SNS 的供应链面板"项目，将疫苗供应链和政府应急库存集成为面板形式进行可视化监控，包含疫苗在整个供应链上有效供给、实时订单和产能等关键环节的可视化显示，以辅助各环节应急决策；Naraharisetti 等（2009）针对石油炼化企业建立了一个供应链面板，有效提高了过程工业企业可视化运营管理能力和综合决策能力。

在进一步的研究中，供应链面板在供应链计划（Sawik 2009）、供应链关系演化（Esposito and Passaro 2009）和供应链决策（Adamides and Pomonis 2009）等方面获得了应用。Delen 等（2011）为了解决血液供应链血液库存消耗和变质问题，在 GIS 基础上集成应用面板技术，以可视化的方式用不同的颜色标识不同的状态，获得了很好的效果。

可见，供应链面板作为可视化管理的工具，已经获得了广泛的应用，在物流系统过程控制中也会发挥重要的作用。

3. 社会物流系统过程控制模型

应用供应链面板技术实施过程控制的重要基础，在于社会物流系统过程控制模型。过程控制模型是复杂运营模型中的关键模型，根据 Strandhagen 等（2006）的观点，它涵盖了六个不同的方面。在 Strandhagen 等（2006）给出的运营模型中，描述了六个方面的相互关系（图 6-22）。在运营模型中，过程控制模型、资源、原材料、信息、流程和组织之间应该是协同运营的。

由图 6-22 的运营模型可见，过程控制模型、资源、原材料、信息、流程和组织都是系统重要的控制要素，因此，在开展基于面板的供应链系统过程控制时，不仅需要深入分析、刻画和展示每一个要素的运营模型，而且需要在供应链面板中能够清晰地展现六个要素之间的内在联系。当然，不同的供应链各个要素及其关系是不同的。

在图 6-22 描述的供应链运营模型中，包含了物流、信息流和资金流，同样可以应用供应链面板以可视化的方式显示物流系统运营模型及其重要的控制要素，在物流系统与供应链系统协同运营过程中实现过程控制。在社会物流系统过程控制模型中，还应该包含产成品在供应链成员间的流动，如同原材料要素。因此，宏观环境的基于面板的物流系统运营模型包括控制模型、资源、原材料/产

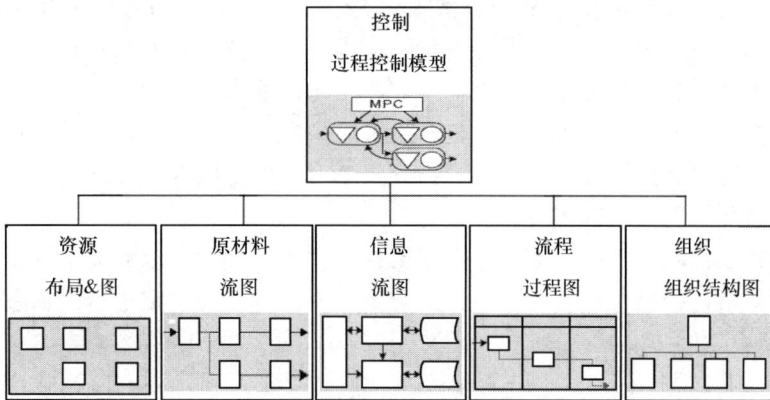

图 6-22　运营模型

资料来源：Strandhagen J O，Alfnes E，Dreyer H. 2006. Supply Chain Control Dashboards ［C］．

Proceedings of the Seventeenth Annual Conference of POMS，April 28，2006 to May 1，2006.

成品、信息、流程和组织等控制要素。

为了能够更加深入地揭示控制模型的结构、功能和行为，图 6-23 描述了一个制造企业控制模型（Strandhagen et al. 2006）。尽管模型是以流程要素为重心的，如模型清晰地显示了客户订单分离点（customer order decoupling point，CODP）的位置，它是供应链中产品的生产从基于预测转向响应客户需求的转折点（范志强和庄佳芳 2006），但是从模型中也能够感受到其中所蕴含的资源、原材料/产成品、信息和组织等要素信息及其关系。

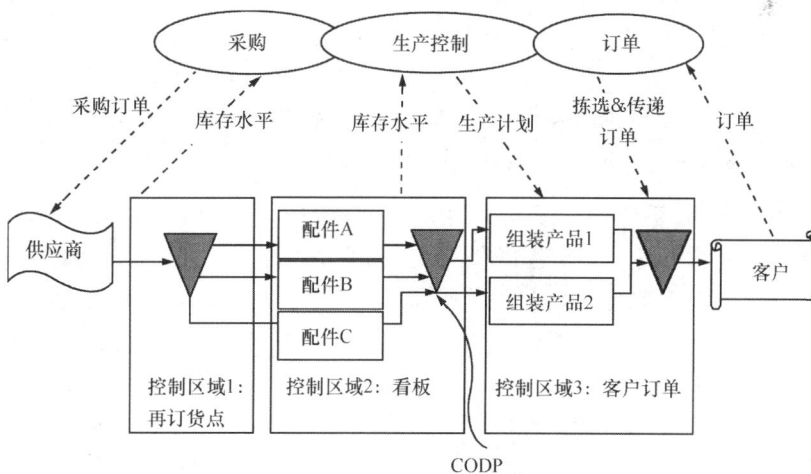

图 6-23　制造企业控制模型

资料来源：Strandhagen J O，Alfnes E，Dreyer H. 2006. Supply Chain Control Dashboards ［C］．

Proceedings of the Seventeenth Annual Conference of POMS，April 28，2006 to May 1，2006.

在制造企业控制模型中有三个控制区域，它们分别对应着企业价值链的采购、生产和销售环节。每个环节控制能力的高低，不仅影响着每个环节价值增值能力的大小，而且影响着整个系统满足客户需求的能力。

（1）控制区域1：通过再订货点的控制，有效地控制了企业向供应商的采购行为，使采购订单量和库存水平均保持在一个合理的范围内，实现对企业资源要素和原材料要素的管理和控制。

（2）控制区域2：通过看板，能够更好地协作-协调-协同系统中的信息、流程和组织要素，控制库存水平，更好地进行客户订单分离点定位，从而使产品生产流程更加科学合理。

（3）控制区域3：通过客户订单控制产成品要素，提供了有效衔接市场客户需求节奏和企业生产节奏的渠道，有助于更好地拣选和传递订单，更加科学合理地安排生产计划，从而更好地满足客户需求。

尽管三个控制区域处于不同的环节，而且可以进一步细化并体现控制的层次性，但是控制区域之间是相互衔接、相互贯通的，并且应该是和谐一致的，能够综合反映制造企业系统控制的基本需求。

图6-23描述了一个微观环境的制造企业控制模型，其中的物流系统可以采用推动式配送管理和看板管理相结合的方式。在客户订单分离点之前可以采用推动式配送管理，客户订单分离点之后采用客户订单驱动的看板管理。可见，看板和面板已经在制造企业的物流系统过程控制中实现了集成应用。

4. 看板和面板集成应用

在社会物流系统过程控制领域中，微观环境的看板和宏观环境的供应链面板提供了可视化控制的工具，它们不仅可以作为过程控制，即事中控制的工具，而且是事前控制、事中控制和事后控制的综合工具。为了更加清晰地了解看板和面板技术，以下将以药品供应链为例介绍看板和面板集成应用的方法。

1）药品供应链可追溯性的要求

在药品供应链系统中，从特色原料药（active pharmaceutical ingredients，API）制药商到制药商、重新包装商，经运输后到批发商和第三方物流公司的物流配送中心，再配送到零售药店、诊所和医院。与此同时，如果已经进入流通领域或市场上的药品出现质量安全问题，制药商将会按照规定的程序收回已上市销售的存在质量安全隐患的药品。图6-24描述了医药行业药品供应链的整个过程，每一个成员都是必不可少的，都承担着保障药品质量安全的重要使命。

由于药品直接关系着人类的健康与生命安全，所以要求药品供应链必须具有可追溯性，即具有追踪（tracking）和溯源（tracing）能力。药品供应链可追溯性综合反映了供应链系统发现缺陷药品的能力，能够解决药品从哪里来、到哪里去的问题，药的批次可追溯性和识别药品供应链中的任何对象，从而构筑防范

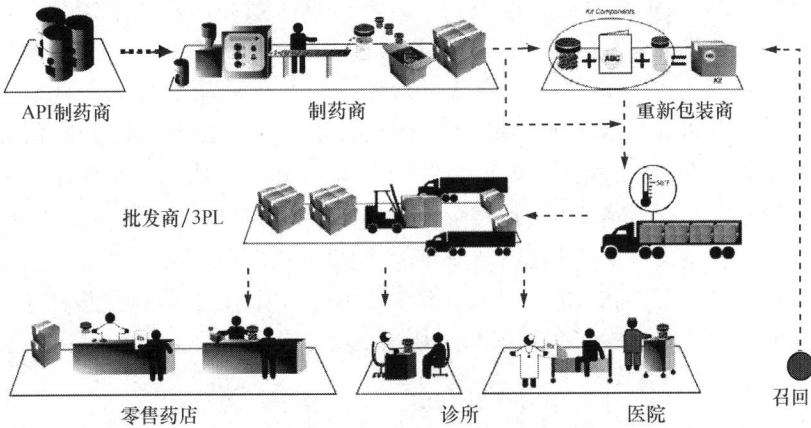

图 6-24　医疗行业药品流通流程一览

资料来源：Beeny R. 2010. Supply chian visibility in healthcare：Beyond the dashboard. Hospital & Healthcare Management，1（1）：28-36.

假冒伪劣药品进入合法流通渠道的标准体系和运营机制。药品供应链可追溯性的要求，为保障"患者安全风险最小化"的药品供应链设计思想提供了可行的方法。在图 6-25 中描述了药品供应链的可追溯性，可以追踪药品从 API 制药商到医院的过程，以及溯源零售药店、诊所和医院中的药品可能的来源渠道。

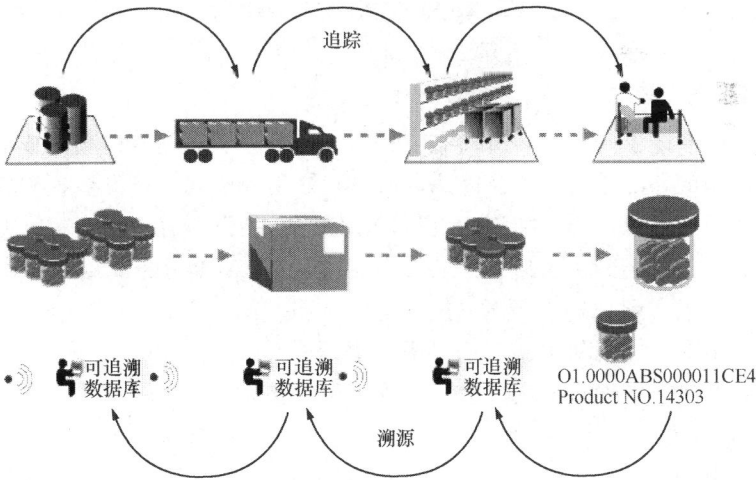

图 6-25　药品供应链可追溯性

资料来源：Beeny R. 2010. Supply chian visibility in healthcare：Beyond the dashboard. Hospital & Healthcare Management，1（1）：28-36.

医院和零售药店并不是药品追溯的终点或起点。为了实现"患者安全风险最小化"，需要能够追踪到每一位患者。一旦某一批次药品出现质量安全问题，能够及时通知相关患者、实施药品召回。我国医院是药品流向患者的主要渠道，但是由于我国目前尚未实现所有的药品条码化，一些药品缺乏有效的药品单元标识，致使医院难以实现从医院到患者的药品追踪。为了提高医院药品的可追溯性，赵林度等（2013b）引入"时间窗"（time window）概念，将时间窗概念由静态推及动态，从医院各二级药房药品批次时间窗观测某批次药品的流动状态，将时间窗与批次信息、患者信息对应起来，即可实现医院到患者的药品追踪。基于时间窗的药品追踪方法（图 6-26）（赵林度等 2013b），既降低了应用 RFID 等技术追加的成本，也减少了加贴条形码所增加的工作量。

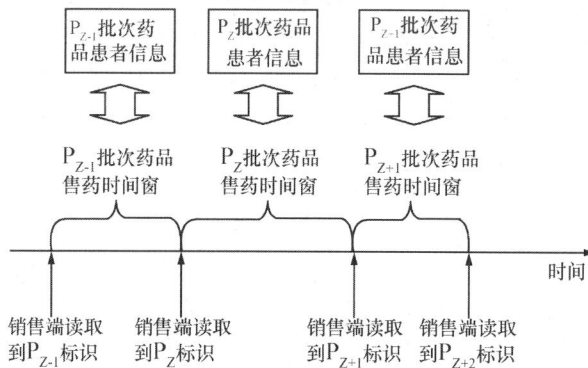

图 6-26　基于时间窗的药品追踪方法

2）药品供应链过程控制体系的设计

在药品供应链安全性和经济性需求驱动下，药品供应链可追溯性成为过程控制体系设计中的一项基本要求。因此，需要有效集成微观环境的看板和宏观环境的供应链面板这两个可视化控制的工具，以增强药品供应链过程控制能力。

在基于面板的药品供应链过程控制体系中，从 API 制药商到患者的正向供应链过程和从患者到 API 制药商的逆向供应链过程，不仅需要应用可视化的方式描述每一个成员之间的关系，而且需要揭示每一个成员内部复杂的控制过程，因此，需要在供应链面板的基础上集成看板技术。

图 6-27 描述了一个基于面板的药品供应链过程控制体系，借助供应链面板可以观察从 API 制药商到患者的整个药品供应链运营过程，点击相应的供应链成员节点，就可以进一步观察该成员从采购到销售的整个企业系统的运营过程，并且可以逐层展开，深入细致地剖析药品供应链运营过程，以便采取更有效的控制措施。图 6-27 展示了点击制药商后观察到的制药商的控制过程。

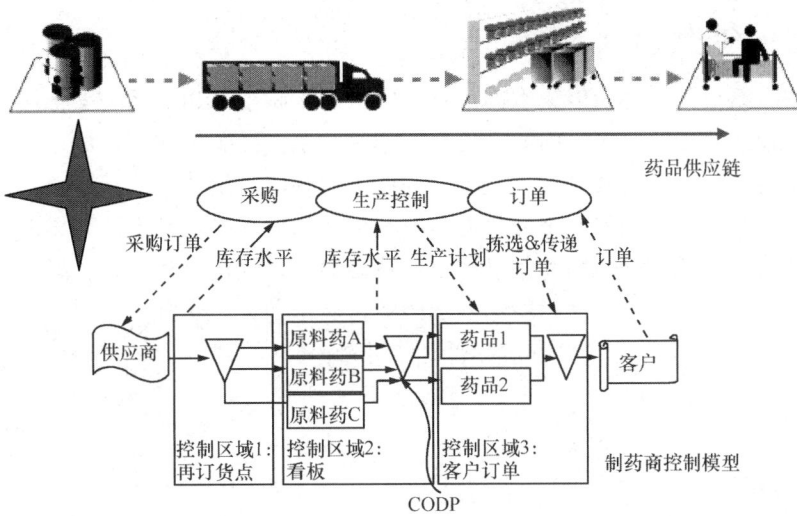

图 6-27　药品供应链过程控制体系

如图 6-27 所示，在药品供应链过程控制体系中有效集成了看板和面板技术，实现了微观和宏观不同层次控制技术的有机集成，有助于精益管理思想向供应链过程控制体系的渗透和应用。重新包装商、第三方物流公司等社会物流系统成员，作为药品供应链成员集成在药品供应链过程控制体系中为药品供应链提供物流服务，社会物流系统过程控制体系也内嵌于药品供应链过程控制体系中，遵循药品供应链可追溯性要求，建立和完善药品物流过程的可追溯体系。

在药品供应链体系中，如果点击社会物流系统成员，如重新包装商、第三方物流公司，可以获得类似于点击制药商后的效果，可以观察社会物流系统的控制过程。可见，基于看板和面板的社会物流系统过程控制，不仅能够结合绩效、诊断和控制指标，实现对整个社会物流系统宏观的监测、分析和管理，而且能够实现企业价值链环节具体控制区域内微观的物流过程的控制，从而更有效地提高整个社会物流系统的运营效率和效益。

物流系统环境控制和过程控制建立在物流系统绩效分析基础上。物流系统绩效强调的是整个物流系统及其服务对象的绩效，是所有物流系统成员及其服务对象协同运营所表现出来的整体效率和效能。物流系统绩效分析的目的，在于应用物流系统业绩和效率方面的综合评价结果来寻找物流系统运营过程中出现的问题和缺陷，以便采取更加有效的措施进行物流系统环境控制和过程控制，最大限度地保证物流系统运营目标的实现。

6.5　小结

在物流系统外部环境因素和内部自身因素的影响下，物流系统会产生运营偏差而影响预期目标的实现。因此，需要应用物流系统控制论体系中的控制方法对物流系统运营环境和运营过程进行综合控制。在物流系统绩效分析的支持下，微观的物流系统环境控制和宏观的物流系统环境控制等环境控制方法，以及基于看板的企业物流系统过程控制和基于面板的社会物流系统过程控制等过程控制方法的应用，能够更加有效地保障物流系统的运营质量和运营安全。

第7章　物流系统协调与协同控制

在新的市场经济环境下，产品的生命周期越来越短，市场竞争愈演愈烈，物流系统成员越来越专注于自己服务的核心产业，使物流系统成员的数量逐渐增多、环节间的依赖程度逐渐增强，不仅导致物流任务目标复杂化，而且使协调与协同控制成为物流系统运营管理中的一项重要工作。因此，为了提高整个物流系统的整体价值和能力，必须关注物流系统协调与协同控制问题。

7.1　概述

物流系统协调与协同控制问题，就是在满足一定约束的条件下，如何使社会物流系统和企业物流系统中相对独立的具有自主、自治、自利能力的成员、环节、流程，能够协作配合、协调运营、协同决策，共同完成物流系统总任务，实现物流系统效用最大化的总目标。

7.1.1　物流系统协调与协同控制的必要性

在整个社会经济系统中，由于系统之间、系统内部要素之间的相互关联性，物流系统演化成为一个典型的、需要协调与协同的系统。协调是均衡利益的需要、消除不确定性的需要，而协同是追求效用最大化的需要、提高客户满意度的需要。

1. 均衡利益的需要

在物流系统运营过程中，不同的成员、不同的环节等利益主体在各自目标的驱动下会产生各自不同的利益，为了维持整个物流系统的正常运营，需要采取有效的协调与协同控制措施协调彼此的利益。

从微观角度讲，企业物流系统的不同环节、不同流程之间具有各自的利益，例如，库存管理环节的经济订货批量和运输管理环节的经济运输批量之间，大批量运输可以实现批量经济、降低运输成本，但是却有可能带来库存持有量的增加、增加库存成本，如果不能很好地协调与协同控制库存管理和运输管理，将会给企业物流系统带来损失。

从宏观角度讲，社会物流系统是由不同利益主体构成的竞争与合作型系统，在各自利益冲突下竞争、在共同利益驱动下合作，不同的物流系统成员与不同的服务对象之间冲突的表现形式不同，例如，运输承运商与零售商之间，为了降低运输成本，运输承运商会选择一次运输尽可能多的货物，常常会增加零售商的库存成本；又如，分销商与生产商之间，生产商的优化目标是提高生产量，而生产量的提高会增加分销商的库存压力，增加库存成本（何慧 2006）。因此，如果不能协调与协同控制好运输承运商与零售商、分销商与生产商之间的关系，同样会给社会物流系统带来损失。

2. 消除不确定性的需要

在具有动态特性的物流系统中包含许多不确定性因素，这些因素成为影响物流系统正常运营的潜在因素，例如，客户需求波动导致客户订货量的变化、交通堵塞导致运输的延误等，物流系统不同成员、不同环节、不同流程之间有效的协调与协同控制有助于消除不确定性因素。

无论是从微观角度来说还是从宏观角度来说，如果能够通过协调与协同控制使物流系统成员、环节、流程间以合作代替竞争，相当于延伸了物流系统不确定性因素的管控范围、提高了管控能力，有助于共同消除物流系统中蕴含的不确定性，共同获取协调带来的收益。

3. 追求效用最大化的需要

在复杂的多主体、多环节物流系统中，每一个成员、每一个环节在各自利益最大化目标驱动下产生了合作共赢的意愿，成员间、环节间通过合作集聚资源和能力，不仅有助于维持各自的收益，而且有助于创造更大的合作效益。可以认为：物流系统的整体价值和能力产生于合作共赢的理念和运营过程之中。

在物流系统成员、环节合作过程中，集聚的资源和能力迫切需要实现效用最大化，从而创造更大的合作效益。物流系统协调与协同控制，有助于增强成员间、环节间的协作、协调和协同能力，实现资源和能力的效用最大化。

4. 提高客户满意度的需要

在物流系统客户满意度影响因素中，主要包含物流时间、物流成本、物流质量和物流资源四要素，由于物流系统自身因素和外部环境因素的影响，物流系统很难做到四要素都达到客户满意度的标准，物流系统不同成员、不同环节、不同流程之间有效的协调与协同控制有助于提高四要素达标的可能性。

在物流系统协调与协同控制过程中，资源和能力整合、资源和任务协调，以及战略层面的关系结构控制，有助于缩短物流时间、降低物流成本、提高服务质量、优化资源配置，从而改善四要素的运营状态及其关系，提升物流系统的客户满意度。

7.1.2　物流系统协调与协同控制的阶段

物流系统控制可协调性反映了各系统之间相互关联的结构和参数特征，且与各系统的能控性、能观性有关（赵林度 2007b）。按照演进逻辑，物流系统协调与协同控制可概括为三个阶段，即协作-协调-协同控制。

1. 物流系统协作控制阶段

在物流系统中，一方面，由于每一个物流系统成员自身的资源和能力都是有限的，都无法独立地应对市场上较大任务带来的机遇和挑战，只有彼此间相互合作，借助合作成员的资源和能力，才能更好地完成所承担的较大任务；另一方面，由于每一个物流系统成员都是一个独立的经济实体，它们客观上会追求各自利益的最大化，不可避免地会产生利益冲突和相互竞争。

在竞争与合作交织的复杂关系中，物流系统成员为了自身可持续的利益，会寻求相互间的组合搭配，这种协作的目的在于集聚合作成员的资源和能力共同承担较大任务，使物流系统整体的服务效率优于单一成员所能提供的物流服务效率之和，这种以合作为基础的资源和能力集聚形式就是物流系统协作控制阶段，协作控制重在控制物流资源和能力集聚的过程。

2. 物流系统协调控制阶段

当物流系统成员能够本着互惠互利、合作共赢的目标和原则，从全局利益出发将物流系统视为一个有机整体时，物流系统成员间的关系就从基本的竞合关系转向以双赢为基础的战略合作伙伴关系，从而更好地发挥成本优势、扩大市场份额，提高整个物流系统的价值增值能力，物流系统协调与协同控制进入第二个阶段，即协调控制阶段。

在物流资源和能力集聚的基础上，这一阶段重点控制基本要素在时间、空间、数量和质量上相互配合的自我调整过程，尽可能实现现有资源在任务之间的优化配置和合理利用，实现资源和任务的最佳组合。相对于协作阶段，物流系统协调控制阶段已经上升到了战术层面，协调控制的主要内容包括库存持有量、供货提前期、配送频率和配送时间等资源和任务的优化配置。

3. 物流系统协同控制阶段

物流系统协作、协调的目的在于协同，物流系统协同不仅注重系统内部自身资源优势，而且注重系统与环境变化之间的关系；不仅重视系统内部资源的优化配置和合理利用，而且重视系统外部资源的充分协调；不仅关注物流系统成员之间的协同，而且关注物流系统与相关系统之间的协同。在物流系统协调控制阶段形成的战略合作伙伴关系基础上，物流系统通过营造一种共同创造协同效应的文化氛围，协同控制物流系统成员之间的战略层面关系结构，持续优化由物流系统成员构成的网络结构，提高整个物流系统的整体价值和能力。

在物流系统协同控制阶段，各成员能够随着物流系统的整体目标而灵活地组织在一起、各尽所能，充分发挥每一个成员的最大优势从而实现整体效益最大化。物流系统协同控制已经上升到战略层面，协同控制的主要内容包括物流系统成员协同的范畴、物流系统与相关系统协同的绩效等战略层面关系结构。

物流系统协作-协调-协同控制，不仅反映了物流系统递进控制的阶段，而且综合反映了物流系统演化的阶段和层次，即从操作层面向战术层面和战略层面转化的过程，从战略合作伙伴关系萌芽阶段向成熟阶段和升华阶段推进的过程。本章将沿着协作-协调-协同控制的线索分析物流系统协调与协同控制内容（图7-1）。

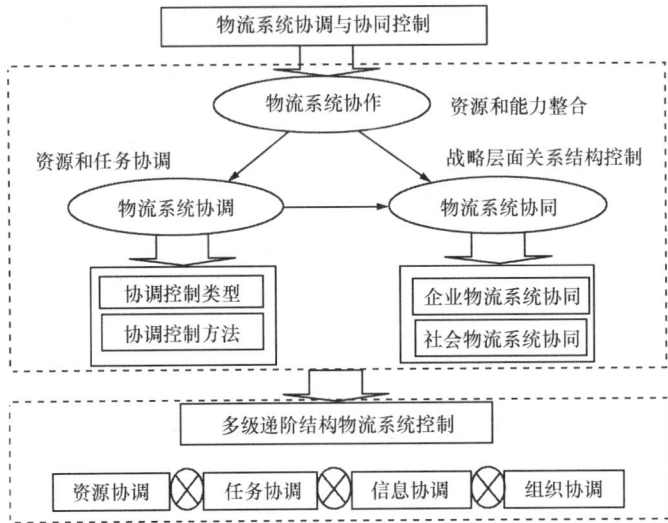

图 7-1　本章结构图

在"利益共享，风险共担"的合作目标驱动下，物流系统成员、供应链成员由协作-协调-协同逐步推进战略合作伙伴关系，从中衍生的物流系统协调与控制问题更加复杂，更加值得深入探索和研究，从而成为物流系统控制论体系的重要内容。

7.2　物流系统协调控制

协调是一种动态的调控过程。系统协调的基本思想，就是在减少系统负效应、增加正能量，提高系统整体输出功能和整体效应的目标驱动下，通过组织和调控方法寻找解决矛盾或冲突的方案，使系统从无序向有序转变从而达到协同或和谐的状态。物流系统协调控制就是通过对物流资源和任务的协调控制，提高整个物流系统的价值增值能力。

7.2.1　物流系统协调的基础

物流系统协作是物流系统协调控制的基础条件。物流系统成员为了提高物流效率，实现物流系统运营的合理化、整体利益最大化，在物流资源和能力集聚的协作过程中，形成相互信任、利益共享、风险共担的物流伙伴关系。物流系统协作范围，涉及成员间信息传递、需求预测、库存优化、运输配送、物流标准设定等。

1. 物流系统协作模式

作为物流系统协调的基础，物流系统协作已经注意到合作带来的收益，已经从单纯的竞争中走向合作。

1）物流系统协作模式的内涵

物流系统协作常以资源和能力集聚的形式展现出来，其中能力集成了任务、信息和组织等内容（图 7-2）。因此，物流系统协作模式的内涵可以从这四个层面进行挖掘。

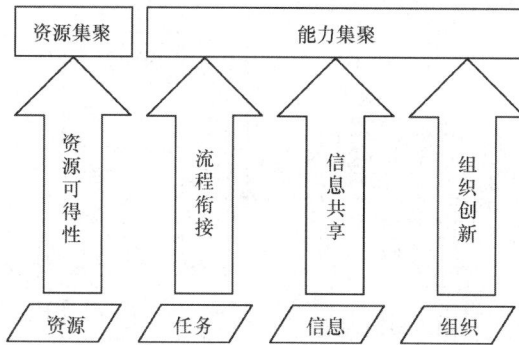

图 7-2　物流系统协作形式

（1）资源层面。在有限的物流资源约束条件下，物流系统成员以协作的形式提高资源的可得性，实现单一企业无法企及的资源集聚效应。可见，以资源集聚为目标的物流系统协作模式有效提高了资源的可得性。

（2）任务层面。面对需要有效协作的物流任务，如需要铁路、公路、水路等多种运输方式衔接的任务，如果在业务流程优化的基础上，能够使各环节衔接的流程更加紧密、更加流畅，那么整个物流系统的服务能力就会更强。可见，以任务分解、流程衔接等为目标的物流系统协作模式，从完成任务的效率上提升了物流系统的能力。

（3）信息层面。信息不对称的存在，影响了物流系统的正常运营。物流系统成员之间通过信息系统集成、信息共享与交流，不仅规避了信息不对称带来的风险，而且能够更快、更好地开展物流系统协作，更好地响应客户需求和变化。可见，以信息共享为目标的物流系统协作模式，从信息支持的角度提升了物流系统的能力。

（4）组织层面。在"利益共享，风险共担"的合作目标驱动下，物流系统成员协作的组织结构发生了变化，超越了传统的以付出和获得均衡为衡量标准的协作模式，向着更加彼此承担责任的协作模式转变。可见，以责任共担为目标的物流系统协作模式，从组织创新支持的角度提升了物流系统的能力。

2）物流系统协作模式的类型

在社会物流系统和企业物流系统中，物流系统协作可以分为垂直协作模式、水平协作模式和复合协作模式三种类型。

（1）垂直协作模式。物流系统成员在为服务对象——供应链提供物流服务的过程中，与供应链成员之间建立协作关系，根据资源、任务、信息和组织的需要动态调整自己的过程，以实现资源和能力的有效集聚。例如，以整合供应链成员的运输车辆资源、储存仓库资源等为目标的资源整合，可以更有效地提升物流系统的能力和水平。物流系统垂直协作模式如图 7-3 所示。

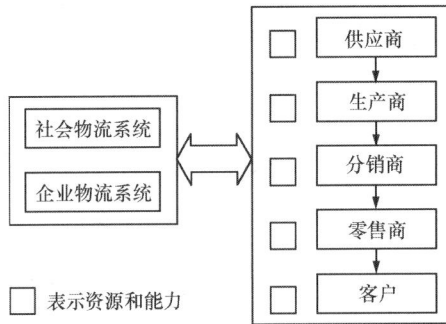

图 7-3 物流系统垂直协作模式

如图 7-3 所示，社会物流系统或企业物流系统能够与供应链成员以协作的形式，集聚自己所缺少的资源和能力，从而进一步提升物流系统的服务能力。

（2）水平协作模式。在物流系统运营过程中，为了突破资源和能力的瓶颈，充分整合物流系统各成员与各环节的运输车辆、储存仓库等资源，围绕物流共同化开展成员间协作，也称为物流共同化协作模式（图 7-4）。物流系统水平协作模式，主要分为物流中心共用型协作模式、直送型共同集配协作模式和中转型共同集配协作模式等。

如图 7-4 所示，社会物流系统或企业物流系统借助物流系统水平协作模式，有效集聚资源和能力，从而提升物流系统的竞争优势。

（3）复合协作模式。由于物流系统生存环境的复杂性，以及物流系统成员主体间协作的交叉性和复杂性，物流系统协作更多地表现为基于垂直协作和水平协作的复合协作模式。复合协作模式不仅集聚了供应链成员的资源和能力，而且集聚了物流系统成员的资源和能力。物流系统复合协作模式如图 7-5 所示。

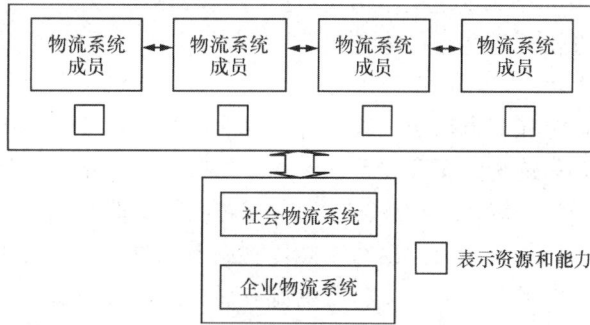

图 7-4 物流系统水平协作模式

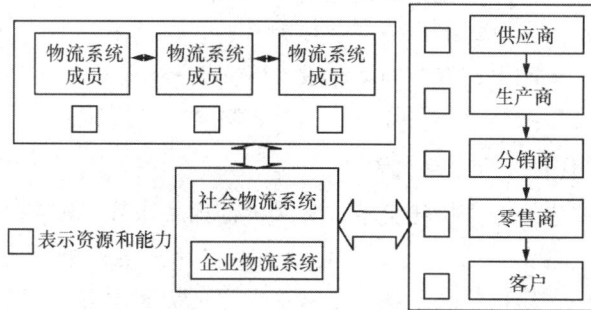

图 7-5 物流系统复合协作模式

如图 7-5 所示，社会物流系统或企业物流系统借助复合协作模式，能够更有效地集聚资源和能力，从而提升物流系统的竞争优势。

2. 物流系统战略合作伙伴关系

物流系统协作是物流系统协调控制的基础条件，它主要表现为一种战略合作伙伴关系。物流系统战略合作伙伴关系，萌芽于协作阶段，成熟于协调阶段，升华于协同阶段。面对激烈的市场竞争环境，物流系统成员为了维持自身的竞争优势，在与供应链成员、物流系统成员协作的基础上建立了战略合作伙伴关系，成员间形成了"利益共享，风险共担"合作目标下的紧密关系，实现了更高层次的整合、更大范围的合作。战略合作伙伴关系的建立，可以大大降低物流系统成员间的交易成本，大幅提升整个物流系统的竞争优势。

1）战略合作伙伴关系优越性

以物流系统协作为基础的战略合作伙伴关系，担负着整个物流系统的"减震器"、"抗扰器"的作用，既可以减少合作关系震荡对物流系统的影响，又可以降低干扰因素对物流系统生存发展环境的影响。物流系统战略合作伙伴关系从资源和能力集聚的视角，不仅支持着规模经济效益和服务质量的提高，而且支持着风险规避和成本清除战略的实施。物流系统战略合作伙伴关系，有助于从更高层次、更广范围和更长时间上支持物流系统协作。

（1）更高层次协作。在合作层次方面，物流系统战略合作伙伴关系，能够实现更高层次上的资源和能力整合，即物流系统战略合作伙伴关系不仅表现在操作层面和战术层面，如传统的企业关系、纯粹的物流业务关系，而且表现在战略层面，它们具有共同的战略目标与战略计划，同步实施战略管理。

（2）更广范围协作。在合作范围方面，物流系统成员间不仅在资源和能力方面高度集聚，而且在物流、信息流和资金流方面相互融合。物流系统成员间的战略合作伙伴关系，使物流系统在交货、柔性、成本、资产管理等方面具有更高的优越性，从而从操作层、战术层和战略层全方位地提升物流系统的竞争优势。

（3）更长时间协作。物流系统成员间的战略合作伙伴关系，在"利益共享，风险共担"的合作目标驱动下创造了一种和谐的合作效果，即构建良好的交货质量、快速的客户响应能力、较低的物流成本、完善的资产管理体系等，从而使物流系统在长久的互惠互利合作前提下，达到"双赢"的目的。

2）战略合作伙伴关系影响因素

尽管物流系统战略合作伙伴关系具有多方面的优越性，但是在复杂的市场环境中，物流系统战略合作伙伴关系也会受到诸多因素的影响（图 7-6）。可以认为：物流系统战略合作伙伴关系就是在这些因素的影响下逐步建立起来的。

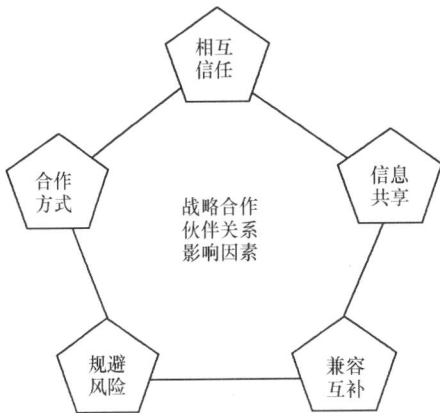

图 7-6　物流系统战略合作伙伴关系影响因素

（1）相互信任。相互信任是战略合作伙伴关系建立的重要基础。物流系统战略合作伙伴关系意味着成员间协调运营、协同决策，需要在真实的环境中彼此之间相互信任、真诚合作。在物流系统战略合作伙伴关系中，相互信任意味着按时交货、按时付款、保持一贯的高质量、严格遵守服务条款等。如果彼此之间缺乏应有的相互信任，容易导致信息不对称、降低协调性和敏捷性，从而导致彼此利益上的损失，战略合作伙伴关系也无法建立和长久。

（2）信息共享。物流系统战略合作伙伴关系受彼此之间信息共享与交流能力影响。它影响着伙伴关系的建立及其伙伴关系建立后的运营效率。物流系统战略合作伙伴关系，需要大量的数据信息支持，如金融信息、生产信息、物流信息等。如果离开了信息共享与交流，物流系统战略合作伙伴关系就会逐步丧失应有的优势，不仅无法支持物流系统协作运营，而且会影响整个物流系统的运营效率和效益，战略合作伙伴关系也将走向终点。

（3）兼容互补。物流系统战略合作伙伴关系是以资源和能力集聚为基础的，需要综合考虑合作双方的兼容性和互补性。根据生态位理论，物流系统成员间只有在经营理念、运营模式、经营方式等方面相互兼容，在资源和能力等方面优势互补，才能形成更具竞争优势的战略合作伙伴关系，才能维持更加长久的协作关系。如果物流系统战略合作伙伴之间缺乏应有的兼容性和互补性，就会降低彼此的相互依赖性、相互依存性，影响战略合作伙伴关系的长久性。

（4）规避风险。物流系统战略合作伙伴关系在给合作双方带来利润的同时，也会带来随之而生的风险，从而影响战略合作伙伴关系的可持续性。例如协调成本的增加、知识产权和信息泄密可能性的增加、道德风险的增加等，都是在伙伴关系建立过程中及其建立之后应该采取有效措施进行规避的风险。如果物流系统不能有效规避这些风险因素的影响，将会给合作双方造成损失，甚至影响整个物流系统的竞争优势。

（5）合作方式。物流系统战略合作伙伴关系的建立和维持，主要受股权参与和契约联结两种合作方式影响。股权参与就是通过相互持股或共同出资建立一家新企业等方式，使物流系统成员紧密结合在一起；契约联结是通过签订各种合同或协议来保护具有交易关系的成员之间的利益或约束彼此的行为。在不签署正式协议的情况下，如果双方在承诺和信任的基础上通过"默契合约"的方式来维系双方的合作行为，这种方式也可称为契约联结。实践证明：不同的合作方式会对物流系统战略合作伙伴关系产生不同的影响。

3）战略合作伙伴关系机制建设

物流系统成员之间确立了战略合作伙伴关系之后，为了充分享有物流系统战略合作伙伴关系的优越性，有效规避影响因素带来的风险，应建立一个公平合理的战略合作伙伴关系机制，重点围绕如下几方面进行建设：

（1）相互信任机制建设。相互信任是战略合作伙伴关系建立的基础，也是物流系统成员间长期协作的基础。为建立和维持长久的战略合作伙伴关系，双方应在信用评估的基础上，以"互惠互利，诚信守约"为原则建立和完善诚信体系与征信管理体系，将每一次合作履约情况都以档案的形式记载到诚信体系和征信管理体系中，不仅可以作为未来信用评估的依据，而且可以作为深入合作的依据。诚信体系和征信管理体系建设，可以委托第三方专业化的机构来完成。

（2）信息共享机制建设。随着合作的深入和信任机制的建立，成员间应建立和完善信息传递、信息维护、信息更新等信息共享机制，在条件成熟时可以使用同一个物流公共信息服务平台，有效规避信息不对称带来的风险。为了确保共享信息的及时性和真实性，可以将共享信息的情况记载到诚信体系和征信管理体系，在相互信任的基础上形成一个彼此约束的信息共享机制。

（3）兼容互补机制建设。在战略合作伙伴关系建立和维持过程中，物流系统合作方应该在相互信任、信息共享的基础上，以目标一致的经营理念、运营模式、经营方式融入对方的运营体系中来增强兼容性，在共同评价、共同规划彼此的资源和能力生长极的基础上增强互补性，从而建立一个目标趋同、共同规划的兼容互补机制，强化竞合关系中的合作元素而避免同质化竞争。

（4）规避风险机制建设。"利益共享，风险共担"的合作目标是成员间合作的重要基础。在战略合作伙伴关系建立和维持过程中，为有效规避合作带来的风险，物流系统合作方应在相互信任机制、信息共享机制基础上，通过加强协商、加强知识产权保护、预防投机行为等措施完善激励机制和淘汰机制，逐步形成一个基于协商的规避风险机制，从而降低合作风险，增加合作收益。

（5）合作方式机制建设。为避免不同合作方式给物流系统战略合作伙伴关系带来的影响，在完善股权参与和契约联结两种合作方式的基础上，建立动态合同控制机制，即柔性合同控制（李奎刚 2008），形成多种合作方式可灵活选择、协商确定的合作方式机制。在文档标准化、流程规范化的基础上，进一步建立完善动态检查机制、激励机制、利益共享和风险共担机制及清算机制等。

7.2.2　物流系统协调的类型

物流系统从协作控制阶段进入协调控制阶段，协调与控制的焦点也从资源和能力的集聚过程转向资源和任务的优化配置。由于物流系统协调控制主要面对的是不协调因素，所以需要确定物流系统出现不协调的原因，使协调类型的划分更加适应物流系统及其生存环境的变化，更好地实施物流系统协调控制。

1. 物流系统不协调的原因

物流系统及其环境的复杂性、动态性和多样性，引发了物流系统成员间、物流系统成员与供应链成员间的不协调，究其原因主要受到内部自身因素和外部环境因素影响。

1）内部自身因素影响

物流系统不协调的内部自身影响因素众多，主要涉及利益主体、目标驱动和决策基准等三个方面。

（1）利益主体不同。物流系统成员、供应链成员都是代表各自利益的不同主体，都在追求自身利益最大化的过程中，个性化自己的经营理念、运营模式、经营方式，以差异化战略突出自己的竞争优势，从而增加了协调的难度。

（2）目标驱动不同。在不同的利益驱动下，物流系统成员、供应链成员呈现不同的目标，不仅增加了相互信任的难度及道德风险概率，而且增加了不同目标驱动下决策控制权问题、风险偏好行为等不协调因素。

（3）决策基准不同。物流系统成员间、物流系统成员与供应链成员间的竞争与合作关系，会导致在决策过程中产生不同的决策基准，例如，究竟以竞争为主还是以合作为主进行决策、究竟参照什么标准分享利益和分担风险，从而产生物流系统不协调因素。

2）外部环境因素影响

来自物流系统生存环境的不协调影响因素更多、更加复杂，主要涉及不确定性、竞争和风险等三个方面。

（1）不确定性的增加。客户需求不确定性增加、产品生命周期缩短和库存量不断压缩等物流系统环境的变化，进一步增加了系统的不协调性，例如，客户需求不确定性与快速响应客户需求、产品生命周期缩短与物流资源配置、库存量不断压缩与物流服务水平等的矛盾，给物流系统协调控制带来了挑战。

（2）竞争的加剧。经济全球化等市场环境的变化，使物流系统成员之间的竞争进一步加剧，一方面，带来了竞争与合作关系的不协调，进一步扩大了各种功能活动目标之间的不协调，如运输功能与储存功能；另一方面，竞争的加剧使物流系统有保障资源投入与无保障资源投入的成员之间的不协调凸显，在一些区域甚至形成了"劣币驱除良币"的局面，根源在于物流系统在健康、安全和环保等保障资源方面投入的成本并不能得到应有的回报。

（3）风险的增加。物流系统外部环境不确定性的增加，给物流系统带来了更大的风险。面对风险时，物流系统成员之间在风险管理理念、风险管理方法、风险应对行为及其风险偏好等方面产生了不协调，集中表现在风险应对能力上的不协调，与"共享利益，共担风险"的合作理念产生冲突。

尽管从内部自身因素和外部环境因素两方面进行的物流系统不协调原因的分析并不全面，但是可以管窥物流系统不协调原因的复杂性和多样性。

2. 物流系统协调分类

物流系统协调包括两个层次：一是物流系统成员间、物流系统成员与供应链成员（如供应商、生产商、分销商和零售商）间的相互协调；二是物流系统成员内部各环节、各流程之间的协调。

1）成员间的协调

物流系统成员间、物流系统成员与供应链成员（如供应商、生产商、分销商和零售商）间的协调是一种分散控制下的协调。尽管物流系统成员具有整体的目标及目标驱动下的努力行为，但是每一个成员仍然存在最大化自身利益目标驱动下的相互竞争、相互合作行为。只有通过协商、协调，建立有效的激励机制，如决策权分配机制、收益分配机制等，才能使分散控制下的物流系统的期望利润达到最优。根据物流系统所处的地位和所起的作用，成员间协调可以分为垂直协调模式、水平协调模式和复合协调模式三种类型。

（1）垂直协调模式，主要是物流系统成员与供应链成员（如供应商、生产商、分销商和零售商）间的协调。它贯穿于整个产品生命周期的全过程，即从原材料采购到产品的生产、销售，直到最终客户相关联的物流运营过程之间的协调。

（2）水平协调模式，主要是物流系统成员间的协调。它进一步强调合作代替竞争、"1＋1＞2"可以创造更大的价值增值能力，从而使运输车辆、储存仓库等资源互补式协调及运输、配送等能力互补式协调成为可能，共同创造了新的竞争优势。

（3）复合协调模式，主要兼容了垂直协调和水平协调，在物流系统成员间、物流系统成员与供应链成员（如供应商、生产商、分销商和零售商）间进行协调，重点协调成员之间的资源和任务，能够更有效地提高物流系统的价值增值能力。

2）成员内的协调

物流系统成员内部各环节、各流程之间的协调是一种集中控制下的协调，即由一个拥有全部信息的环节统一决策、统一协调，各环节、各流程之间的协调可以采用看板（电子看板）、供应链面板等技术。在物流、信息流和资金流交互和协调的基础上，实现资源、任务、信息和组织的有效协调。根据物流系统成员内部各环节、各流程的作用，可以进一步将成员内协调分为功能间协调和功能内协调。

（1）功能间协调，指物流系统成员内部各环节不同功能之间的协调，例如，为实现准时制生产方式或零库存生产方式，运输功能和储存功能之间的协调、物流功能与生产功能之间的协调等，能够做到及时到货而不影响生产或销售。

（2）功能内协调，指物流系统成员内部各环节一个功能内部各流程之间的协调，以配送功能为例，为了实现计划和实施之间的有效衔接，需要在信息技术的支持下进行配送计划和配送调度之间的协调。

7.2.3　物流系统协调控制方法

物流系统受内部自身不协调因素和外部环境不协调因素的影响，物流系统成员间、物流系统与供应链成员间，以及成员内部各环节、各流程之间的协调性降低，不仅导致成员间利益上的冲突，而且导致不确定性的增加，影响了整个物流系统的运营效率和效益。因此，需要采取有效的协调控制方法提高物流系统的协调性。

1. 物流系统协调控制结构

结构决定功能和行为是系统科学的一个基本观点，物流系统协调控制首先需要设计一个能够满足通过物流系统协调控制实现资源和任务优化配置的结构，用以支持物流系统协调控制功能和行为。通常，物流系统协调控制主要有三种结构：

（1）集中型协调控制。在完全集中型的物流系统中，物流系统主导型成员完全控制着从属成员的行为，由主导型成员的一个具有全局信息的控制决策中心完成任务的分解，保证所有成员的行为彼此协调。集中型协调控制降低了物流系统的复杂性，但是要求控制决策中心具有较强的协调能力，能够应对各种不同的冲突、协调各种矛盾，以达到物流系统整体协调一致的目标，而且集中型协调控制不适合动态、开放的环境。

（2）分散型协调控制。在完全分散型的物流系统中，各成员处于平等的地位，彼此之间行为的协调是通过成员内部的讨论机制或成员之间的沟通机制进行的，必要时经过协商实现。完全分散型物流系统协调控制最为灵活，但是在具体的实施方法上存在困难，不仅成员内部讨论的途径、方式等影响协调控制的结果，而且成员之间的自主沟通交流完全取决于它们的意愿，会增加沟通成本、降低系统效率。

（3）复合型协调控制。在集中与分散相结合的复合型物流系统协调控制中，一部分成员之间具有主从关系的层次结构，另一部分成员之间具有平等的地位和协商机制。与单纯的集中型或单纯的分散型协调控制相比，复合型协调控制兼具集中型和分散型协调控制的优点，既具有一定的灵活性，又具有高效率和易实现性。

2. 物流系统协调控制机制建立的步骤

物流系统协调控制机制就是在物流系统协调控制结构的支持下，以决策权分配机制、收益分配机制等分配机制和信息共享协调机制、资源和任务协调机制等协调机制作为手段，通过影响和改变物流系统及其服务对象的各种关系和行为，实现资源和任务的最佳组合。物流系统协调控制机制的建立，具体包含如下几个步骤（图 7-7）。

（1）物流系统不协调问题描述。明确物流系统不协调问题所在，发现物流系统成员间、物流系统成员与供应链成员间主要的利益冲突源、主要的不确定性影响因素，确定协调控制的重点方向；将物流系统协调控制任务统一委托给物流系统控制决策自动调节执行机构——控制决策中心。

（2）构建协调控制分配机制。控制决策中心面向具体的物流系统不协调问题，采取科学有效的方法建立分配机制，如决策权分配机制、收益分配机制。

（3）分配机制确认。采用一定的方法系统分析物流系统分配机制的执行情况，并依据出现的问题调整相关的内容，确认分配机制是否可行，如果满足要求，则进入下一步；否则，则返回第（1）步，重新进行问题描述。

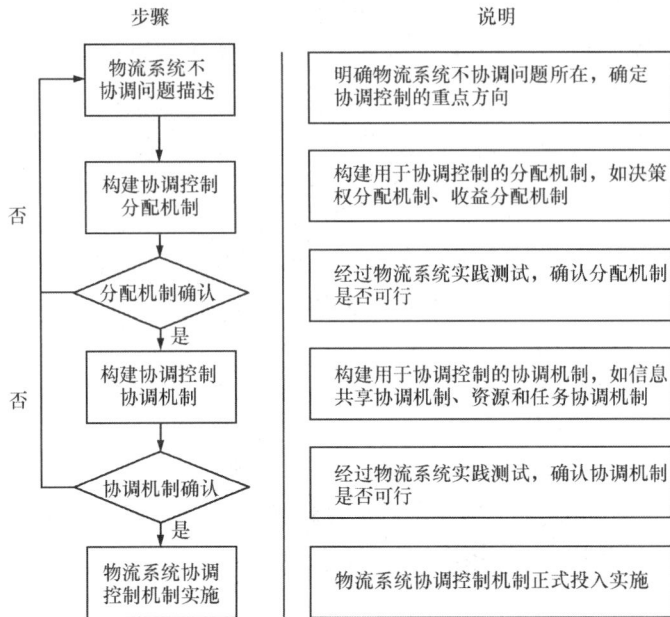

图 7-7　物流系统协调控制机制建立的步骤

（4）构建协调控制协调机制。控制决策中心面向具体的物流任务，在分配机制基础上建立协调机制，如信息共享协调机制、资源和任务协调机制。

（5）协调机制确认。采用一定的方法系统分析物流系统协调机制的执行情况，依据出现的问题调整相关的内容，并确认协调机制是否可行，如果满足要求，则进入下一步；否则，返回第（1）步，重新进行问题描述。

（6）物流系统协调控制机制实施。控制决策中心依托物流系统绩效评估体系实时监控物流系统运营状态，及时调整物流系统协调控制机制实施过程中出现的问题。

3. 物流系统协调控制机制

物流系统协调控制的目的，在于通过科学有效的激励机制协调控制资源和任务的优化配置，改善成员之间受利益均衡影响的竞合关系，以及消除不确定性，提高价值增值能力（图 7-8）。因此，在物流系统协调控制目的驱动下，物流系统协调控制机制主要是激励机制，包含分配机制（决策权分配机制、收益分配机制）和协调机制（信息共享协调机制、资源和任务协调机制）。

1）决策权分配机制

物流系统满足利益均衡要求的竞合关系协调控制，首先取决于决策权分配机制。物流系统成员间的决策权应该如何分配，即针对某一特定的决策究竟应该由

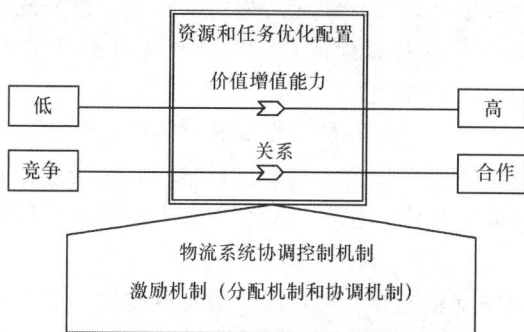

图 7-8　物流系统协调控制机制

哪个成员进行决策或者每一个成员的决策权重如何？物流系统决策权分配机制，就是将决策权在物流系统成员间进行合理分配的方法，是一种以契约约定等方式强制执行的方法。它的一个基本原则就是具有决策权的物流系统成员不能仅考虑个体的局部收益，而应该从全局利益出发进行协调控制，以提高整个物流系统的价值增值能力。物流系统决策权分配机制的焦点在于决策权的分配能否有助于实现资源和任务的优化配置。

假设参与合作的物流系统成员或物流系统成员与供应链成员（如供应商、生产商、分销商和零售商）共有 P 家企业，无论采用集中型协调控制还是分散型协调控制或复合型协调控制，当面临一项决策 D 时，如果具有决策权的成员 P_i 进行的决策 D_i 产生的价值增值能力，即获得的预期收益最大，或者 P 家成员在具有决策权重 W_k（$k=1$，2，$\cdots$，P）时的决策 D_j 产生的价值增值能力最大，就可以认为：决策权应该分配给成员 P_i 或者决策权就应该按照决策权重 W_k（$k=1$，2，$\cdots$，P）进行分配。

物流系统协调控制决策权分配机制的核心，在于测算决策权分配后的预期收益，从中选择价值增值最大时的分配方案。物流系统协调控制决策权分配机制与物流系统协调控制结构密切相关，集中型协调控制更加关注选择能够产生最大价值增值能力的决策权成员 P_i，而分散型协调控制重在选择能够带来最大价值增值能力的决策权重 W_k（$k=1$，2，$\cdots$，P），复合型协调控制则可以根据情景选择决策权成员 P_i 或决策权重 W_k（$k=1$，2，$\cdots$，P）。

2）收益分配机制

物流系统协调控制之所以能够长期维持，取决于收益分配机制。合理的收益分配机制是保证成员持续合作、杜绝机会主义行为的根本保证，也是激励成员协作、协调的原动力。物流系统协调控制收益分配机制，就是指物流系统成员能够在合作中获得额外收益份额的分配机制，通常在合作前由契约约定。物流系统协调控制收益分配机制，包含物流系统总收入评价、成员资本投入评价、成员承担风险评价、协调控制贡献度评价、相应的惩罚措施和收益分配方案设计等。如果想提高物流系统协调控制收益分配的合理性，还要从整个物流系统协调过程出发，研究决定其收益分配的要素：

（1）物流系统总收益，即由成员合作而新增的收益总和。

（2）成员投入的资本，即投入的资金、设备、时间及人力资源等。

（3）成员承担风险的程度，主要包括合作过程中的市场风险、核心技术泄露风险等。

（4）成员对整个物流系统的贡献，指成员协调控制对整个物流系统目标实现的贡献度。

如果能够正确地计算整个物流系统总收益，评价每个成员投入的资本，分析每个成员承担风险的程度，界定每个成员对物流系统的贡献，就可以有效合理地进行物流系统协调控制收益分配。

假设参与合作的物流系统成员或物流系统成员与供应链成员（如供应商、生产商、分销商和零售商）共有 P 家企业，物流系统总收益为 S，第 i 家成员的收益分配额为 S_i，分配比例为 α_i，投资资本为 I_i，承担的风险程度为 R_i、对整个物流系统的贡献度为 V_i。可知，物流系统成员的收益分配额由物流系统总收益（S）、各个成员的资本投入（I）、承担风险程度（R）及对物流系统的贡献度（V）共同决定的，即第 i 家成员的收益分配额 S_i 为

$$S_i = a_i S = (W_I I_i + W_R R_i + W_V V_i) S$$

其中，W_I、W_R 和 W_V 分别为资本投入、承担风险程度和对物流系统的贡献度占总收益的权重。

除了决策权分配机制和收益分配机制之外，物流系统协调控制经济契约机制也可以发挥作用，如收益共享契约、数量折扣契约、数量弹性契约及价格补贴契约等。经济契约机制是指通过协议规定的惩罚、激励等措施，避免道德风险及行为偏差，即使无法进行最好的协调控制，也可以获得帕累托最优解，以保证每一个成员的收益至少优于合作前的收益。物流系统成员和供应链成员愿意接受经济契约的条件为，遵守经济契约获得的整体收益要大于违约状态下的整体收益；同时，确保成员能够感知到他所能分配到的收益要大于无契约情形，所承担的风险要小于无契约情形（陶逸 2010）。

3）信息共享协调机制

在复杂的物流系统及其生存环境中，信息共享与交流已经成为物流系统协调控制的重要基础。但是，物流系统不协调因素的存在和影响，给物流系统协调控制过程中的信息共享与交流带来了困难，例如，由于物流系统的非对称性信息结构，集中型协调控制模式受到限制甚至难以实现。物流系统协调控制信息共享协调机制，是指一种能够督促和激励系统成员主动分享信息的制度。虽然信息共享

可以为组织和个人带来更丰厚的效益，但是由于受到诸多因素的影响难以付诸实践。主要影响因素有如下四个方面：

（1）相互信任障碍。物流系统成员和供应链成员（如供应商、生产商、分销商和零售商）都是经济独立的主体，都具有追求利益最大化的生产经营目标，成员间分享商业核心信息存在巨大的潜在风险，在双方尚未达到一定层次的相互信任程度之前对彼此共享信息存有疑虑。因此，成员间相互信任的程度成为信息共享的最大障碍。

（2）信息共享成本障碍。信息共享需要依托信息系统、信息设施、网络系统、网络设施等信息技术平台，需要投入巨大的人力、物力和财力，高额的成本需求成为阻碍信息共享的障碍。尽管物流公共信息服务平台建设有助于降低信息共享的成本需求，但是仍需要成员面对海量数据进行分析、加工、处理和应用，需要为信息共享投入基本建设和维护费用。

（3）兼容互补障碍。如果合作成员间缺乏应有的兼容性和互补性，这种不稳定性会增加未来的不确定性，从而产生信息共享的障碍。物流系统是一个动态的系统，信息共享内容包括了众多成员的核心信息，为了一个不稳定的成员共享自己的专用性资产，成为信息共享的一个主要矛盾。

（4）规避风险障碍。在网络环境中，信息共享的安全性受到威胁。一方面，在信息传输过程中泄露信息危害巨大，甚至无法确定信息会被哪些竞争对手获得；另一方面，在竞合关系中单方面向竞争对手泄露核心信息存在风险隐患，会使合作基础上的竞争变得不公平。可见，在信息共享过程中最大的风险是信息安全性，它已经成为信息共享的障碍。

物流系统协调控制信息共享协调机制实施过程，主要通过与决策权分配机制和收益分配机制相关联实现，例如，信息共享程度高的成员的决策权重 $W_k(k = 1, 2, \cdots, P)$ 大、收益分配比例 α_i 大，从而更好地激励成员进行信息共享与交流。

4）资源和任务协调机制

物流系统协调控制的主要对象是资源和任务，无论采取基于资源的协调控制还是基于任务的协调控制，都无法回避资源和任务的协调问题。矛盾的焦点主要集中在机动资源的投资和收益问题，以及机动任务的分派和补偿问题。因此，需要设计一种激励机制用于解决资源和任务协调问题。物流系统协调控制资源和任务协调机制，是指一种能够督促和激励系统成员主动投入资源分担任务的制度。物流系统协调控制资源和任务协调机制如图 7-9 所示。

第一，机动资源的投资和收益问题。

机动资源指整个物流系统中闲置的资源或利用率不高的资源。机动资源的存在具有两面性，一方面会占用流动资金、产生额外成本，影响物流系统运营效

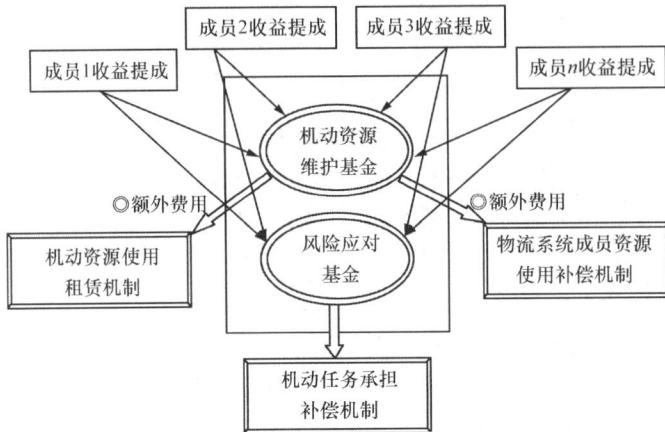

图 7-9　物流系统协调控制资源和任务协调机制

益；另一方面有助于物流系统应对客户需求的波动、突发事件的影响，提高客户
服务水平。约束理论（theory of constraints，TOC）的基本观点和实践证明，保
持一定的机动资源是必要的。问题的关键在于如何设计能够保持机动资源可持续
运营的激励机制。

　　机动资源归属于保障资源，具有保障物流系统安全、平稳运营等功能。从机
动资源形成的机理来看，也可以称其为冗余资源，因为在正常的运营环境中它的
确是冗余的。为了有效解决机动资源的投资和收益问题，已经成为战略合作伙伴
的物流系统成员应在分析论证的基础上，协商确定物流系统的机动资源需求数
量，协商建立和完善物流系统成员资源使用补偿机制、机动资源使用租赁机制，
并从每个成员的经营收益中提取一定比例的资金用作机动资源维护基金。

　　随着市场竞争的加剧、运营风险的加大，物流系统成员对机动资源的投入意
愿会越来越高，而且机动资源使用租赁机制和机动资源维护基金有力地保证了机
动资源投资的收益，有助于物流系统成员充分享有物流系统协调控制带来的合作
收益；物流系统成员资源使用补偿机制主要用于解决机动资源不足或应急运营环
境将物流系统成员资源视为机动资源使用时的补偿问题。机动资源日常的维护、
保养等全生命周期管理费用主要来自机动资源维护基金。机动资源使用租赁和物
流系统成员资源使用补偿遵循谁使用谁承担的原则，必要的额外费用来自机动资
源维护基金。

　　第二，机动任务的分派和补偿问题。

　　机动任务指整个物流系统中尚未分派下去的任务或一些成员无法按时完成的
任务。在现实环境中，机动任务是客观存在的，究其来源非常复杂，一方面来自
客户的任务量超过物流系统所能承受的负荷；另一方面某些成员受突发事件影响
服务能力下降，如罢工、自然灾害等。机动任务分派存在的困难在于它会影响承

担任务成员的原有计划、原有节奏甚至收益，因为需要调整甚至牺牲自身的利益。但是由于机动任务的存在会影响整个物流系统的整体形象和竞争力，所以必须想方设法地完成任务。问题的关键在于如何设计能够解决机动任务分派和补偿问题的激励机制。

为了有效解决机动任务的分派和补偿问题，物流系统成员应协商建立机动任务承担补偿机制，并从每个成员的经营收益中提取一定比例的资金用作风险应对基金，即计提风险准备金，机动任务承担补偿主要来自日积月累的风险应对基金。机动任务的完成主要有两条途径，一是启动机动任务承担补偿机制，激励物流系统成员完成；二是启动业务外包机制，由第三方在物流系统成员有效监督下完成。

无论选择哪条途径完成机动任务，都需要在信息共享协调机制作用下，与物流系统成员充分沟通与交流、协商解决遇到的实际困难，与客户沟通与交流、协商完成任务的期限是否可以宽限，是否可以外包等。总之，应想方设法激励物流系统成员全力以赴地完成机动任务，确保整个物流系统的竞争力不受影响。

物流系统协调控制资源和任务协调机制实施过程，也是通过与决策权分配机制和收益分配机制相关联实现的，例如，机动资源投资大的成员和机动任务承担量大的成员的决策权重 W_k（$k=1,2,\cdots,P$）大、收益分配比例 α_i 大，主要体现在成员对物流系统的贡献度（V）中，从而更好地激励物流系统成员主动投入资源分担任务。

物流系统协调控制协调机制除了信息共享协调机制、资源和任务协调机制之外，组织协调机制也可以发挥作用，从提高整个物流系统工作效率和可靠性的角度提高物流系统协调控制能力。

7.3　物流系统协同控制

物流系统协同控制旨在运用协同学理论方法，在物流系统效用最大化目标驱动下，围绕物流任务和目标要求，通过物流系统成员战略层面关系结构的控制，提高整个物流系统的整体价值和能力的过程。物流系统协同控制使物流系统每一个成员都能融入物流系统，在同一目标驱动下协同运营共同创造协同效应，提高客户满意度。

7.3.1　物流系统协同控制理论背景

物流系统协同控制遵循协同学理论方法。协同学是研究不同事物共同特征及其协同机理的综合性学科，已经被广泛应用在各个领域。它着重探讨各种系统从无序变为有序时的相似性。

1. 物流系统协同控制的基本概念

协同论（synergetics）的创始人哈肯（Hermann Haken）认为，在整个环境中尽管系统的属性千差万别各不相同，各个系统之间却存在着相互影响、相互作用的关系（哈肯 1981）。例如，企业之间的竞争与合作关系、社会网络中人与人之间的紧密关系。

1）协同学理论的基本原则

在现实环境中应用协同学理论方法，应遵循协同学理论的基本原则。由子系统的相互作用、相互调节，协调各个子系统的合作效应，才能组织起一个具有宏观性质和宏观行为的系统，所以系统的行为结果并不是子系统行为结果的简单叠加。

协同学为解决协同控制问题提供了有力的理论工具，它既处理了确定论问题，又处理了随机过程问题。协同学理论方法的应用，有助于发现影响复杂系统变化的因素，通过系统间存在的相互影响、相互作用关系，发挥系统间的协同作用，协同控制系统的变化。

2）物流系统协同控制

随着经济的发展和市场竞争的加剧，物流系统为了生存发展，最大限度地满足客户需求，迫切需要物流系统成员间、物流系统成员和供应链成员（如供应商、生产商、分销商和零售商）间能够密切合作，协同控制战略层面关系结构，形成协作-协调-协同的关系，物流系统协同控制应运而生。

从系统学角度看，协同控制就是通过重新组合子系统的时空结构和功能结构，产生一种性能远远大于各子系统之和的新的时空结构和功能结构的过程。针对物流系统协同控制，时空结构和功能结构就是由物流系统成员构成的具有时空特性的物流系统网络结构，物流系统协同控制就是通过战略层面关系结构的控制，优化物流系统网络结构的过程。

由于构成物流系统的子系统是具有自主、自治、自利能力的物流系统成员，所以物流系统协同控制不同于传统的系统协同控制，用战略层面关系结构的控制代替了时空结构和功能结构的控制，这也是物流系统控制论作为软控制的一种体现。但是并不等于说物流系统控制论中不存在时空结构和功能结构控制，只是它们与战略层面关系结构控制处于不同的层次，物流系统协同控制更多地属于战略层面。

2. 物流系统协同控制的意义

物流系统协同控制旨在通过战略层面关系结构控制，优化物流系统网络结构，借助产生的协同效应，提高整个物流系统的整体价值和能力。物流系统协同控制能够深入挖掘物流系统成员和供应链成员（如供应商、生产商、分销商和零售商）的资源和能力、提升价值增值能力，以及通过调整协同目标、协同方式、协同策略等挖掘物流系统新的利润源泉，使整个物流系统的物流、信息流和资金流达到最优化，并追求全面的、系统的综合效果。总体上看，物流系统协同控制具有如下几方面意义。

（1）驱动共赢目标。以优化物流系统网络结构为目标的物流系统协同控制，能够驱动作为网络节点的物流系统成员形成共同的目标。物流系统战略层面关系结构控制，不仅使成员间的战略合作伙伴关系得到升华，而且使成员间合作的方式、合作途径等更加清晰明确，从而使优化的物流系统网络结构给每一个成员带来丰厚的收益。可见，物流系统成员所形成的共同的目标就是成员共赢的目标。

（2）维持信息共享能力。在物流系统网络结构优化目标驱动下，物流系统成员之间建立了信息共享与交流的渠道及信息共享协调机制。在长期合作收益的激励下，每一个成员都会投入资金持续升级物流信息系统或物流公共信息服务平台，将新的管理理念、管理思想融入物流信息系统或物流公共信息服务平台中。因此，有效的物流系统协同控制能够维持信息共享能力，支持成员间协同运营。

（3）合理配置资源和能力。在共赢目标驱动和信息共享能力支持下，物流系统网络结构逐步优化，使处于物流系统网络节点的成员的资源和能力得到合理配置。可以认为：物流系统网络结构优化是以每一个节点上的成员资源和能力合理配置为前提的，只有各个成员的资源和能力实现了合理配置，才能实现整个物流系统价值增值能力最大化。因此，有效的物流系统协同控制能够充分挖掘整个物流系统的价值增值能力，实现整个物流系统资源和能力的合理配置。

（4）持续优化协同模式。物流系统战略层面关系结构控制，推动着物流系统网络结构的优化。面对复杂多变的物流系统环境，物流系统成员间的协同模式也在网络结构优化过程中呈现适应性，在逐步扩展的物流系统网络结构中保持协同优势。因此，有效的协同控制能够实时把握各种协同模式的优势和弱势，并根据情境的变化和物流系统网络结构的动态变化情况优化协同模式，从而创造互利多赢的动态场景和协同模式。

（5）提高整体价值和能力。物流系统网络结构优化不是以提高网络节点上成员的价值增值能力为目标的，而是从整体上提高整个物流系统的价值和能力。物流系统战略层面关系结构控制，更加关注战略层面延伸的时空结构、功能结构及相应的资源和能力配置。因此，有效的协同控制主要以提高物流系统整体价值和能力为着眼点，从长远的时间维度上和广泛的空间维度上优化物流系统网络结构。

（6）推动可持续发展。环境污染已经成为当今世界影响人类生存发展而必须予以高度重视的问题。物流系统网络结构优化、整体价值和能力的提高、资源和能力的合理配置，能够提高物流系统的整体运营效率、降低碳排放、节约不可再生资源，有助于支持绿色物流、低碳物流及循环经济等，为实现社会的可持续发展作出贡献。

3. 物流系统协同控制的类型

物流系统协同控制主要发生在微观的企业物流系统环节间，以及宏观的社会物流系统成员间、社会物流系统成员和供应链成员（如供应商、生产商、分销商和零售商）间。因此，可以将物流系统协同控制分为企业物流系统协同控制和社会物流系统协同控制。从本质上讲，企业物流系统协同控制是对物流系统网络节点的控制，社会物流系统协同控制是对整个物流系统网络结构的控制。

（1）企业物流系统协同控制。企业物流系统是战略层面关系结构、物流系统网络结构中的一个节点。企业物流系统协同控制服从于战略层面关系结构控制的要求，在实现物流系统网络结构优化的全局目标基础上，通过控制企业资源和能力在物流系统网络中的合理配置，与社会物流系统协同保障企业物流系统各环节间及企业物流系统各环节与价值链各环节之间的协同运营，保障企业价值链价值增值能力最大化的局部目标的实现。企业物流系统协同控制的基本结构如图7-10所示。

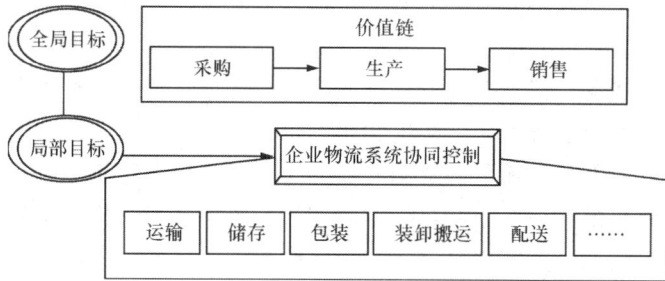

图 7-10　企业物流系统协同控制

（2）社会物流系统协同控制。在宏观的社会物流系统中，通过战略层面关系结构控制，优化物流系统网络结构，充分挖掘物流系统成员间、社会物流系统成员和供应链成员（如供应商、生产商、分销商和零售商）间的资源和能力，提高整个物流系统的整体价值和能力，保障物流系统服务对象——供应链价值增值能力最大化。社会物流系统协同控制基本结构如图7-11所示。

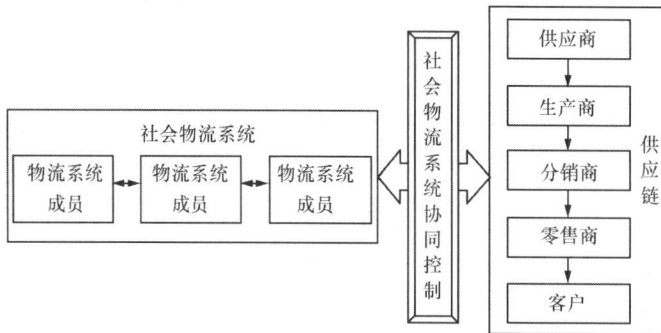

图 7-11　社会物流系统协同控制

在协同学理论支持下，物流系统协同控制已经成为一个重要的保障机制。微观的企业物流系统保障企业价值链价值增值能力最大化的实现，宏观的社会物流系统保障供应链价值增值能力最大化的实现。但是，无论是微观的还是宏观的物流系统协同控制，都是以物流系统网络结构优化为目标的。

7.3.2　企业物流系统协同控制

在全局目标引导下，微观的企业物流系统主要通过控制企业资源和能力在物流系统网络中的合理配置，保障企业价值链价值增值能力最大化这个局部目标的实现。企业物流系统协同控制主要是对运输、储存、包装、装卸搬运、配送、流通加工、信息处理等物流系统环节间以及各环节与价值链各环节间的协同控制，可以将它分为物流系统环节间协同控制和物流系统环节与价值链环节间协同控制两部分。

1. 物流系统环节间协同控制

在企业物流系统中主要包含运输、储存、包装、装卸搬运、配送、流通加工、信息处理等基本功能活动，每一个环节的正常运营保障着整个企业系统的正常运营。物流系统环节间协同控制旨在通过控制环节间资源和能力的合理配置，保证物流系统环节间的有效衔接。

1) 物流系统环节间协同控制机制

在企业物流系统中，看板技术、信息平台技术等可视化技术成为物流系统环节间协同控制的重要工具，从而形成了基于看板、基于信息平台技术的协同控制机制，提高了物流系统环节间衔接的效率。

第一，基于看板的物流系统环节间协同控制机制。

在客户需求驱动下，运输、储存、包装、装卸搬运、配送、流通加工、信息处理等基本功能活动支撑着企业价值链的价值增值过程，以时间、成本和绩效为监控指标的物流系统环节间协同控制支撑着物流系统各环节的正常运营。在前后活动衔接紧密的企业物流系统中，可以应用看板技术直接面向具体活动构建物流系统环节间协同控制机制。

基于看板的物流系统环节间协同控制机制如图 7-12 所示，描述了运输、储存、包装等物流系统环节间的衔接流程，看板作为协同控制信息传递的工具在从最后一个环节向前移动的过程中拉动着物流活动从前向后协同运营，保证着物流系统环节间衔接的及时性和准确性，有效地保障着物流服务对象价值增值能力最大化目标的实现。

随着信息技术的发展，电子看板的应用更加广泛。电子看板集聚了信息技术实时性和动态性的特点，电子看板在物流系统环节间协同控制中的应用，有助于提高物流系统环节间衔接的效率。

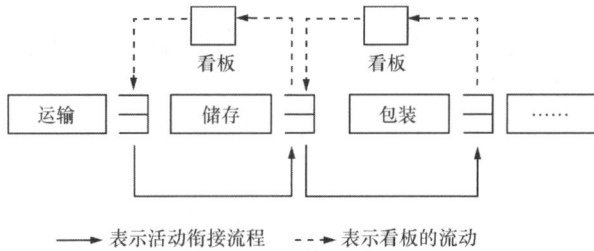

图 7-12　基于看板的物流系统环节间协同控制机制

第二，基于信息平台的物流系统环节间协同控制机制。

在企业物流系统中，包含运输、储存、包装、装卸搬运、配送、流通加工、信息处理等基本功能活动，其中信息处理功能保障着物流系统环节间的信息共享与交流，以此为基础的信息平台成为物流系统环节间协同控制的重要工具。物流信息平台采集物流系统各个环节物流活动的信息，经信息处理后供各个环节共享，以协调控制各个环节的活动，从而实现物流系统环节间的协同效应。

基于信息平台的物流系统环节间协同控制机制如图 7-13 所示，客户需求信息通过信息平台传递给企业价值链系统，在价值链各环节驱动下，运输、储存、包装等物流系统环节相互衔接、协同运营。可见，信息平台的信息共享与交流功能成为物流系统环节间协同控制的基础。

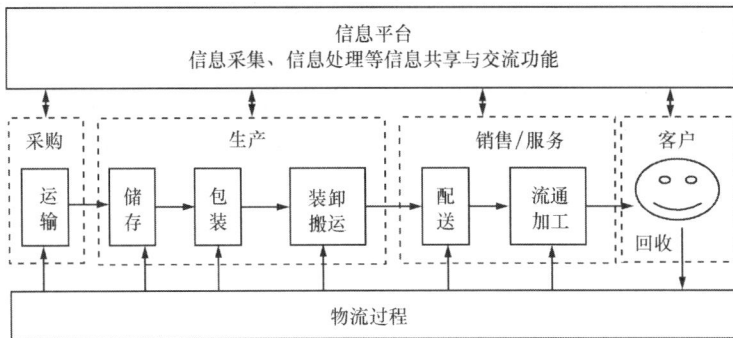

图 7-13　基于信息平台的物流系统环节间协同控制

2）物流系统环节间协同控制仿真

在物流系统环节间协同控制过程中，不仅需要依托信息共享与交流能力了解系统运营状态，而且需要依托绩效评价技术了解系统采取控制措施后的实施效果。由于物流系统具有复杂性、动态性和多样性及时空不确定性，所以难以通过观察分析深入了解物流系统采取控制措施后的实施效果。因此，可以采用多智能体（multi-agent）技术进行物流系统环节间协同控制仿真，以更加生动地监测物流系统运营绩效。

（1）基于 multi-agent 的物流系统环节间协同控制仿真的特点。根据 agent 和多智能体系统（multi-agent system）的特性，可以将基于 multi-agent 的物流系统环节间协同控制仿真的特点概括为三个方面：①agent 可以主动运行，每一个代表特定物流活动的 agent 都可以在自己目标的驱动下，由外部环境刺激和内部状态激发而启动自己的行为。②agent 是一个具有特定物流功能的自治主体，能够根据预先设定的知识规则、人机交互规则等控制自己的行为。③agent 能够根据预先设定的知识规则、推理机制及人机交互，在环境和内部状态发生变化时进行协同控制决策。

（2）基于 multi-agent 的物流系统环节间协同控制仿真的应用。在仿真系统中，每一个物流系统环节的活动都可以用 agent 进行描述，并在多智能体系统中描述协同控制过程。假设在如图 7-13 所示的协同控制系统中，需要将购买的原材料运输回企业进行储存，并将生产出来的产品配送给客户，那么在企业物流系统中就存在运输、储存和配送三项基本功能活动。①运输 agent。运输 agent 是物流系统中货运车辆和驾驶员的抽象，它既可以单独运营也可以依据协商机制相互合作协同运营。在客户需求驱动下，企业确定原材料采购量，并由运输 agent 根据车辆资源、生产计划和供应商所在地理位置等信息，确定运输量、运输频次、运输时间等。在运输过程中，可以根据储存 agent 和配送 agent 的协同运营情况，进行自我调整、自动控制。②储存 agent。储存 agent 根据生产需求和销售状况，借助信息 agent 调整运输 agent 和配送 agent 的工作方式，在客户需求驱动下协同运营。储存 agent 通过库存容量、库存持有量、库存周转率等原材料和产成品库存信息进行协同控制，优化调度运输 agent 和配送 agent，科学合理地满足生产系统对原材料的需求以及客户对产成品的需求。③配送 agent。在多智能体系统中，由运输 agent、储存 agent 和配送 agent 构成了一个相互协同的物流系统模型。一方面，配送 agent 在先进的双程配载、MILK-RUN、VMI 等作业方式支持下，极大地降低了物流配送的成本；另一方面，配送 agent 驱动着运输 agent、储存 agent 协同运营，极大地提高了物流配送的效率。

在基于 multi-agent 的物流系统环节间协同控制仿真过程中，不仅需要考虑参数变化时运输 agent、储存 agent 和配送 agent 之间协同控制的效率和效益，而且需要面向实际情况综合考虑时间和成本、时间和绩效、成本和绩效的均衡问题，从而，为指导物流系统环节间的协同控制提供帮助。

2. 物流系统环节与价值链环节间协同控制

在微观的企业系统中，物流系统的价值主要体现在对价值链价值增值能力的支持上，也体现在物流系统环节与价值链环节间的协同运营过程中。物流系统环节与价值链环节间协同控制旨在增强协同能力，更有效地保障价值链增值能力最大化目标的实现。由采购、生产和销售构成的价值链分别由采购物流协同、生产物流协同和销售物流协同支持而协同运营，因此，物流系统环节与价值链环节间协同控制可以分为采购物流系统协同控制、生产物流系统协同控制和销售物流系统协同控制（图 7-14）。

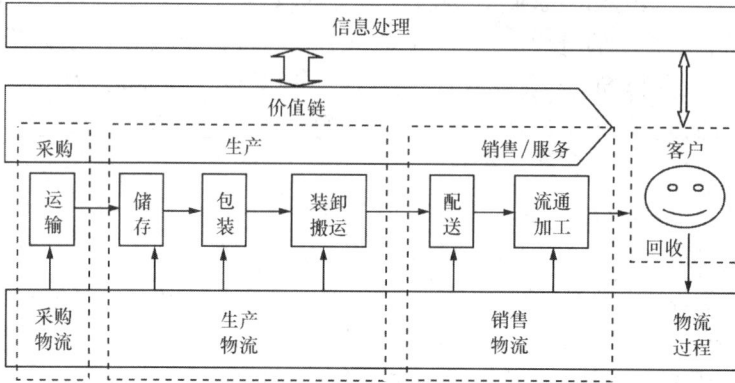

图 7-14　企业物流系统业务流程

1）采购物流系统协同控制机制

采购物流系统协同控制旨在通过与物流系统环节协同保障采购功能的实现，提高采购环节原材料资源的可得性。因此，基于信息共享的采购物流系统协同控制机制可以用图 7-15 进行描述。采购物流系统协同控制主要通过信息共享与原材料供应商借助协同采购和协同供应实现，在这个过程中通过协同控制实现运输功能和采购环节的协同运营。

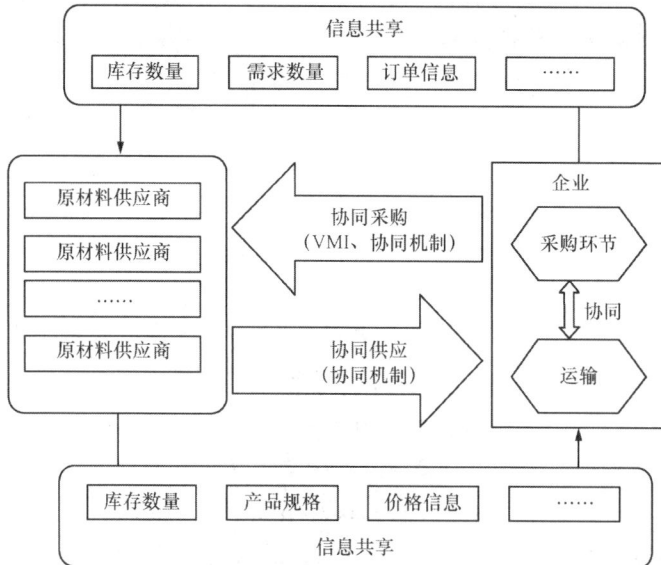

图 7-15　基于信息共享的采购物流系统协同控制机制

如图 7-15 所示，采购环节和运输功能之间主要通过原材料供应商实现协同运营。企业在采购原材料时，可以与原材料供应商进行协同采购；企业在运输原材料时也可以与原材料供应商进行协同供应，从而形成一种具有创新性的协同运营模式。在这种模式下，企业与原材料供应商之间实现了信息共享。企业与原材料供应商共享自己拥有原材料的库存数量、需求数量、订单等信息；同时，原材料供应商与企业共享原材料的库存数量、产品规格、价格等信息。

在信息共享技术和平台支持下，价值链的采购环节和物流系统的运输环节之间实现了协同控制，以保障系统的协同效应。原材料供应商可制订自己的相关计划以保证供货，采用协同机制与企业的运输环节进行协同供应，从而降低整个系统的物流成本；企业也可以合理安排自己的生产计划，可以通过供应商管理库存（VMI）方式降低自己的库存，采用协同机制进行协同采购降低采购成本。

2）生产物流系统协同控制机制

生产物流系统协同控制旨在以价值链生产环节与储存、包装、装卸搬运等物流系统环节有效协同的方式保障价值增值能力最大化的实现，最大限度地满足客户需求。生产物流系统协同主要体现在生产制造企业内部，企业为了实现生产环节与物流系统环节的无缝衔接，降低产品的生产成本和物流时间，协调控制产品生产过程中各个环节的物流过程。基于信息共享的生产物流系统协同控制机制如图7-16所示，产品信息和物品流动信息共享成为协同控制的重要基础。

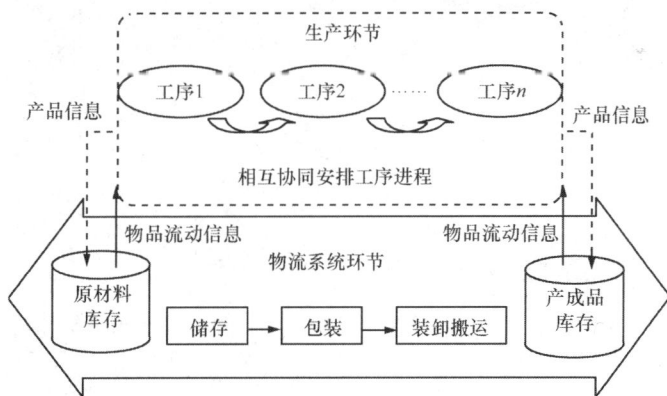

图 7-16　基于信息共享的生产物流系统协同控制机制

在如图 7-16 所示的生产物流系统协同控制机制中，各个环节、各个流程（工序）生产信息、产品信息和物品流动信息充分共享，直接驱动着原材料储存、装卸搬运及产成品储存、包装和装卸搬运的协同运营，从而直接保障着生产环节的正常运营。最常见的就是准时制生产模式，在物流系统环节与生产环节协同运营的支持下，各个环节、各个流程（工序）所需要的物料准时到达工位，从而实现了各个环节、各个流程（工序）的有效衔接、协同运营，提高整个生产环节的价值增值能力。

在生产物流系统协同控制过程中，需要有序地对生产环节和物流系统环节进行优化。例如，原材料仓库、产成品仓库和加工车间位置的合理布置，合理规划企业物流系统的运输路线，可以大幅节约原材料和产成品的运输时间和成本；标准化企业物流系统中的车辆、托盘等物流设备和工具，可以大大简化物品流动途径中的交接手续，提高物品装卸搬运效率；通过产品加工工序的科学优化，工序进程的相互协同，以及产品库存的有效管理，从而使产品滞留时间大幅降低。

3）销售物流系统协同控制机制

销售物流系统协同控制旨在通过配送、流通加工等物流活动与销售环节的协同控制，保障价值链销售环节价值增值能力最大化的实现。销售物流系统协同控制机制也是建立在信息共享基础上的，配送、流通加工等物流系统环节面向客户及其销售渠道支持销售环节实现价值增值。基于信息共享的销售物流系统协同控制机制如图7-17所示。

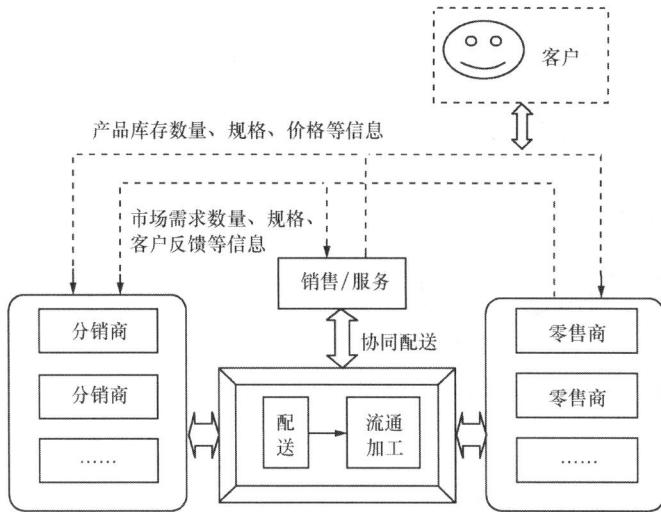

图 7-17　基于信息共享的销售物流系统协同控制机制

企业销售环节主要面向分销商、零售商或最终客户，企业将产品库存数量、规格、价格等信息与分销商、零售商和客户共享与交流，让它们能及时掌握产品的状况，从而更加有效地订购产品；零售商和客户将市场需求数量、规格、客户反馈、产品改进建议等产品信息提供给企业，以便企业能及时掌握市场需求动向，合理安排自己的生产计划、销售计划。在信息共享与交流基础上，企业物流系统与分销商协同运营，既能降低产品库存成本，也能优化配送模式，共同保障企业产品能够及时进入流通渠道或直接送达客户手中。

如图 7-17 所示的基于信息共享的销售物流系统协同控制机制，拓展了企业产品进入市场和送达客户的流通渠道，致力于通过协同控制保持生产节奏与市场需求节奏的吻合，保持销售渠道和配送渠道的协同运营，并保持销售环节与采购环节和生产环节的协同运营。在价值增值能力最大化目标驱动下，销售物流系统协同控制机制有效维持了物流、信息流和资金流的一致性，在获取协同效应的同时以期创造更大的收益，更加有效地提高客户满意度。

7.3.3　社会物流系统协同控制

在宏观的社会经济系统中，社会物流系统担负着重要使命，社会物流系统运营效率直接影响着整个社会经济系统的运营效率。社会物流系统协同控制主要通过物流系统成员间、物流系统成员和供应链成员（如供应商、生产商、分销商和零售商）间战略层面关系结构控制，优化物流系统网络结构，提高物流系统整体价值和能力，保障供应链价值增值能力最大化的实现。因此，社会物流系统协同控制，可以分为物流系统成员间协同控制和物流系统成员与供应链成员（如供应商、生产商、分销商和零售商）间协同控制两部分。

1. 物流系统成员间协同控制

社会物流系统是企业物流系统基于"竞争-合作-协调"机制扩展和优化的结果，本质上就是一个多主体协同控制系统。物流系统成员间协同控制具有多渠道、多环节、多层次等特性，它会受到多种因素影响。

1）影响因素

社会物流系统协同控制受到多种因素的共同作用，如市场的变化、需求的变化、企业能力等，这些因素对物流系统协同控制产生重要影响，针对现实市场中的众多因素而言，可以划分为外部环境因素和内部自身因素两大类。

第一，外部环境因素分析。

社会物流系统协同控制过程会受到外部环境变化的影响，包括市场全球化、市场环境复杂多变、客户需求个性化和多样化等。总之，外部环境变化对社会物流系统的冲击不容忽视。

（1）市场全球化。经济全球化不仅带来了全球化的市场，也开启了全球化竞争之门，越来越多的物流系统进入充满激烈竞争的、机遇与挑战并存的全球化市场。市场全球化环境对物流系统提出了更高的要求，不仅需要它能够连通世界上任何一个角落的客户，无论互联网是否能够连通到这个客户，而且对时间、成本和绩效约束下的物流服务标准要求越来越高。如何才能提高物流系统发展中的资源可得性，如何才能培育、维持和提升物流系统在全球化市场中的竞争优势，所有这些问题的解决都聚焦于物流系统成员间协同控制能力的提升。

（2）市场环境复杂多变。从 20 世纪 90 年代开始，复杂多变的市场环境特征已经成为全球市场中的主旋律，使物流系统在面临巨大的发展机遇的同时也必须应对巨大的挑战。复杂多变的市场环境特征具有双重意义，不仅体现在物流系统所处的外部环境上，如世界各国的政治、经济、社会、环境等环境条件，也体现在物流系统成员及其服务对象之间的关系上，例如物流系统成员间、物流系统成员与供应链成员（如供应商、生产商、分销商和零售商）间的关系。动态变化的环境条件和合作关系带来不稳定的市场环境，以及不稳定的物流系统运营状态。因此，如何通过物流系统成员间协同运营来适应复杂多变的市场环境，已经成为物流系统发展中的一个关键问题。

（3）客户需求个性化和多样化。在全球化市场环境中，世界各国文化交融驱动着个性化和多样化客户需求的形成和发展，以制造业领域为例，个性化定制产品需求远远超过总需求量的 3/4，这不仅加剧了市场竞争，而且引发了小批量、多频次物流需求的增加。物流服务模式的变化，要求物流系统在完善基本功能的基础上，增强柔性、鲁棒性和弹性等扩展功能，提升物流服务的能力和水平。因此，物流系统如何满足日益增长的个性化和多样化的客户需求，如何通过优势互补、资源整合实现物流系统成员间协同控制，最大限度地满足客户需求，所有这些问题都是社会物流系统必须要面对和解决的。

第二，内部自身因素分析。

任何系统自身的结构、功能和行为等都会对系统的协同控制产生影响，物流系统也不例外。单一物流系统成员的能力不足、物流资源配置不均、物流系统运营成本过高等，都制约着物流系统协同控制的实施和实施效果。

（1）单一物流系统成员的能力不足。物流系统成员的水平参差不齐，有些成员自身的物流能力比较弱，难以独自完成一些物流任务，根据"木桶原理"，这些成员的存在就会影响整个物流系统的整体绩效，因此亟需物流系统成员间优势互补、资源整合，实现协同运营，以提高整个物流系统的运营效率。

（2）物流资源配置不均。在社会物流系统中，一部分成员物流资源比较丰厚，在完成自身物流任务后，还会有很大一部分物流资源闲置；另一部分成员物流资源比较欠缺，经常受限于物流资源而遭受经济损失。不均衡的物流资源配置造成了非常大的浪费和损失。如果这两类成员能够有效协同、优势互补，便可以充分共享物流资源，实现物流资源的合理配置，提高整个物流系统的运营效率。

（3）物流系统运营成本过高。运营成本是影响物流系统可持续发展至关重要的因素之一。作为独立核算的经济实体，物流系统维持运营的基本目标就是盈利，过高的运营成本会大大降低物流系统的盈利能力，影响其长期发展。物流系统成员间协同控制、协同运营，有助于降低运营成本。例如，地域相近的物流系统成员共同运输、共同储存，可以在很大程度上降低运输成本和储存成本。

　　不断加剧的市场竞争、不断变化的市场环境，以及物流系统成员内部不利因素的影响，使物流系统成员间通过简单组合运营获取竞争优势的希望破灭，而且随着物流需求种类和不确定性的增加、服务标准的提升、客户需求响应时间的缩短，更加要求物流系统成员间建立无缝链接的协同运营体系，彻底消除物流系统运营过程中存在的冗余环节。

　　2）物流系统成员间协同控制机制

　　在社会物流系统中，不同的成员处于不同的区域、具有不同的功能优势、服务于不同的对象等，所以物流系统成员间协同控制相对比较复杂，不仅呈现基于资源（时间、成本和绩效）的协同控制机制，而且呈现基于功能（运输、储存、包装等）的协同控制机制，从而形成具有不同层次、不同资源、不同功能的协同控制机制。

　　第一，基于层次的物流系统成员间协同控制机制。

　　通常，社会物流系统由综合物流、区域物流和专业物流三个层次构成。综合物流主要是在全国乃至全球范围内为大型企业提供物流服务的物流系统，它具有为客户提供满意服务的核心竞争能力；区域物流在区域内充分整合物流资源的基础上，只在一定的空间范围内提供物流服务，以实现区域物流的合理化；专业物流主要提供运输、储存和包装等专业化物流服务，在所经营的领域服务能力强、效率高。

　　在社会物流系统中，综合物流、区域物流和专业物流凭借着各自的优势在自己的优势领域中运营，并在资源整合、优势互补目标的驱动下协同运营。基于层次的物流系统成员间协同控制机制（图7-18），不仅能够更加充分地发挥综合物流、区域物流和专业物流各自的优势，而且能够通过协同控制集聚资源。以区域物流发展为例，根据区域空间结构发展规律，区域物流协同发展经历了点集聚、线集聚、网络集聚，最后形成一个具有吸引力和辐射力的区域物流圈的过程。

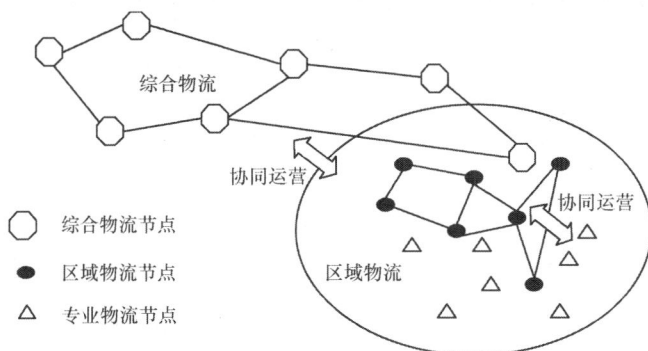

图 7-18　基于层次的物流系统成员间协同控制机制

第二，基于资源的物流系统成员间协同控制机制。

由时间、成本和绩效（质量）构成的物流资源，不仅保障着物流系统的正常运营，而且保障着物流系统成员间协同控制的实现。时间、成本和绩效（质量）都是物流系统协同控制的重要指标，对时间、成本和绩效（质量）的综合控制也反映了物流系统的协同效应。

基于资源的物流系统成员间协同控制机制（图 7-19），是面向有限的资源而均衡配置、优化资源分布的一种方法，它主要运营于分别基于时间、成本和绩效（质量）协同控制的网络基础上，在均衡考虑时间与成本、时间与绩效（质量）、成本与绩效（质量）等关系时增加协同控制。

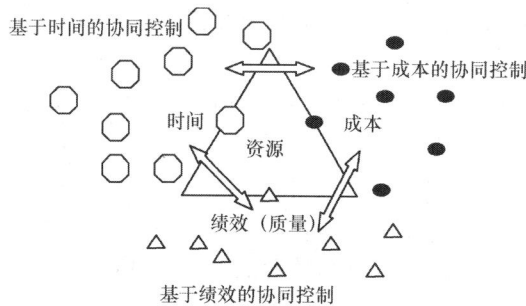

图 7-19　基于资源的物流系统成员间协同控制机制

第三，基于功能的物流系统成员间协同控制机制。

在社会物流系统中，存在专注于运输、储存、包装等一类基本功能，以及铁路、公路、水路和航空等一种运输方式的专业物流。专业物流在特定的功能领域具有得天独厚的优势，成为综合物流和区域物流协同控制中重要的集成要素，从而构筑一个多层次的协同控制体系。

基于功能的物流系统成员间协同控制机制（图 7-20），依赖于专业物流协同平台，如集疏运平台、物流配送中心等，每一个成员利用自身具有的资源、任务、信息和组织优势，根据自身的能力和需求选择进入决策层、管理层和操作层等不同的层次协同运营，充分发挥整合的优势和作用。

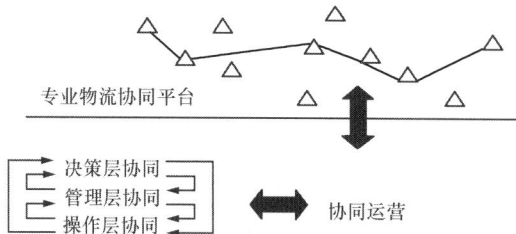

图 7-20　基于功能的物流系统成员间协同控制机制

　　基于功能的物流系统成员间协同控制的对象，主要包含资源、任务、信息和组织，根据物流系统成员的特点和协同控制对象，可以从资源协同、任务协同、信息协同和组织协同，以及决策层、管理层和操作层等方面，描述物流系统成员间协同控制过程，具体如表 7-1 所示。

表 7-1　物流系统成员间协同控制过程

层级	资源	任务	信息	组织
决策层	资源集聚、资源整合策略	任务集聚与整合策略	公共信息服务平台建设策略	协同组织建设、持续维护策略
管理层	资源优化配置方法	任务与能力配置方法	信息共享与交流方法	协同组织动态调整方法
操作层	资源合理化使用	任务标准化执行	信息技术的应用	组织规范化运作

2. 物流系统成员与供应链成员间协同控制

　　在社会物流系统中，物流系统成员和供应链成员（如供应商、生产商、分销商和零售商）间的协同控制，以物流系统成员的资源和能力保障供应链成员低成本、低能耗、低损耗、低污染、高效率和高效益地协同运营，提高整个供应链快速响应客户需求的能力。准时制生产方式的实现，就是一种依赖于物流系统成员与供应链成员间协同控制的典型。

　　1）物流系统成员与供应链成员间协同控制的目标

　　物流系统成员旨在为供应链成员提供物流服务，保障供应链成员间衔接的有效性和及时性，以提高整个供应链协同的增值能力。物流系统成员与供应链成员间协同控制，是在一定的目标驱动下完成的。通常，目标具有层次性，可以分为微观目标和宏观目标（图 7-21）。

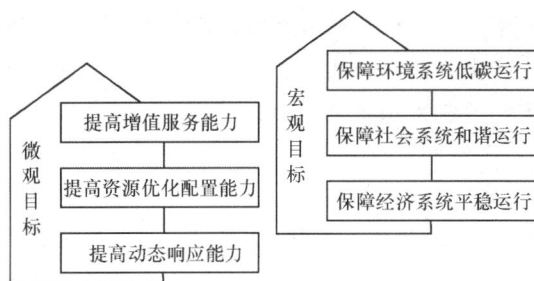

图 7-21　物流系统成员与供应链成员间协同控制的目标

第一，微观目标。

在特定的微观环境下协同控制的目标在于更好地以协同效应维持或优化供应

链运营状态，从而使供应链具有应对市场需求变化的柔性、具有异常和危险情况下维持系统性能的鲁棒性，以及具有抵御风险冲击和承受风险冲击后恢复原状的弹性。通常，物流系统成员与供应链成员间协同控制的微观目标主要表现在如下几方面：

（1）提高动态响应能力。在基于时间竞争的环境中，供应链成员能够在物流系统成员的帮助下，有效地提高响应客户需求变化的能力，快速地满足客户需求。例如，在物流系统成员的支持下，客户订单分离点逐步向客户端移动，不仅使延迟策略更加可行，而且供应链成员也可以获得更大的收益，体现了时间价值。

（2）提高资源优化配置能力。在资源和能力集聚的基础上，通过协同控制能够提高物流系统成员和供应链成员间的资源优化配置水平，形成资源集聚、优化配置和协同运营的局面。例如，一个覆盖特定区域的物流配送中心，不仅集聚了供应链的物流资源，而且能够优化配置集聚后的物流资源协同运营，体现了空间价值。

（3）提高增值服务能力。系统动态响应能力和资源优化配置能力的提高，都反映了系统增值服务能力的提高，更加强化了"利益共享，风险共担"的合作目标。例如，物流系统成员和供应链成员所增加的时间价值和空间价值，可以使系统整体上获得更大的收益，并成为激励成员参与协同的正能量，体现了增值价值。

第二，宏观目标。

物流系统成员与供应链成员间协同控制，旨在保障经济、社会和环境可持续协调发展。通过连接生产、流通和消费领域的成员的协同控制，调节经济、社会、环境系统之间的关系，以维持或优化整个社会经济系统的运营状况。通常，物流系统成员与供应链成员间协同控制的宏观目标主要表现在如下几方面：

（1）保障经济系统平稳运行。物流系统成员与供应链成员间协同控制，涉及整个社会经济系统的诸多方面，在物流、信息流和资金流协同运营的支持下，整个社会经济系统由协同效应带来了高效率和高效益。通过时间-成本、成本-效益等具有互斥特性因素之间的均衡控制，有效地保障整个社会经济系统的平稳运行。

（2）保障社会系统和谐运行。物流系统成员与供应链成员间协同控制，可以获得综合的、全方位的控制，降低不及时、不安全等不协调因素的影响，以时效性和安全性有效地规避系统中断风险、质量安全风险等。在共同的理念、目标和利益驱动下，物流系统成员与供应链成员间保持密切而和谐的伙伴关系，从而保障整个社会经济系统的和谐运行。

（3）保障环境系统低碳运行。物流系统成员与供应链成员间协同控制，为在整个社会经济系统中创造节能减排效应奠定了基础。物流系统成员与供应链成员间协同运营与低碳（low-carbon）主题相吻合，低污染、低能耗、低损耗的运营方式不仅降低了碳排放量，而且推动着可持续发展方式的形成和发展，从而保障整个社会经济系统的低碳运行。

2）物流系统成员与供应链成员间协同控制机制

在"利益共享，风险共担"合作目标驱动下，供应链成员之间已经建立了有效的协同机制，在物流系统成员的支持下，进一步扩展了系统间的协同效应，并逐步形成了基于信息共享、知识网络和行为分析的协同控制机制。

第一，基于信息共享的协同控制机制。

随着信息技术的发展，物流系统成员与供应链成员间协同控制机制主要建立在信息共享与交流基础上，无论是云计算、物联网还是供应链面板等新兴技术的发展，都支持着物流系统成员和供应链成员间的信息共享与交流。可以认为，信息共享是物流系统成员与供应链成员间协同控制的重要机制，也是利益共享的重要基础。

基于信息共享的协同控制机制（图 7-22），建立在供应链成员间协同运营基础上，充分的信息共享与交流带来了物流和资金流的和谐运营，以及收益共享机制的合理化。可见，信息共享平台成为物流系统成员与供应链成员间协同运营的重要载体和纽带，数据、信息的价值在共享中得以提升。在信息共享平台的支持下，物流系统成员与供应链成员间协同运营，使由时间、成本和绩效（质量）构成的物流资源获得最大化价值，从而进一步改善系统间的衔接效率。

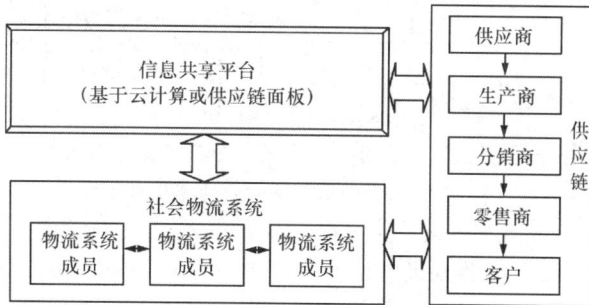

图 7-22　基于信息共享的协同控制机制

随着云计算、物联网、供应链面板等技术的成熟和发展，供应链成员间的协同单元由企业演变成上下游间相关联的设备，从而形成了一个更加精细化的M2M协同运营模式。物流系统成员与供应链成员间的协同单元也由企业演变成车辆与设备，形成支持准时制生产要求的 V2M（vehicle to machine 和 vehicle to management）协同运营模式。

在物流系统成员与供应链成员间信息共享与交流机制下，形成了一个复杂的大数据环境，通过数据清洗、筛选、分析、挖掘等，形成了以数据驱动的协同控制机制，尽量避免以预测驱动的协同控制机制带来的损失和不确定性因素的影响，从而使控制决策的目标、范围、对象、绩效等更加科学，更加精准。

第二，基于知识网络的协同控制机制。

在物流系统成员与供应链成员间协同运营过程中，围绕系统间协作、协调和协同形成了一个充分共享的知识网络，网络中的每一个知识元素都直接支持着成员间更好地协同运营，这些知识元素成为整个系统协同控制的有效单元。可以认为，知识网络的形成和演化过程不仅代表了成员间合作资源和能力的集聚过程，而且更加凸显了成员间在更高层次上协同运营的核心价值在于集聚知识和核心竞争力。

在基于知识网络的协同控制机制（图 7-23）下，所有成员需要在一个共同的知识体系下协同运营，例如，在欧洲，医药物流系统成员与医药供应链成员都必须遵循《药品生产质量管理规范》（Good Manufacturing Practice，GMP）和《药品流通质量管理规范》（Good Distribution Practice For Pharmaceutical，GDP），共同按照 GMP、GDP 等标准协同管理和控制药品质量，实现患者安全风险最小化的目标。

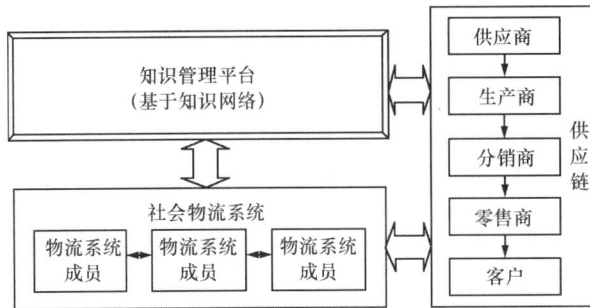

图 7-23　基于知识网络的协同控制机制

物流系统成员与供应链成员共同遵循相关行业的规则、标准等知识，以提高服务质量、提高产品质量等为目标，在共同的知识网络支持下协同运营，因此，协调控制的有效单元为知识网络中的知识元素，通常以改善或提高知识网络中的知识量、知识结构、知识内涵等方式，提高整个系统的协同控制能力和综合管理水平。

随着信息技术、网络技术和通信技术的发展，物流系统成员与供应链成员间以知识管理平台建设为目标的知识网络构建能力得到大幅提升，从而使以知识元素、知识单元为控制对象的协同控制成为新的趋势，有助于迅速提升整个系统的协同运营能力。例如，在健康、安全和环保理念提升过程中，健康、安全和环保标准成为所有成员协同控制的基本单元。

第三，基于行为分析的协同控制机制。

物流系统成员与供应链成员间协同控制，主要集中在相互衔接的有效性、可靠性和及时性等方面，以实现各种行为的一体化，系统间的协同控制更多地表现为成员间基于行为分析的行为运筹优化，例如，集疏运平台中不同运输方式之间的交接服务、延伸服务等。可见，行为分析成为成员间协同控制的重要机制。

基于行为分析的协同控制机制（图 7-24），主要关心不同系统间交界面上的行为，只要行为间的协同控制有助于改善整个系统的时间、成本和绩效（质量），就可以以由行为要素组成的行为单元作为协同控制的对象。在物流系统成员与供应链成员间协同控制过程中，行为分析就是寻找行为要素组建行为单元，从而有效实施控制的过程。

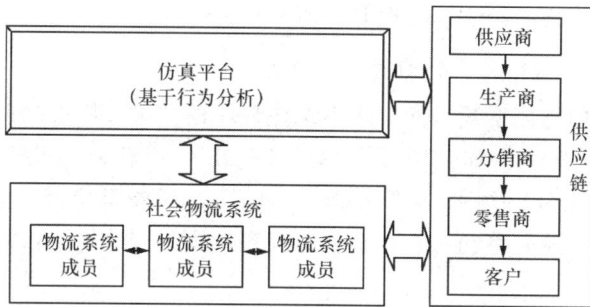

图 7-24　基于行为分析的协同控制机制

物流系统成员与供应链成员间协同控制过程中的行为分析是面向一定指标的，诸如时间、成本、绩效（质量），以基于活动的成本分析为例，旨在描述不同活动的成本构成情况，以便更加深入地观察不同活动对整个系统运营成本的贡献，从而更加有效地控制成本贡献比较大的活动，以降低成本消耗。然而，基于行为分析的物流系统成员与供应链成员间协同控制机制更关心成员间交界面上的行为。

随着仿真技术的发展，许多仿真平台能够更加清晰、直观地刻画系统行为及其演化过程，从而借助仿真平台给出的仿真结果进行协同控制。尽管仿真平台和供应链面板都可以以可视化的方式进行行为分析，但是两者存在的最大不同是供应链面板的行为来自真实情景，是借助物联网技术实时感知的行为，而仿真平台的行为来自虚拟环境的仿真模型。

无论是微观的企业物流系统协同控制，还是宏观的社会物流系统协同控制，由协同效应所创造的新增价值又进一步提升了成员间协同运营的努力水平，并持续创造新的协同运营模式。在整个社会经济系统中，物流系统协同控制有效地保障了系统在健康、安全和环保目标驱动下运营。

7.4　多级递阶结构物流系统控制

物流系统具有的复杂性、动态性和多样性，使其在复杂的生存环境中呈现复杂的多级递阶结构。面对多级递阶结构物流系统，主要从资源、任务、信息和组织四个方面采取有效的措施进行协调，以更好地控制物流系统的运营状态。物流资源、任务、信息和组织协调，充分展现了多级递阶结构物流系统的特性，需要沿着不同的路径观察分析和优化系统的结构与控制策略。

7.4.1　多级递阶结构物流系统

物流系统具有规模庞大、结构复杂、目标多样、影响因素多等大系统特性，且具有随机性和多级递阶结构。在多级递阶结构物流系统控制过程中，必须充分了解多级递阶结构物流系统的特性和可协调性。

1. 多级递阶结构物流系统的特点和优点

多级递阶结构物流系统是指各子系统按递阶的方式分级排列而形成的具有层次结构的物流系统，例如，联邦快递（FEDEX）、敦豪（DHL）、天地快运（TNT）、联合包裹（UPS）、高保物流（GLEX）等外资快递企业的全球网络，就是一个具有多级递阶结构的物流系统，呈现从国家与地区到城市与乡镇的多级递阶结构。

1）多级递阶结构物流系统的特点

多级递阶结构物流系统更多地表现为上下层网络之间的关联性。如何有效地协调和控制整个物流系统，不仅需要依赖物流系统的特性，而且需要综合考虑多级递阶结构物流系统的特点。通常，多级递阶结构物流系统具有如下特点：

（1）上下层网络之间存在隶属关系，上一层网络对下一层网络具有协调权。

（2）信息在上下层网络之间沿垂直方向传递，向下的信息有优先权。

（3）上一层网络比下一层网络拥有更高的控制决策功能，能够解决更多、更困难的问题，产生的影响更大、时间更长。

（4）上一层网络和下一层网络相比，不确定性问题更多，而且这些问题难以作出确切的定量描述和决策。

2）多级递阶结构物流系统的优点

由于多级递阶结构物流系统上下层网络之间的隶属关系明确，可以兼顾集中型协调控制和分散型协调控制的优点，因此，在多级递阶结构物流系统控制过程中显示出如下优点：

（1）集中控制能力强。多级递阶结构具有的集中控制能力，有助于提高整个物流系统的综合控制能力，一方面，上下层网络结构增强了控制能力和快速响应能力，有利于实现实时控制；另一方面，系统的综合分析更加简化，有助于将复杂的高维问题分解为低维的简单问题，便于优化建模分析和问题求解。

（2）集中和分散控制协调性强。集中控制和分散控制各具特色和优点，如何在集中控制情景下提高柔性，以及如何在分散控制环境下增强系统的协同性，成为提高集中和分散控制协调性的两个关键问题。多级递阶结构物流系统可以采用过程优化管理、业务驱动管理和专业化客户需求管理等方式提高集中控制的柔性，可以借助信息共享平台、知识管理平台和仿真平台提高分散控制的协同性（图 7-25）。

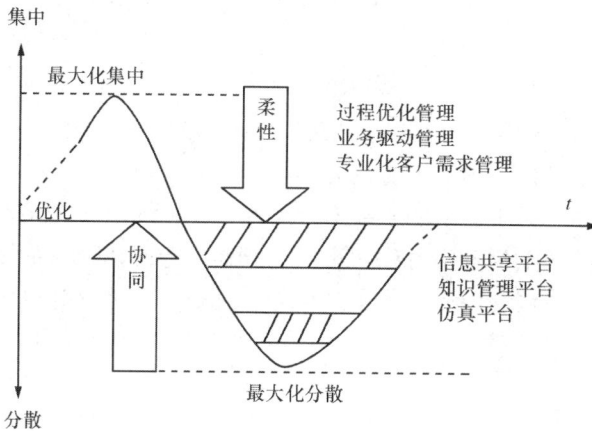

图 7-25　集中和分散控制协调性

多级递阶结构物流系统所呈现的鲜明特点和优点，有助于更加科学合理地进行物流系统协调控制，以更好地优化物流系统运营状态。

2. 多级递阶结构物流系统的可协调性

对于多级递阶结构物流系统，可以应用多级递阶控制理论，在对分散的子系统实行局部控制（决策）的基础上再加一个协调级，用于解决子系统之间控制作用不协调的问题，从而提高系统的协调性。

1）多级递阶结构物流系统协调关系

多级递阶结构物流系统可协调性取决于信息共享与交流能力，以及物流系统协调组织之间彼此协调的意愿的高低。因此，多级递阶结构物流系统协调需要整合物流资源，在信息和组织基本条件的支持下，为物流任务合理配置资源，通过物流任务协调机制使物流任务与物流资源相匹配，达到一体化的组织间协调，从而实现多级递阶结构物流系统优化控制。多级递阶结构物流系统协调关系如图7-26所示。

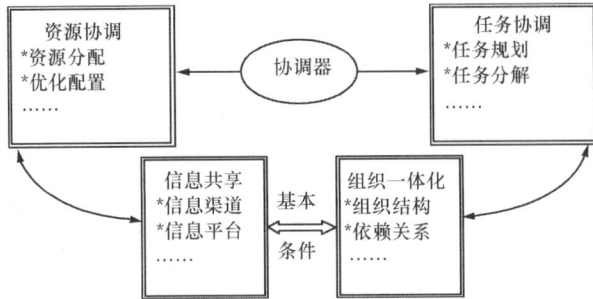

图 7-26　多级递阶结构物流系统协调关系图

2）多级递阶结构物流系统协调的基本条件

如图 7-26 所示，多级递阶结构物流系统协调控制需要建立在信息共享和组织一体化两个基本条件基础上，协调器才能有效发挥作用。

（1）信息共享。对于复杂的多级递阶结构物流系统，如果缺乏有效的信息共享与交流渠道就会产生信息不对称，难以充分地进行社会物流系统成员间或企业物流系统环节间的协调，因此，信息共享与交流是多级递阶结构物流系统协调的重要基础条件，信息共享与交流平台建设有助于促进各成员间或环节间的相互协调。

（2）组织一体化。尽管多级递阶结构物流系统的上下层网络之间存在隶属关系，易于实现组织一体化，但是由于各自利益的驱动，社会物流系统成员间或企业物流系统环节间由于利益冲突而影响组织合作意愿，因此，组织能否实现一体化运营也是多级递阶结构物流系统协调的重要基础条件。

3）多级递阶结构物流系统协调控制类型

由图 7-26 可知，多级递阶结构物流系统协调控制主要包含资源协调和任务协调，在基本条件的支持下，有效地协调物流资源和任务之间的关系。

（1）资源协调。资源协调是指在物流系统存在资源约束条件下，社会物流系统成员间或企业物流系统环节间通过机动资源的协调，使各成员或各环节的局部控制过程相互协调，以尽可能低的物流成本完成物流任务。

（2）任务协调。任务协调是指在物流系统存在任务约束条件下，社会物流系统成员间或企业物流系统环节间通过机动任务的协调，使各成员或各环节的局部控制过程相互协调，以实现物流资源的最小化应用。

在多级递阶结构物流系统中，将资源设置为物流系统的协调器，以资源协调社会物流系统成员间或企业物流系统环节间的冲突，实现系统整体运营优化的控制目标。基于资源的多级递阶结构物流系统协调控制，有助于改善成员间和环节间的资源约束，调整各自的运营目标，不再仅仅追求自身利益最大化，而忽视甚至损害整个物流系统的利益。

在多级递阶结构物流系统中，将任务设置为物流系统的协调器，在能力杠杆的作用下以任务协调社会物流系统成员间或企业物流系统环节间的资源，实现系统整体运营优化的控制目标。基于任务的多级递阶结构物流系统协调控制，旨在为物流任务寻找能力最适合的成员或环节、配置最适合的资源，有助于实现成员间和环节间能力-任务-资源的优化组合，低成本、高效率、高效益地完成物流任务。

7.4.2　多级递阶结构物流系统协调控制的基市条件

多级递阶结构物流资源协调和任务协调，都是以信息共享和组织一体化为基础的，需要信息网络提供协调的信息渠道，组织体系提供协调的组织结构，只有从信息网络视角整合资源、监管任务，从组织体系视角配置资源、完成任务，物流系统才具备了可协调的实际操作性。因此，多级递阶结构物流系统的协调模式必须建立在信息共享、组织一体化基础上。

1. 物流信息共享

在多级递阶结构物流系统协调控制过程中，以资源和任务作为协调器协调物流系统成员间或环节间的关系，必须考虑由于信息不对称可能引起的物流系统成员间或环节间关系的变化。为了提高物流系统信息共享与交流能力，应加大力度建设一个开放的、公开的物流公共信息服务平台，整合物流系统成员间或环节间的信息渠道，采集、加工、处理、发布信息，充分实现物流信息共享与交流，克服传统的多级递阶结构物流系统协调控制的僵化问题。信息共享作为多级递阶结构物流系统协调控制的基本条件，主要表现在以此为基础的物流系统协调控制过程中，可以从信息的视角考察物流系统的协调问题，即物流系统信息协调的作用和价值。

1）物流信息协调的框架

无论是社会物流系统成员间的协调，还是企业物流系统环节间的协调，都是通过物流信息共享与交流实现的。因此，有必要完善基于信息共享与交流的物流信息协调框架，以更有效地提高物流系统信息处理、信息共享等信息协调能力。

第一，物流信息协调的层次。

可以从信息协调的广度和深度两方面，分析物流信息协调的层次问题。

一方面，信息协调的广度是指信息协调的范围逐步扩展的过程，即从企业物流系统环节间的信息协调到社会物流系统成员间的信息协调。在企业物流系统正常运营过程中，围绕采购、生产和销售价值增值过程开展价值增值服务，运输、储存、包装、装卸搬运、配送、流通加工等基本活动间以准确、实时的方式进行信息共享与交流，从而协调企业系统内部各项工作，提高企业满足客户需求的能力。在社会物流系统中，各成员间信息共享与交流涵盖了社会经济系统运营信息，不仅从更大的范围内集聚了市场环境和客户需求信息，而且根据集聚的信息能够更有效地分析描述各成员间关系的紧密程度，从而，为成员间的协调奠定了重要的基础条件。

另一方面，从信息协调的深度，可以将信息协调划分为三个不同的层次，从而开展不同程度的信息共享与交流。①信息交流：最简单直接的一种信息交换方式，交换的信息内容仅限于客户需求信息、物流服务过程所需业务信息等，以维持物流系统的正常运营，不涉及管理决策等方面的信息需求。②信息共享：为规避信息不对称风险，成员间和环节间实现了信息的透明化、可视化，通过有效的信息共享消除信息交流过程中的信息失真，从而更加精确地进行决策，达到节约时间与成本、提高运营效率的目的。③信息集成：信息共享与交流基础上的信息集成，旨在进一步提升信息的价值，将结构化的信息转化成知识，形成知识创造、知识共享的协同创新形式，从更深层次上开展信息协调，提升整个物流系统的核心竞争优势。

第二，物流信息协调的效益。

物流信息协调的效益是以信息共享与交流所产生的价值增值来衡量的，通常难以量化。在多级递阶结构物流系统信息协调过程中，共享与交流信息价值的确定至关重要。物流信息共享与交流会产生一定的成本，权衡共享与交流信息获得的收益与支出成本就能够确定物流信息协调的效益，并根据效益的大小确定物流信息协调对整个物流系统整体协调的贡献度。

物流信息协调的效益，不仅来自由信息交流、信息共享、信息集成所创造的信息自身的价值增值，更重要的是来自物流系统以信息共享与交流为基础而产生的价值增值，例如，客户服务水平的提高、库存量的降低、资金流的改善等，社会物流系统成员和企业物流系统环节均可以从中受益。

第三，物流信息协调的激励。

尽管多级递阶结构物流系统上下层网络之间存在隶属关系，但是面对物流信息协调的效益，也需要采取有效的措施对各成员和各环节进行物流信息协调激励，以强化物流系统成员间或环节间的协调关系，提高成员间、环节间的信任程度，以及成员和环节参与信息协调的积极性。

物流信息协调离不开信息技术提供的支持，需要投入一定的软硬件成本，但是市场环境的复杂性使得物流信息协调的效益并不是总能显现，而且未必能够实现每一个成员或环节预期的收益，从而影响了一些成员或环节参与信息共享与交流的意愿。因此，建立和完善信息共享协调机制，有助于以一个有效的激励机制保障物流系统可持续协调运营。

2）物流信息共享的途径

随着信息技术、网络技术、通信技术、物联网技术的发展，物流信息共享与交流渠道、物流可视化能力、物品可追溯能力得到进一步加强和提升。多级递阶结构物流系统依靠分布在不同国家、不同地区的成员，在可靠的信息网络支撑下，更加科学合理地提供物流服务，并从信息、组织等层面进行资源集聚和任务调配。可见，物流信息网络为物流系统高效、正确运营提供了保证。

第一，物流信息分类。

在物流信息网络中流转的信息具有不同的信息熵（information entropy），而且社会物流系统不同的成员、企业物流系统不同的环节对不同种类信息的关心程度有所不同，因此，物流信息共享的途径应建立在物流信息分类的基础上。

（1）战略信息：对物流系统生存发展至关重要的信息，如物流业务发展趋势、客户需求变化趋势等。这类信息体现了物流系统自身的发展定位，通常共享程度低，物流系统仅与战略合作伙伴分享。

（2）重要信息：对物流系统正常运营影响较大的信息，如社会物流系统各成员和企业物流系统各环节的运营状况、物流信息传递的及时性等。这类信息能够反映物流系统自身的倾向性和偏好，通常会加以控制地选择一些信息、一定程度地与运营伙伴共享。

（3）一般信息：在物流系统中流转的除了战略信息和重要信息之外的信息。这类信息支持着物流系统的正常运营，应避免信息不对称的影响，与物流系统成员、环节实现充分的共享与交流。

物流信息分类是相对的，不仅不同层次的物流系统存在差异，而且同一物流系统在不同的阶段和时点上也存在差异。但是，物流信息分类对于物流系统采取正确的信息共享途径却非常重要。

第二，不同类型信息共享结构。

社会物流系统成员间和企业物流系统环节间共享何种类型的信息，取决于合作关系的紧密程度。尽管成员和环节属于一个具有多级递阶结构的物流系统，但是由于各自利益的存在、所处的业务环境不同、业务合作时间不同和信用度不同等因素的影响，会产生不同层次的合作关系，这种合作关系的差异化就产生了差异化的物流系统信息共享结构，成员间和环节间只能在自己权限范围内共享信息（图 7-27）。

（1）战略合作层次的信息共享结构：围绕战略信息所形成的一种信息共享结构，不仅支持着物流系统成员间或环节间的信息协调，而且强有力地支持了物流系统战略合作伙伴关系的形成和发展。

（2）重要合作层次的信息共享结构：物流系统成员间或环节间围绕重要信息开展信息共享所形成的一种信息共享结构，涵盖了影响物流时间、成本和绩效的

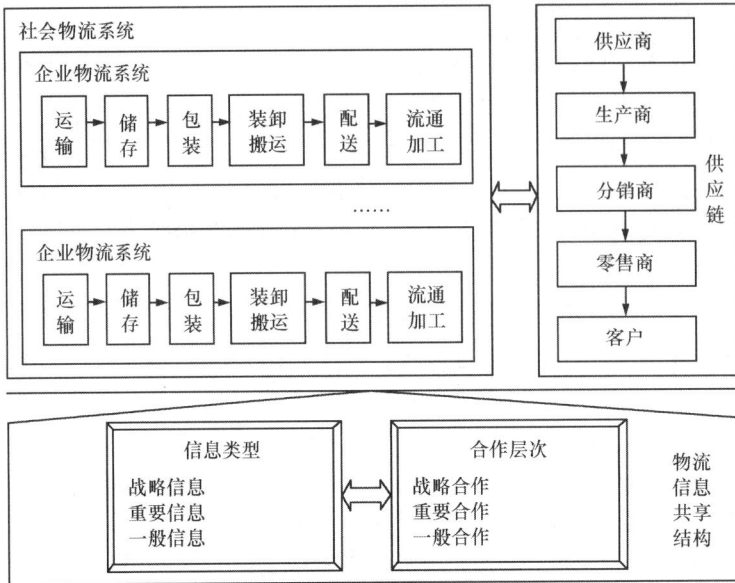

图 7-27　不同类型的信息共享结构

重要信息，支持了物流系统重要伙伴关系的形成和发展。

（3）一般合作层次的信息共享结构：由物流系统运营所需要的一般信息构成了一般合作层次的信息共享结构，从信息共享与交流的视角支持着物流系统成员间或环节间的信息协调，从操作层面支持着物流系统的正常运营。

物流系统信息共享结构以多类型、多层次的形式支持着社会物流系统成员间和企业物流系统环节间的信息共享与交流，从一定的层次上支持着整个供应链系统的正常运营。尽管信息共享与交流会面临一定的风险，如信息泄露、信息失真、信息失效等，但是信息共享与交流有助于协调控制物流系统的运营状态，有效地降低物流系统运营成本，提高物流系统运营绩效。

3）物流公共信息服务平台

从物流系统信息结构的视角来看，以信息网络连通的信息渠道为物流信息共享与交流提供了有效的途径。但是由于物流系统投资规模、信息化水平和能力等影响，一些物流系统成员或环节的物流信息化程度低，无法进入信息网络实现充分的信息共享与交流。因此，有必要建立一个开放的物流公共信息服务平台。

第一，物流公共信息服务平台的功能。

一个开放的物流公共信息服务平台，应该成为其用户物流信息共享与交流的枢纽。物流公共信息服务平台不仅为运输、储存、包装、装卸搬运、配送、流通加工、信息处理等基本功能提供信息服务，而且为柔性、鲁棒性和弹性等扩展功能提供信息服务。因此，物流公共信息服务平台的功能可以概括为两个方面。

（1）物流信息基本服务功能：为运输、储存、包装、装卸搬运、配送、流通加工、信息处理等基本功能提供信息服务，实现物流信息价值增值，不仅有助于保障物流系统正常运营，而且有助于借助信息协调支持物流资源协调控制和任务协调控制目标的实现，从而提升整个物流系统的协调控制水平。物流信息基本服务功能主要通过共享与交流信息的采集、存储、组织与发布、信息交换和辅助信息服务等功能实现。物流公共信息服务平台通过提供各种共享信息，如物流资源信息、物流系统当前任务和潜在任务列表，以及物流系统成员实现任务的历史记录等信息，帮助物流系统成员或环节实现物流资源与任务的匹配，并实现物流系统信息资源、组织资源等管理，达到有效监管物流系统运营状态的目的。

（2）物流信息扩展服务功能：在有效支持物流系统基本功能的基础上，凭借自身拥有的大量数据资源，为柔性、鲁棒性和弹性等扩展功能提供具有价值增值能力的信息服务，有助于从深层次上提高整个物流系统满足客户需求、抵御风险冲击、快速修复系统性能等能力，切实有效地保持稳定的运营状态。物流信息扩展服务功能主要通过应用大数据分析、数据挖掘技术对集聚的信息资源进行筛选、分类、分析，并整理成成员间或环节间的共享与交流信息，通过提供网上信息服务功能、辅助决策支持功能等，引导物流系统与生存环境有效兼容，提高物流系统的适应性、响应性和安全保障能力，促进物流资源优化配置、物流任务高效运转，从而使物流系统在推动经济、社会和环境协调发展方面发挥最大作用。

第二，物流公共信息服务平台的协调作用。

物流公共信息服务平台的协调作用，充分体现了现代物流的特征，支持物流系统以系统化、社会化（专业化）、标准化和信息化方式运营。因此，物流公共信息服务平台的协调作用也可以概括为这四个方面，例如，支持多级递阶结构物流系统以一个系统的形式整体运营，支持众多中小型物流系统实现信息化并以专业化的形式运营。以下将重点介绍物流公共信息服务平台在标准化方面的协调作用。

（1）物流信息标准化：物流公共信息服务平台的协调作用，就是推动物流信息标准化的建立，加快物流系统信息化的步伐。物流公共信息服务平台，可以推进相应的物流信息数据标准化和规范化，实现物流信息系统间的信息共享和数据交换，进而实现物流系统成员间和环节间的信息共享与交流，最终达到物流资源整合和任务协调的目的。物流信息标准的制定，将为物流信息系统建设创造良好的环境，从而实现物流系统成员间和环节间物流任务的协同运营，解决物流任务的重复操作、准确性差、可靠性低、反应速度慢等一系列问题，实现低成本共享信息、节约社会资源、降低信息成本。

（2）物流服务标准化：通过物流公共信息服务平台，物流系统可以按照一个统一的标准进行交互，并指导物流系统成员和环节按照一个统一的规范协同运营，从而实现物流服务标准化，更有效地衔接物流系统成员间和环节间的操作。物流服务标准化主要是通过物流公共信息服务平台提供的标准模板、运营规范等方式实现的，一些公司的服务标准可以作为模板供成员学习和借鉴，例如，摩托罗拉公司对物流服务提供商提出的物流服务标准就成为众多物流系统设定自己标准的参照。

物流公共信息服务平台作为一种面向客户的多层次电子化信息协调架构，通过信息资源的集聚效应为客户传递价值、实现价值增值。随着信息技术、云计算、物联网等技术的发展，软件即服务（software as a service，SaaS）、供应链面板等新型的物流公共信息服务平台得到发展和应用，有助于更加低成本、精细化地合理配置物流资源，均衡物流任务，全面提升物流系统的活力和竞争力。

2. 物流组织一体化

在物流系统信息共享结构为物流资源和任务协调提供信息渠道的基础上，物流系统是否是可协调的还取决于物流系统成员间和环节间彼此的协调意愿。尽管物流系统多级递阶结构的上下层网络之间存在隶属关系，但是也存在物流系统专业化分工基础上的组织任务和工作分解，在根据工作流程进行分解的过程中必然会涉及资源、任务等在成员间和环节间的分配协调关系，因此需要制定一定的机制来处理这些关系，这就是组织协调。物流系统只有通过资源和任务协调达到无缝隙的物流组织一体化，才能高水平地完成物流任务。可见，物流组织一体化是多级递阶结构物流系统协调控制的基本条件，可以从组织的视角考察物流系统的协调，即物流组织协调的作用和价值。

1）物流组织协调的影响因素

在物流系统中，成员间和环节间彼此协调意愿的高低受到诸多因素的影响，如整个物流系统的组织结构类型、成员间和环节间的依赖关系、技术水平及物流系统所面对的任务类型等，这些因素决定了物流组织协调机制的选择。

（1）整个物流系统的组织结构类型。通常，物流组织协调机制应与特定的组织结构和环境相适应，多级递阶结构物流系统具有层级结构，由于规模、上下层关系等因素的影响，也会表现为多种不同的组织结构类型，如简单的组织结构、专业化组织结构等，简单的组织结构可以采用直接监督协调机制，专业化组织结构采用技术标准化协调机制。因此，组织结构类型是影响物流组织协调的一个重要因素。

（2）成员间和环节间的依赖关系。在一个多级递阶结构物流系统中，随着专业化分工的明确，物流系统成员间和环节间在价值链体系中的依赖关系进一步增强，不仅增强了对协调的需求，而且对协调方式的要求也进一步增加，需要逐步从简单的、机械的形式向着正式的、有机的形式转变，与此同时协调对产出绩效的影响也逐渐增加。可见，物流系统成员间和环节间的依赖关系是影响物流组织协调的一个重要因素。

（3）技术水平。信息技术、云计算、物联网等技术的发展，改变了传统的信息共享与交流的渠道，也影响着物流组织协调的方式。尽管沟通渠道的变化会潜移默化地影响协调的效果，但是新技术的应用的确能够以可视化的方式，更加清晰、生动形象地解决原本很复杂的组织协调问题。所以，物流系统成员和环节采用的技术类型、技术发展水平也是影响物流组织协调的一项重要因素。

（4）物流系统所面对的任务类型。物流组织协调主要面对任务，进行物流资源与任务协调，以实现物流资源与任务之间的优化配置。因此，任务类型会影响物流组织协调，特别是任务不确定性会产生重大影响。物流任务不确定性增加，组织更多倾向于采用非程序化的协调方式，如沟通和群体会议等；如果物流任务比较确定，通常采用程序化协调方式，如标准、制度和机制等。

2）物流组织协调机制

物流组织协调机制，是指为了确保物流资源和任务目标的实现，而采取的能够使成员间和环节间正常沟通与协调的所有措施和方法，不仅包括为保障物流系统成员间和环节间正常运营而设计的协调机制，而且包括能够预防物流系统运营过程中可能出现的矛盾或冲突，及时发现并予以解决这些问题的措施和方法。一个完善的物流组织协调机制应该是主动的、预防型的，不仅可以确保物流组织协调活动更加规范化、标准化，而且能够提高整个物流系统的工作效率和可靠性，降低因组织协调而导致的诸多风险，使整个物流组织协调工作顺利进行。

第一，物流组织结构协调。

多级递阶结构物流系统上下层网络之间呈现具有隶属关系的层级组织结构，由于外部环境的复杂性、动态性和多样性，物流组织结构也呈现动态性和多样性，以更好地适应物流系统环境的变化。参照图 3-10 所示的一体化的物流组织结构，多级递阶结构物流系统一体化组织结构可以用图 7-28 进行描述。

如图 7-28 所示，在多级递阶结构物流系统一体化组织结构形成过程中，必须协调物流系统成员和环节所承担工作的角色问题，尽量确保系统组织结构有利于未来物流组织协调活动的开展。例如，可以根据国家/地区的需求，增加国家/地区 4。

受外部环境变化和内部需求变化的影响，物流组织结构始终处于动态演化过程中，存在自组织的适应过程，在必要时调整组织结构以更好地适应外部环境的变化。例如，由于某些专业化功能的调整而增加或减少组织部门、由于国家/地区的调整而增加或减少组织部门等。

第二，物流组织运行协调。

在物流组织结构确定后，更重要、更常见的工作在于物流组织运行协调，需要根据物流系统总目标在成员间、环节间配置资源和任务，协调物流组织间的业

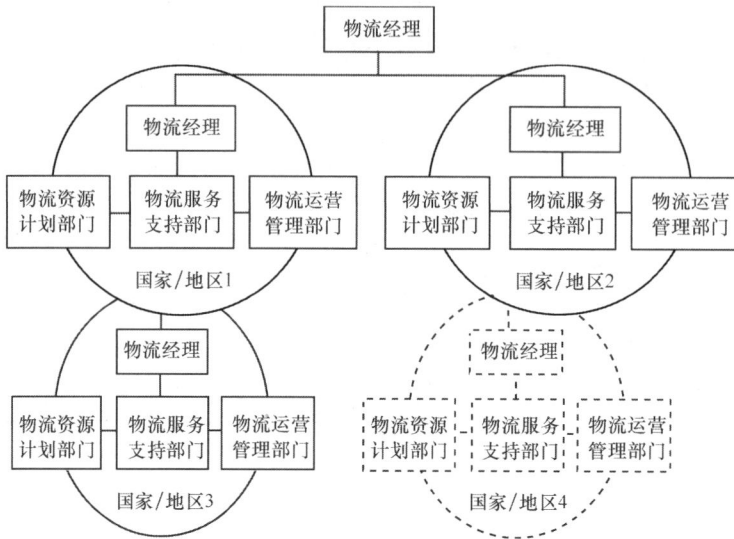

图 7-28　多级递阶结构物流系统一体化组织结构

务活动，采取有效的措施和规范解决影响物流组织运行效率的问题，以保证物流系统各成员、各环节任务之间的无缝衔接，以及物流系统协调控制目标的实现。

在物流组织运行协调过程中，主要从信息内容、执行控制两个方面进行协调，如协调成员间或环间交换信息的时间、内容和深度等。物流组织运行协调有多种办法，例如，基于标杆的协调，以各种标准、制度和机制作为模板，采用目标管理法的协调机制，从而形成相互信任的合作氛围等。通过这些办法可以大大减少协调活动和工作量，易于被物流系统成员或环节所接受，调整彼此的协调意愿，产生深化合作的态度和行为，有利于物流系统高效运转。

物流组织运行协调还有一个重要的协调控制方法，就是借助物流公共信息服务平台，例如，基于 SaaS 模式的物流公共信息服务平台、供应链面板等，充分发挥物流信息协调的作用，通过集聚的物流信息资源，借助时间、成本、绩效等物流系统运营指标，实时分析和描述物流系统成员、环节的活动状态，及时对发现的问题进行协调与监控，并采取有效的措施及时规避各类风险。基于物流公共信息服务平台的物流组织运行协调方法，是一类低成本的协调控制方法。

3）物流组织协调措施

物流组织协调的意义，在于充分利用整个社会经济系统的科技、人力和文化等资源，充分整合物流资源，发挥物流信息网络优势，实现物流组织一体化，以更有效地开展物流系统协调控制，提升整个物流系统的竞争优势。在物流组织协调时，可以采取如下三项措施：

（1）优化物流组织结构。为了适应物流业务的发展及竞争的需要，优化调整物流组织结构，建立专门的物流组织协调控制机构，加强物流系统全过程管理和控制。通过物流组织协调控制机构的协调控制，实现物流组织一体化管理，促进物流系统高层发展战略决策整体推进效果的提升。

（2）优化物流系统信息网络和服务渠道。物流系统信息网络优化，能够为物流组织协调提供信息资源保障，及时、有效地提高物流服务质量。物流系统的生存发展源于为客户提供优质的物流服务，为了使客户能够享受到一致的、标准化的物流服务，在物流系统信息网络优化的基础上，应进一步优化物流服务渠道，使物流系统成员和环节保持规范一致的服务行为。

（3）优化物流组织协调机制。从体制上完善物流组织协调的职能和责权利关系，调整与配置物流组织资源；从制度上完善物流系统协调制度、风险控制制度等，并培育物流组织协调队伍，肩负起物流组织协调的责任。物流组织协调体制和制度的完善，有助于进一步优化物流组织协调机制。

由于物流系统的复杂性、动态性和多样性，物流组织协调必然会导致系统风险，因此，需要建立和完善物流组织风险控制体制和风险控制制度，实施责权利清晰的组织协调控制机制，贯彻事前控制为主的原则，加强物流系统运营全过程的实时协调控制，从而更有效地保障物流系统正常运营。

7.4.3　多级递阶结构物流系统协调控制

从图 7-26 描述的多级递阶结构物流系统协调关系可见，多级递阶结构物流系统协调控制主要由资源协调器和任务协调器承担，充分发挥资源和任务两类协调器的作用，有利于提升多级递阶结构物流系统协调控制能力。

1. 基于资源的协调控制

在多级递阶结构物流系统中，将资源设置为物流系统的协调器，以资源协调社会物流系统成员间或企业物流系统环节间的冲突，实现系统整体运营优化的控制目标。基于资源的多级递阶结构物流系统协调控制，有助于改善成员间和环节间的资源约束，调整各自的运营目标，不再仅仅追求自身利益最大化，而忽视甚至损害整个物流系统的整体利益。

1）物流资源协调模式

面对多级递阶结构物流系统，无论是社会物流系统成员间还是企业物流系统环节间的协调，通常采用集中型资源协调和分散型资源协调两种方式。这两种协调方式实际上体现了多级递阶结构物流系统对物流资源集权与分权的程度。

（1）集中型资源协调。物流系统多级递阶结构的上下层网络之间存在隶属关系，占据主导地位的上一层网络成员集聚下一层网络成员的物流资源，不仅可以为下一层网络成员各项物流任务统一配置物流资源，而且可以借助集聚的物流资源作为机动资源支持存在资源约束的物流系统。物流资源集中型协调在统筹资源配置和动态调度资源决策的基础上，有效地提高了物流资源的利用率和使用效率，并支持物流系统运营效率的提升。

如图 7-25 所示，为了有效规避集中型资源协调缺乏柔性的缺陷，应采取有效的措施增强系统集中协调时的柔性，从而更有效地提高整个物流系统的综合控制能力。

（2）分散型资源协调。分散型资源协调主要有两种策略：一是占据主导地位的上一层网络成员统筹资源，下一层网络成员按照规划分步实施；二是上一层网络成员充分放权给下一层网络成员，下一层网络成员有权根据任务需要自行规划、运营与协调资源。物流资源分散型协调充分发挥了下一层网络成员的资源和能力优势，可以根据实际情况灵活地调整计划，全权负责资源配置和动态调度，有助于增强整个物流资源配置和动态调度的灵活性。

如图 7-25 所示，分散型资源协调有可能降低成员间的协同性，因此，在实施分散型资源协调时应采取有效的措施提高成员间的协同性，从而提高整个物流系统的协调性。

2）物流资源协调配置与调度

具有多级递阶结构的社会物流系统或企业物流系统，无论采取集中型资源协调还是分散型资源协调，都需要通过资源集聚建立资源池（resource pooling），在此基础上进行科学合理的规划，以协调物流资源（图 7-29）。在物流资源协调过程中，主要包含资源配置和资源调度，以调整制约物流系统运营、规模和成长的物流资源约束在结构上的不均衡、不合理。

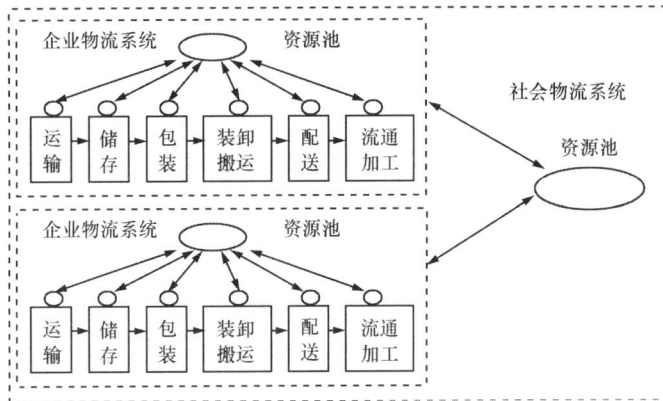

图 7-29　物流资源协调图

第一，物流资源配置。

社会物流系统成员或企业物流系统环节存在自身的约束和利益差异，导致整个物流系统无法实现最优化运营，所以需要引入一个协调器以优化物流资源配置，在满足客户需求的前提下协调物流资源，从而实现整个物流系统运营总成本最小化。可以认为，物流系统控制过程实际上就是协调资源分配、优化资源配置的过程。

（1）物流资源优化配置。物流资源优化配置过程，就是根据任务需要分配资源给各个成员或环节的过程。从整个物流系统运营过程来看，社会物流系统不同成员和企业物流系统不同环节存在不同的资源需求，如运输车辆、储存仓库、包装设备、装卸搬运工具等。而且面对不同的客户服务需求，也有可能产生不同的资源需求，例如，客户要求在有限的时间内将所需货物送达指定地点，有可能需要调整原有的运输方式，由铁路运输改成航空运输。

在保持物流系统较高服务水平的基础上，根据社会物流系统成员或企业物流系统环节完成任务所需要的资源，以整体效益最大化为目标，科学合理地分配物流资源。对于集装箱、集装袋、托盘等重要的公共物流资源，不仅考虑在整个社会经济系统的生产、流通、消费领域循环中周转的策略方法，而且考虑资源的全生命周期循环管理策略。

（2）物流资源再配置。物流系统在完成任务的过程中，既为客户创造价值，也消耗了物流资源，因此需要及时补充物流资源。对于补充的物流增量资源，同样存在物流资源再配置问题。物流资源配置与再配置的原则有所不同，前者关注任务量的大小，是一种静态配置，而后者以任务完成情况和资源消耗情况，即单位资源所产生的效益情况，进行增量资源的再配置，体现了资源动态配置的思想。

如果物流系统消耗的资源不能得到完全补偿，就会出现新的资源约束，此时对增量资源的再配置就无法根据任务量进行配置，需要依据绩效考核情况向绩效好的、存在资源约束的成员和环节倾斜，以保证物流系统运营绩效能够始终维持在一个较高的水平上。可见，物流资源再配置更多地体现了奖励的性质。

第二，物流资源调度。

物流资源配置主要针对聚集在资源池中的存量资源，按任务量进行配置。但是，在存在资源约束的前提下，会出现一些任务配置的资源不足，而另一些任务配置的资源闲置，因此，需要进行物流资源调度，就是利用资源之间的可替代性和尚未分配的机动资源的可协调性进行资源分配。

（1）物流系统正常运营环境的资源调度。由于物流资源消耗的关联性，即各个成员和环节的资源消耗必然存在一系列的联系，在资源有限的环境中，一个成员和环节增加一种资源的消耗量，必然会减少另一个成员和环节消耗该资源时的可得性。如果物流资源调度合理，使增加资源消耗的幅度小于降低资源消耗的幅度，就可以使总的资源消耗成本降低，从而降低物流系统的成本。

物流资源调度旨在通过调度将有限的资源投向绩效较大的成员或环节，解决资源约束前提下资源配置不均衡的问题，从而进一步提高资源的利用率和使用效率。物流资源调度是对存量资源的动态调整，目的不仅仅是在资源约束前提下完成物流任务，更重要的是有助于协调各成员、各环节之间的效率和效益，最小化物流成本。

（2）物流系统应急运营环境的资源调度。由于物流系统生存环境不确定性因素的存在，物流系统会遭受一些突发事件的冲击和影响，为了有效地规避突发事件带来的影响，有必要紧急调度应急资源，以保障物流系统的运营状态不至于受到大的冲击和影响而中断，此时资源调度的原则为以最短的时间恢复物流系统正常运营。

面对突发事件的应急资源调度能力，也是物流系统必须具备的一项基本能力，因此，要求物流系统必须拥有必要的机动资源，通过物流系统成员和环节的协同保障能力尽快修复系统运营状态，机动资源的准备状态和成员间或环节间的协同保障能力，决定了物流系统能否在受到突发事件冲击后得到修复及其修复的时效性。

基于资源的多级递阶结构物流系统协调控制，充分展现了资源作为协调器的价值，使有限的资源发挥最大的效用。根据约束理论的基本观点，物流系统可持续正常运营，必须具有一定的机动资源，即以冗余资源提升整个系统的安全保障能力。

2. 基于任务的协调控制

在多级递阶结构物流系统中，将任务设置为物流系统的协调器，在能力杠杆的作用下以任务协调社会物流系统成员间或企业物流系统环节间的资源，实现系统整体运营优化的控制目标。基于任务的多级递阶结构物流系统协调控制，旨在为物流任务寻找能力最适合的成员或环节、配置最适合的资源，有助于实现成员间和环节间能力-任务-资源的优化组合，低成本、高效率、高效益地完成物流任务。

1）物流任务规划

物流任务规划是基于任务的多级递阶结构物流系统协调控制的首要环节。通常，物流任务规划根据物流任务的类型分为当前物流任务规划和潜在物流任务规划两种类型。

（1）当前物流任务规划。当前物流任务规划具有两个方面的含义：一是明确当前任务的内容和要求，即实时准确地了解物流服务客户的需求，从而有效地提升物流系统运营绩效；二是根据物流服务客户的不同特性有效地进行分类，如空间位置、所属行业、需求规模等，通过客户细分，可以迅速地为物流服务客户提供"量身定做"的个性化服务，以不同的战略满足不同客户的需求。因此，要在充分理解和认识物流任务的同时做好当前物流任务规划，以更加科学合理地配置资源。

（2）潜在物流任务规划。潜在物流任务规划建立在物流服务客户需求预测的基础上，以预测的客户需求为基准进行潜在物流任务规划。由于市场环境和客户需求变化的复杂性、动态性影响，物流服务客户需求预测成为一项极具挑战性的工作，但是精确的需求预测有助于更加科学合理地规划物流任务，实现物流任务与资源配置的协调、物流服务能力与客户需求变化的协调。因此，在当前物流任务规划组织的基础上，培育实施预测、有效监控与管理的组织队伍，更加科学准确地进行潜在物流任务规划，具有重要的战略意义。

当前物流任务规划和潜在物流任务规划，不仅能够深入挖掘物流任务与资源之间的内在联系，更加科学合理地配置资源，而且能够建立当前物流任务与潜在物流任务之间的关系，维持物流系统可持续发展的目标。可见，物流任务规划具有长期性、可持续性，应纳入物流系统日常的运营管理体系，在物流信息共享、物流组织一体化、物流资源整合的基础上，做好物流任务规划工作，快速形成物流系统整体的运营方案，从而提高物流系统运营控制水平。

2）物流任务协调机理

多级递阶结构物流任务协调，旨在优化物流系统成员和环节的能力与任务、任务与资源，从而提高整个物流系统运营效率，提升物流服务水平。物流任务协调就是在物流任务规划和整体规则制约下，在物流信息共享、物流组织一体化等基本条件的支持下，通过物流能力与任务协调、物流资源与任务协调来实现的，表现为能力与任务相匹配、资源与任务相匹配。

物流任务协调主要围绕系统的整体规则而展开，整体规则包括任务分配原则、资源配置原则、子任务功能、子任务接口、子任务相互协调模式等。物流任务分解、能力与任务匹配、任务与资源匹配，以及任务集成与测试四个环节，都是依据系统的整体规则完成的，从而保证物流系统整体控制水平。整个物流任务协调流程如图 7-30 所示，可以分别从物流能力与任务协调、物流资源与任务协调两个方面进行分析描述。

（1）物流能力与任务协调。多级递阶结构物流系统成员和环节具有各自不同的业务能力和优势，物流任务协调首先是将一个复杂的任务分解成物流系统成员或环节能够承担的子任务，整合物流系统成员和环节的各种能力和优势，选择任务与能力的最佳匹配，将物流系统成员或环节的能力与物流子任务相匹配，由这些筛选出来的优选成员或环节分工协作共同完成物流任务。

物流能力与任务协调主要围绕物流系统成员和环节的能力展开，可以将物流任务分解为多个子任务，每个子任务担负相应的物流功能。物流系统水平的高低，就是由这些承担相应物流功能的子任务的成员和环节的能力所决定的。物流任务分解应充分考虑物流系统成员和环节的能力和优势，达到能力和优势的最大化应用。

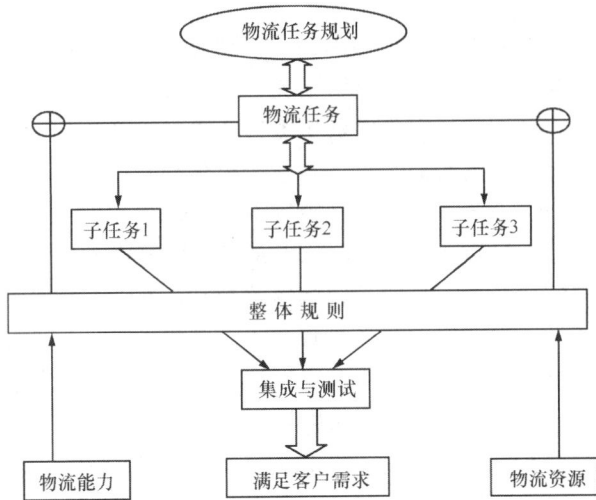

图 7-30　　物流任务协调分解-集成图

（2）物流资源与任务协调。通过能力与任务协调，多级递阶结构物流系统成员和环节已经承担了与能力相匹配的任务，但是只有进一步获得完成任务所必需的物流资源才能投入运营。例如，某一物流任务包含运输和储存功能，可以分解成运输任务和储存任务，分别由提供运输服务的成员和提供储存服务的成员承担，通过两个成员的任务协调共同完成运输和储存任务。根据承担的任务再进一步配备相应的物流资源，例如，储存设施等物流基础设施资源、车辆调度等组织管理资源和物流信息资源。

物流资源与任务协调主要围绕物流系统成员和环节承担的任务展开，可以为物流系统每一个任务配置相应的资源，更好地完成所承担的任务。物流系统完成任务的可能性，就是由承担任务的成员和环节资源配置的情况所决定的。物流资源配置充分考虑了物流系统成员和环节完成任务的可能性，并实现物流资源消耗最小化。

物流任务协调能够保障物流系统整体利益最大化，通过物流能力与任务协调、物流资源与任务协调，实现能力与任务、资源与任务的优化配置，低成本地保障物流系统完成所承担的任务。因此，可以将物流任务协调机理概括为依赖于物流信息共享和物流组织一体化，通过物流能力与任务协调、物流资源与任务协调，实现成员间和环节间能力-任务-资源的优化组合，有助于全面提升整个物流系统的服务能力和水平。

3）物流任务协调的能控性和均衡性

物流系统是一个动态变化的复杂系统，如图 7-30 所示的物流任务协调，一方面采用分解-集成的业务模式，根据承担成员或环节的能力将物流任务分解成子任务，将子任务分配给物流系统成员或环节来完成，并通过系统整体规则规范各个子任务的完成情况；另一方面，采取集中型协调控制、分散型协调控制的管理策略，将集聚的物流资源根据各个任务需求进行配置，并通过系统整体规则分散控制资源的应用。因此，在物流能力与任务协调过程中，应该考虑分解与集成的能控性问题；在物流资源与任务协调过程中，应该考虑集中与分散的均衡性问题。

（1）分解与集成的能控性。物流能力与任务协调是围绕着物流任务而展开的任务分解-集成过程，尽管承担任务的成员或环节的能力是进行分解的重要依据，但是任务分解需要在一个可控的范围内进行，即必须遵循分解与集成的能控性原则，使分解到成员或环节的任务能够切实得以高效地完成，并获得任务集成后的综合效益。

按照分解与集成的能控性原则，在物流任务分解-集成过程中，一方面依据一定的评价体系确认成员或环节有能力完成所承担的任务，例如，根据历史业绩、客户评价等，保留一定的能力冗余，并可预测任务集成后的综合效益较高；另一方面，确定成员或环节具备物流系统协调控制的基本条件，即满足物流信息共享和物流组织一体化的要求。

分解与集成的能控性原则能够保证任务分解后承担子任务的成员或环节及其能力是在一个可控范围之内的，集成后的预期综合效益也是在一个可控范围之内的。可见，分解与集成的能控性原则主要用于降低任务分解-集成过程中的风险。

（2）集中与分散的均衡性。物流资源与任务协调是围绕着物流任务而展开的资源集中-分散过程，尽管集中资源的配置是按照成员或环节所承担的任务进行，但是资源配置需要考虑成本、时间和绩效等均衡性问题，即必须遵循集中与分散的均衡性原则，使配置给成员或环节的资源能够发挥最大的效用，并使总资源获得最大效益。

按照集中与分散的均衡性原则，在物流资源集中-分散过程中，一方面，根据资源配置给物流任务后的预期收益，评价各种资源配置方案的综合效益，并围绕成本、时间和绩效均衡分析每一个方案，获得总资源效益最大化的均衡方案；另一方面，确定物流任务配置资源和接续资源的可得性，即重点考虑在资源消耗过程中的资源动态补充问题。

集中与分散的均衡性原则能够在保证总资源效益最大化应用的前提下降低运营风险，因为它综合考虑了资源动态补充问题。可以认为：集中与分散的均衡性原则主要用于保证资源集中-分散过程中能够获得最大化效益。

物流系统协调与协同控制就是在协作基础上，借助信息和组织的支持作用，通过物流资源和任务的协调控制，实现物流系统成员和环节的协同控制。物流系统在满足客户需求的前提下，以最优的方式将分解后的任务分配给能力最适合的成员和环节，并以最优的途径寻找最适合的资源配置给物流系统成员和环节，使物流系统成员和环节达到合作共赢的目的，共同完成物流系统总任务，实现物流系统效用最大化的总目标。

7.5　小结

物流系统控制论的基本思想表明：物流系统控制的关键问题是协作基础上的协调与协同。物流系统协作-协调-协同控制，在"利益共享，风险共担"合作目标驱动下，综合反映了物流系统演化的阶段和层次，从资源和能力的整合，到资源和任务的协调，再到战略层面关系结构的协同控制，从企业物流系统协同控制发展到社会物流系统协同控制，物流系统的活力和竞争力得到不断提升，为客户提供增值服务的价值和能力得到提升。

第8章 物流系统复杂控制

物流系统的复杂性是由物流系统要素在集成、合作、延伸和互动等动态变化过程中产生的，是物流系统要素间相互影响、相互作用的结果，更是物流系统整体的涌现。可以认为：涌现提高了物流系统的复杂性。物流系统作为一个多级递阶结构系统，每一层级的结构和运营过程都具有自相似性，这种自相似性使物流系统在各个层级上都具有复杂性产生的条件和动因，而且物流系统具有自组织演化特性和混沌现象。因此，有必要进一步探索物流系统复杂控制方法。

8.1 概述

物流系统作为一个复杂的社会形态，同时又处在一个更大、更复杂的社会经济系统中，是社会经济系统中一个庞大、复杂的子系统。在物流系统运营过程中，需要面对许多复杂问题，如物流与信息流同步优化问题，物流与资金流相互支撑问题，人力、物力、财力、信息等要素相互影响、相互作用问题等。复杂性理论提供了用于揭示物流系统内在复杂性的有效工具，针对物流系统具有的复杂性特点，利用自组织理论和混沌理论，可以进一步分析物流系统的自组织演化特性和混沌现象，并结合现代控制方法与混沌控制技术，探索物流系统复杂控制方案。

8.1.1 物流系统的复杂性

20世纪70年代以来，科学家发现物理、化学、生物、经济、社会等很多领域中的一些系统具有非线性、混沌、自组织、涌现等特征，这些系统难以用传统的理论方法进行研究，于是科学家们开始采用新的方法对复杂性和复杂系统进行研究，试图建立有关复杂系统的一般理论。

复杂性（complexity）是系统的内在属性，它来自系统要素间的相互作用，影响系统的自组织和自适应能力。复杂性强调构成系统要素间的相互作用，可以产生个体不具有而集成后的整体具有的属性和行为，即整体涌现性（whole emergence），致使系统难以预测和求解。复杂性之所以复杂主要表现在系统的状态能被观察到、能被理解，但却无法应用还原论将要素间的相互作用一一还原。

在很多情况下，物流系统呈现结构复杂性、关系复杂性和过程复杂性。物流系统复杂性特征包括系统多元性、系统开放性、系统涌现性、系统自组织性、系统混沌性和系统不确定性等。

8.1.2　物流系统的自组织演化

自组织是指一个系统在没有外界特定干预的情况下，受自身内在作用力的驱动，获得稳定的时空结构或功能结构的过程。自组织演化是指在系统只受到内在作用力的驱动、没有外界特定干预，从一种稳定或无序的状态转变为另一种稳定状态的过程。自组织演化作为一种动态过程，主要包含系统从非组织到组织的演化过程、从组织程度低到组织程度高的演化过程、在相同的组织层次上从简单到复杂的演化过程等三类。

物流系统是一个自组织系统，它具有自产生、自生长、自适应和自复制等自组织特性，主要表现在物流系统网络结构的形成和演化过程中，即使没有外界特定干预，物流系统也能像生物进化一样自组织演化，因此可以将物流系统视为一个有着"内部程序"的自组织系统。它在物流系统内部自身因素的影响下，持续发生自组织演化，演化过程经历从量变到质变的三个跃升过程，即物流系统自组织演化的起点，物流组织有序层次跃迁的过程，物流系统结构、关系和过程在同一层次上发生从简单到复杂的水平性增长过程。因此，物流系统自组织演化控制，可以根据自组织演化理论和物流系统自组织演化过程，从系统开放性、系统涨落机制、系统非线性、系统演化过程的具体可控环节等方面入手，对物流系统自组织演化过程进行有效控制。

8.1.3　物流系统的混沌控制

在现代的物质世界中，混沌现象无处不在，小到基本粒子，大至宇宙，无不受混沌理论支配。混沌（chaos）指在确定性非线性系统中，不需附加任何随机因素就可以出现类随机现象，是一种貌似无规则的运动。混沌现象体现了系统的内在随机性，混沌系统的最大特点就在于系统演化对初始条件十分敏感，具有"蝴蝶效应"，从而使确定性系统在很长一段时间后，由于外界存在的扰动及系统内部的自组织特性，出现一系列随机行为，进而处于混沌状态。

混沌控制主要利用混沌系统演化对初始条件十分敏感的特性，根据给定的一个吸引子，通过对系统做一个微小的扰动期望可以获得某个预期的周期行为。混沌控制主要用于解决如下几方面问题（黄润生和黄浩 2005）：

（1）状态问题。通过改变系统的状态使它呈现或接近混沌运动，此时可以不考虑所得运动的具体形式。

（2）引导问题。可以在相空间中将混沌轨道引入事先指定的点或周期性轨道确定的小邻域内。

（3）跟踪问题。可以通过施加控制使受控系统呈现出事先给定的周期性动力学行为。

　　混沌控制是非线性动力系统与非线性控制的理论方法。混沌控制主要有如下几个目标：抑制或消除某类混沌；稳定控制在混沌吸引子中预知的不稳定的周期态；达到新的动力学行为；消除多重的混沌吸引子；实现两个或多个相同动力系统的周期同步、混沌同步及其控制；控制混沌吸引子中的非周期态、周期态及其同步的可能应用（刘孝贤和耿淑娟 2003）。

　　在物流系统运营过程中，存在许多混沌现象，例如，客户需求量、订货量、库存量等蕴含的行为中表现出来的不确定性——不可重复、不可预测。以库存控制为例，库存控制的目标在于使物流系统保持适当的库存量，维持低库存成本、高服务水平的均衡，降低市场需求不确定性风险的影响，保障整个物流系统正常运营。库存控制原则制约着物流系统中的大量随机行为，一定程度上制约了物流系统的不确定性，从而有效规避物流系统由于内部混沌现象的大量存在而由混沌走向无序的情况。

　　面对复杂的具有混沌现象的物流系统，可以借助混沌判定方法对物流系统混沌现象进行判定，然后应用参数反馈（Ott、Grebogi 和 Yorke，OGY）控制、偶然正比反馈（occasional proportional feedback，OPF）控制、混沌自适应控制、变量反馈控制（variable feedback control，VFC）等方法对物流系统进行混沌控制。本章结构图如图 8-1 所示。

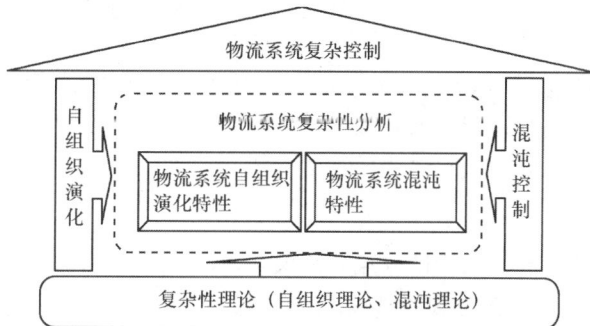

图 8-1　本章结构图

　　物流系统生存环境的复杂性及其自身具有的结构复杂性、关系复杂性和过程复杂性，增加了观察、分析、引导和控制物流系统稳定地保持或达到所需要状态的难度。尽管如此，仍然需要在物流系统复杂性分析的基础上，探索物流系统自组织演化控制方法和混沌控制方法，以保障物流系统平稳运营。

8.2　物流系统复杂性分析

　　物流系统是复杂社会经济系统中的一个复杂子系统，它不仅在物流、信息流和资金流的共同作用下，横跨生产、流通、消费三大领域运营，而且随着科技的进步、经济全球化的发展和物流技术的广泛应用，物流系统的时空边界范围还将继续向内深化、向外扩张。而且事实证明：物流系统复杂性仍将持续增加。

8.2.1　复杂性理论概述

随着科学技术的发展及知识创新过程的复杂化，人们对复杂性理论的研究日益关注和重视，并形成了一系列具有影响的复杂性理论，例如，美国的复杂适应系统理论、欧洲的自组织理论、中国的开放的复杂巨系统理论等（宣慧玉和张发2008）。

1. 复杂性与复杂系统

复杂性是复杂系统的内在属性，它不仅增添了系统的复杂特性，而且使系统更加生动、精彩。

1）复杂性定义

由于复杂性覆盖面广，所以尚未有统一的解释。复杂性涉及算法复杂性、计算复杂性、生物复杂性、生态复杂性、演化复杂性、经济复杂性、社会复杂性等（宋学锋2003）。在不同的学科领域，由于研究对象和研究方法的不同，对复杂性理解也不同。美国学者默里·盖尔曼（Murray Gell-Mann）认为，复杂性是系统演化有序性、结构层次性、形态多样性等性质的概念表述，称为有效复杂性。《不列颠百科全书》（*Encyclopedia Britannica*）词条认为，复杂性的特征主要包括多连通性、非集中控制性、不稳定性、涌现性、分化、多样化和进化能力等。复杂性不是由人们的理解或知识的局限而造成的，它是客观存在的，是客观世界固有的、不以人的主观意志为转移的属性。

2）复杂系统

复杂系统就是具有复杂性的系统，通常由简单的元素组合，经过不断的演化而发展成为结构、关系和过程更为复杂的系统。复杂系统处于持续发展变化之中，在动态变化中改善自身，并且在系统各子系统间以各种方式进行交互的同时，整个系统又与环境保持着密切的开放联系，与环境进行着物质、信息和能量的交换，在与环境的相互作用中不断利用环境和适应环境（沈小平2010）。

2. 复杂性特征

从低级到高级、从简单到复杂，不断演化的复杂性是复杂系统最本质的特性。由于复杂性定义的多样性，需要对复杂性的特征进行分析，从复杂性的特征上对复杂性的内涵进行深入的概括性理解。复杂性是系统的属性指标，具有复杂性的系统被称为复杂系统，系统的复杂性正是通过系统构建和运营过程的各种状态和形式表现出来的。因此，复杂性的特征就是复杂系统的特征。许多学者从不同角度对复杂系统的复杂性特征进行了分析阐述，复杂系统具有非线性和非平衡、多样性和动态性、整体性和统计性、初值敏感性（即"蝴蝶效应"或积累效应）、结构自相似性（分形性）、涌现性和层次性、自组织和临界性、非对称性和不可逆性等特征（方锦清 2001，2002；宋学锋 2003；杜志平 2007）（图 8-2）。

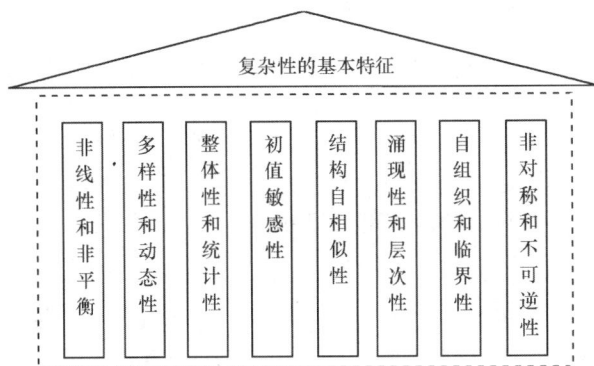

图 8-2　复杂系统的复杂性特征

　　复杂系统的复杂性特征充分展现了复杂系统的内在特性，可以认为，复杂性理论提供了揭示复杂性特征的理论方法，使其成为系统科学研究领域重要的工具。

8.2.2　物流系统复杂性的根源与表现

　　物流系统复杂性产生于物流系统内部要素间的竞争与合作过程，以及外部环境的持续变化过程。物流系统复杂性常见于静态的物流系统网络结构及其演化过程，以及动态的物流系统运营过程中。

1. 物流系统复杂性的根源

　　物流系统复杂性产生于系统内部资源要素的相互作用，以及外部环境要素的影响作用，因此，可以认为物流系统复杂性是系统内部和外部要素共同作用的结果。

1）物流资源要素的相互作用

　　物流资源要素主要涉及物流产品和服务、物流基础设施、物流信息系统、物流客户群和供应链。在物流资源要素的相互作用下，物流系统复杂性逐渐增加，主要表现在如下三个方面：

　　（1）物流系统结构的复杂性。物流系统结构不仅具有多层次性和多功能性，而且会由于要素、环节、资源、服务和环境的变化而不同，呈现出较大的动态性。在物流系统中，多层次性、多功能性和动态性，以及由柔性结构、鲁棒性结构和弹性结构交织的综合体系更增添了物流系统结构的复杂性。

　　（2）物流系统关系的复杂性。物流系统同时具有多主体、多核心的特性，使处于不同结构中的主体之间的关系变得更加复杂。物流系统内部成员间、环节间及与外部供应链成员间存在复杂的竞争与合作关系，例如，"牛鞭效应"就是这种复杂关系的产物。围绕物流产品和服务，物流系统与物流客户群之间存在的博弈关系更增添了物流系统关系的复杂性。

（3）物流系统过程的复杂性。物流系统过程涵盖了物品从供给者（生产地）至需求者（消费地）转移的过程，各成员、各环节之间存在相互影响、相互支持的关联性、耦合性及独自运营的自主性，强化了物流系统过程的复杂性，而且在整体目标的支撑下，物流系统过程围绕时间、成本和绩效（质量）呈现多目标属性，也进一步增加了物流系统过程的复杂性。

2）物流系统环境要素的影响作用

物流系统环境要素主要包含物流行业竞争力、物流科技发展水平和物流服务需求三个方面。在物流系统运营过程中，它不断地与外部环境进行物质、信息和能量的交换，并在物流系统环境要素的影响作用下，为应对环境的复杂变化而呈现出复杂性，从而形成了复杂环境中的复杂系统。

物流系统处于特定的时空环境中，面对物流行业竞争力、物流科技发展水平和物流服务需求的变化导致的无法准确预测的情境，物流系统为维持自身的竞争优势，以持续的、复杂的变化适应环境的变化，大多表现为复杂的柔性、鲁棒性和弹性。这些特性又进一步加剧了物流系统的复杂性。

物流系统环境要素的影响作用，不仅孕育了物流系统的复杂性，使物流系统结构、关系和过程复杂性进一步融合、深化，而且创造了物流系统复杂的适应能力，在"感知—适应—感知"的循环中提升自身的适应能力，形成物流系统与生存环境的良性互动，从而使物流系统能够在复杂多变的动态环境中可持续发展。

2. 物流系统复杂性的表现

物流系统复杂性可以分为结构复杂性、关系复杂性和过程复杂性，并且在复杂性的孕育下衍生出许多特性，成为物流系统复杂性的表现。例如，物流系统的多元性、开放性、涌现性、自组织性、混沌性和不确定性等。

（1）物流系统的多元性。物流系统是有形要素和无形要素的综合集成体，集聚了物流、信息流和资金流。物流系统由基本功能和扩展功能等基本单元组成，无论是宏观的社会物流系统还是微观的企业物流系统，都具有多元化结构，诸如地理空间分布的多元化、成员关系演化的多元化、衔接时间流程的多元化。因此，可以认为物流系统的多元性是物流系统复杂性在物流系统结构、关系和过程方面的延伸。

（2）物流系统的开放性。物流系统是一个开放的系统，它不断地与外部环境进行物质、信息和能量的交换。物流系统成员间、物流系统环节间都存在交互作用，如供应商和第三方物流之间、储存与配送之间。物流系统通过获得的物质、信息和能量调节自己，不仅使自身更加适应外部环境的变化，而且会随着外部环境的变化而不断改善，体现了一种进化的趋势。

（3）物流系统的涌现性。物流系统的涌现性是指系统具有其组成部分或部分总和没有的性质，是系统最重要的特性，例如，风险共担库存管理模式、集疏运管理模式、协同运营模式等。它是物流系统适应环境变化过程中形成的一种涌现，体现了"整体大于部分之和"的思想，提升了整个物流系统的竞争优势。

（4）物流系统的自组织性。物流系统是一个自组织系统，具有自产生、自生长、自适应和自复制等自组织特性，例如，物流系统网络结构和组织结构演化、企业需求社会化等，在没有外界特定干预的情况下，受自身内在作用力的驱动，获得稳定的时空结构或功能结构。物流系统自组织性反映了系统长期演化的过程，蕴含着复杂的特性。

（5）物流系统的混沌性。在复杂多变的环境下，市场环境的变化和不可预测性导致客户需求量、库存量等物流系统运营参数从有序到无序的演化，到远离平衡态时则会由于时间、成本、绩效控制变量的变化而向有序反演化，呈现出物流系统的混沌性。例如，"牛鞭效应"影响下的物流系统会从稳定性演化到混沌性。

（6）物流系统的不确定性。在复杂的市场环境中，物流系统成员间、环节间呈现复杂的竞合关系，在供应、需求、关系等诸多方面表现出不确定性。物流系统的不确定性，不仅增加了系统运营风险，而且不确定性的传递和放大降低了系统的稳定性，进一步加剧了系统运营风险。物流系统不确定性，成为物流系统复杂性的重要表现形式。

物流系统复杂性增加了管理控制的难度，使物流系统成员间相邻节间的协作、协调和协同更加困难。深入刻画和分析物流系统的复杂性，有助于提高物流系统的能控性，更好地管理控制物流系统。

8.3　物流系统自组织演化分析

物流系统是一个复杂系统，为了适应外部环境的变化，增强自适应能力，提高自身生存发展能力和竞争优势，物流系统的结构、功能和行为会随之发生改变。物流系统的演化趋势主要表现为物流系统自组织演化。在物流系统自组织演化过程中，系统不断呈现自组织特性，即自产生、自生长、自适应和自复制等。如果能够掌握物流系统自组织演化规律，就可以对物流系统自组织演化过程进行有效控制，引导系统更好地适应外部环境的变化，增强自身竞争优势。

8.3.1　自组织理论概述

自组织性是系统复杂性的重要表现形式，是受系统内在作用力驱动而产生的一种特性。自组织演化描述了系统只受到内在作用力的驱动，而进行的"无序—

有序—无序"或"稳定—不稳定—稳定"的过程。

1. 自组织演化过程

自组织演化作为一种动态的过程，主要包含以下三类演化过程，形成了系统自组织演化的连续统一体（吴彤 2001）。

（1）系统由非组织到组织的演化过程，描述了系统由混乱的无序状态向有序状态转变的过程，是自组织演化的起点，主要用于分析组织的起源和临界问题。

（2）系统由组织程度低到组织程度高的演化过程，描述了系统一种组织有序层次跃迁的过程，通过跃迁，组织的有序程度得以提升，跃升至更高级别的组织程度。

（3）系统在相同的组织层次上由简单到复杂的演化过程，相当于自组织演化的一个量变积累阶段，描述了系统组织结构、关系和过程在同一层次上发生从简单到复杂的水平性增长过程。

2. 自组织演化路径

作为系统的发展过程，自组织演化与事物的发展途径一样，主要存在渐变和突变两种形式。渐变（gradual change）指事物的一种逐渐的、不显著的变化状态，是原来变化的延续；突变（catastrophic change）强调变化过程的间断或突然转换的意思，是不经过任何过渡阶段从一种质态到另一种质态的飞跃。自组织演化路径具有多样性（吴彤 2001），主要存在以下三种：

（1）渐变型演化路径，大部分时间处于平稳的演化过程中，没有大的涨落，演化路径基本上可以预测。

（2）突变型演化路径，常出现突然的变化，虽然会有大的涨落，但是大部分的演化路径可以预测。

（3）分岔型演化路径，经过临界点或临界区域，演化过程所发生的现象最为复杂多样，小的变化往往导致大的涨落，演化路径难以预测。

3. 自组织演化条件

一个开放的、远离平衡态的非线性系统，在不断地与外部环境进行物质、信息和能量交换的过程中，动态地调整着自身的状态。当外界输入达到一定阀值时，系统就会在非稳定态下产生涨落的触发而进入自组织演化过程。因此，一个复杂系统发生自组织演化需要具备一定的条件，即系统要具有开放性、是非线性的、达到一定的阈值（临界值）、涨落的发生来触发自组织、远离平衡态具有非稳定性等（图 8-3）。

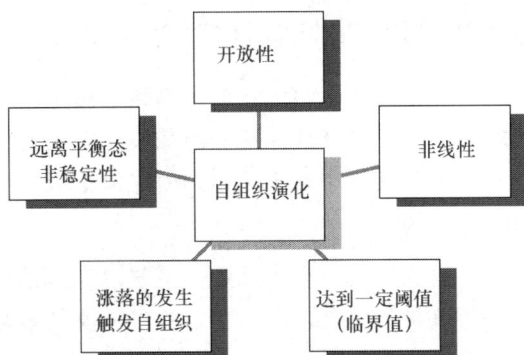

图 8-3　自组织演化具备的条件

（1）系统开放性的判断。一个开放的自组织演化系统，不仅要不断地与外部环境进行物质、信息和能量的交换，而且这些物质、信息和能量必须均等地作用于系统各要素。首先，通过实验测试判断系统与环境之间是否存在输入或输出；其次，通过对系统输入的分析判断外界对系统的输入是否具备均等性。

（2）系统非线性的判断。由于一个线性系统不存在从无序到有序的结构变化，所以发生自组织演化的系统只能是一个非线性系统，只有系统具有非线性，才可能演化为一个有序的耗散结构系统。由于系统的非线性要求系统的各组成要素不仅要在数量上具有巨大的差异性，更要在性质上存在相互的独立性。所以，可以从差异性和独立性两方面进行非线性判断。

（3）系统阈值的判断。阈值就是临界值，在自动控制系统中能产生一个校正动作的最小输入值，刺激引起组织应激反应的最低值，也就是系统从一种状态转变成另一种状态所要满足的一个必要条件。对于一个系统，只有当外部环境输入的物质、信息和能量达到一定的阈值时，才有可能向有序结构演化。尽管不同系统的阈值具有差异性，但是可以通过对系统的试探性观测获得系统阈值的大小。

（4）系统涨落的判断。涨落是系统自组织演化的触发器，但是由于难以预测涨落发生的具体时间、地点，所以只能简单分析涨落出现的阶段。涨落往往出现在系统的近平衡态区和远离平衡态区，在近平衡态区系统才开始发生偏离，对系统的演化没有建设性意义；在远离平衡态区系统能逐步接近临界点，而在临界点处发生的涨落最具价值。

（5）系统非稳定性的判断。对于一个开放的非线性系统，外部环境对系统持续进行物质、信息和能量的输入会导致系统内部的非稳定性。非线性是系统内部非稳定性的一个因素；涨落是系统非稳定性的一个表现；远离平衡态是系统非稳定性的一个结果；当外界的输入达到一定的阈值时，系统的非稳定性就会达到某个临界状态，只要有涨落的触发，就有可能发生跃升。

8.3.2　物流系统自组织特性和演化过程

作为社会经济系统中一个重要的组成部分，物流系统正常运营不仅需要关注系统内部各要素之间的关系，而且需要关注它与相关系统之间的关系，所以物流系统呈现出复杂性。那么根据自组织理论怎样判断物流系统具有自组织性？

1. 物流系统自组织性分析

自组织性是以自组织演化形式表现出来的，系统发生自组织演化需要具备一定的条件。如果要判断物流系统具有自组织性，首先需要判断物流系统是否满足自组织演化需要具备的条件。

（1）物流系统开放性的判断。在物流系统正常运营过程中，各成员以及运输、储存、包装、装卸搬运、配送、流通加工、信息处理等环节，持续不断地与外部环境进行物质、信息和能量的交换，而且这些物质、信息和能量均等地作用于系统各要素。所以，物流系统是一个开放的系统。

（2）物流系统非线性的判断。物流系统运营在一定的时空结构或功能结构中，成员和环节等组成要素由于系统服务对象、服务范围、服务领域的不同在数量上具有巨大的差异性，而且各要素之间既具有相对的独立性，又相互影响、相互作用，所以，它们之间的关系是非线性的。

（3）物流系统阈值的判断。物流系统除了具有基本功能之外，还具有柔性、鲁棒性和弹性等扩展功能，这些扩展功能的存在使系统不会对任意大小的刺激有应激反应，而只有当外部环境输入的物质、信息和能量达到一定的阈值时，才有可能引发系统的反应。

（4）物流系统涨落的判断。尽管外部环境的物质、信息和能量均等地作用于物流系统各要素，但是受到系统结构、关系和过程复杂性的影响，物流系统各要素之间的物质、信息和能量逐渐分布不均，并演变成一个动态的、远离平衡态的系统，出现涨落现象。

（5）物流系统非稳定性的判断。物流系统作为一个开放的非线性系统，外部环境对系统持续进行物质、信息和能量的输入会导致系统内部的非稳定性。在非稳定状态下，当外部环境对物流系统的输入达到一定的阈值时，物流系统有可能在涨落的触发下发生跃升。

由此可见，物流系统满足自组织演化必须具备的条件，可以借助自组织演化理论分析和描述物流系统。

2. 物流系统自组织特性

通过物流系统自组织性分析可见，物流系统是一个自组织系统，所以它具有自产生、自生长、自适应和自复制等自组织特性。即使没有外界特定条件的干预，物流系统也能像生物进化一样进行自组织演化，因此，可以将物流系统视为一个有着"内部程序"的自组织系统。

1）自产生

物流系统自产生是指在没有外界任何干预的条件下，新的结构、功能和行为从无到有自发产生的过程。物流系统自身产生于社会分工逐步细化的结果，而物流系统新的结构、功能和行为则产生于系统对利益最大化的追求，特别是各成员和环节之间目标与利益的重合。面对竞争日趋激烈的市场环境，在物流行业竞争力、物流科技发展水平和物流服务需求等环境要素的影响下，以及物流产品和服务、物流基础设施、物流信息系统、物流客户群和供应链等资源要素的作用下，物流系统逐步增加新的结构、功能和行为，以提高自身的竞争优势。

物流系统自产生新的结构、功能和行为，是物流系统追求结构完善、功能优化和行为规范的内在需求驱动力驱动的结果，尽管这种内在需求受到外部环境的影响。为满足客户需求，提高服务能力，物流系统成员、环节增加新的结构、功能和行为，不仅提高了系统的适应能力，而且提升了系统的竞争优势。可以认为：物流系统自产生是系统内在动力作用的结果，是系统应对外部环境变化的适应性表现。

2）自生长

任何一个系统都不可能一经产生就尽善尽美，物流系统也不例外。自产生使物流系统产生新的结构、功能和行为，而自生长使物流系统结构完善、功能优化和行为规范。随着业务流程外包模式的发展和广泛应用，物流系统自生长更加重视成员间、环节间关系的培育，以及物流系统综合能力的培育，不再将主体规模的扩大作为自生长的唯一途径。

作为物流系统自组织演化的过程，自生长不仅是系统自我发育、完善、成熟的变化过程，更体现了系统适应外部环境变化、适应内部自产生新的结构、功能和行为的变化过程。自产生-自生长描述了物流系统在与外界物质、信息和能量的交换过程中，自感知-自适应外部环境、自我调整结构、功能和行为的过程，这种自组织演化能力已经成为物流系统生存发展的基本素质和要求。

3）自适应

物流系统自适应性是指物流系统在生存竞争中与外部环境之间，通过互动式的状态进行调节而形成的一种适应能力和属性。在激烈的市场竞争环境中，物流服务提供商仍然遵循着"适者生存"的法则，寻求自身立于不败之地的核心竞争能力和属性，物流系统自产生、自生长过程就体现了物流系统自适应能力培育的过程，包括物流系统对外部环境变化的感应、解析、反应、学习、行动、成长和创新。

面对复杂多变的市场环境，物流系统成员、环节通过自产生和自生长等自组织过程，不断产生和完善新的结构、功能和行为，从而提高系统的自适应能力。例如，物流系统成员间、环节间竞合关系的变化，更多地反映了系统与环境之间的适应性，通过成员间、环节间动态的竞合关系，形成物流系统与生存环境条件之间协作、协调和协同的属性，以及能够对周围环境变化作出正确反应的能力（樊毓卿 2009）。

4）自复制

物流系统自产生和自生长可以通过自我复制实现，对已经形成竞争优势的物流系统成员或环节的结构、功能和行为进行整体复制，新增这个已经具有结构完善、功能优化和行为规范的成员或环节，以更有效地弥补物流系统在资源、能力等方面的不足。可以认为，自复制就是通过物流系统内部的学习和模仿，实现自我提高的过程（吴应良等 2006）。

物流系统自复制更多的是一种能力的复制，成功经验、成熟结果、成套技术等都会成为系统自复制的对象，或者按照"急用先行"的原则，选择最迫切需要加强的部分进行自复制，并在系统内向其他成员或环节推广应用，最终转化成物流系统的竞争优势和核心竞争力。总的来说，物流系统自复制过程，就是对可提升能力的成员或环节进行观察分析和复制的过程，从而提升整个物流系统的竞争优势和核心能力。

3. 物流系统自组织演化过程

根据自组织演化理论，物流系统满足自组织演化必须具备的条件，具有物流系统自组织特性，必然也会经历从量变到质变的三个跃升过程。

第一个过程：物流系统自组织演化的起点。由于外部环境的不断变化，物流系统获得了物质、信息和能量，开始离开已有的平衡态，逐渐呈现混乱的无序状态，从而产生了自组织演化的必要性和起始点。物流系统内部各成员和环节不断地碰撞调整，产生不同大小的涨落，最终触发物流系统的整体涨落。

物流系统是一个开放的系统，无时无刻不在与外部环境进行着物质、信息和能量的交换。尽管外部环境的物质、信息和能量均等地作用于物流系统各成员和各环节，但是由于信息不对称、信息传递不及时等系统结构、关系和过程复杂性的影响，导致物质、信息和能量分布不均。为了获得更大的利益和竞争优势，物流系统成员间和环节间从趋利的竞争关系转向共赢的合作关系，竞争与合作成为物流系统自组织演化的真正原动力，从而形成了整个物流系统的涨落，为系统跃升提供了条件。

第二个过程：物流系统有序层次跃迁的过程，也是物流系统有序程度得以提升、跃升至更高层次的过程。物流系统在竞争与合作动力驱动下，由混乱的无序状态向有序状态转变，并进一步通过物流系统成员间和环节间的协作、协调和协同运营，实现物流系统有序层次的整体跃迁。

面对激烈的市场竞争环境，物流系统持续不断地调整着自己的结构、功能和行为，新客户需求的产生、新成员的加盟、新技术的应用等都成为推动涨落形成的动力，激发系统成员间、环节间竞合关系的震荡。当物流系统的涨落达到一定的阈值，就会导致系统突变，使物流系统成员间、环节间的竞合关系上升到一个新的更高的层次，使合作成为关系中的主旋律，从而提高整个物流系统的竞争优势。

第三个过程：物流系统结构、关系和过程在同一层次上发生从简单到复杂的水平性增长过程。各种不同规模、不同类型的物流系统发生涨落、竞合关系的震荡，不断地积累能量，而且由于不同涨落间的相互影响，又有可能出现"1＋1＞2"的效果。这是自组织演化的一个量变积累阶段，它为物流系统向更高层次的跃升提供了可能，有助于促进物流系统更加完善、更加稳定。

经济全球化进一步加剧了市场竞争，也使物流系统协作、协调和协同意愿得以提高，物流系统成员间、环节间开始寻求更有效的合作方式，由最初的最简单、最基本的合作方式渐渐演化成为多角度、全方位的合作方式，并且信息共享程度的提高、信用体系的完善、绩效评估体系的公平化都会不同程度地促进物流系统更加完善、更加稳定，促进物流系统向着更复杂、更稳定、更具适应性的层次跃迁。

8.3.3 物流系统自组织演化控制

物流系统自组织特性和演化过程分析的目的，在于寻找更有效、更适合的控制方法，使物流系统更加完善，实现提高物流服务水平、增强物流系统整体竞争优势的预期目标。那么一个复杂的物流系统是否具有能控性？是否需要采取有效措施进行物流系统自组织演化控制？

1. 物流系统能控性分析

物流系统控制论中的控制是一种软控制，它是一种对不可见属性甚至无法准确感知属性的控制。物流系统控制就是为了使系统能保持稳定或达到所需要的状态，消除或减少不确定因素带来的影响，而对系统施加作用力和影响力，这种作用力和影响力就是一种控制。根据控制论原理，一个能控系统应具有四个主要特征，根据这些特征可以分别描述物流系统是否满足能控性的基本条件。

（1）能控系统应具有一个平衡状态或者可达到的稳定状态。物流系统在正常运营过程中，输入的用于驱动和支撑运输、储存、包装、装卸搬运、配送、流通加工、信息处理等基本功能活动的物流资源与输出的物流服务之间可以达到一个稳定状态，整个物流系统的时间效率、成本效益和运营绩效可以达到一个相对最优的平衡状态，而且物流系统成员间、环节间的关系也相对稳定。

（2）能控系统应是开放的，它与外部环境之间不断进行物质、信息和能量的交换。物流系统在正常运营过程中，各成员、各环节，持续不断地与外部环境进行物质、信息和能量的交换，承受来自物流行业竞争力、物流科技发展水平和物流服务需求等环境要素的影响。所以，物流系统是一个开放的系统。

（3）能控系统应具有用于纠正偏差的机制。面对复杂的市场环境，物流系统为了实现结构完善、功能优化和行为规范的目标，逐步建立和完善了用于纠正偏差的机制，借助偏差预警体系及时发现偏差，并采取有效的纠偏措施控制偏差，以规避信息不对称、决策失误、客户需求波动等因素影响，提高物流系统的柔性、鲁棒性和弹性。

（4）能控系统应具有良好的自动调节机制。为了适应外部环境的动态变化，物流系统逐步建立和完善了具有反馈功能和前馈功能的自动调节机制，通过系统偏差和干扰因素分析，制定调整决策、采取调节措施，与纠正偏差机制共同作用，使物流系统由不稳定状态回到稳定状态，保持系统的稳定性。

通过上述分析可知，物流系统满足能控系统的基本条件，能够采取有效的控制方法对物流系统进行控制，以保障物流系统预期目标的实现。

2. 物流系统自组织演化控制的必要性

从物流系统自组织特性和演化过程分析可知，物流系统呈现稳态和非稳态交替状态，而且非稳定状态持续的时间越来越长。当外部环境和物流系统内部要素变化微小时，系统趋于稳定状态，可采用现代控制方法进行控制；当外部环境发生巨大变化时，系统内部竞合关系震荡，引发不同规模、不同类型的涨落和突变，用现代控制方法难以实现有效控制，必须采用自组织演化控制方法。可见，物流系统控制必须根据系统状态选取不同的控制措施。因此，有必要了解现代控制方法和自组织演化控制方法的特点（张宗成 1986）。两类控制方法的特点比较如图 8-4 所示。

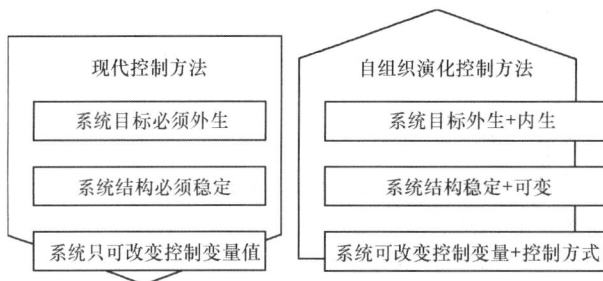

现代控制方法	自组织演化控制方法
系统目标必须外生	系统目标外生+内生
系统结构必须稳定	系统结构稳定+可变
系统只可改变控制变量值	系统可改变控制变量+控制方式

图 8-4　两类控制方法的特点比较

1）现代控制方法的特点

现代控制论的核心是在规定的限度下，使被控系统的性能指标达到最佳状态的最优控制，它主要在满足一定约束的条件下，寻求最优控制策略，使得被控系统的性能指标取极大值或极小值。通常，现代控制方法具有如下特点：

（1）系统目标必须是外生的。由系统外部的控制者制定系统的目标，并且系统目标一旦确定，一般情况下不能再做更改。

（2）系统结构必须是稳定的。现代控制方法必须运行在稳定的系统下，一旦系统出现动荡，控制方案就难以有效实施。

（3）系统只可改变控制变量的值。在对系统实行控制过程中，只允许控制变量值发生改变，不允许控制变量自身发生变动。从某种意义上讲，现代控制方法的控制程度可变，但控制方式却是连续不变的。

由于物流系统处于复杂的、不断变化的外部环境中，自身也是一个动态的复杂系统，所以现代控制方法适用于物流系统处于较为稳定状态时，但当系统远离平衡态、存在巨大动荡时，控制效果就不明显了。

2）自组织演化控制方法的特点

相对于现代控制方法，自组织演化控制方法作为一种非常规的控制方法，具有如下新的特点：

（1）允许系统目标内生。系统依靠自身内部的自组织能力，可以针对外部环境影响因素的变化作出动态响应。来自系统外的外部环境因素只能影响系统目标的制定，最终的控制目标由系统自己确定，并可以随情况的变化进行相应的改变。

（2）允许系统结构可变。在自组织演化控制过程中，若出现新的影响因素、新的变量，系统结构就会发生变化，但是控制方法仍然有效。

（3）控制方式可以出现间断，甚至变化。由于系统处于动态变化之中，系统的控制目标、系统结构和控制变量都在发生改变，所以控制方式也会随之发生改变。

自组织演化控制方法为解决物流系统远离平衡态、存在巨大动荡时的控制问题提供了一种有效的方法，能够克服现代控制方法的局限性。在现实环境中两种方法有机结合，有助于全面控制物流系统的运营状态，保持系统的稳定性。

3. 物流系统自组织演化控制的应用

物流系统控制论反映了物流系统对自身运营状态的综合控制，以及对经济、社会和环境的综合协调，目的在于追求物流系统在生产、流通、消费等环节的运营效率最大化，寻求利用时空属性获取服务增值效益最大化，以及整个社会经济系统结构、功能和行为的和谐统一。根据物流系统自组织特性，应着重加强如下四方面的物流系统自组织演化控制（图 8-5），以提高物流系统的稳定性。

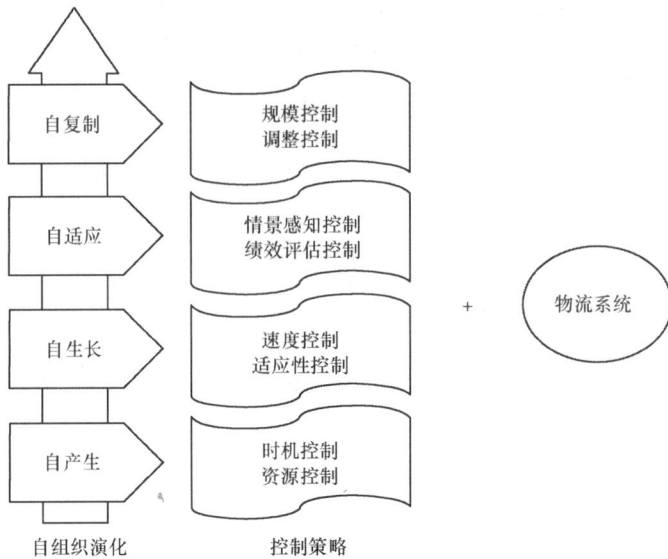

图 8-5　物流系统自组织演化控制应用

1）物流系统自产生自组织演化控制

物流系统在自组织演化过程中，能够自产生新的结构、功能和行为，这一环节的控制应注重加强自产生时机及其所需资源的控制。在物流系统结构完善、功能优化和行为规范的内在需求驱动下，物流系统成员、环节可以增加新的结构、功能和行为，但是必须选择适宜的时机和储备充足的资源。

在时机控制上，首先必须确定新的结构、功能和行为在市场上的成长性及其前景，必须明确是否是市场当前和未来所需要的，其次必须确定自产生的新的结构、功能和行为与物流系统成员和环节间的目标与利益是否一致，是否存在冲突；在资源控制上，必须为新的结构、功能和行为储备自产生、自生长所需要的充足的资源，并控制资源的消耗与成长的进程保持一致。

物流系统自产生自组织演化控制依赖于一个开放的环境。只有不断地与外部环境进行物质、信息和能量交换，物流系统才有可能从无序走向有序，从低级走向高级，因此，物流系统必须从自产生开始就保持和增强开放性。保持和增强物流系统的开放性，应充分利用信息技术、网络技术和通信技术，提高信息传递的准确性、及时性和有效性，从而提高物流系统成员间、环节间的信息共享程度；与此同时，物流系统应保持与其他系统的合作和联系，学习和借鉴其他系统的成功经验，扩大物流系统的开放性。

2）物流系统自生长自组织演化控制

在物流系统自我发育、完善、成熟的自生长自组织演化过程中，应注重加强自生长速度和适应性控制。物流系统自生长旨在追求结构完善、功能优化和行为规范，物流系统自生长自组织演化同样需要选择适宜的时机和储备充足的资源，与此同时更需要控制自生长的速度节奏和调节适应性。

在速度控制方面，无论是物流系统成员间、环节间的关系，以及物流系统综合能力的培育，还是主体规模的扩大，都需要控制好速度节奏，与外部环境中客户需求增长的速度、资源消耗的速度等保持一致；在适应性控制方面，必须实时观察分析物流系统在自我调整结构、功能和行为过程中与环境的适应性，综合利用物流系统具有的纠正偏差机制和自动调节机制，实时感知、实时预警、实时调节自生长过程中出现的偏差，以确保自生长目标的实现。

物流系统自生长自组织演化控制的关键在于涨落机制的应用。微小的涨落不断累积，将转化为大的涨落，当达到某一阈值（临界值）时，物流系统就会进入从无序到有序的自组织演化过程。物流系统涨落机制的应用，可以将控制点作用于人力资源管理、设施设备管理、成员或环节关系管理等资源具有起伏特性的领域，通过资源的调控，更加科学合理地控制物流系统的涨落。

3）物流系统自适应自组织演化控制

物流系统在对外部环境变化的感应、解析、反应、学习、行动、成长和创新等培育自适应能力的过程中，应正确感知各类相关因素的变化，正确评估物流系统调整前后绩效的变化，从而产生正确的自适应行为。因此，应注重加强自适应自组织演化过程中情景感知和绩效评估的综合控制。

在情景感知控制方面，物流系统需要综合利用纠正偏差机制和自动调节机制，并采用物联网、大数据分析、数据挖掘等技术方法，正确感知物流系统成员间和环节间在协作、协调和协同过程中竞合关系的变化，以及外部环境竞争压力的变化等，并且能够正确地评估物流系统自适应过程中绩效的变化，以降低自适应自组织演化的风险，提高自适应变化的科学性和合理性。

物流系统自适应自组织演化控制，不仅需要综合利用纠正偏差机制和自动调节机制，及时发现和自动调节自组织演化控制过程中出现的偏差，而且需要建立完善物流系统成员间、环节间的决策权分配机制、收益分配机制等激励机制，从更高层次上促进物流系统成员间、环节间在竞合关系基础上建立长期友好的战略合作伙伴关系，以维持物流系统可持续发展的竞争优势。

4）物流系统自复制自组织演化控制

物流系统通过对成功经验、成熟结果、成套技术等的自复制，提升物流系统竞争优势。在物流系统自复制自组织演化控制过程中，应注重加强自复制规模和自复制后的调整控制。物流系统通过系统内部的学习和模仿等自复制自组织演化控制，实现自我完善、自我提高，为此应通过控制提高自复制自组织演化的效率和效能。

在规模控制方面，物流系统应超前考虑新增成员或环节所需要的资源和机制保障等重要因素，如激励机制和协调机制，在通过自复制实现结构完善、功能优化和行为规范的过程中，控制好规模增长的节奏；在物流系统成员或环节自复制后调整控制方面，应坚持复制不是照搬的基本原则，建立相应的淘汰机制、学习与反馈机制，通过观察分析适时调整复制的结构、功能和行为，以进一步增强复制对象的适应性。

物流系统自复制自组织演化控制，可以充分利用物流系统的非线性特性。根据非线性，物流系统成员间、环节间在数量上存在巨大的差异性，在性质上存在相互的独立性，它们之间不满足迭加原理，彼此间整合成一个系统后的性质和功能会更加强大。物流系统自复制成员或环节与已有系统成员或环节间具有相互独立、存在复杂的竞合关系，可以整合成一个更高层次的系统。

以自产生、自生长、自适应和自复制为关键控制点的物流系统自组织演化控制，在充分揭示物流系统自组织演化复杂性的基础上，引导物流系统受内在作用力驱动实现"无序—有序—无序"或"稳定—不稳定—稳定"的自组织演化过程，更好地控制物流系统的运营状态。

8.4　物流系统混沌控制

物流系统服从耗散结构理论（dissipative structure theory），它是一个开放的、动态的非线性系统，系统的动态行为一方面受制于环境的非平衡约束，另一方面取决于系统内非线性因素的相互作用（刘晗天和孙清华 2009）。物流系统是否存在混沌现象？如果存在混沌现象，是否可以采用混沌控制方法控制物流系统从无序状态向有序状态转变的过程？

8.4.1　混沌理论概述

混沌理论作为一种兼具质性思考与量化分析的方法，成为探讨动态系统中无法用单一的数据关系解释，而必须用整体、连续的数据关系才能加以解释及预测的行为的一种工具（刘洪 2003）。因此，应正确理解混沌、混沌控制等概念。

1. 混沌及混沌控制

混沌现象表现为一种无法预测的随机行为，能够持续不断地以一种特有的规则重复某一特有的运动状态。那么，混沌状态是否就是杂乱无章的混乱状态？混沌系统是否可以控制？

1）混沌的定义

尽管很多领域都在研究混沌，但是关于混沌的定义目前尚无统一的表述方法。黄润生和黄浩（2005）认为：混沌是一种貌似无规则的运动，在确定性非线性系统中，不需附加任何随机因素就可以出现类随机现象，这种现象体现了系统的内在随机性。混沌系统的最大特点在于系统演化对初始条件十分敏感，"蝴蝶效应"就是这种敏感性的典型表现。确定性系统在很长一段时间后，由于外界扰动及系统内部存在的自组织特性，而出现一系列随机行为，进而使系统处于混沌状态。李天岩和约克（Yorke）于 1975 年在《周期 3 意味着混沌》一文中，给出了混沌的一种数学定义，称之为"Li-Yorke 定义"。Li-Yorke 定义，预言了非周期轨道的存在性，但是并没有说明非周期点集是否具有非零测度，以及哪个周期是稳定的。

为了弥补 Li-Yorke 定义中的缺陷，1989 年，德瓦尼（Devaney）对"混沌"定义如下。

设 X 是一个度量空间，一个连续映射：$f: X \rightarrow X$ 称为 X 上的混沌，需满足：

（1）f 是拓扑传递的；

（2）f 的周期点在 X 中稠密；

（3）f 对初始条件十分敏感。

混沌具有很多特性，如遍历性、敏感性、分维性、随机性、有界性、标度性、普适性等（张平伟 2005）。

2）混沌控制

混沌理论揭示了规律与由此产生的行为之间的关系，即依据现有的规律无法预测未来的行为，但是可以由微小的变化控制未来的行为。迪托（Ditto）、加芬科（Garfinkel）和约克将这一思想转换成一项实用技术——混沌控制。混沌控制可以用于解决状态问题、引导问题和跟踪问题，主要采用消除混沌行为和引导混沌行为两种方法。

从广义角度来看，混沌控制应包括四个方面的内容，分别是利用系统自身的混沌特性、制造新的混沌、控制混沌的主体部分、混沌同步。

2. 混沌理论研究概况及意义

混沌理论是普遍可预测论的对立面。但是，混沌系统是一个有序与无序共存的系统，该系统内部具有不可预测的偶发事件，决定系统各要素行为的基本规律却是能够分析和掌握的。

1）混沌理论研究概况

从动力学角度看确定性混沌（deterministic chaos）研究，大体可以分为三个阶段：第一，从有序到混沌，主要研究混沌的产生条件、产生机制和产生方法；第二，混沌中的有序，主要研究混沌的普适特性、统计特征及性态结构；第三，从混沌到有序，主要研究如何控制混沌使其趋向有序。

1963 年美国气象学家洛伦兹（Lorentz）发现在确定性系统中有时候会出现随机行为，提出了混沌理论。在混沌系统中，初始条件十分微小的变化经过不断放大，对其未来状态会产生极其巨大的影响，洛伦兹将这种现象称为"蝴蝶效应"。

19 世纪中期，自然科学中首先讨论混沌问题的是热力学。众所周知，当达到热力学平衡时，系统内部中的每一点的温度、压强、浓度、化学势（chemicalpotential）等都无差别，此时熵最大（分子的混乱度达到最高）。19 世纪末 20 世纪初，庞加莱（Poincaré）在研究三体问题时也遇到了混沌问题。1971 年法国物理学家茹厄勒（Ruelle）和荷兰数学家塔肯斯（Takens）将奇怪吸引子引入耗散系统，然后用混沌现象揭示湍流的本质。20 世纪 80 年代以来，人们注重研究系统如何从有序趋向混沌，以及混沌的一些特性（王光瑞等 2001）。

计算机之父冯·诺伊曼（von Neumann）是第一位认为混沌是可控的学者，他于 1950 年设想通过小微扰来对大气湍流进行控制。但是直到 1987 年，Hubler 和 Lscher 才将混沌控制的思想引入复杂非线性动力学系统中。1990 年，美国三位物理学家 Ott、Grebogi 和 Yorke 在共同发表的论文中基于混沌吸引子提出了参数反馈控制方法（简称 OGY 方法），这是一种利用混沌内在特性的控制策略。经过数十年的发展，已经形成了很多混沌控制的方法，如偶然正比反馈技术、自适应控制、线性反馈控制、自控制反馈控制等方法（王光瑞等 2001；杨东升等 2012）。

2）混沌理论研究的意义

混沌理论是阐述系统从有序突然变为无序状态的一种演化理论，是对确定性系统中出现的内在"随机过程"形成的途径、机制的研讨（刘洪 2003）。混沌理论提供了用于分析描述具有遍历性、敏感性、分维性、随机性、有界性、标度性、普适性等混沌特性的动态系统的工具。

通过混沌理论研究，人们能够清晰地认识到一个很小的随机力不仅可以使确定性方程产生微小改变，甚至可以对系统演化起决定性作用。虽然混沌会使系统趋向于无序状态，但并不表示所有的混沌都是有害的，在一定的非线性条件下，它在产生相干运动和建立"序"上起着积极的作用。而且这有助于人们突破以往对确定论和可逆的某些力学方程的错误认识，从而意识到确定性系统中存在着内在随机性和不可逆性。

如何才能更加科学、有效地利用和控制混沌成为混沌理论研究的重要目标，这种研究思想已经在自然科学、人文社会科学领域获得应用。现实中一些系统在演化过程中经常会出现分岔和混沌现象，有时会带来严重损失，这些都是人们所不希望的。因此，在控制混沌时，人们会根据自己的预期目标对混沌加以控制。总之，混沌控制的共同之处在于尽可能地利用混沌运动自身的特性来达到预期的控制目标。

8.4.2 物流系统混沌现象分析

混沌现象发生于易变动的物体或系统,该物体或系统在行动之初极为单纯,但经过一定规则的连续变动之后,却产生始料未及的后果,也就是混沌状态(刘洪 2003)。物流系统属于复杂系统的范畴,受很多随机因素影响,具有多目标、多因素、多层次的特点(刘晓天和孙清华 2009;孙清华和王耀球 2008)。物流系统呈现的混沌性已经引起学者的广泛关注,可以从微观的企业物流系统和宏观的社会物流系统两个角度分析物流系统的混沌现象。社会物流系统是企业物流系统扩展和优化的结果,它是一个基于"竞争-合作-协调"机制的多物流协同控制系统。

1. 企业物流系统混沌现象

企业物流系统由运输、储存、包装、装卸搬运、配送、流通加工、信息处理等基本功能贯穿于企业价值链始终(图 8-6),通过物流服务提升企业的价值增值能力。企业物流系统中的基本功能都是通过时空价值将原材料或产成品的价值转换为企业的价值,例如,运输、装卸搬运、配送等功能面向空间价值,储存和流通加工等功能面向时间价值。

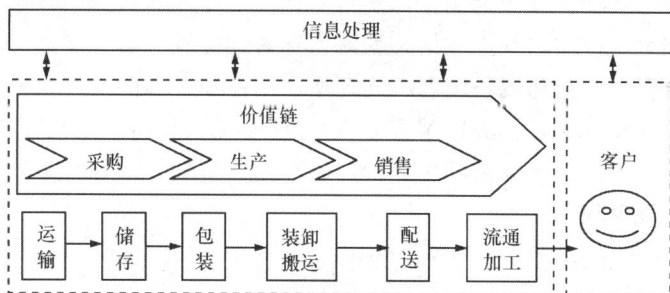

图 8-6 企业物流系统

在企业物流系统中,各环节之间的关系是非线性的。在非线性作用下,物质、信息和能量的持续输入,会导致物流系统内部的非稳定性,系统的秩序会发生变化。面对复杂多变的市场环境,企业物流系统始终处于结构完善、功能优化和行为规范的过程中,这种非平衡状态必然会使系统内部呈现混沌现象。企业物流系统中常见的混沌现象,主要是由客户需求波动、资源配置不均衡和各环节关系变化引起的混沌现象。

1) 由客户需求波动引发的混沌现象

企业物流系统的客户需求量具有随机性,它不仅受物流服务能力影响,而且受物流服务定价影响。随着生活水平的提高，人们对高品质、差异化产品和服务的追求越来越高，因此对物流服务能力提出了更高的要求，要求企业物流系统不断提高物流服务能力，帮助服务对象更好、更快、更便宜、更近地满足客户需求，提高客户满意度。

如果企业物流系统试图通过降低物流成本降低物流服务定价，必然会失去一部分追求高质高价的客户群，不利于企业物流系统的长远发展；如果企业物流系统为了留住客户群而不断提高物流服务能力，必然带来物流成本的增加而抬高物流服务定价，也同样会丧失一部分客户群。可见，企业物流服务能力和物流服务定价影响着客户需求，容易导致客户需求波动。如何均衡企业物流服务能力和物流服务定价之间的关系值得深入研究。如果不能很好地均衡两者的关系，导致客户需求波动，必然会引发企业物流系统处于混沌状态。

2）由资源配置不均衡产生的混沌现象

企业物流系统中有限的资源主要分布在运输、储存、包装、装卸搬运、配送、流通加工、信息处理等环节，由于市场环境、客户需求波动、物流服务能力等因素的影响，一旦企业物流服务的任务发生变化，就会引发不同环节资源配置需求的动态变化，不仅影响着存量资源的调度，而且影响着增量资源的重新配置。

以运输资源和储存资源为例，对于自身就处于不均衡状态的运输资源、储存资源，随着准时制模式的推广应用，物流系统对运输资源的需求逐渐加大，为了保持客户满意度，企业物流系统就会逐渐增加运输资源的配置，在有限资源的约束下，就会逐渐减少储存资源的配置，从而进一步加剧这种不均衡。当量变积累到一定程度时，又会引发混沌产生一种新的均衡。可见，企业物流资源配置不均衡必然会引发混沌现象。

3）由各环节关系变化激发的混沌现象

混沌系统最大的特点在于初值敏感性，即系统演化对初始条件十分敏感。企业物流系统由运输、储存、包装、装卸搬运、配送、流通加工、信息处理等环节构成，各环节之间相互影响、相互作用，任何一个环节的微小改变都会对整个系统产生影响。企业物流系统整体功能的实现是各环节动态作用的结果，任何一个环节出现问题都会影响整个物流系统功能的实现。

在现实环境中，一些环节之间存在效益背反现象，如包装与运输、储存、装卸搬运之间。在产品市场环境和价格不变、成本因素不变的前提下，如果希望通过采用简易包装降低成本，希望达到每一元钱的节约都能转化成一元钱利润的理想境界，结果却常常是事与愿违，问题在于如果简易包装降低了产品的防护效果，不仅会造成产品质量安全方面的损失，而且会造成运输、储存、装卸搬运环节工作效率和效益的降低，甚至会使整个企业物流系统的成本增加。显然，像包装环节这样仅以一个环节局部效益最大化为目标进行系统的设计，忽视各环节关系变化的影响，必然产生混沌现象。

2. 社会物流系统混沌现象

社会物流系统由物流系统成员构成（图 8-7），它不仅兼容了企业物流系统的各类资源，而且兼具企业物流系统混沌特性。在如图 8-7 所示的社会物流系统中，物流系统成员在与供应链成员（如供应商、生产商、分销商和零售商）协同运营、提供物流服务的过程中，从供应链环境中汲取自身发展所需要的资源，保障整个社会经济系统平稳运行。

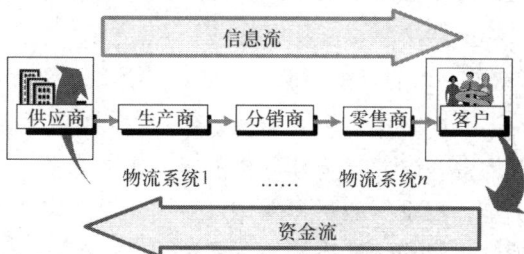

图 8-7　社会物流系统

社会物流系统更加复杂，物流系统成员之间的关系是非线性的。社会物流系统在结构完善、功能优化和行为规范的过程中，更加注重物流系统成员关系，以及物流、信息流和资金流三流合一体系的建立和完善。但是受物流系统内部结构复杂性、关系复杂性、过程复杂性和外部复杂环境的影响，社会物流系统经常处于非平衡状态，从而导致系统内部呈现混沌现象。社会物流系统中常见的混沌现象，主要是由成员关系不协调、信息不对称和资金流不稳定引起的混沌现象。

1) 由成员关系不协调导致的混沌现象

社会物流系统中主要存在物流系统成员之间的关系以及物流系统成员与供应链成员（如供应商、生产商、分销商和零售商）之间的关系这两大类关系，成员关系如何，不仅直接影响着整个社会物流系统的运营效率和效益，而且直接影响着整个供应链系统的运营效率和效益，甚至影响整个社会经济系统的正常运营。

随着社会物流系统网络复杂性的提高，物流系统协作、协调和协同运营的要求和难度同时增加，如果成员关系不协调必然导致复杂网络环境中的成员之间难以协同运营，造成整个物流系统和供应链系统流程衔接程度低、效率低。不协调、震荡的成员关系，使物流系统运营过程中的信息传递、流程衔接、资源配置等陷入不稳定状态，从而引发社会物流系统的混沌状态。

2) 由信息不对称导致的混沌现象

信息共享与交流是社会物流系统正常运营的基础，已经形成了信息驱动下的社会物流系统运营模式。如果物流系统成员之间存在信息不对称，那么在信息共享与交流过程中就会出现信息失真，从而给物流系统运营带来不必要的风险，甚至产生"牛鞭效应"而出现混沌现象。

以"牛鞭效应"影响下的物流系统为例。库存量大于真实的客户需求量，虚高的库存量，不仅占用了流动资金、增加了库存成本，而且增加了系统的不确定性、不稳定性。"牛鞭效应"使从下游向上游供应链成员的库存量逐级放大，不仅集聚了风险、增加了不稳定性，而且降低了供应链系统运营能力。"牛鞭效应"引发的不稳定性具有传播性，使与供应链相连的物流系统也处于不稳定状态，而且每一个物流系统成员的不稳定性经常是相连成员不稳定性简单叠加的结果，从而使社会物流系统呈现混沌现象。

3）由资金流不稳定引发的混沌现象

在社会物流系统中，资金流具有重要的支撑与保障作用，它不仅为物流系统正常运营提供所需要的资金，而且为社会物流系统服务对象——供应链系统正常运营提供所需要的资金，更重要的是，在信息流的驱动下资金流必须与物流相衔接、保持同步，否则就会影响物流系统的正常运营。

混沌系统最大的特性是对初值具有敏感性，如果作为支撑与保障的资金流经常出现波动甚至断流，不仅会影响物流系统的正常运营，而且资金流出现的微小变化有可能使整个社会物流系统的运营状态发生改变，甚至使整个物流系统中断运营。对于一个具有非线性、复杂性的社会物流系统，资金流不稳定性的相互影响、相互作用，会由初始微小的扰动演化成影响整个社会物流系统正常运营的作用力，在这个过程中必然会经历从有序到无序的演化，产生混沌现象。

3. 物流系统混沌判定的方法

当物流系统能用数学模型表示一个非线性动力系统时，一般非线性系统混沌判断的方法都可以应用到物流系统的混沌特性判断中来。混沌系统的判定比较复杂，从应用的角度出发，常用的几种简单判定方法如下（盛昭瀚等 2003；聂春燕 2003；孙清华和王耀球 2008）：

（1）通过数值计算，观察物流系统的相图结构。

（2）计算 Lyapunov 指数，若指数为正，则说明物流系统是混沌的。

（3）计算系统的关联维数，若这些维数是分数，则说明物流系统是混沌的。

（4）计算它们的拓扑熵或测度熵，若这些熵是正的，则说明物流系统是混沌的。

（5）分析系统的功率谱，若功率谱是连续的，则说明物流系统是混沌的。

通过物流系统混沌现象分析可知，物流系统是一个典型的混沌系统，系统成员之间、环节之间不仅存在着错综复杂的相互影响、相互作用，而且存在着市场资源配置、政府宏观调控等形成的确定性规律。尽管物流系统从无序到有序或从有序到无序演化的整体效应不等于各部分的简单叠加，但是仍然需要从混沌现象中深入挖掘混沌控制的有效方法。

8.4.3　物流系统混沌控制方法

混沌系统虽然具有内在随机性和对初始条件的敏感性，处于混沌状态的系统总是与有序和无序联系起来，表面上系统的混沌现象是无序的，但是由于系统具有自相似结构，系统在混沌区无序行为表现之下仍有严格的秩序。通过物流系统混沌现象分析可知，无论是企业物流系统还是社会物流系统，都存在混沌现象，影响物流系统的稳定性和竞争优势。因此，需要采用混沌理论对具有混沌现象的物流系统进行混沌控制。

1. 基于 OGY 方法的物流系统混沌控制

OGY 方法充分利用混沌演化规律等内在特性进行控制，不需要详细了解混沌系统的动力学机制，因此在许多系统中得到了应用。

1）OGY 方法概述

OGY 方法的核心思想，是用相空间重构方法确定嵌入吸引子中的各种不稳定周期轨道，选择一个不稳定周期轨道作为控制目标；混沌轨道"游荡"到该周期轨道附近时，对系统某一控制参数施加微小扰动，将混沌轨道捕获并稳定在该周期轨道上（Ott et al. 1990；刘孝贤和耿淑娟 2003）。

设混沌系统为

$$x_{n+1} = F(x_n, \ p) \tag{8.1}$$

其中，F 为重构时间序列时延矢量在 Poincaré 截面上的映像；p 为系统参数；$x \in R$ 为系统状态。将该系统在不稳定的不动点 $x_s(p_0)$ 的邻域内线性化：

$$[x_{n+1} - x_s(p)] = A[x_n - x_s(p)] + B(p_n p_0) \tag{8.2}$$

或

$$\delta x_{n+1} = A\delta x_n + B\delta x_n \tag{8.3}$$

其中，A 为映射 F 在不动点 $x_s(p_0)$ 处的 2 阶 Jacobi 矩阵；$B = \dfrac{\delta F}{\delta p}_{(x_s, \ p_0)}$ 为二维矢量；δp 为 p 的一个微小扰动。

令 λ_s 和 λ_μ 分别为不动点处稳定和不稳定特征值，特征矢量 e_s 和 e_μ 分别为稳定与不稳定流形方向上的单位矢量，f_s 和 f_μ 为正交基矢，则 $f_s e_s = f_\mu e_\mu = 1$，$f_s e_\mu = f_\mu e_s = 0$，故 $A = \lambda_\mu e_\mu f_\mu + \lambda_s e_s f_s$。选择 p_n 使 x_{n+1} 落在 x 的稳定流形上，有不稳定流形方向 f_μ 与轨道方向 x_{n+1} 垂直，即

$$f_\mu \cdot \delta x_{n+1} = 0 \tag{8.4}$$

将式 (8.3) 代入式 (8.4)，可得 $p_n = p_0 + \delta p_n$ 时的控制参数为

$$\delta p_n = -\frac{f_\mu \cdot A\delta x_n}{f_\mu \cdot B} \tag{8.5}$$

当 x_n 落在选定的不稳定不动点 x_s (p_0) 附近时，反复调节扰动控制参数 δp_n，同时迭代 x_{n+1}，可使 x_{n+1} 处于 x_s (p_0) 的稳定流形附近并保持在稳定流形邻域移动，最终趋向不动点。

2）OGY 方法在物流系统混沌控制中的应用

在 OGY 方法中，式 (8.5) 所需各个分量可以通过对混沌吸引子轨道的近似观测得到（刘晓宁等 2005）。可以用图 8-8 阐明基于 OGY 方法的物流系统混沌控制工作原理。

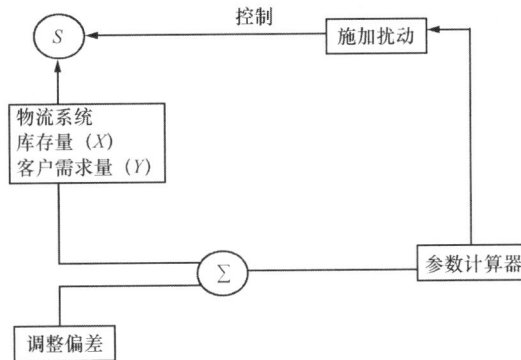

图 8-8　基于 OGY 方法的物流系统混沌控制工作原理

由图 8-8 可知，在基于 OGY 方法的物流系统混沌控制中，以库存量（含在途量）(X) 和客户需求量(Y) 产生的混沌现象为例进行分析，在一个特定的区域内库存量应始终与客户需求量保持一致，当随市场环境波动的客户需求量(Y) 驱动物流系统运营时，如果库存量(X) 和客户需求量(Y) 之间的差值不稳定就会引发混沌现象。采集某一区域库存量(含在途量)(X) 和客户需求量(Y)，并形成累积量 $\sum X$ 和 $\sum Y$。选取库存量(含在途量)$\sum X$ 作为系统的混沌变量。当库存量(含在途量)与客户需求量差的绝对值满足

$$\left| \sum X - \sum Y \right| > M \tag{8.6}$$

其中，M 为可维持系统正常运营两者最小差值。由参数计算器根据式 (8.5) 计算此时的控制参数，并施加扰动进行控制。

由此可见，基于 OGY 方法的物流系统混沌控制与模型无关，可实现对任意周期轨道和微小参数的控制。

2. 基于 OPF 技术的物流系统混沌控制

在混沌控制领域，相比于 OGY 方法，OPF 技术更适用于高周期轨道的稳定性控制。在实际应用中，OPF 技术适用于控制复杂的无法确切掌握其内在运营机制的系统。

1）OPF 技术概述

在现实环境中，高周期轨道的稳定性尤其重要。为了对混沌吸引子中的高周期轨道进行有效控制，1991 年 Peng、Petrov 和 Showalter 以及 Hunt 分别提出了偶然正比反馈（occasional proportional feedback，OPF）技术。OPF 技术不仅在小信号微扰时可控制混沌系统中较低的低周期轨道，而且通过调整限制微扰的窗口宽度和反馈信号的增益，还可以控制较高的周期轨道（Hunt 1991）。

高维耗散系统的相空间体积在演化过程中由于不断地收缩，使得很多截面很接近于一维映射的情况，故可将一维映射作为高维系统的近似进行研究。如果遇到必须要由高维映射描述的系统，则可通过多个控制参数的比例扰动将映射点直接落到不动点上，这种控制只有在映射点接近不动点时被激活为比例反馈，故称为 OPF 技术（黄润生和黄浩 2005；李卫东和王秀岩 2009）。

设混沌系统为

$$x_{n+1} = F(x_n, p) \tag{8.7}$$

其中，p 为系统参数；$x \in R$ 为系统状态。将该系统在不稳定的不动点 $x_s(p)$ 的邻域内线性化：

$$x_{n+1}(p) = f[x_n - x_s(p)] + x_s(p) \qquad (f > 1.0) \tag{8.8}$$

其中，$f = \dfrac{\partial F}{\partial x}\Big|_{x=x_s}$ 为映射的斜率。给 p 一个微小扰动 δp，式(8.8)变为

$$x_{n+1}(p + \delta p) = f[x_n - x_s(p + \delta p)] + x_s(p + \delta p) \tag{8.9}$$

$$x_s(p + \delta p) = \frac{\mathrm{d}x_s}{\mathrm{d}p}\delta p + x_s(p) \tag{8.10}$$

由上可知，当将 p 变到 $p + \delta p$ 时，使下一次迭代后系统状态回到 x_s，即 $x_{n+1}(p + \delta p) = x_s(p)$，由式（8.9）得到 OPF 技术的控制律为

$$\delta p = f[x_n - x_s(p)] \Big/ \left[(f - 1)\frac{\mathrm{d}x_s}{\mathrm{d}p} \right] \tag{8.11}$$

在控制高周期轨道时，OPF 技术允许有较大的参数变化，有可能改变吸引子的结构，被稳定下来的周期轨道不一定都在吸引子上，这影响了混沌行为的原有特性，从而使混沌系统更有希望被稳定下来。由于高周期的轨道能访问吸引子区中更多的区域，且不同区域又对应着不同的物理状态，所以 OPF 技术能稳定吸引

高周期的不稳定轨道。

2）OPF 技术在物流系统混沌控制中的应用

由 OPF 的控制律式（8.11）可知，反馈控制律与偏离周期点的距离成正比。可以用图 8-9 阐明基于 OPF 技术的物流系统混沌控制工作原理。

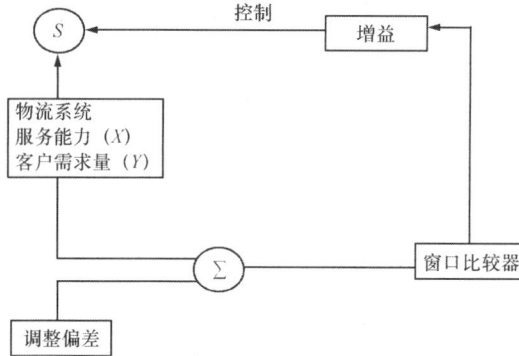

图 8-9　基于 OPF 技术的物流系统混沌控制框架

由图 8-9 可知，在基于 OPF 技术的物流系统混沌控制中，以物流服务能力 (X) 和客户需求量 (Y) 产生的混沌现象为例进行分析，在一个特定的区域内，物流服务能力应始终与客户需求量保持一致，当随市场环境波动的客户需求量 (Y) 驱动物流系统运营时，如果物流服务能力 (X) 和客户需求量 (Y) 之间的差值不稳定就会引发混沌现象。采集某一区域物流服务能力 (X) 和客户需求量 (Y)，并形成累积量 $\sum X$ 和 $\sum Y$。选取物流服务能力 $\sum X$ 作为系统的混沌变量。窗口比较器是限制微扰量的开窗口装置，可以是物流服务能力 $\sum X$ 的百分比，如 $5\% \sum X$。

当物流服务能力与客户需求量差的绝对值（$\left| \sum X - \sum Y \right|$）进入窗口所选的范围内时，累计计算增益量；如果不能进入窗口所选的范围内，则需要按照一定的规则调整偏差使其进入窗口所选的范围内，并记载两者的差值作为后期调整物流服务能力和客户需求量关系的依据。在整个反馈控制过程中，物流系统满足的客户需求量始终不超过设定的比例范围，不会引起混沌现象。

由此可见，基于 OPF 技术的物流系统混沌控制与窗口大小的设置密切相关。由于混沌系统在演化过程中对初始条件十分敏感，所以只要适当改变系统所产生的增益和窗口大小这两个因素，就可以实现对系统中混沌的某个周期信号的稳定控制。

物流系统是一类典型的非线性社会经济系统，可以应用混沌理论对混沌现象进行控制。从混沌控制原理上分析，基于 OGY 方法和 OPF 技术的物流系统混沌控制都属于闭环反馈控制，通过建立混沌模型及混沌模型参数分析，从而寻找物流系统控制的最佳模式，可以更好地保障物流系统正常运营。

8.5　小结

物流系统复杂控制是物流系统控制论体系中的一项基本内容。物流系统复杂性产生于系统要素集成、合作、延伸和互动等动态变化过程中，对物流系统正常运营产生重要影响。复杂的物流系统存在自组织演化规律特性和混沌特性，可以通过物流系统复杂性分析，深入刻画物流系统内在复杂性、自组织演化规律和混沌特性，为实现物流系统自组织演化控制和混沌控制奠定基础。

参 考 文 献

鲍勃·洛森，罗塞尔·金，阿兰·亨特.2006.快速响应——供应链满足客户需求之道[M].
　　许国兵，杨绪红，琚泽钧，等译.北京：机械工业出版社.

鲍新中，刘小军.2007.物流系统评价的数量化方法及其应用[J].工业工程，10（4）：122-
　　124，132.

蔡淑琴，喻友平，王庆国.2005.支持客户识别与维系的销售漏斗模型研究[J].中国管理科
　　学，13（2）：70-75.

曹丽莉.2008.产业集群网络结构的比较研究[J].中国工业经济，（8）：143-152.

曹文静.2012.看板管理在物料消耗控制系统优化中的应用研究[J].华东经济管理，
　　26（7）：136-140.

柴跃廷，刘义.2001.敏捷供需链管理[M].北京：清华大学出版社：14-16.

陈兵兵.2004.供应链管理——策略、理论与实务[M].北京：电子工业出版社.

陈磊.2009.药品企业物流资源优化配置研究[D].北京交通大学硕士学位论文.

陈思云，张传旺，张晞，等.2006.供应链协同及其在汽车行业中的应用[J].物流技术，
　　25（11）：58-60.

陈迎欣.2010.基于复杂系统理论的自适应供应链系统研究[J].物流技术，29（1）：93-95.

陈禹，钟佳桂.2006.系统科学与方法概论[M].北京：中国人民大学出版社.

陈玉珍.2011.基于供应链管理的医院药品管理流程的优化重组[J].财经界（学术版）
　　（6）：106.

陈志祥，马士华.2001.供应链中的企业合作关系[J].南开管理评论，（2）：56-59.

程国平.2004.供应链管理中的协同问题研究[D].天津大学博士学位论文.

崔介何.2008.企业物流（第2版）[M].北京：北京大学出版社.

崔松，胡蓓，陈荣秋.2006.时间竞争条件下的时间与成本关系研究[J].中国工业经济，
　　11（11）：76-83.

丁立言，张铎，胡双增，等.2000.物流系统工程[M].北京：清华大学出版社.

董军.2011.企业集团物流网络管理模式研究[D].北京交通大学博士学位论文.

杜栋.2008.协同管理系统[M].北京：清华大学出版社.

杜战其.2005.看板管理在 JIT 生产中的应用分析[J].科技情报开发与经济，15（20）：
　　210-212.

杜志平.2007.供应链系统的复杂性与评价方法研究[D].北京交通大学博士学位论文.

樊华，陶学禹.2006.复合系统协调度模型及其应用[J].中国矿业大学学报，35（4）：
　　515-520.

樊毓卿.2009.供应链的适应性研究[D].北京交通大学硕士学位论文.

范志强，庄佳芳，2006，基于延迟制造的客户订单分离点定位[J].上海海事大学学报，
　　27（2）：63-69.

方锦清.2001.从物理上考察复杂性的基本特征及其在一些典型复杂系统中的表现 [C].Lee T D. Complexity Problems—Proceedings of CCAST (World Laboratory) Workshop. CCAST,北京:125-137.

方锦清.2002.令人关注的复杂性科学和复杂性研究 [J].自然杂志,24 (1):7-15.

方轩,熊树平,蒋祖华,等,2009.电子看板在企业物流管理中的应用 [J].物流工程与管理,31 (10):58-60,75.

冯纯伯.1982.关于自适应控制理论的发展 [J].机器人,4 (2):14-19.

傅卫平,原大宁.2007.现代物流系统工程与技术 [M].北京:机械工业出版社.

高鹏.2006.基于双层线性规划模型的供应链战略伙伴物流规划研究 [D].浙江大学硕士学位论文.

高廷勇,李春发,许彦.2008.企业物流管理概论 [M].北京:电子工业出版社.

高婷.2010.A 物流公司业务流程优化研究 [D].北京交通大学硕士学位论文.

葛长库.2005.控制论经济学导论 [M].北京:中国物资出版社.

公甜甜,王喜成.2011.供应链契约协调机制综述 [J].物流科技,(5):82-85.

龚其国,赵晓波,王永县.2001.JIT 生产控制策略的研究现状与进展 [J].系统工程学报,16 (6):456-464.

龚英.2004.物流修正控制模型的信息研究 [J].重庆工商大学学报 (社会科学版),21 (1):54-57.

关维东.2005."戴明环"在绩效管理体系中的妙用 [J].中国市场,7 (28):14-15.

哈肯.1981.协同学导论 [M].张纪岳,郭治安译.西安:西北工业科研处.

韩高军.2003.制造商-分销商渠道战略联盟关系研究 [D].华中科技大学硕士学位论文.

韩文民,叶涛锋.2005.约束条件下"漏斗模型"在生产控制中的应用 [J].工业工程与管理,10 (2):131-133.

韩勇.2002.物流园区系统规划的理论、方法和应用研究 [D].天津大学博士学位论文.

何海军.2009.企业物流管理 [M].北京:北京理工大学出版社.

何慧.2006.品牌专卖供应链的回购协调机制研究 [D].西南交通大学硕士学位论文.

何明珂.2001.物流系统论 [M].北京:中国审计出版社.

何明珂.2004.物流系统论 [M].北京:高等教育出版社.

侯利强.2004.加快药品周转合理控制药品库存 [J].山西医药杂志,37 (11):1018-1019.

胡祥培,丁秋雷,张漪,等.2007.干扰管理研究评述 [J].管理科学,20 (2):2-8.

胡玉衡.1989.系统论、信息论、控制论原理及其应用 [M].郑州:河南人民出版社.

黄建辉,徐学军,孙红.2004.看板控制系统零部件厂内搬运路线的优化 [J].工业工程,7 (4):57-60.

黄润生,黄浩.2005.混沌及其应用 (第二版) [M].武汉:武汉大学出版社.

江琳萍.2005.基于控制论的宏观经济分析方法 [J].西昌学院学报·社会科学版,17 (3):70-73.

荆海英.2002.最优控制理论与方法 [M].沈阳:东北大学出版社.

巨莹.2011.基于协同物流的供应链物流系统优化问题研究 [D].西安理工大学硕士学位论

文.

巨永锋,李登峰.2005.最优控制[M].重庆:重庆大学出版社.

兰洪杰.2009.食品冷链物流系统协同对象与过程研究[J].中国流通经济,23(2):20-23.

李从容.2003.现代物流系统优化设计及应用[D].西南交通大学硕士学位论文.

李光跃,李毅,贺绪军.2006.发展农产品物流促进农民增收的思考[J].农村经济,(8):57-59.

李奎刚.2008.供应链合作伙伴选择和关系维护研究[D].广东工业大学硕士学位论文.

李奎刚,张毕西,刘笑.2007.层次分析法和鱼骨图在物流企业问题诊断中的应用[J].物流技术,26(11):212-214.

李士勇,田新华.2006.非线性科学与复杂性科学[M].哈尔滨:哈尔滨工业大学出版社.

李苏剑.2003.企业物流管理理路与案例[M].北京:机械工业出版社.

李卫东,王秀岩.2009.混沌控制综述[J].自动化技术与应用,28(1):1-9.

李阳珍.2004.供应链战略合作伙伴关系研究[D].西南交通大学硕士学位论文.

李兆磊.2008.区域物流系统演化机理研究[D].长安大学硕士学位论文.

栗贺友,郝建男.2003.看板管理在企业的应用[J].工业工程与管理,(2):62-66.

廖娅.2005.基于混沌动力学的物流系统总成本建模及应用研究[D].重庆大学硕士学位论文.

林荣清,苏选良.2004.论企业物流资源整合与流程再造[J].湖南工程学院学报,14(2):15-18.

刘秉镰,王鹏姬.2003.基于平衡计分卡的物流企业绩效层次分析[J].中国流通经济,(7):58-61.

刘聪.2013.基于精益模式下的现场物流分析[J].装备制造技术,(1):188-190,206.

刘晧天,孙清华.2009.基于混沌理论的物流系统边界与功能分析[J].山东社会科学,(3):97-99.

刘洪.2003.经济系统预测的混沌理论、原理与方法[M].北京:科学出版社.

刘洪.2007.组织复杂性:动因、控制与利用[J].经济管理,29(1):32-35.

刘韧.2008.物流信息网络任务协调机理研究[D].北京交通大学硕士学位论文.

刘文成.2012.火电厂运行优化技术研究[J].黑龙江科技信息,(36):84-85.

刘小群,马士华.2007.支持快速客户响应的敏捷物流运作技术与方法[J].科研管理,3(28):152-159.

刘晓宁,沈允文,王三民,等.2005.基于OGY方法的间隙非线性齿轮系统混沌控制[J].机械工程学报,41(11):26-31.

刘孝贤,耿淑娟.2003.混沌控制理论和方法(1)[J].山东大学学报(工学版),33(5):522-525.

龙子泉,高伟.2004.供应链绩效评估的基准平衡记分卡法[J].物流技术,23(5):52-54.

马士华,李华焰,林勇.2002.平衡记分法在供应链绩效评价中的应用研究[J].工业工程与管理,(4):5-10.

孟凡胜.2005.中国农产品现代物流发展问题研究[D].东北农业大学博士学位论文.

聂春燕.2003.混沌特性判别方法探讨[J].长春大学学报,13(1):13-15.

诺斯.1990.制度、制度变迁与经济绩效[M].上海:上海三联书店.

彭建仿.2003.协同:供应链的生命[J].经济师,(9):144-145.

彭婕,葛卫红,方芸,等.2013.看板法应用下的医院二级药房药品运营实践与策略探讨[J].药学与临床研究,21(3):294-297.

彭扬,伍蓓.2007.物流系统优化与仿真[M].北京:中国物资出版社.

齐懿冰.2010.供应链柔性演化与绩效关系研究[D].吉林大学博士学位论文.

钱学森.1988.论系统工程(增订本)[M].长沙:湖南科学技术出版社.

钱学森,许国志,王寿云.1978-09-27.组织管理的技术——系统工程[N].文汇报,(1,4).

钱正,殷晓红,陶宜富,等.2010,降低门诊药品库存周转天数[J].中国卫生质量管理,17(6):5-7.

乔恩·休斯,马克·拉尔夫,比尔·米切尔斯.1999.供应链再造[M].孟韬,张丽萍译.大连:东北财经大学出版社.

萨雷希·P.塞思,杰拉尔德·L.汤普逊.1992.最优控制理论在经济管理中的应用[M].姚靠华,等译.北京:中国商业出版社.

单丽辉,张仲义,王喜富,等.2011.基于系统理论的物流网络分析与资源整合[J].北京交通大学学报(社会科学版),10(2):47-53

尚扬.2009.供应链快速响应的响应速度与成本分析[D].云南财经大学硕士研究生学位论文.

尚扬.2011.影响供应链快速响应的因素分析[J].信息科技,(5):681-682.

沈小平.2010.综合集成管理:面向供应链系统的理论与实践[M].北京:经济管理出版社.

盛昭瀚,姚洪兴,王海燕,等.2003.混沌动力系统的重构预测与控制[M].北京:中国经济出版社.

盛昭瀚,游庆仲,陈国华,等.2009.大型工程综合集成管理——苏通大桥工程管理理论思考和探索[M].北京:科学出版社.

师志燕.2008.内蒙古畜产品物流发展及对策研究[D].内蒙古农业大学硕士学位论文.

施国洪.2009.物流系统规划与设计[M].重庆:重庆大学出版社.

史丽萍,张传海.2002.供应链企业外部绩效评价子系统研究[J].哈尔滨商业大学学报(社会科学版),(4):49-50.

宋庆波.2005.物流效率化目标下的企业间协作模式研究[J].物流技术,(9):138-141.

宋伟峰,蔡云蛟,赵娴.2006.物流系统的仿真研究[J].中国储运,(5):80-81.

宋学锋.2003.复杂性、复杂系统与复杂性科学[J].中国科学基金,(5):262-269.

孙朝苑.2008.企业物流规划与管理[M].成都:西南交通大学出版社.

孙东.2008.基于看板系统的奥迪门板生产线改进研究[D].吉林大学硕士学位论文.

孙明贵,潘留栓.2002.物流管理学[M].北京:北京大学出版社.

孙清华,王耀球.2008.物流系统混沌边界确定及其模型效应分析[J].现代物流,(9):19-22.

孙秋菊，郭兴宽 . 2004. 环境保护与物流［M］. 北京：清华大学出版社 .

谭玲玲 . 2006. 以高效和同步为目标的供应链流程优化［J］. 山东社会科学，(10)：143-145.

陶逸 . 2010. 基于契约理论的网络组织协调控制机制与模型研究［D］. 哈尔滨工程大学硕士学
位论文 .

田俊峰，杨梅 . 2004. 供应链生产—分销运作一体化研究［J］. 信息与控制，33 (6)：
714-718.

万百五，韩崇昭，蔡远利 . 2009. 控制论-概念、方法与应用［M］. 北京：清华大学出版社 .

万志成，慕静 . 2010. 物流系统的复杂适应性研究［J］. 物流科技，(2)：1-4.

王枞 . 2008. 控制系统理论及应用［M］. 北京：北京邮电大学出版社 .

王福寿 . 2006. 基于响应时间的供应链决策与监控研究［D］. 华中科技大学博士学位论文 .

王光瑞，于熙龄，陈式刚 . 2001. 混沌的控制、同步与利用［M］. 北京：国防工业出版社 .

王瑾 . 2007. 基于建设供应链的建筑企业市场营销研究［D］. 哈尔滨工业大学博士学位论文 .

王静 . 2011. 化肥供应链及其适应性研究［D］. 北京交通大学博士学位论文 .

王茂爱 . 2003. 论生产要素的优化配置组合［J］. 贵州大学学报（社会科学版），21 (6)：
18-22.

王秀荣 . 2011. 第三方物流系统设计优化策略研究［D］. 山东大学硕士学位论文 .

王雪铭，吴瑞明 . 2009. 评价方法的发展与体系研究［J］. 科学技术与工程，(2)：351-356.

王哲 . 2009. 基于精益生产的 OTIS 公司工厂布局改善研究［D］. 天津大学硕士学位论文 .

卫巍，陈荣秋 . 1994. "漏斗模型"在生产制造中的应用［J］. 管理工程学报，8 (2)：
122-131.

魏保明，刘国栋 . 2003. 加快药品库存周转的措施［J］. 医院导报，22 (增)：161.

魏超，肖世德，陈江瑜，等 . 2013. 基于变胞原理的机构的混沌控制［J］. 机械，(5)：10-14.

吴彤 . 2001. 自组织方法论研究［M］. 北京：清华大学出版社 .

吴应良，肖万程，王舒军，等 . 2006. 供应链知识管理系统的自组织分析［J］. 系统科学学
报，14 (3)：83-88.

席明名，管静，汤倩，等 . 2012. 品管圈活动在降低我院门诊药房药品库存金额中的应用［J］.
中国药房，23 (17)：1593-1595.

肖田元 . 1995. 基于漏斗模型的一体化生产计划与仿真系统 IP&S［J］. 高技术通讯，(7)：
43-47.

谢季坚，刘承平 . 2005. 模糊数学方法及其应用［M］. 武汉：华中科技大学出版社 .

宣慧玉，张发 . 2008. 复杂系统仿真及应用［M］. 北京：清华大学出版社 .

薛治辉 . 2002. 制造企业快速反应物流系统的研究［D］. 重庆大学硕士学位论文 .

阎栋 . 2010. 如何理解帕金森定律［EB/OL］. http：//blog. sina. com. cn/s/blog _
59974cbf0100jr de. html［2012-08-03］.

杨东升，赵琰，刘鑫蕊 . 2012. 混沌系统模糊建模、同步与反馈控制［M］. 北京：科学出版
社 .

杨健 . 2004. 动态更新决策理论、模型、算法及应用［J］. 中国人民大学学报，(5)：111-117.

杨杰，方俐洛，凌文辁 . 2000. 对绩效评价的若干基本问题的思考［J］. 中国管理科学，

8（4）：74-80.

杨磊，马俊，高成修.2003. TSP 的扰动恢复问题及其轮换算法［J］. 武汉大学学报（理学版），49（3）：301-304.

杨连娜.2008. 看板导入与仿真设计研究［D］. 天津大学硕士学位论文.

杨星建.2001. 看板管理与制造企业的竞争力［J］. 湖南大学学报（社会科学版），15（4）：99-102.

杨阳.2008. 敏捷竞争战略下供应链事件瓶颈的识别与消减研究［D］. 西安理工大学博士学位论文.

姚巍.2007. 供应链快速响应能力评价体系研究［D］. 武汉理工大学硕士学位论文.

叶宗云.2010. 农产品物流发展现状及对策研究［D］. 华中农业大学硕士学位论文.

伊俊敏.2005. 物流工程［M］. 北京：电子工业出版社.

易华.2008. 企业物流成本的战略成本动因研究［J］. 中国流通经济，（12）：41-44.

易孟林，陈彬.2008. 现代控制工程原理［M］. 武汉：华中科技大学出版社.

于海江，杨德礼，霍云福.2003. 供应链管理与"看板"［J］. 预测，（3）：52-56.

余福茂，沈祖志.2003. 基于适度递阶控制的物流系统动态规划［J］. 中南大学学报（社会科学版），9（1）：89-92.

余野青.2010. 鱼骨图在成本控制中的应用浅析［J］. 天津经济，（3）：63-65.

张江，李学伟.2005. 人工社会——基于 Agent 的社会学仿真［J］. 系统工程，23（1）：3-20.

张骏，郭慧.2009. IT 危机预警管理系统初探［J］. 计算机安全，（9）：62-64.

张理.2005. 现代企业物流管理［M］. 北京：中国水利水电出版社.

张敏，吴美安.2003. 供应链协同的五个悖论［J］. 现代管理科学，（1）：10-11.

张平，朱志强，任朝晖.2010. 国内外现代果蔬物流运输保鲜环境调控系统发展现状及展望［J］. 保鲜与加工，10（2）：1-4.

张平伟.2005. 混沌同步及其应用研究［D］. 广西师范大学硕士学位论文.

张晓萍.2010. 以核心竞争力为导向的企业战略成本研究［D］. 湖南大学博士学位论文.

张宗成.1986. 试论企业的自组织控制［J］. 财经理论与实践，（3）：62-64.

赵静.2008. 看板管理在供应链系统的研究及其应用［D］. 浙江工业大学硕士学位论文.

赵林度.2003. 供应链与物流管理：理论与实务（第一版）［M］. 北京：机械工业出版社.

赵林度.2007a. 供应链与物流管理（第 2 版）［M］. 北京：机械工业出版社.

赵林度.2007b. 基于绩效分析与关键控制点的物流系统控制［J］. 东南大学学报（自然科学版），37（Sup II）：231-236.

赵林度.2012. 物流系统分析［M］. 北京：科学出版社.

赵林度.2013. 供应链弹性研究进展［M］. 东南大学学报（哲学社会科学版），15（4）：21-27.

赵林度，王海燕.2011. 供应链与物流管理［M］. 北京：科学出版社.

赵林度，王敏，江亿平，等.2013b. 基于时间窗的医院药品追溯系统及其追溯方法. 中国专利，201310094935.6［P］. 南京：东南大学.

赵林度，周耀平，顾宁，等.2013a. 基于 SPD 的医院药品物流服务模式研究［R］. 南京：东南大学，南京医药股份有限公司，江苏省人民医院，中国物流学会研究课题计划项目研究报告．

赵启兰．2005．企业物流管理［M］．北京：机械工业出版社．

赵荣建．2010．应用看板系统提高物料管理水平［J］．物流技术与应用，（1）：76-79．

赵志芳．2011．基于 ERP 的业务流程优化研究［D］．首都经济贸易大学硕士学位论文．

郑照宁，武玉英，包涵龄．2001．用鱼骨图与层次分析法结合进行企业诊断［J］．中国软科学，（1）：118-121．

周金宏，汪定伟．2001．分布式多工厂—多分销商的供应链生产计划模型［J］．信息与控制，30（2）：169-172．

周玲，缪丽燕．2010．浅议"品管圈"活动在降低药库药品周转天数中的应用［J］．湖南中医药大学学报，30（4）：68，80．

周凌云，穆东．2009．区域物流系统的协同演化研究［J］．北京交通大学学报（社会科学版），8（2）：1-2．

周晓，马士华，黄春雨．2002．缩短供应链多阶响应周期的物流模式研究［J］．南开管理评论，11（5）：62-65．

周玉洋．2008．WY 公司国际物流系统优化与控制分析［D］．江南大学硕士学位论文．

朱成国．2009．基于 JIT 的库存管理模式研究［D］．天津大学硕士学位论文．

朱林，谷峰，国静．2012．天然气销售企业安全管理能力模糊综合评价研究［J］．商，（22）：143-145．

朱卫锋，费奇．2003．复杂物流系统仿真及其研究现状［J］．系统仿真学报，15（3）：353-356

庄品．2004．供应链协调控制机制研究［D］．南京航空航天大学博士学位论文．

邹辉霞．2009．供应链物流管理（第 2 版）［M］．北京：清华大学出版社．

Ballou R H. 2006. 企业物流管理：供应链的规划、组织和控制［M］．王晓东等，译．北京：机械工业出版社．

Adamides E D，Pomonis N. 2009. The co-evolution of product，production and supply chain decisions，and the emergence of manufacturing strategy［J］．International Journal of Production Economics，121（2）：301-312．

Aghajani M，Keramati A，Javadi B. 2012. Determination of number of kanban in a cellular manufacturing system with considering rework process［J］．International Journal of Manufacture Technology，63：1177-1189．

Anderson D J，Concas G，Lunesu M I，et al. 2012. A comparative study of scrum and kanban approaches on a real case study using simulation［C］．XP 2012，LNBIP 111. Berlin，Heidelberg：Springer-Verlag Berlin Heidelberg：123-137．

Bain J. 1951. Relation of profit rate to concentration：American manufacturing 1936～1940［J］．Quarterly Journal of Economics，65（3）：293-324．

Beamon B M. 1999. Measuring supply chain performance［J］．International Journal of Operation & Production Management，19（3）：275-292．

Beeny R. 2010. Supply Chain visibility in health care：Beyond the dashboard［J］．Hospital &

Healthcare Management, 1 (1): 28-36.

Bin A A N, Bin J A, Binti Y N, et al. 2013. Implementation of just in time production through kanban system [J] . Industrial Engineering Letters, 3 (6): 11-21.

Bower J L, Hout T M. 1988. Fast-Cycle Capability for Competitive Power [J] . Harvard Business Review, 66 (6): 110-118.

Chen R S, Lu K Y, Yu S C, et al. 2003. A case study in the design of BTO/CTO shop floor control system [J] . Information & Management, 41 (1): 25-37.

Chikan A. 2001. Integration of production and logistics—In principle, in practice and in education [J] . International Journal of Production Economics, 69 (2): 129-140.

Chouinard M, D' Amours S, Ait-Kadi D. 2005. Integration of reverse logistics activities within a supply chain information system [J] . Computers in Industry, 56 (1): 105-124.

Csera L, Cselenyi J, Geiger M, et al. 2000. Logistics from IMS towards virtual factory [J] . Journal of Materials Processing Technology, 103 (1): 6-13.

De Toni A, Meneghetti A. 2000. Traditional and innovative paths towards time-based competition [J] . International Journal of Production Economics, 66 (3): 255-268.

Dejonckheere J, Disney S M, Lambrecht M R, et al. 2004. The impact of information enrichment on the Bullwhip effect in supply chains: A control engineering perspective [J] . European Journal of Operational Research, 153 (3): 727-750.

Delen D, Erraguntla M, Mayer R J, et al. 2011. Better management of blood supply-chain with GIS-based analytics [J] . Ann. Oper. Res. , 185: 181-193.

Diaz R, Ardalan A. 2010. An analysis of dual-kanban just-in-time systems in a non-repetitive environment [J] . Production and Operations Management, 19 (2): 233-245.

Disney S M, Towill D R. 2003a. On the bullwhip and inventory variance produced by an ordering policy [J] . OMEGA, 31 (3): 157-167.

Disney S M, Towill D R. 2003b. The effect of vendor managed inventory (VMI) dynamics on the bullwhip effect in supply chains [J] . International Journal of Production Economics, 85 (2): 199-215.

Eckerson W W. 2005. Performance Dashboards: Measuring, Monitoring, and Managing Your Business [M] . New York: John Wiley & Sons, Inc.

Emerson D, Zhou W, Piramuthu S. 2009. Goodwill, inventory penalty, and adaptive supply chain management [J] . European Journal of Operational Research, 199 (1): 130-138.

Esposito E, Passaro R. 2009, The evolution of supply chain relationships: An interpretative framework based on the Italian inter-industry experience [J] . Journal of Purchasing & Supply Management, 15 (2): 114-126.

Faccio M, Gamberi M, Persona A. 2013. Kanban number optimisation in a supermarket warehouse feeding a mixed-model assembly system [J] . International Journal of Production Research, 51 (10): 2997-3017.

Friedhelm N, Filho N A P. 2002. Methods and tools for dynamic capacity planning and control

[J] . Gest. Prod. , 9 (3): 245-260.

Giannoccaro I, Pontrandolfo P. 2004. Supply chain coordination by revenue sharing contracts [J] . International Journal of Production Economics, 89 (2): 131-139.

Giannopoulos G A. 2004. The application of information and communication technologies in transport [J] . European Journal of Operational Research, 152 (2): 302-320.

Golińska P, Oleśków-Szłapka J, Stachowiak A, et al. 2010. Agent-Based Model of Kanban Flows in the Environment with High Demand Variances [C] . Trends in PAAMS, AISC 71. Springer-Verlag Berlin Heidelberg: 267-275.

Gosling J, Naim M M. 2009. Engineer-to-order supply chain management: A literature review and research agenda [J] . International Journal of Production Economics, 122 (2): 741-754.

Groothedde B, Ruijgrok C J, Tavasszy L A. 2005. Towards collaborative, intermodal hub networks. A case study in the fast moving consumer goods market [J] . Transportation Research Part E, 41 (6): 567-583.

Gröger C, Hillmann M, Hahn F, et al. 2013. The Operational Process Dashboard for Manufacturing [C] . Proceeding of Forty Sixth CIRP Conference on Manufacturing Systems 2013: 205-210.

Gunasekaran A, Lai K H, Cheng T C. 2008. Responsive supply chain: A competitive strategy in a networked economy [J] . Omega, 36 (4): 549-564.

Gupta A K, Sounder W E. 1998. Key drivers of reduced cycle time [J] . Research-Technology Management, 41 (4): 38-42.

Hameri A P, Paatela A. 2005. Supply network dynamics as a source of new business [J] . International Journal of Production Economics, 98 (1): 41-55.

Handfield R B, Bechtel C. 2002. The role of trust and relationship structure in improving supply chain responsiveness [J] . Industrial Marketing Management, 31 (4): 367-382.

Hertz S, Alfredsson M. 2003. Strategic development of third party logistics providers [J] . Industrial Marketing Management, 32 (2): 139-149.

Holland J H. 1995. Hidden Order: How Adaptation Builds Complexity [M] . New Jersey: Addison Wesley.

Hou T H, Hu W C. 2011. An integrated MOGA approach to determine the Pareto-optimal kanban number and size for a JIT system [J] . Expert Systems with Applications, 38: 5912-5918.

Hu W, Almansoori A, Kannan P K, et al. 2012. Corporate dashboards for integrated business and engineering decisions in oil refineries: An agent-based approach [J] . Decision Support Systems, 52: 729-741.

Hunt E R. 1991. Stabilizing high-periodic orbits in a chaotic system: The diode resonator [J] . Phys. Rev. Lett. , 67 (15): 1953-1955.

Hwarng H B, Xie N. 2008. Understanding supply chain dynamics: A chaos perspective [J] . European Journal of Operational Research, 184: 1163-1178.

Jayaraman V, Ross A. 2003. A simulated annealing methodology to distribution network design and management [J]. European Journal of Operational Research, 144 (3): 629-645.

Lai C L, Lee W B, Ip W H. 2003. A study of system dynamics in just-in-time logistics [J]. Journal of Materials Processing Technology, 138 (1-3): 265-269.

Larsen E R, Morecroft J D W, Thomsen J S. 1999. Complexity behaviour in a production-distribution model [J]. European Journal of Operational Research, 119: 61-74.

Lu C S. 2000. Logistics services in Taiwanese maritime firms [J]. Transportation Research Part E, 36 (2): 79-96.

Malhotra A, Gosain S, Sawy O A. 2007. Leveraging standard electronic business interfaces to enable adaptive supply chain partnerships [J]. Information Systems Research, 18 (3): 260-279.

Marand L L P, Sakata Y, Hirotani D, et al. 2013. An Adaptive Kanban and Production Capacity Control Mechanism [C]. APMS 2012, Part I, IFIP International Federation for Information Processing AICT, 397: 452-459.

Mueller E, Tolujew J, Kienzle F. 2012. Push-Kanban—a kanban-based production control concept for job shops [J]. Production Planning & Control: The Management of Operations, (1): 1-13.

Naraharisetti P K, Adhitya A, Karimi I A, et al. 2009. From PSE to PSE2—Decision support for resilient enterprises [J]. Computers and Chemical Engineering, 33 (12): 1939-1949.

Naylor J B, Naim M M, Berry D. 1999. Leagility: Integrating the lean and agile manufacturing paradigms in the total supply chain [J]. International Journal of Production Economics, 62 (1 2): 107 118.

Ott E, Grebogi C, Yorke J A. 1990. Controlling chaos [J]. Phys. Rev. Lett., 64 (11): 1162-1190.

Paterson C, Kiesmuller G, Teunter R, et al. 2011. Inventory models with lateral transshipments: A review [J]. European Journal of Operational Research, 210 (2): 125-136.

Perona M, Miragliotta G. 2004. Complexity management and supply chain performance assessment. A field study and a conceptual framework [J]. International Journal of Production Economics, 90 (1): 103-115.

Pragman C H. 1996. JIT II: A purchasing concept of reducing lead times in time-based competition [J]. Business Horizons, 39 (4): 54-58.

Sawik T. 2009. Coordinated supply chain scheduling [J]. International Journal of Production and Economics, 120 (2): 437-451.

Scherer F M. 1980. Industrial Market Structure and Economics Performance [M]. Boston: Houghton Mifflin Company.

Shank J K, Govindarajan V. 1993. Strategic Cost Management: The New Tool for Competitive Advantage [M]. New York: The Free Press. A. Division of Macmillan. INC.

Shawnee V, Roger C, Cornelia D. 1999. Supply chain flexibility: an empirical study [J]. Journal of Supply Chain Management, 35 (3): 16-24.

Shepherd C, Günter H. 2006. Measuring supply chain performance: Current research and future direction [J]. International Journal of Productivity and Performance Management, 55 (3-4): 242-258.

Sheu J-B. 2005. A multi-layer demand-responsive logistics control methodology for alleviating the bullwhip effect of supply chains [J]. European Journal of Operational Research, 161 (3): 797-811.

Simchi-Levi D, Kaminsky P, Simchi-Levi E. 2002. Designing & Managing the Supply Chain: Concept, Strategies & Case Studies [M]. Boston: Irwin / Mcgraw Hill.

Stalk G, Hont T M. 1990. Competing Against Time: How Time-Based Competition is Reshaping Global Markets [M]. New York: Free Press.

Stank T P, Goldsby T J, Vickery S K, et al. 2003. Logistics service performance: estimating its influence on market share [J]. Journal of Business Logistics, 24 (1): 27-55.

Sterman J D. 1989. Modeling Management behavior: Misperceptions of feed back in a dynamic decision making experiment [J]. Management Science, 35 (3): 321-339.

Stock G N, Greis N P, Kasarda J D. 2000. Enterprise logistics and supply chain structure: the role of fit [J]. Journal of Operations Management, 18: 531-547.

Strandhagen J O, Alfnes E, Dreyer H. 2006. Supply Chain Control Dashboards [C]. Proceedings of the Seventeenth Annual Conference of POMS, April 28, 2006 to May 1, 2006.

Teodorovic D, Guberinic S. 1984. Optimal dispatching strategy on an airline network after a schedule perturbation [J]. European Journal of Operational Research, 15 (2): 178-182.

Thomas R W, Esper T L, Stank T P. 2010. Testing the negative effects of time pressure in retail supply chain relationships [J]. Journal of Retailing, 86 (4): 384-400.

Trappey C V, Lin G Y P, Trappey A J C, et al. 2011. Deriving industrial logistic hub reference models for manufacturing based economics [J]. Expert Systems with Applications, 38 (2): 1223-1232.

Vanek F M, Morlok E K. 2000. Improving the energy efficiency of freight in the United States through commodity-based analysis: justification and implementation [J]. Transportation Research Part D, 5 (1): 11-29.

Wan H, Chen F F. 2008. A Web-based Kanban system for job dispatching, tracking, and performance monitoring [J]. International Journal of Manufacture Technology, 38: 995-1005.

Wang S J, Sarker B R. 2005. An assembly-type supply chain system controlled by kanbans under a just-in-time delivery policy [J]. European Journal of Operational Research, 162 (1): 153-172.

Wang S J, Sarker B R. 2006. Optimal models for a multi-stage supply chain system controlled by kanban under just-in-time philosophy [J] . European Journal of Operational Research, 172 (1): 179-200.

Wang Y Z, Jiang L, Shen Z J. 2004. Channel performance under consignment contract with revenue sharing [J] . Management Science, 50 (2): 34-37.

Widyadana G A, Wee H M, Chang J Y. 2010. Determining the optimal number of Kanban in multiproducts supply chain system [J] . International Journal of Systems Science, 41 (2): 189-201.

Wiendahl H P, Breithaupt J W. 2000. Automatic production control applying control theory [J] . International Journal of Production Economics, 63 (1): 33-46.

Wilding R D. 1998. Chaos theory: Implications for supply chain management [J] . International Journal of Logistics Management, 9: 43-56.

Yigitbasioglu O M, Velcu O. 2012. A review of dashboards in performance management: Implications for design and research [J] . International Journal of Accounting Information Systems, 13 (1): 41-59.

Yu G, Qi X. 2004. Disruption Management: Framework, Models and Applications [M] . Singapore: World Scientific Publishing Co. Pub. Ltd.

Zheng Y M, Bai H, Huang Z B, et al. 2010. Directional water collection on wetted spider silk [J] . Nature, 463: 640-643.